조선왕조실록에서 직접 읽어 보는

신문고 제도의 참모습

조선왕조실록에서 직접 읽어 보는
신문고(申聞鼓) 제도의 참모습

초판 1쇄 발행 2025년 7월 21일

지은이 차배근

펴낸곳 서울대학교출판문화원
주소 08826 서울 관악구 관악로 1
도서주문 02-889-4424, 02-880-7995
홈페이지 www.snupress.com
페이스북 @snupress1947
인스타그램 @snupress
이메일 snubook@snu.ac.kr
출판등록 제15-3호

ISBN 978-89-521-3937-5 03300

조선왕조실록에서 직접 읽어 보는

신문고 제도의 참모습

차배근 지음

서울대학교출판문화원

머리말

'신문고'(申聞鼓), 즉 조선 시대에 백성들이 억울한 일을 임금에게 직접 호소하고자 할 때 치도록 대궐의 문루(門樓)에 달아 두었던 북에 관하여 들어 보지 못한 사람은 아마도 없을 것이다. 그러나 신문고에 관한 여러 글들을 찾아보면 그 실태 등에 관한 설명에 적지 않은 차이들을 발견할 수 있다. 그렇다면 조선의 태조 때부터 철종 때까지 25대 427년 동안의 역사적 사실을 연대순으로 적은 역사책으로, 조선 시대의 역사에 관하여 가장 신빙성이 있는 『조선왕조실록』(朝鮮王朝實錄)에서는 신문고에 관하여 도대체 어떻게 기록해 놓았을까?

이와 같은 의문을 풀어 보기 위하여 국사편찬위원회 홈페이지에 실려 있는 『조선왕조실록』 국역본(國譯本) 검색창에서 '신문고'라는 단어를 검색해 보았더니 모두 171건이 나왔다. 그래서 이들 신문고 관련 실록기사들을 뽑아서 읽어나가다 보니 그 내용이 흥미진진하여 여러 사람들에게 소개하고 싶었다. 그리하여 모두 171건의 신문고 관련 실록기사 중에서 별로 중요하지 않은 것들은 제외하고, 150건의 실록기사들을 역대 임금의 재위 시기별로 정리해서 소개하기로 했다.

하지만 이들 실록기사에는 옛날 말이나 어려운 술어 등이 많이 포함되어 있어 일반인들이 이해하기에는 어려운 점도 없지 않다. 그래서 신문고에 관련된 각 기사에 나오는 어려운 말이나 술어들에 대한 풀이를 달았다. 그러다 보니 한 권 분량의 책이 되기에 이를 출판해서 독자들과 공유하기로 하였다. 이렇게 해서 출판하게 된 이 책의 목적에는 크게 두 가지가 있다.

첫째는 『조선왕조실록』에 실려 있는 신문고 관련 기사들을 독자들에게 그대로 소개하려는 데 있다. 이는 앞서 간단히 언급했듯이 『조선왕조실록』에 나오는 신문고 관련 기사들을 보면 귀중하고 생생한 기록들이 많아 이들을 있는 그대로 독자들에게 소개하면서 독자들과 함께 읽어 보고 싶었기 때문이다.

둘째는 독자들에게 『조선왕조실록』의 기사들을 읽을 수 있는 독해력을 길러 주려는 데 있다. 앞서 말했듯이 신문고 관련 각 실록기사에 나오는 어려운 낱말과 고유명사들을 되도록 자세하게 풀이해 놓으면서 주석도 붙였다. 그러다 보니 중복되는 것도 많게 되었으니, 이 점 이해해 주기 바란다.

이 책이 아무쪼록 이러한 저자의 목적에 부합되어 독자들에게 도움이 되었으면 좋겠다. 이 책은 한꺼번에 통독하기보다는, 머리말에 놓고 시간이 있을 때마다 틈틈이 기사를 한두 개씩 읽어 보는 것도 교양에 도움이 되며 지루하지 않으리라고 생각한다. 이 책의 저자도 그런 식으로 이 책을 오랜 시간에 걸쳐 조금씩 조금씩 썼으니까 말이다. 이 책을 읽은 뒤, 그 내용을 많은 사람과 공유하면서 우리나라 신문고 제도의 참모습을 올바로 이해해 주었으면 좋겠다.

2025년 7월

절골 낭형당에서

지은이 적음

차례

3. 세종 시기(1418-1450)
신문고를 승문고로 개칭하고 제반 규정을 정비

4. 문종 시기(1450-1452)
누구나 신문고를 칠 수 있도록 임금이 적극 배려

5. 세조 시기(1455-1468)
신문고를 함부로 치거나 월소하는 자는 처벌

6. 성종 시기(1469-1494)
세조 때 폐지되었던 신문고를 재설치해서 운영해

7. 연산군 시기(1494-1506)

8. 중종 시기(1506-1544)
신문고와 격쟁의 실태와 그에 관한 여러 논란

9. 인종 - 현종 시기(1544-1674)
인종부터 현종까지 시기에는 신문고가 폐지되었던 듯

14. 고종 시기(1863-1907)
격고자가 꼬리를 물다가 1898년 이후 사라져

부록: 추관지(秋官志)에서 본 신문고와 격쟁 관련 규정·지침 등과 원정(호소)의 실제 처리 사례

1

서론

초등학교 이상의 학력자라면 '신문고'(申聞鼓)라는 말을 들어 보지 못한 사람은 아마도 없을 것이다. 특히 요즘은 각 기관이나 단체에서 운영하는 '신문고'라는 이름의 온라인 국민 참여 포털 시스템 '현대판 신문고'도 유행하고 있기 때문이다. 이러한 현대판 신문고들을 인터넷 포털 사이트에서 찾아보았더니 국민권익위원회의 '국민신문고'를 비롯하여 '국세청신문고', '안전신문고'(행정안전부), '인사신문고'(인사혁신처), '규제개혁신문고'(경찰청), '영화인신문고'(사단법인영화인신문고), '인터넷신문고'(서귀포시), '관광신문고'(제주관광공사), '해성신문고'(국립목포해양대학교) 등등 수십 개나 보였다. 이들은 모두가 조선 시대의 신문고를 모방한 것인데, 그렇다면 조선 시대의 '진짜' 신문고는 어떤 것이었으며 언제 어떤 목적으로 설치해서 언제까지 어떻게 운영해 왔을까?

신문고에 관한 여러 선행(先行) 연구들의 실태

우선 신문고에 관한 연구 문헌들을 찾아보았더니 현대판 신문고에 관한 연구는 상당히 많았으나,[1] 조선 시대의 본래 '신문고'에 관한 연구

1 ① 하선권·김성준, 「한국의 시민 참여 규제개혁: 규제개혁신문고 규제건의 분석을 중

들은 그리 많지 않았다. 이들 중 가장 대표적 논문으로는 한우근이 1956년에 발표한 「신문고의 설립과 그 실제적 효능에 대하여」(『이병도 박사화갑기념논총』, 서울: 일조각)를 들 수 있다. 그 뒤 어찌 된 일인지 46년 동안이나 신문고 자체만을 독립적으로 다룬 논문들은 보이지 않다가 2002년 오세홍이 「조선 초기 신문고의 설치와 운영」이라는 석사논문(한국교원대학교 교육대학원)을 발표했다. 이어서 2005년에는 김남돌이 「조선 초기 신문고 운영과 영향」이라는 제목의 석사논문(안동대학교 교육대학원)을 발표했다. 같은 해(2005) 김민옥이 「무형문화의 복원과 재현을 통한 문화콘텐츠 개발방안연구: 조선 시대의 민의상달제도 신문고를 중심으로」라는 석사논문(한국외국어대학교 대학원)에서 그 일부로서 조선 시대의 신문고를 비롯한 민의상달 제도의 구조와 성격을 다루면서 신문고 제도의 사례도 분석했다.

2007년에는 언론사(言論史) 전공의 김영주 교수가 『한국언론정보학보』(한국언론정보학회) 통권 39호에 발표한 「신문고 제도에 대한 몇 가지 쟁점: 기원과 운영, 기능·제도의 변천을 중심으로」라는 논문에서 신문고 제도의 기원, 기능과 운영의 변천, 그리고 대체 기능을 수행했던 격쟁 제도의 배경과 그 부침에 대하여 몇 가지 쟁점을 중심으로 살펴보았다. 그 논문 앞에 붙인 초록(抄錄: abstract)만을 소개하면 아래와 같다.

> **신문고 제도는 태종 때 개인적 상소사건·사회적 청원사건·국가적 고발사건 등을 다양하게 상달하는 '언론 제도'였지만, 세종 2년부터 개인적**

심으로」, 『규제연구』(한국규제학회), 제26권 제1호(2017.6), pp. 3-29; ② 이준호·김청택, 「인천은 무엇을 원하는가: 국민 신문고 민원 데이터를 활용한 시민 의견 분석」, 『도시연구』(인천연구원), 제20호(2021.12), pp. 183-223; ③ 박유현·김연진·조승범·류태인·김경배, 「유해화학물질 취급시설 관련 국민신문고 빅데이터 분석」, 『한국정보기술학회논문지』(한국정보기술학회), 제21권 제11호(2023.11), pp. 11-21 등등.

원억(冤抑) 문제를 주로 해결하는 '사법 제도'로 전락하였다. 원래의 설치 목적은 '억울한 일이 있으나 고할 데 없는 일반 백성'들에게 그들의 하정(下情)을 상달토록 하기 위한 것이었지만, 건국 초기 무질서한 가전상언(駕前上言)이나 월소직정(越訴直呈)의 폐단을 방지하기 위한 제도적 장치로 활용되었다.

일부 사대부 계급들의 사적 이익을 도모하는 도구로 악용되기도 하고 관찰사나 수령의 권력 남용을 견제하는 역할을 수행하였던 신문고 제도는, 수도의 궁궐에 위치하고 여러 단계마다 각각 글로 올려야 되며, 위법 격고자(擊鼓者: 신문고를 친 사람)에 대한 처벌도 과중하고 신분제 아래에서 상관에 관계되면 신문고 사용이 통제되는 까닭에 일반 백성들이나 천민들이 이용하기는 어려운 일이었다.

신문고 제도의 폐지 후 탄생한 격쟁(擊錚) 제도는 중국에 없는 우리나라 고유한 언로 양식으로, 세조 14년에 '불법 관리에 대한 고소'가 허용되자 관사의 노복들이 내부 고발자가 되어 고소 활동의 한 방편으로 마련되었다. 격쟁 제도의 설립 초기는 개인적 원억 문제 해결을 위한 것이 아니었지만, 나중에 결국 신문고 제도의 대안적 장치로 그 역할을 수행하게 되었다. …

한편 법학자들은 조선 시대에 소원(訴冤) 제도, 즉 위법하거나 부당한 행정 처분으로 백성의 권리나 이익이 침해 받았을 때 그 상급 관청에 대하여 처분의 취소 또는 변경을 청구하는 제도의 하나로서의 신문고에 관한 논문들을 발표하기도 했다. 예컨대, 서일교는 1967년 「조선왕조 형사제도의 연구」(『법제월보』, 1967년 9월호)에서 신문고 제도에 관해 고찰했다. 1993년 최이돈은 『한국사연구』 제82호에 발표한 「조선 초기 수령 고소 관행의 형성과정」이라는 논문에서 신문고를 통한 수령 고소사건들을 다루었다. 같은 해(1993) 한상권은 서울대학교 대학원에 제출한 박사 논문인 「조선 후기 사회 문제와 소원(訴冤) 제도의 발달」에서 신문고에 관해 고찰했다. 이 논문을 한상권은 1996년 『조선 후기 사회와 소원 제도: 상언(上言)·격쟁(擊錚)연구』(서울: 일조각)라는 단행본으로 출판했다. 2006년에는 김경숙이 「15세기 정소(呈訴) 절차와 관찰사의 역할」이라는 논문을 『역사와 현실』(한국역사연구회) 제59호에 발표했는데, 이 논문에서는 억울한 백성이 신문고를 두드리기 이전의 과정에서 해당 지역 관찰사의 임무와 역할을 주로 고찰했다.

이 밖에 일부 연구자들은 언론 제도의 하나로서 신문고의 기능과 영향 등에 관하여 연구하기도 했다. 이러한 연구들로는 유병이의 「조선시대 사회 제도 속에 나타난 언로에 관한 연구」(석사논문: 청주대학교 대학원, 1994), 김영주의 「조선왕조 시대의 언론: 사상과 제도」(정창수 편, 『한국사회론: 제도와 사상』, 서울: 사회비평사, 1995), 김영주의 「조선왕조 초기 공론과 공론형성과정 연구」(『언론과학연구』(한국지역언론학연합회), 제2권 3호, 2002) 등을 들 수 있다.

조선왕조실록에 나오는 신문고 관련 기사의 실례

앞서 보았듯이 '신문고'에 관한 기존의 선행 연구들을 찾아보면, 의외로 그 숫자가 많지 않다. 더구나 신문고에 관한 단행본 연구서는 아직까지 한 권도 나와 있지 않은 실정이다. 그래서 본 저자는 '신문고'를 단독 주제로 한 단행본 연구서를 쓰고 싶었다. 그리하여 그에 필요한 여러 사료(史料)들을 수집하다가 조선왕조실록에서 신문고에 관련된 기사들을 찾아보았더니 원문에서는 101건, 국역본에서는 171건이나 나왔다. 이들 중 신문고에 관해서 첫 번째로 나오는 기사는 조선 제3대 임금의 태종실록 2권, 태종 1년(1401) 7월 18일 1번째 기사인데, 이를 보면 다음과 같이 언제 어떻게 해서 신문고를 설치하게 되었는지 기록되어 있다.

> 처음으로 등문고(登聞鼓)를 설치하였다. 안성(安城) 학장(學長) 윤조(尹慥)와 전(前) 좌랑(佐郞) 박전(朴甸) 등이 [태종 임금에게] 상언(上言)하기를, "[중국] 송(宋) 태조(太祖)가 등문고를 설치하여 하정(下情)을 들었는데, 지금까지도 칭송하고 아름답게 여기오니, 원컨대 고사(故事)에 의하여 설치하소서." 하였기 때문이다.

다음으로 태종실록 2권, 태종 1년(1401) 8월 1일 1번째 기사를 보면, 태종 임금이 안성 학장 윤조와 전 좌랑 박전의 건의를 받아들여 '등문고'를 설치하자 의정부(議政府)에서 그에 관한 몇 가지 방침들을 건의했다. 그러자 이를 태종 임금이 받아들이는 한편, 등문고의 명칭도 '신문고'로 고쳤다고 다음과 같이 기록해 놓았다.

> [등문고를 설치한 태종은] 고(告)할 데가 없는 백성으로서 원통하고 억울한 일을 품은 자는 나와서 등문고를 치라고 명령하였다. [그러자] 의정부(議政府)에서 상소하기를, "서울과 외방(外方)의 고할 데 없는 백성이 원억(冤抑)한 일을 소재지의 관사(官司)에 고하여도, 소재지의 관사에서 이를 다스려 주지 않는 자는 나와서 등문고를 치도록 허락하고, 등문한 일은 헌사(憲司)로 하여금 추궁해 밝혀서 [임금에게] 아뢰어 처결하여 원억한 것을 펴게 하고, 그중에 사(私)를 끼고 원망을 품어서 감히 무고(誣告)를 행하는 자는 반좌율(反坐律)을 적용하여 참소(讒訴)하고 간사한 것을 막으소서." 하니, [임금이] 그대로 따르고, 등문고의 이름을 고쳐 신문고(申聞鼓)라 하였다.

이러한 기사들을 시작으로 조선왕조실록에 나오는 신문고에 관한 기사들은 모두 171건(국역본 기준)이나 나온다. 그중 마지막 기사는 제26대 임금의 고종실록 38권, 고종 35년(1898) 10월 25일 3번째 기사인데, 그 내용은 다음과 같다.

> 중추원(中樞院) 부의장(副議長) 윤치호(尹致昊) 등이 임금에게 올린 상소에서 [심상훈, 민영기 등의 죄를 규탄하며 말하기를] "아! 간사한 무리들이 신(臣) 등을 참소하여 죄를 씌우려고 하나 잡아 쥘 만한 죄목이 없게 되자 이에 꼬투리를 만들어 내서 조정의 신하를 규탄하고 정령(政令)의 토의에 참여하는 것은 인민의 정상 권한이 아니라고 말하였습니다. 이 말이 임금의 귀를 현혹시켰으며 대관(臺官)을 격동시켜 일어나게 하기에 충분하였습니다. 그러나 신문고를 쳐서 호소하게 하고 비방목(誹訪木)을 잘 이용하는 것은 잘 다스려진 세상의 아름다운 일이고 나무꾼에게서 묻고 미치광이에게서 쓸 만한 말을 골라내는 것은 명철한 임금의 훌륭한 조치인 것입니다. 백성들이 말을 하지 않으면 몰라도 말을 하면 반드시 살펴야 하는 것인데 저 무리들은 반드시 뭇사람들의 입에 재갈을 물려 그들로 하여금 입을 다물도록 하는 것은 곧 진(秦)나라 이사(李斯)의 남은 술책이고 송(宋)나라 진회(秦檜)의 남은 재주입니다. 이렇게 해서 과연 폐하의 나라를 흥하게 할 수 있으며 이웃 나라의 업신여김을 막을 수 있겠습니까?"

조선왕조실록에서 신문고에 관련된 기사들을 찾아보면 이와 같은 기사들이 원문에서는 101건, 국역본에서는 171건이나 나오는데, 이들은 모두 믿을 수 있는 기록들이다. 그래서 본 저자는 이들 기사를 모두 종합·분석해서 신문고에 관한 연구서를 쓰려고 했다. 그러나 조선왕조실록에 나오는 신문고 관련 기사들을 하나하나 읽어 나가다 보니, 귀중하고 생생한 기록들이 많아 이들을 그대로 독자들에게 소개하고 싶었다. 그렇다면 이러한 기록들이 실려 있는 조선왕조실록은 도대체 어떤 책이며, 그 내용은 얼마나 믿을 수 있는 것인가? 우선 이 문제부터 간단히 짚고 넘어가기로 하자.

조선왕조실록은 가장 믿을 수 있는 조선 시대 사료

조선왕조실록은 조선왕조의 제1대 임금 태조로부터 제25대 철종에 이르기까지 25대 472년 동안의 역사를 연월일 순서에 따라 편년체로 기록한 역사서이다.[2] 우리나라는 고려 시대부터 춘추관(春秋館)을 상설하고 사관(史官)을 두어 날마다 시정(時政)을 기록했으며, 한 임금이 돌아가면 반드시 그 임금의 재위 기간의 역사를 편찬하여 이를 '실록'이라고 하고 특별히 설치한 사고(史庫)에 보관했다. 그러나 고려 시대 실록은 현재 남아 있지 않고, 조선 역대 임금의 실록은 태조로부터 철종에 이르기까지 25대 472년간의 실록 총 1,893권 888책의 원본이 현재 서울대학교 규장각 한국학연구원에 남아 있다.[3]

이와 같은 방대한 조선왕조실록은 일시에 편찬한 것이 아니라, 각

---

2 이를 일제강점기에는 '이조실록'(李朝實錄)이라고 불렀으나, 이는 정당한 명칭이 아니므로, 광복 후에 '조선왕조실록'으로 고쳐 부르게 되었다. 여기 조선왕조실록에 관한 것은 신석호(申奭鎬)의 논문, 「조선왕조실록의 편찬과 보관」(『한국사료해설집』, 서울: 한국사학회, 1964, 14-22)에서 주로 인용했음을 밝혀 둔다.

3 이 밖에 제26대 고종실록과 제27대 순종실록도 있으나, 이들은 일제강점기인 1927년부터 1935년까지 만 8년에 걸쳐 이왕직(李王職: 일제강점기에 이왕가와 관련한 사무 일체를 담당하던 기구)의 주간 아래 편찬한 것으로, 일본인들의 간여 아래 편찬된 것이기 때문에 조선왕조실록에서 제외하자는 의견도 많다. 그러나 이 책(본서)에서는 고종실록에 실려 있는 신문고에 관한 기사들도 소개하기로 하겠다.

임금 대대로 편찬한 것들이다. 즉 한 임금이 승하하면 '실록청'이라는 임시기관을 설치하고, 총재관(總裁官)과 당상(堂上), 낭청(郎廳) 등을 임명하여 여러 부서(대개 도청과 1, 2, 3방)로 나누어 그 임금의 실록을 편찬하여, 예컨대 『세종장헌대왕실록』(世宗莊憲大王實錄), 『중종공희휘문소무흠인성효대왕실록』(中宗恭僖徽文昭武欽仁誠孝大王實錄) 등의 이름[4]으로 인행(印行)한 것이었다.

이러한 실록의 기본 사료가 된 것은 춘추관의 『시정기』(時政記)와 사관(史官)들의 사초(史草)였으며, 이 밖에 『승정원일기』(承政院日記)와 『의정부등록』(議政府謄錄) 등 정부 각 기관의 기록과 개인 문집 등도 수합하여 사료로 사용했으며, 후세에는 『비변사등록』(備邊司謄錄)과 『일성록』(日省錄)도 주요 사료로 사용했다. 그리하여 해당 임금이 즉위한 날부터 사망한 날까지의 사실(史實)을 연월일순의 편년체로 편찬했는데, 대개 다음과 같은 3단계를 거쳐 완성했다.

첫째 단계: 실록청의 1, 2, 3방에서 춘추관의 『시정기』와 기타 사료 중에서 중요한 사실을 초출(抄出)하여 초초(初草: 초고)를 작성한다.

둘째 단계: 도청(都廳)에서 초초 중에 빠진 사실을 추가하고 불필요한 것을 삭제하고 잘못된 것을 수정하여 중초(中草)를 작성한다.

셋째 단계: 총재관과 도청, 당상이 중초의 잘못을 재수정함과 동시에 문장과 체재(體裁)를 통일하여 정초(正草)를 작성한다.

---

4 이처럼 각 임금의 실록의 정식 이름은 길고 복잡하나, 이들을 편의상 간단히 줄여 '세종실록', '중종실록' 등으로 부르고 있다.

이같이 하여 실록이 완성되면 곧 전국 여러 곳에 특별히 설치한 사고(史庫)에 한 질씩 비장(秘藏)하고, 실록의 기본 사료였던 춘추관의 『시정기』와 사관의 사초 및 실록의 초초, 중초는 모두 세초(洗草)[5]했다. 이는 국사의 비밀 누설을 방지함과 동시에 종이를 재활용하기 위한 것이었다. 이러한 세초 작업은 조지서(造紙署)가 있던 자하문(紫霞門) 밖 차일암(遮日巖) 아래 개천에서 거행했다. 그리고 사고에 비장한 실록은 사관 이외에는 누구도 보지 못했는데, 이는 실록에 임금의 선악과 군신(群臣)의 간위(奸僞) 등도 사실대로 직필(直筆)해 놓았기 때문이었다.

하지만 1910년 대한제국의 멸망 이후 실록을 공개하기 시작했으며, 경성제국대학에서 1929년부터 1932년까지 4년 동안에 걸쳐 태백산 사고의 실록을 원본으로 하여 1893권 888책의 조선왕조실록 전체를 사진판으로 영인했다. 그러나 겨우 30부만 영인하고, 그것도 대부분 일본으로 가져가서 한국 내에는 겨우 8질밖에 두지 아니했다. 하지만 1945년 광복이 되고, 실록의 수요가 격증하자 국사편찬위원회에서 정부에 예산을 요구하여 1955년부터 1958년까지 4개년 동안 1893권 888책의 방대한 태백산본 실록을 8분의 1로 축쇄, 영인하여 A4판 양장본 48책으로 간행하여, 국내 각 도서관은 물론 구미 각국의 주요 대학의 도서관에 널리 반포했다.

한편 실록을 한글로 번역해서 간행하는 사업을 1968년부터 시작하여 1993년까지 25년이라는 오랜 기간에 걸쳐 완성(이때 고종실록과 순종실록도 번역)하여 『국역조선왕조실록』이라는 이름으로 1994년 출판(신국판 413책에 색인집 24책을 합해 모두 437책)했다. 그러자 이를 컴퓨터회사인 서울시스템의 한국학데이터베이스연구소에서 1994년 5월부터 전

5　먹물로 쓴 글자들을 물에 씻어서 보이지 않게 하는 것을 말한다. 이렇게 세초한 종이는 조지서(造紙署)에서 종이를 만드는 데 재활용했다.

산화하기 시작, 1995년 CD-ROM으로 만들었다. 한편 2003년 국사편찬위원회도 「원전·표점조선왕조실록」이라는 이름의 CD-ROM을 만들고, 2005년 서울시스템의 CD-ROM과 합쳐 국사편찬위원회 홈페이지(http://sillok.history.go.kr/)에 올려 누구든 조선왕조실록의 원문과 국역기사들을 무료로 볼 수 있게 되었다.

조선왕조실록에 실려 있는 '신문고' 관련 기사의 건수

국사편찬위원회 홈페이지의 조선왕조실록 검색창에 '신문고'라는 단어를 쳐 보았더니 원문에서는 66건, 국역본에서는 129건의 기사 목록이 나타났다.[6] 또한 '등문고'(登聞鼓)와 '승문고'(升聞鼓)도 검색해 보았는데, 앞서 태종실록 2권, 태종 1년(1401) 8월 1일 1번째 기사에서 보았듯이 신문고는 본래 '등문고'라는 이름으로 설치했다가 '신문고'로 고쳤으며, 한 때는 '승문고'라고 부르기도 했기 때문이다. 따라서 이들 세 가지 어휘들을 모두 검색해 보았더니 ① 등문고가 원문에서는 33건, 국역본에서는 38건, ② 승문고는 원문에서는 2건, 국역본에서는 4건, 그리고 ③ 신문고는 원문에서는 66건, 국역본에서는 129건으로 집계되었으며, 이들을 모두 합치면 원문에서는 101건, 국역본에서는 171건이 되었다.[7]

한편 이들 신문고(등문고와 승문고 포함) 관련 기사들을 다시 역대 임금의 시기별로 나누어 보았더니 다음 〈표 1〉과 같이 나타났다. 이 표에

---

6 이 책에서 인용한 신문고 관련 실록기사들은 모두 국사편찬위원회 홈페이지에 공개해 놓은 조선왕조실록(http://sillok.history.go.kr/)에서 인용한 것임을 밝힌다.

7 이처럼 원문과 국역본 간에 신문고에 관한 어휘의 검색 건수에 차이가 나는 것은, 예컨대 원문에서는 간단히 '격고'(擊鼓), 즉 "북을 쳤다."라고 기록한 것을 국역본에서는 "신문고를 쳤다." 등으로 번역해 놓았기 때문이다.

〈표 1〉 조선왕조실록에서 등문고·승문고·신문고 관련 기사 검색 건수(국역본)

역대임금실록	등문고		승문고		신문고		합계	
	검색수	실수	검색수	실수	검색수	실수	검색수	실수
제1대 태조실록(1392-1398)								
제2대 정종실록(1398-1400)								
제3대 태종실록(1400-1418)	3	3			44	44	47	47
제4대 세종실록(1418-1450)	3	3	2	2	20	18	25	23
제5대 문종실록(1450-1452)					6	6	6	6
제6대 단종실록(1452-1455)								
제7대 세조실록(1455-1468)					2	2	2	2
제8대 예종실록(1468-1469)								
제9대 성종실록(1469-1494)	12	11	1		10	6	23	17
제10대 연산군일기(1494-1506)	1	1			1		2	1
제11대 중종실록(1506-1544)	5	5			4	2	9	7
제12대 인종실록(1544-1545)	1	1					1	1
제13대 명종실록(1545-1567)					2	1	2	1
제14대 선조실록(1567-1608)								
제15대 광해중초본(1608-1623) 광해정초본(상동)								
제16대 인조실록(1623-1649)					2	1	2	1
제17대 효종실록(1649-1659) 효종개수(상동)	1	1					1	1
제18대 현종실록(1659-1674) 현종개수(상동)	 1						 1	
제19대 숙종실록(1674-1720) 숙종보궐(상동)	5 1	5 1	1		5	3	11 1	8 1
제20대 경종실록(1720-1724)								
제21대 영조실록(1724-1776)	4	4			18	14	22	18
제22대 정조실록(1776-1800)	1	1			11	11	12	12
제23대 순조실록(1800-1834)					1	1	1	1
제24대 헌종실록(1834-1849)								
제25대 철종실록(1849-1863)								
제26대 고종실록(1863-1907)					3	3	3	3
제27대 순종실록(1907-1910)								
합계	38	36	4	2	129	111	171	150

* 검색수는 실록 국역본에서 등문고, 승문고, 신문고를 검색했을 때 나온 기사의 건수이며, 실수는 이 책에서 실제로 소개나 분석한 기사들의 건수를 말한다.

서 보듯이 신문고에 관한 기사들은 조선 제3대 임금인 태종 시기(정확히는 태종 1년, 1401년 7월 18일)부터 나오기 시작하여, 제26대 고종 시기(정확히는 고종 35년, 1898년 10월 25일)까지 무려 497년간에 결쳐, 다만 단종, 예종, 선조, 광해군, 현종, 경종, 헌종, 철종 시기를 제외하고는 거의 계속 나오고 있다. 따라서 이로 미루어 볼 때 신문고는 조선조 5백 년 동안 계속하여 존재해 왔다고 볼 수 있다. 특히 태종, 세종, 성종, 숙종, 영조, 정조 때는 신문고 제도가 활발하게 운영된 것 같은데, 이들 임금의 실록에는 신문고에 관한 기사들의 건수가 비교적 높게 나오기 때문이다.

이 책의 두 가지 주요 목적과 구성 체재

앞서 살펴보았듯이 조선왕조실록을 보면 신문고에 관련된 기사들이 원문에서는 101건, 그리고 국역본에서는 171건이 나오는데, 이들은 조선시대에 신문고 제도를 알아보는 데 매우 귀중한 사료(史料)들이다. 따라서 이들 사료를 그대로 소개하고자 했다. 그러나 이 책에서는 국역본 기사들만 소개했는데, 원문 기사들은 한문에 능통하지 않은 사람들은 접근이 어렵기 때문이다.

신문고 관련 국역 기사들은 모두 171건이나 그중에는 중복된 것들도 10여 건이 된다. 효종실록과 효종개수실록, 그리고 숙종실록과 숙종보궐실록에는 같은 내용의 기사들이 실려 있는 경우가 있기 때문이다. 또한 171건의 신문고 관련 기사 중에는 그리 중요하지 않은 내용의 기사들도 적지 않다. 따라서 이러한 기사들을 제외하고, 이 책에서는 모두 150건의 신문고 관련 기사들만 소개했다. 그러나 이는 실제로는 전수(全數)를 모두 소개한 것과 거의 마찬가지라고 할 수 있다. 이처럼 많은 기사를 이 책에서 거의 모두 소개하고자 하는 것은, 그간에 나와 있는 신문고 관계 연구논문들을 보면, 조선왕조실록에 나오는 신문고 관련 기사들 중에서 연구자가 자기의 주장을 뒷받침하는 것들만 아전인수식(我田引水式)으로 인용해 놓은 경우가 적지 않아 자칫하면 혼란을 줄 수 있기 때문이다.

조선왕조실록에 나오는 신문고 관련 기사들을 이 책에서는 역대 임금의 실록별로 나누어 소개하되, 각 임금의 실록에서 신문고 관련 기사들은 연월일 순으로 소개하는 대신, 성격이 같거나 비슷한 것들을 서로 묶어 소개하기로 했다. 그러면서 필요한 경우에는 신문고 관련 각 기사의 내용을 부연 설명하거나 간단히 해설을 곁들이기로 했다. 또한 조선왕조실록은 한문으로 된 원문(原文)은 말할 것도 없고, 그 국역본을 보더라도 어려운 술어나 어휘들이 많이 나와서, 역사전공자들이 아니면 이해하기 어려운 것이 많다. 그래서 신문고 관련 각 기사에 나오는 어려운 낱말과 고유명사 등은 풀이하기로 했다.

이 책은 바로 이런 식으로 쓰였는데, 이 책의 첫 번째 목적은 조선왕조실록에서 신문고에 관한 기록들을 그에 관심이 있는 독자들에게 소개하려는 데 있다. 앞서 간단히 언급했듯이 조선왕조실록에 나오는 신문고 관련 기사들을 찾아보면 귀중하고 생생한 기록들이 많아 이들을 있는 그대로 독자들에게 소개하면서 독자들과 함께 읽어 보고 싶었다. 이 책의 두 번째 목적은 독자들에게 조선왕조실록의 기사들을 읽을 수 있는 독해력을 길러 주려는 데에 있다. 그래서 앞서 말했듯이 신문고 관련 각 기사에 나오는 어려운 낱말과 고유명사들은 되도록 자세하게 풀이해 놓았다.

끝으로 이 책의 부록으로 『추관지』(秋官志)라는 책에 실려 있는 신문고 관련 각종 수교(受敎)·원칙·판례·관례 등을 소개했다. 『추관지』는 조선 정조 때 당시 형조판서 김노진(金魯鎭: 1735-1788)의 지시에 따라 낭관(郎官) 박일원(朴一源)이 형조의 형정(刑政)과 재판 등에 참고하기 위하여 조선 개국 이래의 각종 법례·판례·관례·사례 등을 모아 5편으로 나누어 정조 5년(1781)에 편찬한 책(모두 10권 10책, 필사본)으로, 이 책에도 조선 시대의 신문고 제도와 그 실제를 이해하는 데 아주 중요한 사료가 많이 들어 있다.

| 주요 선행 연구들 |

김경수(2000), 『언론이 조선왕조 500년을 일구었다』, 서울: 가람기획.

김경숙(2006), 「15세기 정소(呈訴) 절차와 관찰사의 역할」, 『역사와 현실』(한국역사연구회), 제59호.

김남돌(2005), 「조선 초기 신문고 운영과 영향」, 석사논문(안동대학교 교육대학원).

김민옥(2005), 「무형문화의 복원과 재현을 통한 문화콘텐츠 개발방안연구: 조선 시대의 민의상달제도 신문고를 중심으로」, 석사논문(한국외국어대학교 대학원).

김세철·김영재(2000), 『조선 시대의 언론문화』, 서울: 커뮤니케이션북스.

김영주(1995), 「조선왕조 시대의 언론: 사상과 제도」, 정창수 편, 『한국사회론: 제도와 사상』, 서울: 사회비평사.

김영주(2002), 「조선왕조 초기 공론과 공론형성과정 연구」, 『언론과학연구』(한국지역언론학연합회), 제2권 3호.

김영주(2007), 「신문고 제도에 대한 몇 가지 쟁점: 기원과 운영, 기능·제도의 변천을 중심으로」, 『한국언론정보학보』(한국언론정보학회), 통권 39호.

서일교(1967), 「조선왕조 형사제도의 연구」, 『법제월보』, 1967년 9월호.

오세홍(2002), 「조선 초기 신문고의 설치와 운영」, 석사논문(한국교원대학교 교육대학원).

유병이(1994), 「조선 시대 사회제도 속에 나타난 언로에 관한 연구」, 석사논문(청주대학교 대학원).
이홍식(편)(1982), 『국사대사전(상)』(개정증보판), 서울: 한국출판사.
차배근(1984), 『중국전근대언론사』, 서울: 서울대학교출판부.
최승희(1983), 『조선 초기 언관·언론연구』, 서울: 서울대학교출판부.
최승희(1989), 『한국고문서연구』, 서울: 지식산업사.
최이돈(1993), 「조선 초기 수령 고소 관행의 형성과정」, 『한국사연구』 제82호.
한국학중앙연구원(1997), 『한국민족문화대백과사전』, 성남: 한국학중앙연구원(구 한국정신문화원).
한상권(1993), 「조선후기 사회문제와 소원제도의 발달」, 박사논문(서울대학교 대학원).
한상권(1996), 『조선후기 사회와 소원(訴冤) 제도: 상언(上言)·격쟁(擊錚)연구』, 일조각.
한우근(1956), 「신문고의 설립과 그 실제적 효능에 대하여」, 『이병도박사화갑기념논총』, 서울: 일조각.

| 주요 참고사료들 |

『조선왕조실록』(朝鮮王朝實錄). 국사편찬위원회 주관 홈페이지 http://sillok.history.go.kr
『경국대전』(經國大典). 서울: 한국정신문화연구원, 1995.
『속대전』(續大典). 『조선왕조법전집』 1-4집. 서울: 경인문화사, 1985.
『대전회통』(大典會通). 서울: 한국법제연구원, 2000.
『일성록』(日省錄): 영조 36년(1760)-순종 4년(1910). 국가문화유산포털(국가유산청).
『국역 증보문헌비고』(國譯增補文獻備考). 서울: 세종대왕기념사업회, 2000.
『추관지』(秋官志). 서울: 서울대학교 규장각, 2004.

2

태종 시기
(1400-1418)

신문고를 처음 설치,
억울한 사람은 두드리도록

앞서 서문에서 말했듯이 '신문고'(申聞鼓)를 모르는 사람은 아마도 없을 것이다. 가령 '국민신문고'니 '청와대신문고'니 '국세청신문고'니 하고 오늘날에도 각종 기관에 '신문고'가 설치되어 있기 때문이다. 이들은 모두 조선 시대에 있던 신문고 제도를 모방한 것들이다. 그렇다면 조선 시대에 '진짜' 신문고는 어떤 목적으로 언제 설치했는가? 조선왕조실록을 보면 신문고의 설치와 그 목적, 명칭, 규정 등에 관한 기록들이 많이 나오는데, 이들은 신문고에 관한 여러 기록 중에서 정확성과 신뢰성이 가장 뛰어나다고 말할 수 있다. 그러면 조선왕조실록에 나오는 신문고에 관한 기사 중에서 주요 기사들을 하나하나 읽어나가면서 신문고는 언제 누가 어떤 목적으로 설치해서 어떻게 운영했는지부터 알아보기로 하되, 역대 임금의 재위 시기별로 나누어 살펴보기로 하자.

조선 태종이 '등문고'라는 이름으로 신문고를 처음 설치

조선왕조실록을 보면, '신문고'(등문고와 승문고 포함)라는 단어가 들어 있는 기사는 제3대 임금의 태종실록부터 시작해서 고종실록까지 모두 171건(국역본 기준)이 나온다. 이들 중 태종실록에 나오는 기사는 47건이나 되는데, 그중에서 맨 처음 나오는 기사는 태종실록 2권, 태종 1년(1401) 7월 18일 1번째 기사이다. 우선 이 기사의 내용을 소개하면 [태종실록기사 1]과 같다. 이에서 보듯이 태종 1년(1401) 7월 18일 "처음으로 등문고(登聞鼓)를 설치했다."라고 했는데, 여기서 '등문고'는 신문고의 본래 명칭이었으나, 태종 1년(1401) 8월 1일 '신문고'로 이름을 고쳤다.

[태종실록기사 1] [조선 제3대 임금인 태종 1년(1401) 7월 18일] **처음으로 등문고(登聞鼓)를 설치하였다. 안성(安城) 학장(學長) 윤조(尹慥)와 전(前) 좌랑(佐郞) 박전(朴甸) 등이** [태종 임금께] **상언(上言)하기를, "**[중국] **송(宋)나라 태조(太祖)가 등문고를 설치하여 하정(下情)을 들었는데, 지금까지도 칭송하고 아름답게 여기오니, 원컨대 고사(故事)에 의하여 설치하소서." 하였기 때문이다.**(태종실록 2권, 태종 1년, 서기 1401년 7월 18일 1번째 기사)

- **등문고(登聞鼓)**: 중요한 사실이나 사건을 임금에게 알리는 북[鼓]
- **학장(學長)**: 각 고을 향교(鄕校)에서 교육을 담당한 교원으로, 태종 1년 당시는 관직자도 아니고 봉록도 없었다.
- **좌랑(佐郞)**: 조선 건국 직후인 태조 1년(1392) 새로 관제를 제정할 때 설치한 육조(曹)와 도관(都官)의 정6품 관직으로, 각 조와 도관에는 2인씩을 두었다[이조(吏曹)의 경우만은 1인을 두었음].
- **상언(上言)**: 신하가 임금에게 사사로운 일을 글로 올리던 일. 백성이 임금에게 글을 올리던 일
- **하정(下情)**: 아랫사람들의 사정, 즉 백성의 사정
- **고사(故事)**: 예부터 전하여 내려오는 유서 깊은 일. 옛적에 있었던 일

[태종실록기사 1]을 보면, 신문고는 조선 제3대 임금인 태종 1년(1401) 7월 18일 '등문고(登聞鼓)'라는 명칭으로 처음 설치되었는데, '등문고'란 중요한 사실이나 사건을 임금에게 알리는 북[鼓]을 말한다. 그

러나 여기서는 조선 시대에 대궐의 문루(門樓: 문 위에 사방을 볼 수 있도록 다락처럼 지은 집)에 달아 두어 백성들이 억울한 일을 임금에게 직접 호소하고자 할 때 치도록 하면, 그 사정을 임금이 듣고서 백성의 억울함을 풀어 주도록 한 북이나 이러한 제도를 말한다.

이와 같은 등문고는 안성(安城)의 학장(學長) 윤조(尹慥)와 전(前) 좌랑(佐郎) 박전(朴甸)의 제안으로 설치했다. 학장은 각 고을의 향교(鄕校)에서 교육을 담당한 교원으로, 태종 1년 당시의 학장은 관직자도 아니고 봉록도 없었다. 그리고 좌랑은 조선 건국 직후인 태조 1년(1392) 새로 관제를 제정할 때 설치한 육조(曹)와 도관(都官)의 정6품 관직이었다.

이처럼 신분이 비교적 낮은 안성의 학장 윤조와 전 좌랑 박전이 태종 임금에게 등문고의 설치를 상언했다. 즉 "[중국] 송(宋)나라 태조(太祖: 조광윤)가 등문고를 설치하여 하정(下情)을 들었는데, 이를 지금까지도 칭송하고 아름답게 여기오니, 원컨대 [이러한] 고사(故事)에 의하여 등문고를 설치하소서."라고 건의하자, 이를 태종 임금이 받아들여 '등문고'를 설치했다고 한다. 그런데 여기서 "등문고를 설치했다."라는 말은, 등문고 제도를 처음 실시했다는 것인지, 아니면 등문고라는 북을 처음으로 대궐 문루에 매달았다는 것인지는 구체적으로 알 수 없다. 그러나 아마도 이들 두 가지를 모두 포함한 말인 것 같다.

한편 등문고를 어디에 매달았는지는 밝혀 놓지 않았으나, 다른 문헌을 보면 등문고(그 뒤 신문고 포함)는 대궐의 문루(門樓), 즉 대궐의 문 위에 사방을 볼 수 있도록 다락처럼 지은 집에 달아 놓았다. 그리하여 이를 원통하고 억울한 일이 있는 백성이 치게 되면, 그 사람을 담당 관원이 불러서 그 사정을 자세히 알아보고 임금에게 보고했다고 한다.

의정부의 상소에 따라 등문고 관련 규정을 정하고 '신문고'로 개칭

앞서 보았듯이 신문고는 안성의 학장 윤조와 전 좌랑 박전의 건의에 따라 조선의 태종 임금이 중국 송(宋)나라 때 등문고를 본따 '등문고'라는 명칭으로 태종 1년(1401) 7월 18일 처음 설치하고, 이를 억울하고 원통한 백성이 치면 그 원통함과 억울함을 풀어 주겠다고 했다. 이에 의정부(議政府)에서 그에 관한 몇 가지 방침들을 건의하자, 태종은 이를 받아들이는 한편, 등문고의 명칭도 '신문고'로 고쳤는데, 이에 관한 실록기사를 소개하면 [태종실록기사 2]와 같다.

> [태종실록기사 2] [등문고를 설치한 태종은] 고(告)할 데가 없는 백성으로서 원통하고 억울한 일을 품은 자는 나와서 등문고를 치라고 명령하였다. [그러자] 의정부(議政府)에서 상소하기를, "서울과 외방(外方)의 고할 데 없는 백성이 원억(冤抑)한 일을 소재지의 관사(官司)에 고하여도, 이를 다스려 주지 않는 자는 나와서 등문고를 치도록 허락하고, 등문한 일은 헌사(憲司)로 하여금 추궁해 밝혀서 [임금에게] 아뢰어 처결하여 원억한 것을 펴게 하고, 그중에 사(私)를 끼고 원망을 품어서 감히 무고(誣告)를 행하는 자는 반좌율(反坐律)을 적용하여 참소(讒訴)하고 간사한 것을 막으소서." 하니 [이를 임금이] 그대로 따르고, 등문고를 고쳐 신문고(申聞鼓)라 하였다.(태종실록 2권, 태종 1년, 서기 1401년 8월 1일 1번째 기사)

- **의정부(議政府)**: 조선 시대에 백관(百官)의 통솔과 서정(庶政: 여러 방면의 정사)을 총괄한 최고 행정기관
- **상소(上疏)**: 임금에게 글을 올리는 일이나 그 글을 이르던 말
- **외방(外方)**: 서울 이외의 모든 지방
- **원억(冤抑)**: 누명을 써서 원통하고 답답함

- **관사(官司)**: 관원이 소속되어 나랏일을 맡아보는 곳
- **헌사(憲司)**: 사헌부(司憲府)의 준말. 사헌부는 조선 시대에 언론 활동, 풍속 교정, 백관에 대한 규찰과 탄핵 등을 관장하던 관청으로 사간원(司諫院), 홍문관(弘文館)과 함께 삼사(三司)라고 불렀다.
- **무고(誣告)**: 다른 사람에게 형사 처벌이나 징계를 받게 할 목적으로 허위 사실을 날조하여 고소나 고발을 하는 것
- **반좌율(反坐律)**: 다른 사람을 거짓으로 무고한 사람에게 피해자가 받은 벌과 같은 벌을 주는 법
- **참소(讒訴)**: 다른 사람을 해치려고 죄가 있는 것처럼 꾸며 윗사람에게 일러바침
- **간사(奸詐)**: 자기 이익을 위해 남의 비위를 맞추며 알랑거림

[태종실록기사 2]에서 보듯이, 등문고를 처음 설치한 태종 임금은 백성들에게 명령하기를, "고(告)할 데가 없는 백성으로서 원통하고 억울한 일을 품은 자는 나와서 등문고를 치라."라고 했다. 그러자 의정부(議政府)에서 등문고를 칠 수 있는 사람의 자격과 이들의 처리 방법 등에 관하여 임금에게 상소[건의]했다. 즉 등문고는 ① "서울과 외방의 고할 데 없는 백성이 원억(冤抑)한 일을 소재지의 관사(官司)에 고하여도, 이를 다스려 주지 않는 자만이 나와서 등문고를 치도록 허락"하고, ② 이러한 사람이 등문고를 치면, 그 이유를 헌사(憲司: 사헌부)로 하여금 추궁해서 밝힌 다음, 그것을 임금에게 아뢰어서 처결케 하여, 원억함을 펴게 하되, ③ 등문고를 친 사람 중에, 만약 사심(私心: 제 욕심을 채우려는 사사로운 마음)이나 원망(怨望: 불평을 품고 미워함)을 품어서 감히 무고(誣告)를 행하는 자는 반좌율(反坐律)을 적용하여 처벌함으로써, 백성들이 참소(讒訴)하고 간사(奸詐)하는 것을 예방하소서." 했다. 그러자 이러한 제안을 태종 임금은 그대로 받아들였다고 한다.

한편 등문고의 명칭도 '신문고'로 고쳤다고 했는데, 그 이유는 밝혀 놓지 않았다. 그러나 '신문고'(申聞鼓)라는 명칭에서 '신'(申)은 '펴다'라는 뜻이고, '문'(聞)은 '듣다' 또는 '들어서 알다'라는 뜻이며, '고'(鼓)는 북을

말한다. 그러므로 이를 직역하면 "백성들이 뜻을 펴면 이를 임금이 들어서 알게 하는 북"이라고 풀이할 수 있다. 그러나 '신문'(申聞)은 일반적으로 "임금하게 아뢰는 것"을 말하는데, 고려 시대에는 액정국(掖庭局)이라는 관서에서 임금에게 여러 일을 아뢰는 역할을 맡아보던 부서를 '신문색'(申聞色)이라고도 불렀다.

그야 어떻든 간에, 조선조 태종 1년(1401) 7월 18일 '등문고'라는 것을 설치했다가, 불과 12일 뒤인 8월 1일 그 이름을 '신문고'로 고쳤다. 그러나 조선왕조실록을 보면, 그 뒤에도 '등문고'에 관련된 기사가 모두 35건이나 나온다.[1] 그러면 왜 이처럼 '등문고'를 '신문고'로 개칭한 뒤에도 등문고에 관한 기사가 나오는가? 이를 조사해 본 결과, 본래(옛날)의 등문고를 말한 것이 3건, 중국 송(宋)나라 때 등문고를 지칭한 것이 2건이고, 나머지 30건은 모두 신문고를 말한 것이었다. 그러므로 등문고의 이름을 '신문고'로 고친 이후에도 옛날 이름 그대로 '등문고'라고 부른 경우가 많았음을 알 수 있다.

이러한 사례는 등문고를 신문고로 고친지 무려 359년이 지난 후에도 나타났는데, 영조실록 96권, 영조 36년(1760) 11월 23일 3번째 기사를 보면, "임금이 말하기를, '등문고를 방자히 친 일은 정배(定配)함이 마땅하나, 한 일로 인하여 형제를 처분하는 것은 왕정(王政)의 할 바 아니다. 다만 그 공사(供辭: 죄인이 범죄 사실을 자세히 말함)를 물시(勿施: 멈추고 더 이상 하지 않음)하라.'라고 했다."라고 기록되어 있다. 고로 이를 볼 때, 영조 임금도 신문고를 그 이전 명칭대로 '등문고'로 불렀던 것 같은데, 그 이유는 정확히 알 수 없으나 아마도 중국에서 그렇게 불렀기 때문이 아닌가 생각된다.

---

1 이를 임금별로 보면, 세종실록에 3건, 성종실록에 12건, 연산군일기에 1건, 중종실록에 5건, 인종실록에 1건, 효종실록에 1건, 현종실록 개수본에 1건, 숙종실록에 5건, 숙종실록 정오본에 1건, 영조실록에 4건, 정조실록에 1건이 나온다.

태종이 하륜(河崙) 등에게 신문고의 유래에 관하여 묻다

앞서 [태종실록기사 2]는 신문고의 유래를 말해 주고 있는데, 앞서 태종실록 2권, 태종 1년(1401) 7월 18일 1번째 기사를 보면, 우리나라에서 신문고는, 안성 학장 윤조와 전 좌랑 박전 등이 임금에게 "[중국] 송(宋) 태조(太祖)가 등문고를 설치하여 하정(下情)을 들었는데, 지금까지도 칭송하고 아름답게 여기오니, 원컨대 [태종 임금께서도 등문고를] 설치하소서." 하는 건의에 따라 태종 1년(1401) 7월 18일 처음 설치했다고 한다. 그런데 [태종실록기사 3]을 보면, 태종 임금이 또 묻기를, "등문고는 어느 시대에 시작되었는가?" 하니, 하륜(河崙)이 대답하기를 "중국 송(宋)나라 때에 시작되었습니다."라고 대답했다. 따라서 이를 볼 때, 우리나라 신문고는 송나라의 등문고를 본떠서 '등문고'라는 이름으로 처음 설치했음을 알 수 있다.

> [태종실록기사 3] [태종 임금이] 영사평부사(領司平府事) 하륜(河崙), 우정승(右政丞) 이무(李茂), 판승추부사(判承樞府事) 조영무(趙英茂) 등에게 입대(入對)를 명하였다. … 임금이 또 묻기를, "신라는 중국의 어느 시대에 개국하였는가?" 하니, 윤이 말하기를, "신라는 [중국] 한(漢)나라 선제(宣帝) 오봉(五鳳) 원년(元年)에 개국하였습니다." 하였다. 이때에 신문고가 마침 이루어졌는데, … 임금이 또 묻기를, "등문고는 어느 시대에 시작되었는가?" 하니, 윤이 "송나라 때 시작되었습니다." 하였다. 임금이 "송조(宋朝) 이전에도 있었는가?" 하니, 윤이 말하기를, "이것은 삼대(三代)의 법입니다." 하였다. 상(上)이 말하기를, "그런가? 진선(進善)의 정(旌)도 또한 이것과 같다." 하였다.(태종실록 2권, 태종 1년, 서기 1401년 11월 16일 1번째 기사)

- **영사평부사(領司平府事)**: 조선 초기에 전곡(錢穀: 돈과 곡식, 즉 재정)을 맡아보던 사평부(司平府)의 으뜸 벼슬로 품계는 정1품이었다.
- **우정승(右政丞)**: 의정부의 삼의정(三議政) 가운데 하나로, 정1품 벼슬로 지금의 대법원장 격이다. 우상(右相)으로도 불렀다. 태종 14년(1414) 우의정(右議政)으로 명칭을 바뀌었다.
- **판승추부사(判承樞府事)**: 태종 때 임금의 명령을 출납하고 군사에 관계되는 일을 맡아보던 승추부(承樞府)의 으뜸 벼슬. 품계는 종1품으로 추정됨
- **입대(入對)**: 궁중에 들어가 임금을 뵙고 자문에 응함
- **한(漢)나라 선제(宣帝)**: 중국 전한(前漢)의 제10대 황제로 이름은 유순(劉詢)이었다.
- **오봉(五鳳)**: 중국 한나라의 선제(宣帝) 때 사용한 연호(기원전 57-54년). 선제의 연호는 본래 '신작'(神爵)이었으나, 기원전 57년 연호를 '오봉'으로 바꾸고, 그 해를 원년으로 하였다.
- **원년(元年)**: 어떤 일이나 사건이 시작된 첫해. 그러나 여기서는 선제가 연호를 오봉으로 바꾼 첫해를 말함
- **송조(宋朝)**: 중국 송(宋)나라의 조정, 또는 중국 송나라를 말함
- **삼대(三代)**: 여기서는 고대 중국의 세 왕조, 즉 하(夏)·은(殷)·주(周)나라를 말한다.
- **상(上)**: 임금을 높여 이르는 말
- **진선의 정(進善之旌)**: 고대 중국의 요(堯)임금 때 큰 길거리에 깃발(旌 = 旗)을 세워 놓고, 그 아래서 백성들이 정치에 관한 좋은 의견을 자유롭게 말하게 했다는 고사(故事)에 나오는 깃발을 말함

그런데 태종 임금이 또 묻기를, "[등문고는] 송나라 이전에도 있었는가?" 하니, 하륜이 대답하기를, "이것은 하(夏)·은(殷)·주(周)시대 때부터 내려온 법입니다."라고 하니, 임금이 말하기를, "그런가? 진선(進善)의 정(旌)도 또한 이것과 같다."라고 했다. 따라서 이런 내용으로 미루어 볼 때, 등문고 제도는 중국의 하·은·주시대 때부터 내려온 제도임을 알 수 있으나, 당시도 이를 '등문고'나 '신문고'라고 불렀는지는 알 수 없다. 그러나 그 기본 정신은 '진선(進善)의 정(旌)'과 마찬가지였음을 알 수 있는데, '진선의 정'이란 앞서 설명했듯이 고대 중국의 요(堯)임금

때 큰 길거리에 깃발[旌]을 세워 놓고, 만약 백성 중에 조정과 정치에 관하여 말하고 싶은 사람이 있으면 누구든지 그 깃발 아래에서 자유롭게 말하게 했던 제도나 그 깃발을 말한다.[2]

한편 [태종실록기사 3]의 중간 부분을 보면, 태종 임금이 신하들에게 묻기를 "신라는 중국의 어느 시대에 개국하였는가?" 하니, 하륜이 대답하기를, "우리 신라는 중국 한(漢)나라 선제(宣帝) 오봉(五鳳) 원년(元年: 기원전 57)에 개국했습니다."라고 하면서 "이때 신문고가 마침 이루어졌는데" 운운하는 내용이 나온다. 그런데 여기서 '신문고'는 중국의 것을 말하는지, 아니면 우리나라의 것을 의미하는지 알 수 없다. 다시 말해서, 신라를 건국한 해인 기원전 57년에 마침 우연하게도 중국에서 신문고 제도가 실시되었다는 말인지, 아니면 이때, 즉 신라가 개국하며 신문고 제도를 실시하기 시작했다는 뜻인지 알 수 없다. 따라서 중국 한(漢)나라 선제(宣帝) 오봉 원년과 우리나라 신라 개국 시기의 역사를 찾아보았으나, 신문고에 관한 것은 발견할 수 없어 어떤 것이 맞는지는 연구해 봐야 할 줄 안다.

태종이 교서로 신문고의 설치 목적과 격고 절차 등을 밝히다

앞서 살펴보았듯이 신문고는 조선 제3대 임금 태종 1년(1401) 7월 18일 '등문고'라는 명칭으로 처음 설치했다가 12일 뒤인 8월 1일 '신문고'로

2 이와 비슷한 것으로는 '비방지목'(誹謗之木)이라는 것도 있었는데, 이는 길 한가운데 목패(木牌)를 세워 놓고, 만약 정치의 득실에 관하여 자신의 의견을 표하거나 비판 등을 하기 원하는 사람은 누구든지 그 내용을 목패에 써 붙여서 다른 사람들이 보게 했던 제도나 그 목패를 말한다.

이름을 고쳤다. 그리고 5개월 뒤인 태종 2년(1402) 1월 26일 태종 임금이 특별히 신문고에 관한 교서(敎書)를 내려, 신문고의 설치 동기, 목적, 기본방침 등을 직접 밝혔는데, 이에 관한 실록기사를 보면 [태종실록기사 4]와 같다.

[태종실록기사 4] [태종 임금이] 교서(敎書)를 내렸는데 그 내용은 이러하였다. "내가 부덕(不德)한 사람으로 대통(大統)을 이어받았으니, 밤낮으로 두려워하면서 태평(太平)에 이르기를 기약하여 쉴 겨를도 없었다. 그러나 이목(耳目)이 살살이 미치지 못하여 옹폐(壅蔽)의 환(患)에 이르지 않을까 두려워하여 이제 옛 법을 상고(詳考)하여 신문고를 설치한다.

온갖 정치의 득실과 민생의 휴척(休戚)을 아뢰고자 하는 자는, 의정부(議政府)에 글을 올려도 위에 아뢰지 않는 경우, 즉시 와서 북을 쳐라. 말이 쓸 만하면 바로 채택하여 받아들이고, 비록 말이 맞지 않는다 하더라도 또한 용서하여 주리라. 대체로 억울함을 펴지 못하여 호소하고자 하는 사람은 서울 안에서는 주무(主務) 관청에, 외방에서는 수령(守令)·감사(監司)에게 글을 올리되, 이를 따져서 다스리지 아니하면 사헌부(司憲府)에 올리고, 사헌부에서도 따져 다스리지 아니한다면, 바로 와서 북을 쳐라. 원통하고 억울함이 명확하게 밝혀질 것이다. 위에서 말한 관사(官司)에서 따져 다스리지 아니한 자는 율(律)에 따라 죄를 줄 것이요, 월소(越訴)한 자도 또한 율에 따라 논죄할 것이다.

혹시 반역을 은밀히 도모하여 나라[社稷]를 위태롭게 하거나, 종친(宗親)과 훈구(勳舊)를 모해(謀害)하여 화란(禍亂)의 계제(階梯)를 만드는 자가 있다면 여러 사람이 직접 와서 북치는 것을 허용한다. 말한 바가 사실이면 토지 2백 결(結)과 노비(奴婢) 20명을 상으로 주고 유직자(有職者)는 3등(等)을 뛰어 올려 녹용(錄用)하고, 무직자(無職者)는 곧 6품직에 임명할 것이며, 공사천구(公私賤口)도 양민(良民)이 되게 하는 동시에 곧 7품직에 임명하고, 따라서 범인의 집과 재물과 종과 우마(牛馬)를 주되 다소(多少)를 관계하지 않을 것이며, 무고(誣告)한 자가 있다면 반좌율(反坐律)로써 죄줄 것이다. 아! 아랫사람의 정(情)을 상달(上達)케 하고자 함에 금조(禁條)를 마련한 것은 범죄가 없기를 기약함이니, 오직 중외(中外)의 대소 신료(臣僚)와 군민(軍民)들은 더욱 조심하여 함께 태평한 즐거움을 누리게 하라."(태종실록 3권, 태종 2년, 서기 1402년 1월 26일 2번째 기사)

- **교서(敎書)**: 임금이 내리는 명령의 내용이 적힌 문서를 말함
- **대통(大統)**: 임금의 계통. 원문에는 '비서'(丕緖)로 되어 있음
- **옹폐(壅蔽)**: 임금의 총명을 가리움
- **환(患)**: 근심
- **상고(詳考)**: 자세하게 참고하거나 검토하다
- **휴척(休戚)**: 편안함과 근심됨
- **의정부(議政府)**: 백관(百官)의 통솔과 서정(庶政: 여러 방면의 정사)을 총괄한 최고 행정기관
- **주무(主務)**: 어떤 일을 주관하여 맡아봄. 또는 어떤 일을 주관하여 맡아보는 사람
- **외방(外方)**: 서울 이외의 모든 지방
- **수령(守令)**: 각 고을을 맡아 다스리던 지방관들을 통틀어 이르는 말
- **감사(監司)**: 각 도의 으뜸 벼슬. 오늘날의 도지사와 같음
- **사헌부(司憲府)**: 정치를 논의하고 풍속을 바로잡으며 관리들의 잘못을 조사하여 그 책임을 탄핵하는 일을 맡아보던 관아
- **관사(官司)**: 관원이 소속되어 나랏일을 맡아보는 곳을 이르던 말
- **율(律)**: 공법(公法)의 하나. 반면 법(法)은 국가의 강제력을 수반하는 온갖 사회규범을 말함
- **월소(越訴)**: 하급 관아를 거치지 않고 직접 상급 관아에 송사를 제소하는 일
- **논죄(論罪)**: 죄의 성립 여부를 밝히거나 그 가볍고 무거움 따위를 따짐
- **종친(宗親)**: 성(姓)과 본(本)이 같은 일가붙이. 여기서는 임금의 친족을 말함
- **훈구(勳舊)**: 대대로 임금이나 나라를 위하여 세운 공로가 있는 집안
- **모해(謀害)**: 모략을 써서 해롭게 함
- **화란(禍亂)**: 재앙과 난리를 아울러 이르는 말

- **계제(階梯)**: 어떤 일을 할 수 있는 적당한 형편이나 기회, 일이 진행되어 가는 순서 또는 절차
- **결(結)**: 조세의 양을 계산하기 위한 논밭의 면적 단위를 이르던 말. 1결의 넓이는 시대와 토지의 등급에 따라 달랐는데, 예컨대 세종 때는 1등전 1결의 넓이가 9,859.7m²였으나, 인조 12년(1634)부터는 10,809m²가 되었다가 대한제국 광무 6년(1902)부터는 1만 m²인 1ha를 1결로 정했다.
- **유직자(有職者)**: 직업이 있는 사람
- **녹용(錄用)**: 사람을 뽑아서 씀
- **공사천구(公私賤口)**: 사회적으로 가장 낮은 신분의 계층이나 그 신분의 공적 또는 사적 사람
- **양민(良民)**: 선량한 백성. 여기서는 농민, 상인, 수공업자 등 중간계급의 백성을 말함
- **반좌율(反坐律)**: 남을 무고한 사람에게 그 무고한 죄와 같게 처벌하도록 하는 법률
- **상달(上達)**: 윗사람에게 말이나 글로 여쭈어 알려 드림
- **금조(禁條)**: 금지하는 조항, 즉 무엇을 하지 말라고 하는 법률
- **중외(中外)**: 국내와 국외
- **신료(臣僚)**: 모든 벼슬아치를 말함

[태종실록기사 4]를 보면, 태종 임금이 신문고(등문고)를 설치하게 된 동기와 목적이 잘 나타나 있다. "나는 내 부덕(不德)한 사람으로 왕위를 이어받았기에 밤낮으로 두려워하면서 태평한 세상을 이룩하기를 기약하여 쉴 겨를도 없이 노력했다. 그러나 나의 이목(耳目)이 샅샅이 미치지 못하는 것들이 있을까 근심하여 옛날의 법을 자세하게 참고하여 신문고를 설치한다."라는 것이었다. 그러니 "온갖 정치의 득실과 민생의 편안함과 근심됨을 나에게 아뢰고자 하는 자는, 그것을 의정부에 올려도 나에게까지 이르지 않을 경우, 즉시 와서 신문고를 쳐라. 그리고 나에게 아뢰면, 그 말이 쓸 만하면 바로 채택하여 내가 받아들이고, 비록 말이 맞지 않는다고 하더라도 용서하여 줄 것이다."라고 했다.

태종 임금의 교서에는 또한 신문고를 치는 절차도 소개되어 있는데, 억울함을 호소하기 위하여 신문고를 치려는 사람은 우선, 서울 안에서는 주무 관청에, 그리고 지방에서는 수령(守令)·감사(監司)에게 호소문을 올리라는 것이다. 그런데 이들이 호소문을 따져서 처리해 주지 않으면 그 호소문을 사헌부(司憲府)에 올리고, 사헌부에서도 처리해 주지 않으면, 궁궐로 와서 신문고를 치라고 했다. 그러면 "임금인 내가 신문고를 친[擊鼓] 호소인(이하 '격고호소인'으로 호칭)의 원통하고 억울함을 명확하게 밝혀 주겠다."라고 했다.

한편 격고호소인의 원통하고 억울함을 따져서 처리해 주지 않은 관청의 담당자에게는 법에 따라 죄를 주겠다고 했다. 그러나 호소인이 위와 같은 절차를 거치지 않고, 즉 서울 안의 주무 관청이나 지방의 하급 관아를 거치지 않고 직접 사헌부에 호소[월소: 越訴]하거나 또는 신문고를 칠 경우, 호소인을 법에 따라 처벌하겠다는 것이었다.

하지만 나라에 대한 반역(叛逆)을 은밀히 도모하여 나라를 위태롭게 하거나, 종친(宗親: 왕족)과 훈구(勳舊: 역대 공신)를 모략을 써서 해롭게 하여 재앙과 난리를 초래하려는 자가 있다면, 이들에 대한 고발은 여러 사람이 직접 와서 신문고를 치는 것도 허용하겠다고 했다. 그리하여 고발 내용이 만약 사실이면, 고발인에게 토지 2백 결(結)과 노비 20명을 상으로 주고 유직자(有職者)는 3등(等)을 뛰어올려 주고, 무직자(無職者)는 곧 6품직에 임명할 것이며, 천민도 양민(良民)이 되게 하는 동시에 곧 7품직에 임명하고, 또한 범인의 집과 재물과 종과 우마(牛馬)를 주되 다소를 관계하지 않을 것이나, 만약 무고(誣告)한 자가 있다면 반좌율(反坐律)로써 죄를 줄 것이라고 했다. 따라서 이러한 교서 내용을 볼 때, 신문고는 백성들의 억울하고 원통함을 풀어 주기 위하여 설치했지만, 또한 나라에 대한 반역자를 고발하는 수단으로 사용하기 위해서도 설치했음을 엿볼 수 있다.

신문고를 친 사람의 호소는 실제로 어떻게 처리해 주었는가?

앞에서는 태종 2년(1402) 1월 26일 태종 임금이 내린 교서에서 밝혀 놓은 격고자(擊鼓者: 신문고를 친 사람)의 호소에 대한 절차에 관하여 간단히 살펴보았다. 그러면 격고자가 실제로 신문고를 쳐서 억울하고 원통한 사정을 호소한다면, 그 호소는 어떻게 처리해 주었는가? 조선왕조실록을 보면 그 수많은 실제 사례(事例)가 소개되어 있다. 그러나 여기서는 우선 태종실록에 나타난 두 가지 사례만 소개하기로 하자.

사례 1 **노적의 호소에 따라 그의 노비를 빼앗은 정탁을 해풍으로 내치다**

첫째로 태종실록 5권, 태종 3년(1403) 5월 21일 2번째 기사를 보면 [태종실록기사 5]와 같은 내용의 기사가 실려 있는데, 이를 보면 억울한 사람이 신문고를 쳤을 때 그것을 어떻게 처리해 주었는지를 대충 짐작할 수 있다.

[태종실록기사 5] 청성군(清城君) 정탁(鄭擢)을 해풍(海豊)으로 내쳤다. 처음에 탁(擢)이 내시별감(內侍別監) 노적(盧積)의 노비를 빼앗으니, 적(績)이 신문고를 쳤다. 임금이 사헌부(司憲府)로 하여금 다스리게 하니, 헌부(憲府)에서 적을 옳게 여기고, 탁에게 죄주기를 청하였다. 임금이 박석명(朴錫命)에게 이르기를, "탁(擢)은 개국공신(開國功臣)이고, 또 경연(經筵)에서 시강(侍講)하였으니, 공(功)이 죄(罪)를 가릴 만하다. 그러나 법(法)도 또한 폐할 수 없다. 만일 농장(農庄)이 도성(都城) 문밖에 있는 것이 있으면 그곳으로 내쳐라." 하니, 석명이 대답하기를, "해풍에 농사(農舍)가 있는데, 도성에서 30리입니다." 하므로, 임금이 대단히 좋다고 하였다.(태종실록

5권, 태종 3년, 서기 1403년 5월 21일 2번째 기사)

- **청성군(清城君) 정탁(鄭擢)**: 조선 전기에 개성유후사유후(開城留後司留侯)·고부청시사(告訃請諡使)·우의정 등을 역임한 문신으로 1415년 청성부원군(清城府院君)에 진봉되었다.
- **해풍(海豐)**: 경기도 개풍(開豊) 지역의 옛 지명
- **내시별감(內侍別監)**: 궁중에서 임금을 모시는 별감으로 대전별감을 위시하여 중궁전별감, 세자궁별감, 세수간별감 등 태종 때는 모두 80여 명이 있었다.
- **사헌부(司憲府)**: 조선 시대에 언론 활동, 풍속 교정, 백관에 대한 규찰과 탄핵 등을 관장하던 관청
- **헌부(憲府)**: 사헌부를 말함
- **박석명(朴錫命)**: 조선 초기에 함경도선위사·전라도도체찰사·지의정부사 등을 역임한 문신
- **개국공신(開國功臣)**: 나라를 세우는 데 왕을 도와 공이 많았던 사람에게 내린 칭호 또는 그 칭호를 받은 사람
- **경연(經筵)**: 임금에게 유학의 경사(經史)를 강론하고 토론하는 일 또는 그 강론장을 말함
- **시강(侍講)**: 임금이나 세자 앞에서 경서를 강의하는 일이나 그 일을 하는 사람을 말함
- **농사(農舍)**: 농부의 집. 그러나 여기서는 조선 초기에 공신이나 귀족들이 소유한 대토지를 말함
- **도성(都城)**: 서울, 즉 한 나라의 중앙 정부가 있고 경제·문화·정치 등에서 가장 중심이 되는 도시

이러한 실록기사에서 보듯이, 청성군 정탁이 내시별감인 노적의 노비를 빼앗은 데 대하여 노적이 신문고를 쳐서 그 억울함을 호소하자, 임금이 사헌부로 하여금 노적의 호소를 처리하도록 명령했다. 그러자 사헌부에서 노적의 호소를 들어 보니 그것이 옳은 것으로 판단하여, 정탁에게 죄를 주라고 임금에게 청했다. 이에 임금이 의정부의 지의정부사(知議政府事) 박석명(朴錫命)에게 이르기를, "정탁은 개국공신이

고, 또 경연에서 시강(侍講)했으니, 공(功)이 죄(罪)를 가릴 만하다. 그러나 법(法)도 또한 폐할 수 없다. 만일 농장(農庄)이 도성 문밖에 있는 것이 있으면 그곳으로 내쳐라."라고 분부하니, 박석명이 대답하기를, "해풍(海豊)에 농사(農舍)가 있는데, 도성에서 30리입니다." 하므로, 임금이 대단히 좋다고 해서 정탁을 해풍으로 유배 보냈다는 것이다.[3]

사례 2 송씨의 노비상속문제는 대간(臺諫)에게 변정케 하다

앞서 〈사례 1〉을 보면, 억울한 일을 당한 사람이 그 억울함을 호소하기 위하여 신문고를 치면 이를 임금이 사헌부로 하여금 처리하도록 했다. 그러나 이와는 달리, 임금이 직접 그 사안(事案)을 조사한 뒤에 자세한 것은 대간(臺諫)이 조사해서 진실을 가리도록 위임하기도 했는데, 태종실록 7권, 태종 4년(1404) 1월 12일 1번째 기사를 보면 [태종실록기사 6]과 같이 적혀 있다.

[태종실록기사 6] **송(宋)씨는 전조(前朝)의 판삼사사(判三司事) 전보문(全**

3 그러나 이와 같은 임금의 처분이 너무 가볍다고 사헌부에서 상소하여 이의(異意)를 제기한 바 있는데, 앞에서 소개한 실록기사의 후반을 보면 다음과 같이 적혀 있다: 사헌부에서 상소하기를, "청성군 정탁은 두 번이나 공신이 되었고, 벼슬이 재보(宰輔)에 이르렀으니, 녹질(祿秩)의 풍족함과 토전(土田)·장획(臧獲: 노비)의 많음이 그와 비교할 사람이 없습니다. 죽은 검교시중(檢校侍中) 한천(韓蕆)이 거부(巨富)로 아들이 없었는데, 탁(擢)이 여러 조카들 가운데에 끼어 있어, 형제의 차서(次序)도 돌보지 않고 오직 위력(威力)으로 그의 전장(田庄)과 재물을 빼앗아 점유(占有)하고, 조금도 부끄럽게 여기지 않고 오히려 부족하여, 미천하고 용렬한 노적(盧績)의 노비를 한천(韓蕆)의 천안(賤案)에 접속(接續)시켜 힘을 믿고 함부로 빼앗았으니, 그 음휼(陰譎)하고 탐오(貪汚)한 죄를 징계하지 않을 수 없습니다. 그러므로 신(臣) 등이 전일에 계문(啓聞)하여 죄주기를 청하였사온데, 전하께서 공신(功臣)이라 하여 다만 농장(農庄)에 안치(安置)하시니, 어찌 징계하는 마음이 있겠습니까? 전하께서 차마 법으로 다스리지 못하신다면, 그 직첩(職牒)을 빼앗고 변방 고을에 안치하도록 허락하시어, 스스로 징계하기를 기다리고 다른 사람을 경계하소서." 했으나, 임금이 회답하지 않았다.

普門)의 아내이다. 자손이 없이 죽고 노비가 매우 많았는데, 전 전의소감(典醫少監) 허기(許愭) 등이 수양(收養)이기 때문에 전해 받아서 부리었다. 송씨의 내외족(內外族) 사람인 여흥부원군(驪興府院君) 민제(閔霽), 좌정승(左政丞) 하륜(河崙), 판사평부사(判司平府事) 이직(李稷) 등이 변정도감(辨正都監)에 소송하여 이를 다 빼앗았다. 이때에 이르러 기(愭)가 신문고를 쳐서 원통함을 호소하였다. 임금이 양쪽의 문권(文券)을 가져오라 하여 보고, 그 장(狀)을 대간(臺諫)에 내리고 명하기를, "양쪽의 시비(是非)는 내가 이미 알았다. 그러나 대신(大臣)도 작은 일을 친히 하지 않는데, 하물며 인군(人君)이겠느냐? 너희들은 3일 안에 그 시비를 분변(分辨)하여 갖추어 아뢰라." 하였다. 대간이 보고하기를 "기(愭)는 문자(文字)를 위조하였고, 제(霽) 등은 비록 송씨의 일가이기는 하나 사촌이 아니고, 또 전계(傳係)가 없다."라고 했기 때문에, [임금이 전보문 아내의 노비들을] 모두 속공(屬公)시켰다.(태종실록 7권, 태종 4년, 서기 1404년 1월 12일 1번째 기사)

- **전조(前朝)**: 이전 대(代)의 임금. 여기서는 태종의 바로 전 임금인 정종 때를 말함
- **판삼사사(判三司事)**: 조선 시대 초기 삼사(三司: 사헌부, 사간원, 홍문관을 가리킴)의 종1품 벼슬. 태종 원년(1400)에 삼사를 사평부로 고치고 판사평부사라 했음
- **전의소감(典醫少監)**: 조선 초기, 전의감(典醫監)의 종4품 벼슬. 태종(太宗) 14년(1414)에 부정(副正), 세조(世祖) 12년(1466)에는 첨정(僉正)으로 명칭을 고쳤다.
- **수양(收養)**: 남의 자식이나 고아 등을 맡아서 기름
- **내외족(內外族)**: 내종과 외종 친족
- **변정도감(辨正都監)**: 여기서는 노비변정도감(奴婢辨正都監)을 말하는 것으로, 노비의 소송과 재판을 맡아보던 관청을 말함
- **문권(文券)**: 재산과 노비, 권리의 매매·양도·저당 등에 관한 문서
- **대간(臺諫)**: 감찰 임무를 맡은 대관(臺官)과 국왕에 대한 간쟁 임무를 맡은 간관(諫官)의 합칭
- **인군(人君)**: 군주 국가에서 나라를 다스리는 우두머리, 즉 임금을 말함

• **분변(分辨)**: 사물의 시비나 선악 따위에 대해서 구별하여 앎
• **전계(傳係)**: 노비나 재산 따위를 아들이나 친속(親屬)에게 넘겨줌. 또는 그 문권(文券)
• **속공(屬公)**: 임자 없는 노비나 물건. 또는 금제품(禁制品)·장물(贓物) 따위를 관부에 귀속(歸屬)시키는 것

[태종실록기사 6]과 같이, 전보문의 아내 송씨가 죽자 그녀의 노비들을 허기 등이 부리고 있었는데, 이들 노비를 송씨의 내외족이 빼앗았다. 그러자 허기가 신문고를 쳐서 그 억울함을 호소하자, 태종 임금은 노비에 관한 양쪽의 문건을 가져오라고 해서 보고 대간에게 그 시비를 가려 보고토록 했다. 그리하여 대간이 임금에게 보고하기를, "허기의 문서는 위조되었으며, 노비를 빼앗은 민제 등은 비록 송씨의 일가이기는 하나 사촌이 아니고, 또 전계(傳係)가 없다."라고 하자, 임금이 그 노비들을 모두 관청에 소속시켰다는 것이다.

개인뿐 아니라 여러 사람이 집단으로 신문고를 쳐서 호소하기도

조선왕조실록을 보면, 신문고는 개인이 개별적으로만 친 것이 아니라 여러 사람이 집단적으로 치기도 했다. 예컨대, 태종실록 11권, 태종 6년(1406) 2월 26일 2번째 기사를 보면, [태종실록기사 7]과 같이 조계사(曹溪寺)의 승려 성민(省敏)이 그의 무리 수백 명을 거느리고 와서 신문고를 쳤다고 기록되어 있다.

[태종실록기사 7] 조계사(曹溪寺)의 승(僧) 성민(省敏)이 신문고를 쳤다. [나라에서] 절의 수를 줄이고 노비와 전지(田地)를 삭감하는 까닭으로 승

도(僧徒)들이 날마다 정부[의정부]에 호소하며 예전대로 회복하도록 요구하니, 정승 하륜(河崙)이 답하지 않았다. 이에 성민이 그 무리 수백 명을 거느리고 와서 신문고를 쳐서 임금에게 아뢰었으나, 임금이 끝내 허락하지 아니하였다.(태종실록 11권, 태종 6년, 서기 1406년 2월 26일 2번째 기사)

- **조계사(曹溪寺)**: 어디에 있던 어떤 절인지는 알 수 없다. 현재 서울특별시 종로구 견지동에 조계사가 있기는 하지만, 이 절은 1910년에 창건했기 때문에 당시의 조계사와는 다르다.
- **성민(省敏)**: 승려의 이름. 고려 말 공양왕 때의 선사(禪師)인 찬영(粲英)의 문인이었다.

태종 2년(1402) 임금이 척불책(斥佛策)의 일환으로 사찰의 숫자를 제한하고, 또한 사찰이 소유한 토지와 노비를 국유화하여 사찰의 경제적 기반을 붕괴시키자, 승려들은 의정부에 호소하여 몰수된 토지 등을 되돌려받으려 했으나 실패했다. 그러자 태종 6년(1406) 정월 성민은 승려 수백 명을 인솔하고 한양으로 들어와서 신문고를 울려 임금에게 직접 호소했으나, 태종 임금이 승려들의 요구를 들어 주지 않았다는 것이다.

한편 태종 13년(1413) 11월에는 노비 3백여 명이 노비중분법(奴婢中分法)에 항의하여 신문고를 쳤다. 또 같은 달 27일에는 노비 1백 30여 명이 지난 병술년(丙戌年), 즉 태종 6년(1406)에 노비대장을 작성할 때 이름을 올리지 못했다면서 신문고를 치기도 했다. 그러자 이들의 요구는 노비중분법을 얕잡아 보고 이를 파기시키려는 것이라면서, 태종 임금은 신문고를 친 모두 4백 30여 명을 순금사(巡禁司)에 넘겨서 처벌토록 했는데, 이에 관한 기사는 [태종실록기사 8]과 같다.

[태종실록기사 8]　지난달 18일에 [노비중분법이] 오결(誤決)이라고 하여 북[신문고]을 친 사람이 3백여 인이 있었고, 27일이 되어 병술년에 친히

착명(着名)할 때 미치지 못하였다고 하여 북을 친 사람이 1백 30여 인이었다. 이에 임금이 전지(傳旨)하였다. "중분법(中分法)이 이미 이루어졌는데, 이 사람들은 이룩된 법을 얕잡아 보고 파훼(破毁)하고자 하였으니 징계하지 않을 수 없다. 법률을 안핵(按覈)하여 시행하는 것이 마땅하다." 라면서, 신문고를 친 사람 4백 30여 인을 순금사(巡禁司)에 내려 처벌토록 하였다.(태종실록 26권, 태종 13년, 서기 1413년 12월 2일 2번째 기사)

- **오결(誤決)**: 잘못 결정하거나 결재함
- **병술년(丙戌年)**: 태종 6년(1406)을 말함
- **착명(着名)**: 문안(文案) 등에 이름을 적음
- **전지(傳旨)**: 상벌에 관한 임금의 명령을 그 담당 관원에게 전달하는 것
- **중분법(中分法)**: 노비중분법을 말하는 것으로, 소송 중인 노비는 무조건 양자가 반반씩 나누게 한 조치. 태종 13년(1413) 9월부터 시행했음
- **파훼(破毁)**: 깨뜨려 헐어 버림
- **안핵(按覈)**: 어떤 사건이나 사실 따위를 매우 자세히 조사하여 살핌
- **순금사(巡禁司)**: 의금부(義禁府)의 옛 명칭. 원래는 고려 말에 근위병 구실을 하던 순군만호부(巡軍萬戶府)를 조선 태종 2년(1402)에 순위부(巡衛府)로 고쳤다가 다음 해 의용순금사(義勇巡禁司)로 개편했다가 태종 14년(1414) 8월 의금부로 승격·개칭하면서, 포도(捕盜)·순작(巡綽)·금란(禁亂)의 임무를 관장했다. 특히 역모 등의 정치범이나 삼강오륜을 어겨 사회질서를 문란케 하는 등의 중죄인을 다스리는 일을 담당한 특별사법관청이었다. 별칭으로 조옥(詔獄)·금부(禁府)·왕부(王府)라고도 불렀다.

이 기사에 나오는 노비중분법에 관하여 간단히 살펴보면, 조선의 개국 이후 노비 문제가 시급한 과제가 되었다. 고려 말에 불법적으로 증가한 노비 인구를 감축시키고, 이들을 면천(免賤: 천민의 신분에서 벗어나게 함)시켜 국가 공민으로 확보해야만 했으나, 이는 노비를 대량 소유하고 있는 지배층의 경제적 이해와 직결된 문제였기 때문이다. 그리하여 조정에서 노비에 대한 변정(辨正) 사업에 착수하자, 태종 때에만도 노

비소유권에 대해 소송을 제기한 사람이 2천여 명에 이를 정도였다. 그러자 결국 태종은 노비중분법을 마련하여, 현재 소송 중인 노비는 개인 대 개인이든, 국가 대 개인이든 간에 무조건 양자가 반씩 나누어 갖도록 하는 동시에 이 판결에 대한 앞으로의 소송은 일체 금지하는 조치를 내렸다.[4] 그러나 이러한 법안에 대하여 노비소유자는 물론, 노비들도 많은 반대를 했다.

백성뿐 아니라 관리와 군인도 신문고로 여러 가지를 청원

이처럼 신문고는 승려와 노비도 쳤지만, 또한 관리나 군인들도 두드려 자신들의 억울함이나 소원 등을 임금께 호소했다. 이런 사례는 조선 초기에서 많이 찾아볼 수 있는데, 우선 태종실록 15권, 태종 8년(1408) 3월 1일 3번째 기사를 보면 [태종실록기사 9]와 같은 내용이 실려 있다.

> **[태종실록기사 9] 각도(各道) 절제사도(節制使道) 색장(色掌) 1백 39명이 신문고를 쳐서 서용(敍用)해 주기를 청하니,** [이를 임금이] **병조(兵曹)에 내**

4 이 법안의 골자는 그간에 문제되었던 법규들에 대한 처리를 보류하고 무조건 중분한다는 것이었다. 즉 ① 양쪽이 부당하다고 하여 속공(屬公)한 노비나 공처(公處)에 투탁한 노비를 소송하는 경우, 공사 간에 중분하고, ② 적처(嫡妻)의 자식과 서첩(庶妾)의 자식은 전례에 의하여 차등 있게 나누지만, 만약 수양(收養)·시양(侍養)의 노비인 경우는 중분하며, ③ 자식이 없는 사람의 노비를 제한된 촌수 이외의 사람이 서로 다투는 것은 중분하고, ④ 처음에 도망 노비라고 신고했다가 나중에 서로 소송하게 된 것은 아울러 중분한다는 규정들이 그 일례이다. 이 밖에 노비 가운데 건장하고 노약한 자를 두루 섞어 제비를 뽑아 중분한다는 식의 분배규정을 정하고, 그해 안에 처리하도록 기한을 정했다. 그러나 이것은 대체로 권력을 배경으로 한 불법적 소유자들에게 절반의 지분을 인정해 주는 것이 되었으므로 노비들도 쉽게 받아들이지 않았다.

려 액수(額數) 및 직품(職品)의 고하(高下)와 천전(遷轉)의 품차(品次)를 상정(詳定)토록 하였다. 병조에서 아뢰기를, "각도(各道) 군영(軍營)이 모두 11개소인데, 매(每) 한 도(道)의 색장을 15인으로, 액수를 정해서 5품 이하가 입속(入屬)하는 것을 허락하고, 11도(道)를 합하여 한 도목(都目)으로 해서, 그중에 도(到)가 많은 자 한 사람은 4품 행사직(行司直)으로 거관(去官)케 하고, 사직(司直) 둘, 부사직(副司直) 둘, 사정(司正) 셋, 부사정(副司正) 넷은 모두 도가 많은 자의 차례로 서용하소서." 하니, 임금이 그대로 따랐다.(태종실록 15권, 태종 8년, 서기 1408년 3월 1일 3번째 기사)

- **절제사도(節制使道)**: 각도 절제사(節制使)의 군영. 절제사는 지방에 파견되던 무관직
- **색장(色掌)**: 조선 초기에 병조(兵曹)의 군령(軍令)을 전하던 각 도(道) 군영의 무관직 군속(軍屬). 태종 8년(1408) 명칭이 진무(鎭撫)로 바뀌었다.
- **서용(敍用)**: 파면되었던 사람을 다시 채용함
- **병조(兵曹)**: 육조 중에서 군사 관계 업무를 총괄하던 중추적 기관. 오늘날의 국방부에 해당
- **직품(職品)**: 벼슬의 품계(品階)를 일컫는 말. 품계는 벼슬의 직품과 관계(官階)를 말함. 조선 시대에는 문무백관을 동서 양반으로 나누고 그 등급을 정1품에서 종9품까지 18등급으로 구분했다.
- **천전(遷轉)**: 근무 일수를 채운 관리를 타직(他職)으로 전임(轉任)시키는 일
- **품차(品次)**: 직품의 차례
- **상정(詳定)**: 나라의 제도나 관아에서 쓰는 물건의 값, 세액, 공물액 따위를 심사하고 결정하여 오랫동안 변경하지 못하게 하던 일
- **입속(入屬)**: 어떤 직위나 기관 등에 소속시키는 것
- **도목(都目)**: 이조(吏曹)와 병조에서 벼슬아치의 치적을 심사하여 면직하거나 승진시키던 일. 벼슬아치의 성적이 좋고 나쁨을 적어 놓은 조목
- **도(到)**: 근무 일수
- **사직(司直)**: 오위(五衛)에 속한 정5품 군직(軍職) 또는 벼슬. 이에는 행사직(行司直), 부사직(副司直) 등이 있었는데, 행사직이란 관계(官階)는 높으나 관직이 낮은 사직 앞에 붙여 준 것이며, 부사직(副司直)이란 사직 바로 아래 벼슬로 현직에 있지 않은 문관과 무관 또는 기타 잡직에 있는 사람 가운데서 등용했다.

• **거관(去官)**: 벼슬아치가 임기가 차서 다른 벼슬자리로 옮김. 또는 그 벼슬아치
• **사정(司正)**: 5위(衛)에 속한 정7품 무관직(武官職). 품계는 종7품

이 기사에서 보듯이 각도 절제사(節制使)의 군영에서 근무하다가 파면되었던 색장(色掌) 1백 39명이 신문고를 두드려서 다시 채용하여 달라고 호소하자, 임금이 병조(兵曹)에 명령하여 인원수, 계급 등에 관한 법을 결정하여 올리게 했다. 그러자 그것을 임금이 그대로 받아들여 파면되었던 색장들을 다시 여러 벼슬에 채용해 주었다는 것이다.

그런가 하면, 태종실록 21권, 태종 11년(1411) 1월 11일 5번째 기사를 보면, "사직(司直) 김득방(金得邦) 등 3백 명이 신문고를 쳐서 응양위(鷹揚衛)에 다시 공해전(公廨田)을 내려 줄 것을 탄원하자 임금이 '그렇게 하라'고 명령했다."라고 적혀 있다. 여기서 응양위란 조선 초기 의흥친군(義興親軍)의 십위(十衛) 중 하나를 말하며, 공해전이란 관청의 비용에 충당하기 위해 지급한 토지를 말한다.

이와 같은 실록기사들을 보면 특히 무관직 벼슬아치들이 신문고를 많이 쳤던 것 같은데, 태종실록 19권, 태종 10년(1410) 4월 3일 1번째 기사를 보면, 다음 [태종실록기사 10]에서 보듯이 삼군(三軍)의 대장(隊長)도 신문고를 쳐서 전례(前例)대로 녹(祿: 봉급)을 더 달라고 청원하기도 했다.

[태종실록기사 10] 삼군(三軍) 대장(隊長)이 신문고를 쳐서 신정(申呈)하기를, "예전의 예(例)에 대장은 대부(隊副)가 받는 녹(祿)보다 쌀·콩 각각 1석, 정포(正布) 1필을 더 받았는데, 금년의 녹을 나누어 주는 것은 대부와 차등이 없으니, 빌건대, 전례(前例)에 의하소서." 하였다. 이를 임금이 옳게 여기니, 호조판서(戶曹判書) 이응(李膺)·참지의정부사(參知議政府事) 윤사수(尹思修) 등이 아뢰기를, "만일 공로가 있다면 별도로 줄 수는 있으

나, 반록(頒祿)의 제도를 어찌 가볍게 고칠 수 있습니까?" 하였다. 이에 의정부에 내려 의논케 하니, 정부에서 이응 등의 말을 따르기를 청하였다.(태종실록 19권, 태종 10년, 서기 1410년 4월 3일 1번째 기사)

- **삼군(三軍)**: 옛 군제에서 상군(上軍)·중군(中軍)·하군(下軍)을 통틀어 이르는 말
- **대장(隊長)**: 말단 소대급의 지휘자. 오늘날의 소대장에 해당하나 장교는 아니었다. 예하에 5명씩의 졸병으로 구성되는 6개의 오(伍: 분대), 즉 30명 규모의 병력을 두었다.
- **신정(申呈)**: 아래 관원이 위의 관원에게 아룀
- **대부(隊副)**: 무반의 종9품 잡직
- **녹(祿)**: 나라에서 관원에게 주는 봉급. 녹봉(祿俸)
- **정포(正布)**: 관리의 녹봉으로 주거나 혹은 잡세(雜稅)로 거두던 품목의 하나로 품질이 좋은 베
- **호조판서(戶曹判書)**: 호구(戶口)·공부(貢賦)·전량(錢糧)·식화(食貨)에 관한 일을 관장하던 호조의 최고책임자
- **참지의정부사(參知議政府事)**: 의정부의 정3품의 관직
- **반록(頒祿)**: 관료들에게 녹봉(祿俸)을 내려 줌. 조선 초기에는 매년 1월과 7월에 녹봉을 지급하다가, 세종 21년(1439)부터는 1월, 4월, 7월, 10월에 지급하는 사맹삭반록제(四孟朔頒祿制)로 바뀌었다.
- **의정부(議政府)**: 조선 시대에 백관(百官)의 통솔과 서정(庶政)을 총괄하던 최고의 중앙행정기관. 육조(六曹) 즉 이·호·예·병·형·공 등 모두 6개 조직으로 이루어져 있으며, 각각의 부서에서 고유의 일을 맡아 처리했다.

그러나 이러한 청원은 의정부의 반대로 받아들여지지 않았다. 이처럼 군인이나 관리들도 신문고를 쳐서 자신들의 어떤 문제를 해결해 줄 것을 청원하기도 했다. 하지만 그것이 부적절한 경우에는 그 청원자를 처벌하기도 했는데, 그러면 어떤 경우에 어떤 처벌을 받게 되었는가?

관원들이 신문고를 쳐서 승진 등을 요구하다가 처벌받기도

태종실록 21권, 태종 11년(1411) 6월 22일 1번째 기사를 보면, 갑사(甲士) 한중겸(韓仲謙) 등이 신문고를 쳐서, 지난해 야인(野人)과의 싸움에 공로가 있다면서 승진시켜 주기를 요구하자, 임금이 한중겸 등을 하옥(下獄)시켜 신문(訊問)하도록 명했다. 그리고 이들을 경성(鏡城) 수졸(戍卒)로 충당했다고 기록되어 있는데,[5] 이를 볼 때 관리가 부당하게 승진 등을 요구하면 오히려 처벌하고 강등시켰던 것 같다.

이러한 사례는 태종실록 22권, 태종 11년(1411) 11월 6일 3번째 기사에서도 찾아볼 수 있다. 이 기사를 보면, [태종실록기사 11]에서 보듯이, 장흥부사(長興府使) 김기(金頎)가 원종공신(原從功臣) 반열에 끼고자 신문고를 쳐서 태조 7년(1398) 10월 제1차 왕자의 난 때 자신이 장철(張哲) 등 15인과 함께 세자(世子) 이방석(李芳碩)을 성(城)의 서쪽에서 죽였다고 거짓으로 고했다가 들통나서 덕산(德山)으로 유배를 가게 되었다.

[태종실록기사 11] 김기(金頎)가 신문고를 쳐서 원종(元從)의 반열에 참여하기를 원하였다. 임금이 불러서 그 사유를 물으니 대답하였다. "무인년(戊寅年)에 주상이 경복궁 남문(南門) 밖에 계실 때 신(臣)이 장철(張哲) 등 15인과 함께 세자(世子) 이방석(李芳碩)을 성의 서쪽에서 죽였습니다." 하니, 임금이 말하기를, "골육(骨肉) 간에 서로 해한 것을 내가 비록 면치 못하나, 이방석을 죽이는 데에 대하여서는 일찍이 한마디 말도 한 일이 없다. 너를 시켜 형(刑)을 감독하게 한 자는 누구인가?" 하고, 곧 김기를

---

5 낱말 풀이 ① 갑사(甲士): 오위제의 중위(中衛 = 義興衛)에 속했던 군인을 말함. ② 신문(訊問): 어떤 사건에 관하여 증인, 당사자, 피고인 등에게 말로 물어서 조사하는 일. ③ 수졸(戍卒): 변방에서 수자리를 서는 군사. ④ 충당(充當): 모자라는 것을 채움.

순금사(巡禁司)에 가두고 임금이 마음이 아파서 승정원에 명하였다.

"이 사람은 내가 이름과 얼굴을 알지 못하는데, 이제 이런 말을 하니, 내가 심히 가슴 아프다. 무인년의 일은 그 대체(大體)는 내가 아는 것이지마는, 이방석의 죽은 곳과 날짜와 시간은 지금까지 내가 알지 못한다. 내가 만일 김기와 장철(張哲)을 시켜 형(刑)을 행하였다면 내가 어찌 은휘(隱諱)하겠는가? 이 사람을 장차 어떻게 처치할 것인가?"

지신사(知申事) 김여지(金汝知) 등이 대답하였다. "이 사람의 말은 주상께서 차마 들으실 수 없는 것이니, 국문(鞫問)하면 말이 길어질 것입니다. 신(臣) 등은 생각건대, 신문고를 잘못 친 것으로 장(杖) 1백 대를 때리어 먼 변방에 귀양보내는 것이 가할까 합니다."

임금이 말하였다. "불가하다. 옛적에 당태종(唐太宗)이 영명(英明)한 임금으로 오히려 규문(閨門)의 참덕(慙德)을 면치 못하였다. 하물며, 무인년 위급한 때를 당하여 골육이 상잔(相殘)하는 것을 내가 어떻게 면하겠는가? 그 대체는 그러한데, 지금까지 하늘에 고하고 뉘우친다. 그러나 그 때를 당하여 내가 흥안군(興安君)을 구제하고자 하였으나 마침내 구하지 못하였는데, 하물며, 김기 등 15인으로 하여금 골육을 죽이겠는가? 그 때에 싸움이 일어나서 공을 이룬 자가 많으니, 김기가 또한 반드시 말을 들은 곳이 있을 것이다. 반드시 국문하여 의혹을 풀어야 하며 국문한 뒤에는 어찌 반드시 죄를 주겠느냐?"

김여지가 대답하였다. "주상의 말씀이 옳습니다." 이에 주상이 상명하여 [김기를] 국문하니, 과연 사실이 아니었다. 죄가 장(杖) 1백 대에 도(徒) 3년에 해당하는데, 다만 자원안치(自願安置)하게 하고, 또 원종공신(元從功臣) 첨총제(僉摠制) 차지남(車指南), 대호군(大護軍) 전흥(田興) 등을 불러 김기의 원종(元從)한 연유와 무인년에 따라다닌 일을 물으니, 대답하였다. "신 등은 알지 못합니다." 하였다. 이에 김기를 덕산(德山)에 안치(安置)하였다.(태종실록 22권, 태종 11년, 서기 1411년 11월 6일 3번째 기사)

- **장흥부사(長興府使)**: 전라도 장흥부(長興府)의 우두머리 벼슬. 장흥부는 태종 13년(1413) 도호부가 됨으로써 그 수장은 종3품의 도호부사(都護府使)가 되었다.
- **원종공신(原從功臣)**: 국가나 왕실의 안정에 공훈이 있는 정공신(正功臣) 외에 왕을 수종(隨從)해 공을 세운 사람에게 준 칭호, 또는 그 칭호를 받은 사람. 본래는 원종공신(元從功臣)이라고 했으나 명나라 태조인 주원장(朱元章)의 이름에 들어 있는 원(元) 자를 피해 원(原)으로 고쳐 썼다.
- **반열(班列)**: 품계나 신분, 등급 따위의 차례
- **무인년(戊寅年)**: 태조 7년(1398). 제1차 왕자의 난이 일어난 해를 말함
- **이방석(李芳碩)**: 조선 제1대 임금 태조의 여덟째 아들로, 어머니는 신덕왕후 강씨(神德王后康氏)이며, 태종 이방원(李芳遠)의 이복동생이다. 태조 7년(1398) 10월 6일(음력 8월 26일), 이방원이 일으킨 제1차 왕자의 난 때 자객에 의해 살해되었다.
- **순금사(巡禁司)**: 고려·조선 초기 방도금란(防盜禁亂: 도적을 막고, 변란을 금함)을 맡아보던 관청. 그러나 조선 태종 14년(1414) 의금부(義禁府)로 개편과 동시에 사법 전담기관으로 독립했다.
- **은휘(隱諱)**: 어떤 일을 말하기 꺼려 숨김
- **지신사(知申事)**: 조선 초기, 승정원의 으뜸인 정3품의 벼슬아치
- **장(杖)**: 오형 중 태형보다 중한 형. 사람이 죄를 범했을 때 대형장을 써서 볼기를 치는 형벌. 60대 치는 것과 70대·80대·90대·1백 대의 5종으로 구분되었다.
- **규문(閨門)**: 집안에서 부녀자가 거처하는 곳
- **참덕(慙德)**: 임금의 덕화(德化)가 널리 미치지 못함을 부끄러워함
- **흥안군(興安君)**: 조선 태조 때 문신 이제(李濟)의 군호(君號). 이제는 이성계(李成桂)의 셋째 딸 경순공주(慶順公主)와 결혼했으며, 고려 공양왕 4년(1392) 전법판서(典法判書)로 있으면서 정몽주(鄭夢周)의 살해에 가담하고, 이성계를 추대하여 개국공신 1등에 책록되고, 흥안군(興安君)에 봉해졌다.
- **국문(鞫問)**: 국청(鞫廳), 즉 역적이나 강상죄인 등 나라의 큰 죄인을 신문하기 위하여 왕명에 의해 임시로 설치한 기관에서 역적이나 강상죄인 등 나라의 큰 죄인을 형장을 가하여 신문하던 일. 강상죄인(綱常罪人)은 삼강과 오상(오륜)에 어긋난 죄를 지은 자를 이르던 말
- **안치(安置)**: 유배형의 한 가지로, 귀양 간 곳에서 다시 거주의 제한을 받는 것을 말한다. 이러한 안치 중, 자원안치란 죄인이 원하는 곳에 안치하는 것을 말한다.
- **첨총제(僉摠制)**: 조선 시대 중앙군 편제의 하나, 또는 그 편제의 우두머리 벼슬 이름

• **대호군(大護軍)**: 조선 시대 무관직의 하나로, 오위(五衛)의 3품 관직
• **전흥(田興)**: 조선전기 판홍주목사·형조참판·중추원사 등을 역임한 문신
• **덕산(德山)**: 충청남도 예산 지역의 옛 지명

신문고의 본래 설치 목적과는 달리 기망의 도구로 악용되기도

앞서 여러 번 말했듯이 신문고는 백성들의 억울함을 풀어 주기 위해 설치한 것이었다. 그러나 자신들의 사사로운 이익을 위해 신문고를 악용하는 사례들도 빈번하게 일어나게 되었다. 이처럼 신문고에는 역기능이나 부작용 또는 문제점도 적지 않았던 것 같은데, 태종 4년(1404)에 의정부에서 각종 제도에 대한 각 관청의 진언(陳言)들을 조사해서 임금에게 아뢴 종합보고서를 보면, 신문고에 관하여 [태종실록기사 12]와 같이 기록되어 있다.

[태종실록기사 12] 국가에서 하정(下情)이 상달(上達)되지 못할까 염려하여 신문고를 설치하고, 사람들에게 와서 치도록 허락하여 임금의 총명을 막거나 가리우는 근심을 없애니, 이것은 진실로 좋은 법이요 아름다운 뜻입니다. [그러나] 간사하고 포악한 무리가 법을 세운 뜻을 살피지 아니하고, 다만 탐욕스러운 사리(私利)를 좇아서 간활(奸猾)함에 인연하여 백단(百端)으로 꾸며, 자기의 뜻에 맞지 않으면 오결(誤決)이라 하고, 문득 와서 북을 쳐서 천총(天聰)에 아뢰니다. 이리하여 그 소송하는 일을 가지고 혹은 직단(直斷)하기도 하고, 혹은 유사(攸司)로 하여금 그 진위를 추핵(推覈)하게 하기도 하는데, 비록 무고(誣告)한 것이 드러나더라도 극형(極刑)을 가하지 않습니다. 그러므로 사람들이 법을 두려워하지 않고, 이에 북을 치고자 하고, 이로써 관리(官吏)를 위협합니다. 이로 본다면

이른바 신문고라는 것은 원통하고 억울한 것을 펴서 임금의 총명을 막고 가리우는 것을 없애기 위한 것이 아니라, 바로 간사한 무리가 기망(欺罔)하는 도구입니다. 원하건대, 이제부터 북을 치는 자가 소송하는 사건은 그 진위를 추핵하여, 고소한 것이 허망(虛妄)한 것 같으면, 그 일찍이 부리던 노비(奴婢)와 가산(家産)을 관(官)에 몰수하고, 그 자신을 수군(水軍)에 충당(充當)하여, 오직 노비뿐만 아니라 무릇 무고한 자도 또한 같이 죄줄 것이며, 만약 허망하게 고(告)한 것이 아니라면 당해 관리도 그 죄를 엄격히 다스리도록 하소서.(태종실록 8권, 태종 4년, 서기 1404년 9월 19일 2번째 기사)

- **하정(下情)**: 아랫사람들의 사정, 즉 백성들의 사정을 말함
- **상달(上達)**: 윗사람에게 말이나 글로 여쭈어 알려 드림
- **총명(聰明)**: 영리하고 기억력이 좋으며 재주가 있음
- **간사(奸詐)**: 제 이익을 위해 남의 비위를 맞추며 알랑거림
- **포악(暴惡)**: 사납고 악독함
- **사리(私利)**: 개인의 사사로운 이익
- **간활(奸猾)**: 간사하고 교활함
- **백단(百端)**: 온갖 방법이나 방면, 여러 일의 실마리
- **오결(誤決)**: 잘못 결정하거나 결재하는 것
- **천총(天聰)**: 하늘이 낸 총명함이라는 뜻으로 여기서는 임금을 말함
- **직단(直斷)**: 자신이 직접 결단함
- **유사(攸司)**: 단체의 업무를 맡아보는 사람 또는 그 직무
- **추핵(推覈)**: 죄인을 추궁하여 죄의 실상을 조사함
- **무고(誣告)**: 다른 사람에게 형사나 징계 처분을 받게 할 목적으로 허위 사실을 날조하여 고발함
- **극형(極刑)**: 더할 수 없이 아주 심한 형벌이라는 뜻으로 사형을 이르는 말
- **기망(欺罔)**: 남을 그럴듯하게 속임
- **허망(虛妄)**: 거짓이 많아서 미덥지 않음, 보람이 없고 허무함
- **수군(水軍)**: 조선 시대에 배를 타고 해안을 방위하던 군대로, 오늘날의 해군에 해당함

• **충당(充當):** 모자라는 것을 보충하여 메움

[태종실록기사 12]에서도 보듯이 신문고는 본래 백성들의 사정이 임금에게 상달(上達)되지 못할까 염려하여 설치하고, 백성들이 와서 치도록 허락하여 그들의 사정을 임금에게 아뢰기 위하여 설치한 것이었다. 그러나 신문고의 이러한 목적을 간사하고 포악한 무리가 살피지 아니하고, 사리(私利)를 위해 악용하는데도 극형을 가하지 않으니까 사람들이 법을 두려워하지 않고, 신문고를 치면서 관리를 위협까지 했다고 한다. 그 결과, 신문고가 백성의 원통하고 억울한 것을 펴주기 위한 것이 아니라, 오히려 간사한 무리가 다른 사람을 그럴듯하게 속이는 도구가 되었다는 것이다. 그러므로 원하건대, 이제부터 신문고를 치는 자가 소송하는 사건은 그 진위를 조사해서, 고소한 것이 허망(虛妄)한 것 같으면 그 자의 노비와 가산(家産)을 관(官)에서 몰수하고, 그 사람은 수군(水軍)에 충당하는 죄를 주어야 한다고 의정부에서 임금에게 보고했다. 따라서 이를 볼 때 신문고는 본래 설치 목적과는 달리, 다른 사람들을 무고하고 속이는 도구로 악용되기도 했음을 알 수 있다.

신문고를 계속 유지하며 잘못 처리한 관리들은 처벌

신문고는 이처럼 그 설치 목적과는 달리 다른 사람들을 무고하고 속이는 도구로 악용되기도 했다. 그러자 신문고 관계 관리들은 백성들이 신문고를 치는 것을 금지하기도 했던 것 같다. 태종실록 12권, 태종 6년(1406) 11월 8일 5번째 기사를 보면, 임금이 순금사(巡禁司)에게 "신문고를 쳐서 호소하는 자를 금하지 말라. 만일 위반하여 막거나 지체하는 자는 헌사(憲司: 사헌부)에서 규찰(糾察)하고, 이를 신문해서 논죄하라."라고 명령했기 때문이다. 그리고 이러한 임금의 명령을 어기는 관청이나 관원들에게는 엄중한 책임을 물었는데, 태종실록 17권, 태종 9년(1409) 윤4월 18일자 1번째 기사를 보면, [태종실록기사 13]에서 보듯이 신문고를 쳐서 호소한 양인(良人)의 고소장을 접수하지 않은 사헌부 관리들을 귀양 보냈다.

[태종실록기사 13] 오상미(吳尙美)의 손자 오금록(吳金祿)과 장금(長金) 등이 헌부(憲府)에서 소량장(訴良狀)을 접수하지 아니한다고 신문고를 쳐서 하소연하니, [이를 임금이] 사간원(司諫院)에 내려 핵실(覈實)하게 하였다. [그러자] 사간원에서 [임금에게] 상언(上言)하였다. "헌사(憲司)는 이목(耳目)의 관원입니다. 모든 민간의 억울한 일을 공평한 마음으로 듣고 살펴서, 옳고 그른 것을 분별하여 아뢰는 것이 직책입니다. 이제 오금록과 장금이 억울하다고 고소한 고장(告狀)을 마땅히 곧 수리하여, 그 억울함을 풀어 주어, 전하(殿下)의 근심하고 부지런히 힘쓰는 정치를 도와야 할 것인데, 지평(持平) 유박(柳博)은 사헌부의 장무(掌務)로 있으면서 번거로운 것을 싫어하여 심복(審覆)하지 아니하고, 공공연히 고장을 물리쳐서, 억울함을 품고도 호소하지 못하도록 하여, 마침내 [오금록 등이] 예궐(詣闕)하여 신문고를 쳐서 신청(宸聽)을 번거롭게 하는 데까지 이르게 하였으니, 원하건대, 유사(攸司)에 내려 그 죄를 다스리소서." 그러자 임금이 의정부에 내려 그 죄를 의논하여 지평 유박은 금주(錦州)로, 집의(執義) 민설(閔渫)은 상주(尙州)로 유배시키고, 장령(掌令) 김익정(金益精)을 파직시켰는데, 김익정은 다만 원의(圓議)에 참석한 까닭에 파직된 것이었다.(태종실록 17권, 태종 9년, 서기 1409년 윤4월 18일 1번째 기사)

• **헌부(憲府)**: 사헌부(司憲府)를 말함. 조선 시대 삼사(三司) 중 하나로 관리들의 비리를 감찰하는 곳

- **소량장(訴良狀)**: 양민이 되기를 소원하여 올리는 문서, 또는 자신이 양인(良人)이라고 호소하는 문서
- **사간원(司諫院)**: 국왕에 대한 간쟁과 논박을 담당한 관청으로, 간원(諫院)·미원(薇院)이라고도 불렀다.
- **핵실(覈實)**: 일의 실상을 조사함
- **상언(上言)**: 임금에게 올리는 문서나 말. 상소(上疏)와 다른 점은 상소는 대개 관원과 유생·사림(士林)이 임금에게 올리는 문서이나, 상언은 관원으로서가 아니라 사인(私人)으로서 올리는 것이다. 또한 상소에는 이두(吏讀)를 쓰지 않았으나 상언에는 이두를 사용했다.
- **헌사(憲司)**: 사헌부(司憲府)의 별칭
- **고장(告狀)**: 고소장
- **지평(持平)**: 사헌부의 정5품 벼슬
- **장무(掌務)**: 장관 밑에서 사무(事務)를 주관하던 벼슬아치
- **심복(審覆)**: 재심(再審)
- **예궐(詣闕)**: 대궐 안으로 들어감
- **신청(宸聽)**: 청원
- **유사(攸司)**: 단체의 업무를 맡아보는 사람이나 그 직무 또는 담당 기관. 한자로 '有司'로도 표기
- **금주(錦州)**: 오늘날의 충청남도 금산군의 옛 지명
- **집의(執義)**: 정사(政事)를 비판하고 관리들을 규찰하며, 풍속을 바로잡던 사헌부 소속 종3품 직제
- **장령(掌令)**: 사헌부 소속 종3품 벼슬
- **원의(圓議)**: 사헌부나 사간원의 관원들이 죽 둘러앉아 풍헌(風憲)에 관한 것을 논의하고 탄핵하는 일. 완의(完議)라고도 함. 여기서 풍헌은 교육이나 정치로써 세상의 풍습을 교화하는 일과 그 규범을 말한다.

이 밖에도 태종실록 17권, 태종 9년(1409) 3월 29일 2번째 기사를 보면, 강음현(江陰縣: 황해도 금천군의 옛 이름)에서 토지 절급(折給)의 부정을 신문고를 쳐서 호소한 사건을 제대로 처리하지 않은 관리들을 여러 명 구속했다. 그런가 하면, 신문고를 쳐서 고소한 사건에 대한 송사를 잘못 처리한 사헌부의 장령(掌令) 곽덕연(郭德淵)을 파직시키기도 했

다(태종실록 19권, 태종 10년, 서기 1410년 2월 7일 6번째 기사 참조). 또한 [태종실록기사 14]와 같이 신문고를 쳐서 호소하는 것을 막은 의금부의 부진무(副鎭撫) 최선(崔宣)을 파면했다.

[태종실록기사 14] 의금부부진무(義禁府副鎭撫) 최선(崔宣)을 파면하라고 임금이 명하였다. 처음에 한정(韓靖)의 후손(後孫) 한월(韓鉞) 등이 노비의 사건 때문에 신문고를 쳐서, 도관원리(都官員吏)가 시일을 오래 끌고 결절(決絶)하지 않는 것을 호소하고자 하니, 최선과 도사(都事) 김고(金顧) 등이 저지하였다. 이를 임금이 듣고 사헌부(司憲府)에 내리어 사실을 조사하여 아뢰라고 명하였는데, 이때에 이르러 죄를 청하였다. 최선은 파면하고 김고는 논하지 말라고 명하니, 김고는 사정을 알지 못하였기 때문이었다.(태종실록 34권, 태종 17년, 서기 1417년 7월 19일 3번째 기사)

- **의금부부진무(義禁府副鎭撫)**: 조선 시대의 특별사법 관청인 의금부의 관원으로 정원은 두 명이었다.
- **도관원리(都官員吏)**: 노비의 부적(簿籍)과 결송을 담당하던 관청인 도관(都官)의 하급 벼슬아치
- **결절(決絶)**: 소송을 판결함. 또는 판결의 확정
- **도사(都事)**: 의금부의 종5품 관직

한편 신문고를 쳐서 신정(申呈: 호소)한 노비 송사를 지체시킨 관리는 의금부에 송치하여 피혐(避嫌)토록 했다. 예컨대 태종실록 35권, 태종 18년(1418) 1월 16일 1번째 기사를 보면, "전영우(全英祐)·한월(韓越) 등이 격고(擊鼓: 신문고를 침)하여 신정하니, 의금부에 명하여 추핵(推覈: 죄인을 추궁하여 죄의 실상을 조사)하게 하였는데, 형조에서 그 노비(奴婢)의 송사(訟事)를 지체시킨 연고로 인하여 합사(合司)하여 피혐(避嫌)하였다."라고 기록되어 있다. 그런데 여기서 '피혐'이란 탄핵을 받은 관리가 그 혐

의가 풀릴 때까지 사직을 청하고 맡은 업무를 보지 않는 것을 말한다.

신문고는 고자질 풍습과 수령 참소 등의 부작용도 초래

이렇듯 백성들이 신문고를 쳐서 호소한 사안(事案)을 담당 관리들이 잘못 처리하면 파직까지 시켰다. 그러자 이러한 분위기를 악용하여 지방민들 사이에서는 수령(守令)을 해치려고 그가 죄가 있는 것처럼 꾸며 신문고를 이용하여 임금에게 일러바치는 부작용도 많이 나타나게 되었던 것 같다. 태종실록 19권, 태종 10년(1410) 4월 8일 사간원(司諫院)에서 임금에게 여덟 가지 시무책(時務策)을 진달(陳達)했는데, 그중에서 신문고에 관한 조목을 보면, [태종실록기사 15]에서 보듯이 "신문고로 인하여 고자질하는 풍속이 성행하여 지방에서는 수령(守令)까지 참소(讒訴)하는 경우가 많으니 이러한 참소자들은 엄히 다스리라."라고 임금에게 청원했기 때문이다.

> [태종실록기사 15] … "또 고자질[告訐]하는 풍속이 성행하여 사람을 해(害)하려고 무명장(無名狀)을 거[掛]는 자가 있고, 분풀이[逞忿]를 하고자 신문고를 치는 자도 있으며, 수령(守令)을 참소(讒訴)하는 자가 또한 많아서 벌떼처럼 일어납니다. 대개 수령이란 구중(九重)에서 명령을 받고 백리(百里)나 되는 곳에 나가서 정사(政事)를 맡은 자입니다. [그런데] 저 토호(土豪), 향원(鄕愿)과 교활한 아전(衙前), 간사한 백성들이 혹 태장(笞杖)을 맞거나, 혹 부역(賦役)에 시달리면, 도리어 사사 원수(怨讎)를 삼아 밤낮으로 부지런히 몰래 중상(中傷)합니다. 국가에서는 그 참소한 말을 가지고 수령에게는 법을 다하고, 간사한 백성이 수령을 고소한 죄는 논하

지 않으니, 이리하여 아랫사람으로 윗사람을 해치는 풍속이 일어납니다. 원컨대, 사람의 간악(奸惡)한 것을 미워하여 강개(慷慨)하게 바른대로 고하는 자와 수령의 탐하고 사나운 것을 미워하여 사(私)가 없어 진고(陳告)하는 자는 모두 좌죄(坐罪)하지 말고, 일이 종사(宗社)에 관계되는 것 이외에 원망을 가지고 평민을 고소하는 자와 사감(私感)을 끼고 수령을 참소하는 자는 아울러 '사를 껴서 남을 해치고, 아랫사람이 되어 윗사람을 해치는 죄'로 좌죄하여, 경박한 풍습을 옮겨 충후(忠厚)한 풍속을 이루소서." 하였다.(태종실록 19권, 태종 10년, 서기 1410년 4월 8일 2번째 기사)

- **시무책(時務策)**: 시급하게 닥친 일을 해결하기 위한 대책
- **무명장(無名狀)**: 민간인들이 자신의 이름을 밝히지 않고, 정치를 비방하거나 자신들의 의견을 종이에 써서 벽 등에 붙이는 것. 익명방(匿名榜) 또는 민방(民榜)이라고도 한다.
- **참소(譖訴)**: 남을 해치려고 죄가 있는 것처럼 꾸며 윗사람에게 일러바침
- **구중(九重)**: 문이 겹겹이 이어진 깊은 궁궐이라는 뜻으로 임금이 있는 대궐 안을 비유적으로 이르는 말
- **정사(政事)**: 정치에 관계되는 일, 또는 벼슬아치의 임명과 해임에 관한 사무
- **토호(土豪)**: 지방에서 재력과 세력을 바탕으로 양반 행세를 할 정도로 힘을 과시하는 사람. 지방에 자리를 잡고 버텨 세력을 떨치던 호족
- **향원(鄕愿)**: 고을 사람에게 덕(德)이 있는 사람이라 칭송을 받으나, 실제의 행실은 그렇지 못한 사람
- **아전(衙前)**: 중앙과 지방의 주(州), 부(府), 군(郡), 현(縣)의 관청에 딸린 구실아치
- **태장(笞杖)**: 형벌 중 하나인 태형(笞刑)과 장형(杖刑)을 아울러 이르던 말. 태형은 태장으로 볼기를 치는 형벌을 말하며, 장형은 곤장으로 볼기를 때리는 형벌을 말함
- **부역(賦役)**: 국가나 공공 단체가 특정한 공익사업을 위해 국민에게 의무적으로 지우는 노역
- **간악(奸惡)**: 간사하고 악독함
- **강개(慷慨)**: 불의에 대하여 의기가 복받쳐 원통하고 슬픔
- **진고(陳告)**: 윗사람에게 이야기하여 아룀

• **좌죄(坐罪)**: 죄를 지어 벌을 받음
• **종사(宗社)**: 종묘(宗廟)와 사직(社稷)이라는 뜻으로, 곧 '나라'를 말함
• **사감(私感)**: 개인의 사사로운 감정
• **경박(輕薄)**: 생각이 깊지 않고 조심성이 없어 말과 행동이 가벼움
• **충후(忠厚)**: 충직하고 순후함. 순후(淳厚)는 온순하고 인정이 두터움을 말함

사간원에서 임금에게 시무책을 진달하자, 임금은 이 문제를 의정부(議政府)에 내려 의논하여 보고토록 했다. 그러자 의정부에서 "수령의 범람(汎濫)한 일을 한결같이 부민(部民)이 현고(現告: 출두하여 고백)하지 못하게 하면, 간악하고 사나운 무리에게 악을 징계할 문(門)이 없을 것이니, 다만 무고(誣告)한 자만 엄히 다스리는 것이 어떠합니까?"라고 임금에게 아뢰었다. 그러나 이에 관하여 태종 임금이 어떻게 답했는지에 관해서는 기록되어 있지 않다.

노비 문제에 관한 격고신정의 빈발과 그에 관한 처리 실태

백성들이 신문고를 쳐서 임금에게 호소한 것들을 보면 관리를 무고하기 위한 것도 많았다. 하지만 특히 노비의 변정(辨正: 옳고 그름을 가려 바로잡음)에 관련된 오결(誤決) 문제, 즉 노비의 귀속 문제 등에 관하여 잘못 결정하거나 판결했으니, 이를 바로잡아 달라는 것들이 특히 많았다. 그 주요 이유는 고려가 멸망하고 그 대신 조선왕조가 들어서자 특히 노비의 귀속과 면천(免賤: 천민의 신분에서 벗어남) 문제를 둘러싸고 분쟁이 많이 발생했기 때문이다.

(1) 호조참의도 노비변정에 오결이 있다고 신문고를 쳐서 주장

이렇게 되자, 조선왕조는 태조 4년(1395) 12월 노비변정도감(奴婢辨正都監)이라는 임시관서를 설치하고, 노비에 관한 분쟁들을 처리해 주었다. 그러나 변정도감의 관원이 오결하는 경우도 많았고, 또는 변정도감 관원이 올바로 판결해 주었는데도 그것을 오결이라고 주장하는 사람도 적지 않았다. 그러자 태종 임금은 태종 14년(1414) 5월 23일 교지(教旨)를 내려 "오결한 관원과 '오결'이라고 망령되게 고(告)하는 자는 사헌부에 이문(移文)하여, 공초(供招)를 취한 뒤에 형조로 이송하여 결죄(決罪)하라. 만약 다시 원통하고 억울한 사정을 호소하는 자가 있으면 헌부(憲府: 사헌부)에 맡겨 조사하여 밝히게 하라."라고 명령하였다. 그럼에도 불구하고, 일반 백성이 아닌 호조참의까지도 노비변정도감의 처결을 '망령되게 오결'이라고 주장했으나, 처벌하지 않고 특별 용서한 일이 있었는데, 태종실록 27권, 태종 14년(1414) 6월 2일 3번째 기사를 보면, [태종실록기사 16]과 같이 적혀 있다.

> [태종실록기사 16]　호조참의(戶曹參議) 이옹(李邕)이 망령되게 오결(誤決)이라고 고(告)하여 변정도감(辨正都監)에서 그 사유(辭由)를 갖추어 헌부(憲府)에 이문(移文)하여, 또 그를 가두게 하였다. [그러자] 이옹이 곧 신문고를 쳐서 호소하니, 임금이 말하였다. "이옹은 [태종 14년 6월 2일자] 교지(教旨)를 맨 먼저 범하였으니, 죄가 있음이 확실하다. [그러나] 다만 [그는 내가] 잠저(潛邸)에 있을 때 시종(侍從)한 노고 때문에 특별히 용서하는 것이다."(태종실록 27권, 태종 14년, 서기 1414년 6월 2일 3번째 기사)

- **호조참의(戶曹參議)**: 호조의 정3품 벼슬로, 오늘날의 지식경제부 차관보에 해당한다.
- **오결(誤決)**: 잘못 결정하거나 결재함. 잘못되게 결정을 내림
- **변정도감(辨正都監)**: 여기서는 노비변정도감을 말하는데, 이는 조선의 건국 뒤 빈

발한 노비에 관한 쟁송을 바로잡고, 약자의 억울함을 풀어 주는 한편, 신분제를 정비하기 위해 태조 4년(1395)에 설치한 임시관서였다.
- **헌부(憲府)**: 사헌부(司憲府)의 약칭. 사헌부는 정치를 논의하고 풍속을 바로잡으며 관리들의 잘못을 조사하여 그 책임을 탄핵하는 일을 맡아보던 관아
- **잠저(潛邸)**: 임금이 왕위에 오르기 전에 사는 집이나 그 시기를 이르던 말
- **시종(侍從)**: 임금을 가까이에서 모시며 시중을 듦

(2) 노비변정도감이 오결을 수리 않는 경우 격고신정토록

한편 노비의 변정 때 변정도감의 관원이 실제로 오결했으나, 그에 대한 민원을 받아들이지 않은 경우는, 태종 14년(1414) 12월 3일까지 신문고를 쳐서 신정(申呈: 신고)토록 허락하되, 다음 해부터는 신정을 일체 금지하며, 증거 없이 부실하게 신정하는 자는 논죄토록 임금이 명령했는데, 이에 관한 태종실록 28권, 태종 14년(1414) 12월 27일 2번째 기사를 보면 다음 [태종실록기사 17]과 같다.

[태종실록기사 17]　변정(辨正)할 때 오결(誤決)한 것을 격고(擊鼓)하여 신정(申呈)하도록 [임금이] 허락하였다. 그러면서 이렇게 하지(下旨)하였다. "경외(京外)에서 변정할 때 실제로 오결하였으나 오결이 수리(受理)되지 않는 따위의 사건은 금년 갑오년[서기 1414년] 12월 30일까지 기한하여 격고하여 신정하게 하고, 오는 을미년[서기 1415년] 정월 초 1일부터 시작하여 일절 금지하라. 문서(文書)를 불태워 없애 버려서 빙고(憑考)할 길이 없는 사건이나 부실(不實)한 사건은 범람하게 신정하는 자와 소지(所志)를 쓰는 사람을 아울러 전에 내린 교지(敎旨)에 의하여 죄를 논하라."(태종실록 28권, 태종 14년, 서기 1414년 12월 27일 2번째 기사)

- **변정(辨正)**: 옳고 그름을 가려 바로잡음
- **격고(擊鼓)**: 신문고(申聞鼓)를 침

- **신정(申呈)**: 신청을 올림
- **하지(下旨)**: 임금이 명령을 내림
- **경외(京外)**: 서울과 지방
- **수리(受理)**: 서류나 문서 따위를 받아서 처리함
- **빙고(憑考)**: 어떤 일의 시비, 가부 따위를 여러 근거에 비추어 자세히 따지고 검토함
- **소지(所志)**: 신고장, 즉 신고서

이러한 임금의 하지(下旨)에 따라 노비의 변정에서 오결에 관한 격고신정을 받았는데, 그 수가 모두 1백 29건에 달했다고 한다. 그러나 이들 신정을 어떻게 처리해 주었는지에 관한 기록은 실록에 나와 있지 않다.

(3) 정결을 오결이라고 격고해서 강변하는 자는 논죄

노비변정도감에서 관원이 오결한 경우, 피해자로부터 신정을 받아 처리해 주도록 임금이 명령하자, 간사한 무리가 정결(正決: 올바른 판결)을 도리어 오결이라고 하여 신문고를 쳐서 호소하는 경우도 많았던 것 같다. 태종실록 28권, 태종 14년(1414) 7월 4일 1번째 기사를 보면 [태종실록기사 18]과 같이 적혀 있기 때문이다.

> [태종실록기사 18]　형조판서(刑曹判書) 성발도(成發道) 등이 [노비] 소송을 결단(決斷)할 사의(事宜)를 아뢰었다. … "이제 간사한 무리가 도리어 정결(正決)을 오결(誤決)이라 하여 바로 신문고를 치기에 이르니, 심히 부당합니다. 이제부터 각방(各房)의 오결을 소송하도록 허락하는 경우에는 도청(道廳)에 소송하여 제조(提調)가 대간(臺諫)과 더불어 분간하되, 만약 오결한 관리와 정결을 오결이라고 강변하는 자는 교지(敎旨)에 의하여 아울러 죄주며, 신문고를 치는 것도 일체 금지하소서." 하니 … 임금이

그대로 따랐다.(태종실록 28권, 태종 14년, 서기 1414년 7월 4일 1번째 기사)

- **정결(正決)**: 올바른 판결. 이와는 달리 잘못된 판결을 오결(誤決)이라고 부름
- **각방(各房)**: 여기서는 노비변정도감 내의 각 부서를 말하는데, 태종 14년(1414)의 경우를 보면, 3인의 제조(提調) 아래 15방(房)을 두었으며, 각 방에는 사(使: 3품)·부사(副使: 4품)·판관(判官: 5·6품) 각 1인, 도합 45인과 별도로 도청(都廳) 12인을 두어 소송 사건을 처리하여 매일 승정원에 보고하도록 하였다.
- **도청(道廳)**: 도감(都監). 여기서는 노비변정도감(奴婢辨正都監)을 말함
- **제조(提調)**: 잡무 및 기술 계통의 관직
- **대간(臺諫)**: 감찰 임무를 맡은 대관(臺官)과 국왕에 대한 간쟁(諫諍) 임무를 맡은 간관(諫官)의 합칭
- **교지(敎旨)**: 임금의 명령

[태종실록기사 18]에서 보듯이, 형조판서 성발도의 건의에 따라, 만약 간사한 무리가 노비변정도감의 정결을 오결이라 하여 신문고를 쳐서 호소할 경우, 변정도감의 제조(提調)가 대간(臺諫)과 더불어 분간해서, 오결한 관리와 정결을 오결이라고 강변하는 자는 앞서 임금의 교지(敎旨)에 의하여 죄를 주고 신문고를 치는 것도 일체 금지토록 하였다. 그런데 그로부터 4개월 뒤인 태종 14년(1414) 11월 3일 형조에서 올린 결송(決訟)의 사의(事宜)를 보면, "이제 각사(各司)에서 오결한 사건은 헌사(사헌부)로 하여금 분간하도록 허락하여, 오결한 자와 망령되게 고(告)한 자는 교지(敎旨)에 의하여 논죄하고, 신문고를 쳐서 신정하는 것을 금지할 것"이라는 조항이 나오며, 이를 임금이 그대로 따랐다고 기록되어 있다(태종실록 28권, 태종 14년, 서기 1414년 11월 3일 2번째 기사).

(4) 임금의 가전(駕前)에서 격고신정은 금지

한편 노비 문제에 관한 변정 신청은, 대궐 문루에 매달아 놓은 신문고를 쳐서 했으나, 또한 임금이 행차할 때 그 수레 앞(駕前)에서 신청해도

되었던 것 같다. 그러나 이처럼 임금의 수레 앞에서 신청하는 것은 태종 14년(1414) 11월 금지되었는데, 태종실록 28권, 태종 14년(1414) 11월 12일 1번째 기사를 보면, [태종실록기사 19]와 같이 기록되어 있다.

[태종실록기사 19] 임금이 인덕궁(仁德宮)에 나아가서 술자리를 마련하고 격구(擊毬)를 하며 지극히 즐기셨는데, 모두 일어나 춤을 추었고, 세자(世子)와 종친(宗親)이 참여하였다. 환궁(還宮)할 때 가전(駕前)에서 신정(申呈)한 것이 60여 건이나 되었는데 모두 변정(辨正)하여 이미 판결한 사건이었다. [이들을] 육조(六曹)에 내려 분간(分揀)하라고 명하고, 임금이 말하였다. "이제 육조에 분송(分送)한 신정고장(申呈告狀) 안에 변정도감(辨正都監)에서 문서(文書)를 태워 버려서 빙고(憑考)할 길이 없는 사건은 논죄를 없애고 아울러 모두 퇴장(退狀)하라. 또 이와 같은 사건을 가전이나 격고(擊鼓)하여 신정하는 것은 모두 금지하도록 하라."(태종실록 28권, 태종 14년, 서기 1414년 11월 12일 1번째 기사)

- **인덕궁(仁德宮)**: 돈의문(敦義門: 서대문) 근처에 있던 궁으로 조선 제2대 임금 정종(定宗)이 이방원(태종)에게 선위(禪位)한 뒤 거주한 궁으로, 상왕 정종은 이곳에서 격구(擊毬)·사냥·연회 등을 즐기며 유유자적한 생활을 했다고 한다.
- **격구(擊毬)**: 옛날 무관들과 민간에서 하던 무예의 한 가지로 말을 탄 채 숟가락처럼 생긴 막대기로 공을 쳐서 상대방 문에 넣는 놀이. 민간에서는 이를 '공치기' 또는 '장치기'라고 하였으며, 중국에서는 '타구'(打毬)라고 불렀다.
- **세자(世子)**: 왕위를 이을 왕자
- **종친(宗親)**: 여기서는 임금의 친족을 말함
- **환궁(還宮)**: 임금이나 그 왕비가 거둥[擧動]하였다가 대궐로 돌아옴
- **가전(駕前)**: 임금의 수레(駕)의 앞
- **변정(辨正)**: 옳고 그름을 가려 바로잡음
- **분간(分揀)**: 사물의 옳고 그름이나 그 정체를 가려서 앎
- **분송(分送)**: 나누어 보냄

- **신정고장(申呈告狀)**: 신정 신청서
- **변정도감(辨正都監)**: 여기서는 노비변정도감을 말하는데, 이는 조선의 건국 뒤 빈발한 노비에 관한 쟁송을 바로잡고, 약자의 억울함을 풀어 주는 한편 신분제를 정비하기 위해 태조 4년(1395)에 설치한 임시관서
- **빙고(憑考)**: 어떤 일의 시비, 가부 따위를 여러 근거에 비추어 자세히 따지고 검토함
- **퇴장(退狀)**: 소장(訴狀) 즉 신청서나 고소장 등을 기각하여 도장을 찍어서 돌려보내는 것
- **격고(擊鼓)**: 신문고를 침

이러한 기사에서 보듯이, 변정도감에서 문서를 태워 버려 빙고(憑考)할 길이 없는 사건에 관한 것을 변정해 달라고 임금의 수레 앞에서 호소하는 것은 금지토록 하라고 임금이 명령했는데, 이와 같은 내용은 태종실록 28권, 태종 14년(1414) 12월 14일 1번째 기사에도 나온다. 즉 이 기사를 보면, "가전(駕前)에서 신정하는 것을 금지하였다. 임금이 김승주(金承霔)에게 이렇게 명하였다. '하정(下情)이 상달(上達)되지 못하는 것을 위하여 이미 신문고를 설치하였다. [그러하니] 지금 후로는 일절 가전신정(駕前申呈)을 금지하라.'"라고 쓰여 있다.

(5) 격고신정한 노비 관련 송사는 육조에 나눠 줘서 변정토록

앞서 태종실록 28권, 태종 14년(1414) 11월 12일 1번째 기사에서도 보았듯이, 노비 관련 송사를 신정하면 그것을 육조(六曹)에 나누어 주어서 그 진위를 변정하게 하였다. 이와 같은 내용은 태종실록 29권, 태종 15년(1415) 1월 20일 1번째 기사에서도 찾아볼 수 있는데, 이 기사를 보면, [태종실록기사 20]과 같이 적혀 있다.

[태종실록기사 20] 형조판서 심온(沈溫) 등이 상소(上疏)하였다. 상소의 대략은 이러하였다. "하늘이 백성을 낼 적에 본래부터 양민(良民)과 천

민(賤民)이 없었습니다. 일반 천민(天民)을 사사(私事)로운 재물(財物)로 여기어 아비와 할아비의 노비라 칭하여 서로 다투며 송사(訟事)함이 끝이 없으니, 골육(骨肉)의 상잔(相殘)함에 이르고 풍속을 손상하는 데 이르니, 가슴 아픈 일이라 하겠습니다. 공경히 생각하건대, 성상(聖上)은 만세(萬世)의 폐단을 훤하게 뚫어 보고 대의(大義)로써 결단을 내려서 무릇 여러 해를 두고 서로 소송하던 일들을 모조리 중분(中分)하게 하여, 사환(使喚)을 골고루 하게 하며 쟁송(爭訟)의 실마리를 끊어 버렸으니, 진실로 우리 국가의 만세의 아름다운 법입니다. 이어서 유사(攸司)에서 각각 소견을 헌의(獻議)하여 상언한 조목이 자못 많았으나, 소송하는 자가 구실을 붙이고 말을 꾸며서 신문고를 쳐서 신정(申呈)하므로, 육조(六曹)에 나누어 주어서 그 진위를 변정(辨正)하게 하였습니다." 하니 … 임금이 그대로 따랐다.(태종실록 29권, 태종 15년, 서기 1415년 1월 20일 1번째 기사)

- **양민(良民)**: 양반과 천민 사이의 중간 계층
- **천민(賤民)**: 천역(賤役)에 종사하던 가장 낮은 계급의 백성. 천역이라고 함은 천한 일에 종사하는 사람으로, 조선 시대에는 사노비(私奴婢), 중[僧], 백정, 무당, 광대, 상여꾼, 기생(妓生), 공장(工匠) 등 여덟 종류의 천민을 말한다.
- **천민(天民)**: 하늘이 낸 백성
- **송사(訟事)**: 분쟁이 있을 때, 이를 관청에 호소하여 그 판결을 구함
- **골육(骨肉)**: 부모와 자식, 형제자매, 숙질 등의 가까운 혈족을 통틀어 이르는 말
- **상잔(相殘)**: 서로 싸우고 해침
- **중분(中分)**: 태종 13년(1413) 9월부터 시행한 '노비중분법'(奴婢中分法)에 따라 소송 중인 노비는 무조건 양자가 반반씩 나누게 한 것을 말한다.
- **사환(使喚)**: 일이나 심부름을 시킴
- **쟁송(爭訟)**: 서로 송사로 다툼, 권리나 행위의 효력 따위에 관한 분쟁
- **유사(攸司)**: 담당 관청이나 담당자
- **헌의(獻議)**: 윗사람에게 의견을 아룀
- **상언(上言)**: 백성이 임금에게 글을 올리던 일
- **육조(六曹)**: 국가의 정무를 나누어 맡아보던 여섯 관부로 이조(吏曹), 호조(戶曹),

예조(禮曹), 형조(刑曹), 병조(兵曹), 공조(工曹)를 말한다.

그러나 "육조에 내린 노비의 소장[所志: 고소장] 가운데 계사년(癸巳年: 서기 1413년) 9월 이후에 새로 신문고를 쳐서 정장(呈狀: 관청에 고소)한 사건은 모조리 사헌부로 보내어 변정 처리하되, 다만 형조에 내린 사건은 그대로 판결하여 변정하게 하였다"(태종실록 29권, 태종 15년, 서기 1415년 2월 3일 3번째 기사).

(6) 격고신정의 노비소량(奴婢訴良)은 태종 17년부터 금단

이처럼 육조를 비롯하여 사헌부에서도 노비 관련 소송을 적극적으로 변정해 주자, 노비소량(奴婢訴良) 즉 노비가 양민인 것을 확인하고 신분 회복을 위한 소송은 태종 15년(1415)까지 모두 변정해 주었다. 그럼에도 불구하고 신문고를 쳐서 노비가 양민임을 확인해 달라는 소송[訴良]이 계속 잇달자, 태종 17년(1417) 1월 25일 이전에 접수한 것을 제외하고는 더 이상의 소송을 금지했던 것 같은데, 태종실록 33권, 태종 17년(1417) 1월 25일 3번째 기사를 보면 [태종실록기사 21]과 같은 내용이 나온다.

[태종실록기사 21] 형조에서 계하(啓下)하여 의정부·육조(六曹)·승정원·대간(臺諫)이 함께 의논하여 계문(啓聞)하였다. "정축년[태조 6년]·무인년[태조 7년]의 변정도감(辨正都監), 갑오년[태조 14년]의 변정도감, 을미년[태종 15년]의 쇄권색(刷卷色)에서 공사(公私)로 소량(訴良)한 일은 모조리 변정하였습니다. 이제 쟁송(爭訟)이 오래 없어진 때를 당하여 신문고를 칠 뿐만 아니라, 또 형조·사헌부·쇄권색·형조도관(刑曹都官)에도 범람하게 소장을 제출[呈狀]한 자가 매우 많아서 결송(決訟)에 끝이 없으니, 금년 정유년[태종 17년] 정월 25일 이전에 접장(接狀)한 것을 제외하고는 모조리 금단(禁斷)함이 어떻겠습니까?" 하니 임금이 그대로 따랐다.(태종실록 33권,

태종 17년, 서기 1417년 1월 25일 3번째 기사)

- **계하(啓下)**: 해당 관서에 먼저 보고하여 의논한 후 임금에게 아뢰어 재결(裁決)을 받던 일
- **의정부(議政府)**: 행정부의 최고 기관
- **승정원(承政院)**: 임금의 명령을 전달하고 각종 사항들을 임금에게 보고하는 일을 맡아보던 관아
- **대간(臺諫)**: 사헌부, 사간원의 벼슬을 통틀어 이르는 말
- **계문(啓聞)**: 신하가 임금에게 아뢰던 일
- **쇄권색(刷卷色)**: 각사(各司)의 노비(奴婢)를 추쇄(推刷), 즉 도망간 노비를 붙잡아 본래의 고장으로 돌려보내는 일을 맡았던 관청
- **소량(訴良)**: 노비인 사람이 자기가 본래 양민(良民)임을 확인하고 신분 회복을 위하여 거는 소송
- **사헌부(司憲府)**: 정치를 논의하고 풍속을 바로잡으며 관리들의 잘못을 조사하여 그 책임을 탄핵하는 일을 맡아보던 관아
- **형조도관(刑曹都官)**: 형조 소속 관아로 노비의 부첩(簿牒: 장부와 문서)과 소송 업무를 담당
- **결송(決訟)**: 송사를 판결하여 처리하는 일
- **접장(接狀)**: 소장(訴狀)을 접수함
- **금단(禁斷)**: 어떠한 행위를 하지 못하게 엄중히 금지함

기타 신문고 관련 각종 규정과 금지 조항들

지금까지는 태종실록에 실려 있는 신문고 관련 여러 실태와 규정 등에 관하여 살펴보았는데, 이 밖에도 태종실록을 보면 신문고에 관한 여러 종류의 기사들이 실려 있다. 그중에서 중요하다고 생각되는 몇 가지만 더 소개하기로 하겠다.

(1) 원점수 부족 생원이 과거에 응시할 수 있게 해달라고 격고하면 처벌

태종실록 33권, 태종 17년(1417) 윤5월 14일 3번째 기사를 보면, 예조(禮曹)에서 과거(科擧)시험에 관련된 12개 조목의 법규를 임금에게 건의하자, 이를 임금이 윤허했다고 하는데, 그중에서 10번째 조목을 보면 [태종실록기사 22]와 같이 기록되어 있다.

> **[태종실록기사 22] "생원(生員)으로서 원점수(圓點數)에 차지 못한 자가 부시(赴試)하고자 하여 감히 신문고를 친 자는 … 모조리 교지부종률(敎旨不從律)로 논죄하게 하소서."**(태종실록 33권, 태종 17년, 서기 1417년 윤5월 14일 3번째 기사)

- **생원(生員)**: 과거시험에서 소과(小科)인 생원과(生員科)에 합격한 사람. 이러한 사람에게는 성균관에 입학할 수 있는 자격과, 또한 대과(大科)라고 부른 정식 과거시험에 응시할 수 있는 자격을 주었다.
- **원점(圓點)**: 조선조 때 성균관(成均館) 유생(儒生)들의 출결을 점검(點檢)하기 위하여, 식당(食堂)에 들어갈 때 문지기가 찍어 주던 점. 아침·저녁 두 끼를 1점으로 해서 50점에 이르면 과거(科擧)시험을 볼 자격을 주었다.
- **부시(赴試)**: 과거시험에 응시함
- **교지부종률(敎旨不從律)**: 임금의 교지(敎旨)를 따르지 않는 자에게 벌을 주는 법률
- **논죄(論罪)**: 죄의 성립 여부를 밝히거나 그 가볍고 무거움 따위를 따짐

바로 이와 같은 기사 내용을 보건대, 생원으로서 원점수(圓點數)가 부족한 자가 과거에 응시하고자, 신문고를 쳐서 과거시험에 응시할 수 있게 해달라고 호소하는 자는 교지부종률에 의거하여 벌을 주었음을 알 수 있는데, 어느 정도의 벌을 주었는지는 알 수 없다.

(2) 대소관리가 헌사의 탄핵을 받더라도 죄 없으면 격고해서 바로잡을 것

다음으로 태종실록 35권, 태종 18년(1418) 1월 18일 2번째 기사를 보면, 흥미로운 내용이 나온다. 이를 보면, 신문고는 백성들이 억울하고 원통한 일만 임금에게 아뢰게 한 것이 아니라, 대소의 관리가 억울하게 헌사(憲司)의 탄핵을 받았을 경우에도 신문고를 쳐서 바로잡도록 했음을 알 수 있다. 이에 관한 실록기사를 소개하면 다음 [태종실록기사 23]과 같다.

[태종실록기사 23] 풍문(風聞)으로 탄핵하는 것을 더욱 금지하였다. 임금이 조말생(趙末生) 등에게 이르기를, "내가 일찍이 대간(臺諫)으로 하여금 풍문을 듣고서 사건을 고발하지 말라고 했으나, 대간에서 여러 번 가볍게 사건을 일으켜서 이 법을 간범(干犯)하였다. 나라 사람들이 어찌 나더러 거간(拒諫)한다고 하지 않겠는가? 너희들은 나의 뜻을 알 것이다." 하니, 조말생이 아뢰기를 "이것은 태조(太祖)의 성헌(成憲)입니다. 그리고 또 주상(主上)이 여러 번 명하여 금단(禁斷)하였으나, 이제 박습(朴習) 등이 풍문으로 유순도(庾順道)의 말을 듣고 권상온(權尙溫)의 죄를 추핵(推覈)하였습니다." 하였다.

이명덕(李明德)이 아뢰기를, "금후로는 대소관리(大小官吏)가 비록 헌사(憲司)의 탄핵을 받더라도 죄를 받는 날이 이르기 전에는 모두 직사(職司)에 나아오도록 하소서." 하니, 임금이 말하였다. "옳지 않다. 정권(政權)이 대간에게 다 돌아가는 것은 부당하나, 대간에서도 또한 권력이 없는 것도 부당하다. 이러한 세상을 당하여 대간에서 권력이 없다면 탐오(貪汚)하고 포악(暴惡)한 자를 능히 제어하지 못할 것이다. 이제부터 이후로는 대소관리가 헌사(憲司)의 탄핵을 받거든 만약 자기의 죄가 없다면 격고(擊鼓: 신문고를 두드림)하여 신문(申聞)하여서 바로잡도록 하라." 하였다.(태종실록 35권, 태종 18년, 서기 1418년 1월 18일 2번째 기사)

- **조말생(趙末生)**: 조선 초기의 문신으로, 개국 이후 네 번째 장원급제자로 명성을 얻었으며, 태종의 총애를 받으며 사헌부 장령·직제학 등을 역임했다. 태종 14년(1414)에 김도련(金道鍊)에게서 노비를 받은 죄로 사헌부의 탄핵을 받아 황해도 수안(遂安)에 유배되었다가 곧 풀려났다.
- **대간(臺諫)**: 사헌부, 사간원의 벼슬을 통틀어 이르는 말
- **간범(干犯)**: 간섭하여 남의 권리를 침범함. 남의 죄에 관련된 범죄
- **거간(拒諫)**: 대간(臺諫)에서 간언하는 것을 거절하는 것
- **성헌(成憲)**: 일정한 절차에 따라 문자로 표현되고 문서의 형식을 갖추어 정립한 법
- **금단(禁斷)**: 어떠한 행위를 하지 못하게 엄중히 금함
- **박습(朴習)**: 고려 우왕 9년(1383) 문과에 급제하였으며, 조선 정종 2년(1400) 좌간의(左諫議)를 거쳐 태종 9년(1409) 우간의(右諫議)를 지냈다. 태종 11년(1411) 강원도관찰사를 역임하고, 이듬해 인녕부윤(仁寧府尹) 재직 당시 정조사(正朝使)로 명나라에 다녀왔다. 태종 13년(1413) 강원감사 재직시 뇌물사건에 연루되어 붕당을 만들고 패를 지었다는 이유로 탄핵을 받아 장(杖) 70대에 처해졌다. 태종 15년(1415) 전라도관찰사로 부임하였는데, 이때 김제의 벽골제(碧骨堤)를 수축하여 송덕비가 세워졌다. 태종 16년(1416) 의금부제조, 같은 해 호조참판을 거쳐 이듬해 경상도관찰사를 역임하고, 다음 해 형조판서를 거쳐 병조판서에 임명되었다.
- **유순도(庾順道)**: 태조 5년(1396) 식년문과에 급제하여 지안성군사(知安城郡事)·선공감정(繕工監正) 등을 거쳐 예문관제학에 이르렀다.
- **권상온(權尙溫)**: 태종 18년(1418) 당시 안성군수였을 때, 아무 잘못이 없는데도 사헌부집의(司憲府執義) 장윤화(張允和)에 의해 탄핵을 받았다.
- **추핵(推劾)**: 죄인을 추궁하여 죄의 실상을 조사함
- **이명덕(李明德)**: 태조 5년(1396) 생원으로 식년문과에 병과로 급제하여 예문춘추관에 보직되었으며, 사헌부감찰·사간원우헌납·장령·사인·집의·좌사간대부·형조참의 겸 지도관사(刑曹參議兼知都官事) 등을 역임하였다. 태종 15년(1415) 승정원동부대언(承政院同副代言)이 되고 좌부대언에 승진하였다.
- **헌사(憲司)**: 사헌부(司憲府)의 별칭. 정치를 논의하고 풍속을 바로잡으며 관리들의 잘못을 조사하여 그 책임을 탄핵하는 일을 맡아보던 관아
- **격고(擊鼓)**: 신문고(申聞鼓)를 치는 것
- **신문(申聞)**: 임금에게 어떤 일에 관하여 아뢰는 것

(3) 격고 대신 실봉 상서는 민생과 사직(社稷) 관계 사건에만 국한하라

앞서 보았듯이 태종실록 35권, 태종 18년(1418) 1월 18일 2번째 기사를 보면, 대소의 관리가 억울하게 헌사(憲司)의 탄핵을 받았을 경우 신문고를 쳐서 임금에게 신정토록 하였다. 그러나 관리들이 자기가 지은 죄를 변명하거나 용서받기 위하여 그 내용을 실봉상서(實封上書) 즉 글로 써서 밀봉(密封: 봉투에 넣고 입구를 단단히 붙임)해서 임금에게 올리는 것은, 민생과 사직(社稷)의 안위에 관계된 중요한 것이 아니면 금지토록 했는데, 그 연유는 태종실록 32권, 태종 16년(1416) 7월 12일 1번째 기사에 [태종실록기사 24]와 같이 나타나 있다.

> [태종실록기사 24]　임금이 편전(便殿)에서 정사(政事)를 보았는데, 전 지양산군사(知梁山郡事) 조유인(曹由仁)이 노비의 일로서 상서(上書)하여 자기 죄를 면하기를 구하니, 임금이 보고 대언(代言)에게 하교(下教)하기를, "경(卿) 등이 갑자기 이런 글을 아뢰는 것은 무슨 까닭인가? 예전의 '실봉'(實封)이라는 것이 이런 글을 말한 것이었느냐? 생민(生民)의 이해(利害)와 사직(社稷)의 안위(安危) 같은 것은 실봉하는 것이 가하다. 예전의 실봉은 비밀스러운 일이 있으면, 황후·태자의 일까지도 말하지 않는 것이 없었으니, 국가의 계책을 위한 것이었다. 근자에 매양 죄를 면하는 것 때문에 상서하는데, 이것은 다른 까닭이 아니라, 격고(擊鼓)하여 일이 사실이 아니면 그 죄가 가볍지 않기 때문에 간사한 사람이 자기의 죄를 면하고자 하는 계책이다. 이제부터는 이러한 글을 아뢰지 말고, 그 법을 엄하게 세우되, 육조(六曹)로 하여금 의논하게 하라." 하였다. 임금이 또 집의(執義) 하연(河演)에게 명하여 입법(立法)하여 아뢰게 하고, 또 하교하기를, "원통하고 억울한 것을 변명하고자 하는 자는 신문고를 치고, 민생(民生)과 사직에 관계되는 일이 있으면 모두 실봉하여 아뢰고 진언(陳言)하는 것도 이것과 같이 하라." 하였다.(태종실록 32권, 태종 16년, 서기

1416년 7월 12일 1번째 기사)

- **편전(便殿)**: 임금이 평소에 거처하는 궁전
- **정사(政事)**: 정치에 관계되는 일, 또는 벼슬아치의 임명과 해임에 관한 사무
- **지양산군사(知梁山郡事)**: 경상도 양산군(梁山郡)의 향리(鄕吏)
- **상서(上書)**: 신하가 임금이나 세자에게 올리던 글
- **대언(代言)**: 왕명을 하달하던 일을 맡아보던 관리
- **실봉(實封)**: 신하가 임금에게 생민(生民)의 이해와 사직(社稷)의 안위(安危)에 관한 중대사를 밀계(密啓)할 때 다른 사람이 소장의 내용을 보지 못하도록 봉(封)하던 일
- **생민(生民)**: 살아가는 일반 백성
- **사직(社稷)**: 나라, 조정, 왕조를 비유적으로 이르는 말
- **안위(安危)**: 편안함과 위태함을 아울러 이르는 말
- **격고(擊鼓)**: 신문고를 침
- **육조(六曹)**: 국가의 정무를 나누어 맡아보던 여섯 관부, 곧 이조, 예조, 호조, 형조, 병조, 공조
- **집의(執義)**: 사헌부의 종3품 관리
- **하연(河演)**: 조선 초기의 문신으로 뒤에 우의정·좌의정·영의정 등을 역임
- **진언(陳言)**: 어떤 사실에 대하여 말을 함

임금이 이처럼 말하자 사헌부(司憲府)에서 아뢰기를, "처음에 신문고를 설치한 것은 시정(時政)의 득실(得失)과 민간의 이해와 자기의 원통한 것을 모두 상언(上言)하게 하려고 한 것인데, 지금은 대소 관원이 긴요하지 않은 사사로운 송사를 또한 신문고를 치지 않고 실봉하여 신문(申聞)하니, 성전(盛典: 성대한 의식)에 어그러짐이 있습니다. 금후로는 국가의 말할 일이 있으면 전례(前例)에 의하여 혹은 격고(擊鼓)하거나 혹 실봉하여 모두 신문하게 하고, 자기 소송의 일은 실봉하는 것을 없애고 일찍이 내린 교지에 의하여 격고신정(擊鼓申呈: 신문고를 쳐서 임금께 호소)하되, 어기는 자는 본부(本府: 여기서는 사헌부를 말함)로 하여금 규리(糾

理: 감독하고 살펴 처리)하게 하소서." 하니, 임금이 그대로 따랐다(태종실록 32권, 태종 16년, 서기 1416년 7월 12일 2번째 기사).

3

세종 시기
(1418-1450)

신문고를 승문고로 개칭하고

제반 규정을 정비

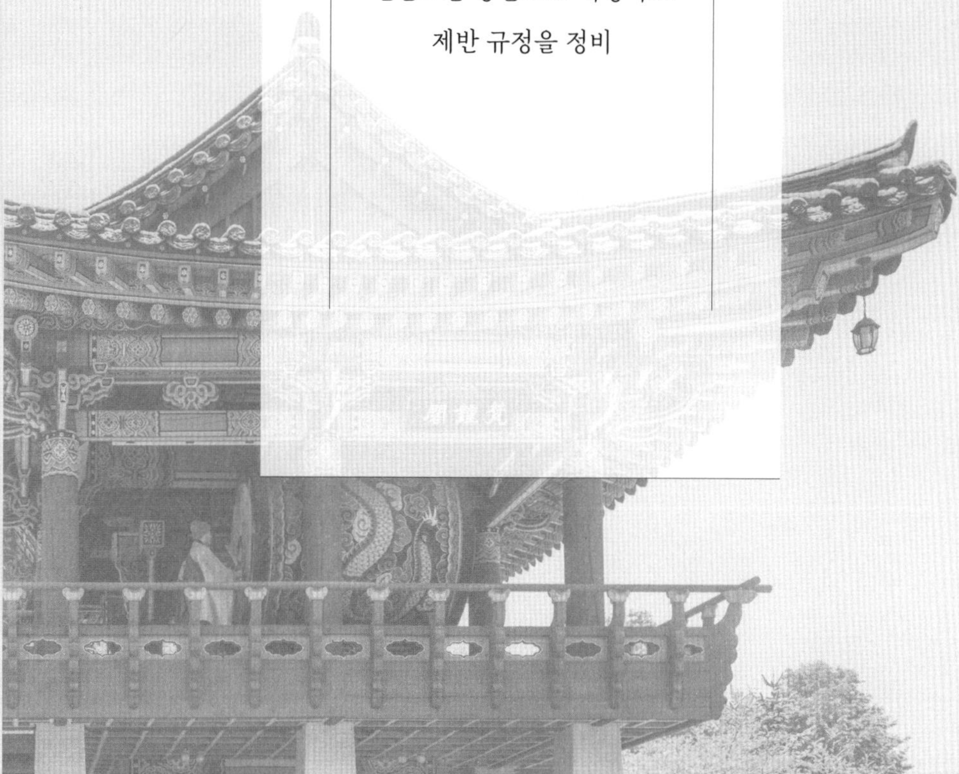

앞서 조선 제3대 임금인 태종 때 신문고의 설치와 운영실태 등에 관한 조선왕조실록의 내용을 살펴보았다. 그러면 다음으로 제4대 임금인 세종대왕 때는 어떠했는가? 이를 알아보기 위하여 여기서도 우선 세종실록 국역본에서 신문고 관련 단어, 즉 등문고, 신문고, 승문고라는 낱말이 들어 있는 기사들을 검색해 보았다. 그 결과, 등문고에 관한 것이 3건, 승문고에 관한 것이 2건, 신문고에 관한 것이 20건으로 모두 25건이 나왔다.[1] 그러나 이들 중 승문고에 관한 2건은 신문고에 관한 기사와 내용이 겹치는 것이어서 실제로는 모두 23건이다. 그러면 이들 기사를 함께 읽어 나가면서 세종 시기에는 신문고가 어떻게 운영되었고, 어떻게 변화되었는지 등의 실태에 관하여 시대순으로 알아보기로 하자.

세종 때는 '등문고'·'신문고'로 부르다가 '승문고'로 개칭

앞서 태종실록에서 살펴보았듯이 신문고의 이름은 본래 '등문고'(登聞鼓)였으나, 태종 1년(1401) 8월 1일 태종 임금이 이를 '신문고'로 고쳤다.

1 앞서 제3대 임금의 태종실록에서는 등문고에 관한 것이 3건, 신문고에 관한 것이 44건으로 모두 47건이 나왔다.

그러므로 세종 시기에도 '신문고'로 불러야 하겠으나, 세종실록에 맨 처음 나오는 신문고 관련 기사인 세종실록 1권, 세종 즉위년(1418) 9월 14일 3번째 기사를 보면, 신문고가 '등문고'로 기록되어 있다. 하지만 세종실록 21권, 세종 5년(1423) 9월 13일 2번째 기사에는 '신문고'로 기록해 놓았다. 그런데 세종실록 63권, 세종 16년(1434년) 1월 24일 3번째 기사를 보면, "신문고를 승문고(升聞鼓)로 개칭하였다."라고 기록되어 있다. 따라서 신문고의 명칭이 여러 번 바뀌었거나 또는 여러 이름을 혼용했던 것 같은데, 우선 이에 관하여 좀 더 자세히 살펴보기로 하자.

(1) 세종실록에서 신문고 관련 첫 번째 기사에는 신문고를 '등문고'로 표기

앞서 말했듯이 세종실록에서 맨 처음 나오는 신문고 관련 기사는 세종실록 1권, 세종 즉위년(1418) 9월 14일 3번째 기사인데, 이 기사에서는 [세종실록기사 1]에서 보듯이 신문고를 '등문고'라고 기록해 놓았다.

> [세종실록기사 1] 형조판서 김여지(金汝知), 대사헌(大司憲) 허지(許遲), 좌사간(左司諫) 최관(崔關) 등이 연합으로 상소하여 임금께 아뢰기를, "정치의 근본은 상벌(賞罰)을 분명히 함에 있을 따름입니다. 상벌이 분명하지 못하면 무엇으로 선(善)을 권하고 악(惡)을 경계하겠습니까. 신(臣) 등이 강상인(姜尙仁)·박습(朴習)·김자온(金自溫)·이안유(李安柔)·양여공(梁汝恭)·송을개(宋乙開)·채지지(蔡知止)·이숙복(李叔福)의 불경죄(不敬罪)에 대하여 서로서로 글월을 갈마들여 올려서 치죄하옵기를 청하였사오나, 전하께옵서 강상인·박습은 원종공신(原從功臣)이라 하여 다만 그들의 녹권(錄券)과 직첩(職牒)만 거두시고 스스로 원함에 따라 안치(安置)하도록 명령을 내리셨사오니, 신 등은 생각하옵건대, 위로 임금을 기망(欺罔)한 죄에 범한 것이라면, 비록 그들이 사직(社稷)에 공이 있다 하더라도 법으로는 용서할 수 없는 바입니다. 만일에 조그마한 공로로써 천토(天討)를 면할 수

있다면 공의(公義)에 있어 어떻다 하겠습니까. 하물며 박습은 성상께서 너그러이 용서하시는 은혜를 생각지 않고 말을 꾸며 등문고(登聞鼓)를 치면서 망령되이 스스로 하소하여 조금도 회개하는 마음이 없이 더욱 불경한 마음을 품고 있사오니, 청컨대 법에 따라 처치하여 공도(公道)를 보이소서. …" 하니, 임금이 상왕께 이 뜻을 말하여 강상인은 단천(端川)의 관노(官奴)에 붙이고, 박습은 사천(泗川)으로, 김자온은 양산(梁山)으로, 양여공은 함안(咸安)으로, 이안유는 경산(慶山)으로, 채지지는 고부(古阜)로, 송을개는 칠원(漆原)으로, 이숙복은 강동(江東)으로 귀양보냈다.(세종실록 1권, 세종 즉위년, 서기 1418년 9월 14일 3번째 기사)

- **강상인(姜尙仁)**: 무신(武臣)으로 태종의 신임을 받아 내금위장(內禁衛將)을 거쳐 병조참판에 이르렀으나, 태종이 세종에게 양위하면서 병권은 양위하지 않은 것에 대해 반발하다가 함길도(함경도) 단천(端川)의 관노로 전락하게 되었다. 그럼에도 "나라의 명령은 한 곳에서 나와야 한다."라고 박습(朴習), 심온(沈溫) 등과 함께 주장하다가 모반대역죄로 거열형(車裂刑) 즉 죽은 시체나 생명이 있는 상태에서 사지(四肢)와 목을 오거(五車: 다섯 개 수레)에 따로따로 매달고 말을 달리게 하여 찢어서 토막 내는 형벌에 처해졌는데, 이를 '강상인의 옥'(獄)이라고 부른다.
- **박습(朴習)**: 고려 우왕 9년(1383) 문과에 급제하였으며, 조선조 정종 2년(1400) 좌간의(左諫議)를 거쳐 태종 9년(1409) 우간의(右諫議), 태종 17년(1417) 강원도 관찰사를 역임하고, 태종 18년(1418) 형조판서를 거쳐 병조판서에 임명되었다. 그러나 세종 즉위 후 병사(兵事)를 상왕(上王: 태종)에게 품의하지 않고 처리한 것이 문제가 되어 경상도 사천(泗川)에 유배되었다가 참수(斬首)되었다.
- **김자온(金自溫), 이안유(李安柔), 양여공(梁汝恭), 송을개(宋乙開), 채지지(蔡知止), 이숙복(李叔福)**: 이들에 관해서는 설명 생략
- **불경죄(不敬罪)**: 존경과 경의를 표해야 할 사람이나 사물에 대해 불손한 말이나 행동을 함으로써 성립하는 죄
- **원종공신(原從功臣)**: 큰 공을 세운 정공신(正功臣) 이외에 작은 공을 세운 사람에게 주던 공신 칭호
- **녹권(錄券)**: 이름, 직함, 훈공 등을 기록하여 공신으로 책봉된 사람에게 주던 문

서 또는 쇠로 만든 패

- **직첩(職牒)**: 조정에서 내리는 벼슬아치의 임명 사령서
- **안치(安置)**: 귀양을 보낸 죄인을 일정한 곳에 가두어 둠
- **기망(欺罔)**: 남을 그럴듯하게 속임
- **사직(社稷)**: 나라나 조정, 왕조를 비유적으로 이르는 말
- **천토(天討)**: 하늘이 악인을 친다는 뜻으로, 덕이 있는 사람이 하늘을 대신하여 악한 자들을 쳐서 없앰을 이르는 말
- **공의(公義)**: 공평한 도리
- **하소**: 억울하고 딱한 사정을 말하거나 간곡히 호소함
- **공도(公道)**: 사회 일반에 통용되는 공평하고 바른 도리
- **상왕(上王)**: 왕위를 물려주고 생존해 있는 전대의 임금을 높여 이르던 말로, 여기서는 태종을 말함
- **단천(端川)**: 함경남도 동단부에 있는 군(郡)
- **관노(官奴)**: 지방 관청에 소속된 남자 종(노비)
- **고부(古阜)**: 전라북도 정읍(井邑) 지역의 옛 지명
- **칠원(漆原)**: 경상남도 함안(咸安) 지역의 옛 지명
- **강동(江東)**: 평안남도 중남부에 위치한 군(郡)

태종 1년(1401) 8월 1일 태종 임금이 '등문고'를 '신문고'로 고쳤음에도 불구하고, [세종실록기사 1]을 보면 신문고를 '등문고'로 적어 놓았는데, 그 이유는 정확히 알 수 없다. 그러나 추측건대, 등문고의 이름을 비록 '신문고'로 고쳤지만, 옛날 습관대로 '등문고'로 불렀던 것 같다. 하지만 당시 중국에서는 등문고로 불렀기 때문에 우리나라 신문고도 중국식으로 '등문고'라고 불렀을 가능성도 없지 않다.

한편 [세종실록기사 1]을 보면, 박습이 "말을 꾸며 등문고를 치면서 망령되이 스스로 하소하였다."라고 하는데, 박습이 어떤 말을 꾸며 등문고를 쳐서 하소했는지는 알 수 없다. 그러나 일반 백성이 아니라, 강원도관찰사와 형조판서까지 역임했던 전직 관료가 등문고를 쳐서 임금에게 하소했다는 것은 이해하기 어렵다. 하지만 이것이 사실이라면

등문고(신문고)는 전직 관료들도 이용했음을 알 수 있다.

(2) 신문고 관련 두 번째 기사에서도 신문고를 '등문고'로 불러

앞서 소개한 등문고에 관한 세종실록기사에 이어서, 세종 즉위년(1418) 9월 14일 3번째 기사에서도 또 신문고를 '등문고'라고 부른 기사가 나온다. 이 기사는 조선의 개국공신 조영무(趙英茂)의 아들 조윤(趙倫)에 관한 것인데, 우선 그 내용을 소개하면 다음 [세종실록기사 2]와 같다.

> [세종실록기사 2] … 한산부원군(漢山府院君) 조영무(趙英武)의 아들 전 고사(庫使) 조윤(趙倫)이 아버지의 상(喪)을 당하여 기생과 음란하였으므로, 헌부(憲府)에서 이를 탄핵하였더니, 상왕(上王)이 말하기를, "공신(功臣)의 자손을 용서하는 것은 그의 조(祖)와 부(父)를 높이기 때문이거늘, 윤(倫)은 상중(喪中)에 있어 방자히 음란하여 스스로 그 아버지의 은의(恩義)를 끊었으니 용서할 수 없다."라고 하며, 유사(有司)에게 명하여 형률(刑律)에 의거하여 죄를 처단하게 하였다. 이때에 와서 윤(倫)이 충의위(忠義衛)에 이름이 기록되지 못하였으므로 등문고(登聞鼓)를 치고 호소하기를, "신이 실상 기생과 음란한 일이 없사온데 잘못되어 그 죄를 입었나이다." 하니, 임금이 말하기를, "윤이 만약 범한 바가 없다면 그 당시에 어찌 변명하지 않고, 이제 와서야 등문고를 치는가. 형조(刑曹)에 내려 죄를 다스리게 하라."라고 하였다. … 임금이 윤을 불러 꾸짖기를, "네가 법을 어기고 등문고를 쳤으니 마땅히 법에 처할 것이나, 너의 아버지를 존중하여 너를 용서한다."라고 하였다.(세종실록 2권, 세종 즉위년, 서기 1418년 12월 12일 3번째 기사)

• **한산부원군(漢山府院君)**: 조영무(趙英武)의 군호(君號). 군호(君號)란 작위의 일종으로 왕자와 공신, 국구(國舅: 왕의 장인, 곧 왕비의 아버지) 등에게 주었다.

- **조영무(趙英武)**: 고려 말에 이방원의 명령으로 정몽주를 사살하는 등, 조선의 개국에 기여한 공으로 정사공신(定社功臣) 1등에 봉해졌으며, 벼슬이 우정승에 이르렀고, 한산부원군(漢山府院君)에 봉군(封君)되었다. 시호는 충무(忠武)이다.
- **고사(庫使)**: 벼슬 이름
- **헌부(憲府)**: 사헌부(司憲府)의 약칭
- **상왕(上王)**: 왕위를 물려주고 생존해 있는 전대의 임금으로, 여기서는 태종을 말함
- **은의(恩義)**: 은혜와 의리
- **유사(有司)**: 단체의 업무를 맡아보는 직무 또는 사람
- **형률(刑律)**: 범죄자에 대한 형벌을 결정하는 법체계
- **충의위(忠義衛)**: 조선 시대 중앙군으로 오위(五衛)의 충좌위(忠佐衛)에 소속되었던 양반 특수 병종(兵種)

이와 같은 기사에서도 신문고를 '등문고'라고 부른 것을 보면, 비록 태종 1년(1401) 8월 1일에 등문고의 이름을 '신문고'로 고쳤지만, 30여 년이 지난 뒤에도 조정에서 '등문고'라고 불렀던 것 같다. 그리고 [세종실록기사 2]에서 마지막 문장을 보면, 임금이 조윤을 불러 꾸짖기를, "네가 법을 어기고 등문고를 쳤으니 마땅히 법에 처할 것이나" 운운했는데, 여기서 법을 어겼다는 것이 어떤 법을 어겼다는 것인지 확실치 않다. 즉 자기 아버지의 상중(喪中)에 기생과 음란해서 법을 어겼다는 것인지, 아니면 이런 사람이 변명을 위해서 등문고를 친 것이 법을 어긴 것이라는 말인지 확실치 않다. 그러나 어떻든 법을 어기고서도 공신(功臣)의 자손이라 세종 임금이 용서해 준 것만은 분명하다.

(3) 상왕이 수강궁에 승문고를 설치, 군사들의 억울함을 풀어줘

세종실록에서 세 번째로 나오는 신문고 관련 기사로서, 세종실록 5권, 세종 1년(1419) 9월 23일 2번째 기사를 보면, '승문고'(升聞鼓)라는 말이 처음 나온다. 그러나 이는 일반 백성들을 대상으로 한 신문고가 아니라, 군사들을 대상으로 한 '승문고'에 관한 것인데, 우선 그 내용을 소개하

면 [세종실록기사 3]과 같다.

[세종실록기사 3] 상왕(上王)**이 승문고**(升聞鼓)**를 수강궁**(壽康宮)**에 설치하여, 군사들의 억울한 실정을 풀게 하여 주라고 명하였다.**(세종실록 5권, 세종 1년, 서기 1419년 9월 23일 2번째 기사)

- **상왕(上王)**: 왕위를 물려주고 생존해 있는 전대의 임금을 높여 이르던 말로, 여기서는 태종을 말함
- **수강궁(壽康宮)**: 상왕으로 물러난 태종의 거처를 마련하기 위해 지었던 궁으로 현 창경궁 자리에 있었다. 그러나 그 후 성종 14년(1483) 그 자리에 별궁인 창경궁을 건립했다.

[세종실록기사 3]에서 상왕은 태종을 말하는데, 그는 1418년 8월 세종에게 양위하면서 양위교서(讓位敎書)에 "주상이 장성하기까지 군사는 내가 친히 청단(聽斷)하겠다."라고 하여, 군사를 관장하는 병조(兵曹)와 병방대언(兵房代言)의 지휘는 물론, 종래의 삼군부(三軍府) 이외에 의건부(義建府)를 설치, 그 휘하에 두는 등 병권의 친정(親政: 직접 맡아서 다스림)을 꾀하였다. 그러면서 군사들의 억울한 실정을 풀어 주기 위하여, 경복궁 문루에 달아 놓은 신문고와는 별도로 자신이 거주하던 수강궁에 승문고(升聞鼓)라는 북을 설치하라고 명령했던 것 같다. 그러나 군사들이 승문고를 쳐서 하소연한 그 억울한 사정을 누가 어떻게 풀어 주었는지는 알 수 없다.

한편 군사들을 위하여 수강궁에 설치한 북의 이름을 왜 '승문고'라고 했는지도 알 수 없으나, 아마도 기존의 백성들을 대상으로 한 신문고와 구별하기 위해서 그랬던 것 같기도 하다. 그러나 그로부터 15년 뒤인 세종 16년(1434) 1월 24일 세종은 종래의 신문고의 명칭을 '승문고'로 고치도록 했다. 이는 혹시 상왕 태종이 설치하도록 명령했던 승문고

의 이름을 그대로 본뜬 것인지 모르겠는데, 이에 관해서는 뒤에서 다시 살펴보기로 하겠다.

(4) 세종 5년부터 실록에 '등문고' 대신 '신문고'로 표기

다음으로 세종실록 21권, 세종 5년(1423) 9월 13일 2번째 기사를 보면, 신문고를 '등문고'라고 하지 않고, '신문고'로 기록해 놓았다. 그 이후의 기사들에도 역시 '신문고'라고 적혀 있는데, 그 이유는 알 수 없다. 그러나 좌우간 세종실록에서 처음으로 '신문고'라는 말이 나온 기사를 소개하면 다음과 같다.

> [세종실록기사 4]　전시귀(田時貴)에게 곤장 1백 대를 쳐서 고성(固城)으로 귀양보냈다. 경원(慶源) 사람이 대궐에 나아와서 신문고를 치고 말하기를, "전시귀 같은 장수는 쉽사리 얻을 수 없사오니, 한 번 패전한 것으로 죽일 수는 없습니다."라고 하므로, 임금이 한 등(等) 감형시킨 것이었다.(세종실록 21권, 세종 5년, 서기 1423년 9월 13일 2번째 기사)

- **전시귀(田時貴)**: 세종 때 함경도 경원 지역에서 변방을 지키던 장수이나 자세한 신원은 미상
- **곤장(棍杖)**: 죄인의 볼기를 치던 몽둥이
- **고성(固城)**: 경상남도 중남부에 위치한 군(郡)
- **경원(慶源)**: 함경북도 북단에 있는 군(郡)
- **감형(減刑)**: 형의 선고를 받은 자에 대하여 형벌의 정도나 기간을 줄임

이 기사를 보면 함경도 북방에서 경계를 지키던 전시귀라는 장수가 적군과의 싸움에서 패하자 사형을 받게 되었던 것 같다. 그러나 그 장수를 잘 알던 경원의 어떤 사람이 한양의 대궐로 와서 신문고를 쳐서, "전시귀 같은 장수는 쉽사리 얻을 수 없사오니, 한 번 패전한 것으로 그

를 죽일 수는 없습니다."라고 아뢰자, 임금이 사형(死刑)에서 유형(流刑)으로 한 등급 낮추어서 곤장 1백 대를 쳐서 고성(固城)으로 귀양보냈다는 것이다. 따라서 이러한 내용의 실록기사를 볼 때, 신문고는 개인이 자신의 억울한 사정을 호소할 때뿐만 아니라, 훌륭한 장수의 목숨을 구해 달라고 임금에게 청원할 때도 사용했음을 알 수 있다.

(5) '신문고' 명칭을 다시 승문고(升聞鼓)로 개칭

앞서 세종실록 21권, 세종 5년(1423) 9월 13일 2번째 기사인 [세종실록기사 4]를 보면, 신문고를 '등문고'라고 하지 않고, '신문고'로 기록해 놓았다. 그러나 세종실록 63권, 세종 16년(1434년) 1월 24일 3번째 기사를 보면, "신문고를 승문고(升聞鼓)로 개칭하였다."라고 기록되어 있으며, 그 이유도 설명되어 있는데, 이를 소개하면 [세종실록기사 5]와 같다.

> [세종실록기사 5] **신문고(申聞鼓)를 승문고(升聞鼓)로 개칭하였다. '신'(申)자(字)는 신하(臣下)들끼리 서로 상대방을 높여서 쓰는 말이며, 군상(君上)에게 계달(啓達)하는 데 쓰는 말이 아니기 때문에, 앞서 이 '신' 자로 쓰던 것을 모두 개칭(改稱)하였으나 유독 신문고만을 아직 고치지 않고 있었는데, 이제 드디어 [신문고도] 개칭한 것이었다.**(세종실록 63권, 세종 16년, 서기 1434년 1월 24일 3번째 기사)

- **승문고(升聞鼓)**: 신문고와 마찬가지. 승(升): 오를 승. 문(聞): 들을 문, 들릴 문
- **신하(臣下)**: 임금을 섬기어 벼슬하는 사람
- **군상(君上)**: 군주 국가의 원수(元帥), 즉 임금
- **계달(啓達)**: 신하가 임금에게 어떤 내용을 글로 아룀
- **개칭(改稱)**: 사물의 이름을 고침

세종 16년(1434) 1월 24일 '신문고'의 명칭을 다시 '승문고'로 개칭

함으로써, 그 명칭은 1401년 7월 8일 처음 설치 이후 33년 동안 세 번이나 바뀌게 되었다. 즉 앞서 살펴보았듯이 본래 이름은 '등문고'(登聞鼓)였으나, 태종 1년(1401) 8월 1일 '신문고'로 고쳤다가 세종 16년(1434) 1월 24일 다시 '승문고'로 고쳤다. 그러나 어찌된 일인지는 알 수 없으나, 조선왕조실록에서 '승문고'라는 단어를 검색하면, 앞서 소개한 2건의 기사에 나온 뒤, 20여 년 후인 성종실록에 1건, 그리고 숙종실록보궐정오본에 또 1건만 나온다. 따라서 이로 미루어 볼 때, '승문고'라는 명칭은 세종 16년(1434) 1월 24일부터 잠시 사용되다가 다시 신문고나 등문고로 부르게 된 것으로 추정되는데, 앞서 말했듯이 세종실록을 보면 등문고에 관한 기사가 3건, 승문고에 관한 기사가 2건, 신문고에 관한 기사가 20건이 나온다. 따라서 이로 미루어 볼 때, 비록 세종 16년(1434) 1월 24일 등문고의 명칭을 승문고로 고쳤으나, 일반적으로는 '신문고'라고 불렀던 것 같다.

신문고(등문고)에 관한 제반 규정과 세종대왕의 배려

세종실록을 보면, 세종대왕은 신문고에 관심이 매우 많았던 것 같은데, 세종 4년에는 형조(刑曹)의 건의를 받아들여 백성들이 억울함을 신문고로 호소하는 절차와 규정 등을 정비했다. 그리고 아래 백성들의 사정이 임금에게 제대로 상달될 수 있도록 여러 명령을 내렸다.

(1) 형조에서 신문고로 호소 절차와 처벌 규정 등을 임금께 건의, 윤허 받아

우선 세종실록 15권, 세종 4년(1422) 1월 21일 2번째 기사를 보면, 백성들이 신문고(등문고)로 억울함을 호소하기 위한 절차와 처벌 규정 등을 형조(刑曹)에서 임금에게 건의해서 윤허를 받았다는 내용이 실려 있는데, 우선 이것부터 소개하면 [세종실록기사 6]과 같다.

[세종실록기사 6] 형조(刑曹)에서 계(啓)하기를, "『속전』(續典) 조목에, '무릇 원통한 일을 고(告)하고자 하는 자는 서울 안에서는 일을 맡은 각 관사(官司)와 지방에서는 수령(守令)과 감사(監司)가 이를 살펴서 다스리지 않고, 사헌부에 상세히 알려도 또한 살펴서 다스리지 않아야만 그제야 와서 북[신문고]을 두드린다. 위의 관사들이 살펴서 다스리지 않은 자는 율(律)에 의거하여 죄를 주고, 무고(誣告)한 자도 도로 죄를 받게 되며, 절차를 거치지 않고 호소하는 자도 또한 율에 의거하여 논죄(論罪)한다.'라고 되어 있습니다. 근래에는 무고한 자와 절차를 거치지 않고 호소하는 자는 모두 죄를 다스리면서도, 살펴서 다스리지 않는 서울과 지방의 관리는 모두 죄를 다스리지 않으니, 이로 인하여 마땅히 받아서 다스려야 될 일도 또한 살피지 않고 문득 소장(訴狀)을 물리침으로써 난잡하게 북을 두드리는 데에 이르게 되니, 적당하지 못합니다. 지금 이후로는 북을 두드리는 사람은 유사(攸司)에 내려보내어 이를 분간(分揀)케 하여, 만약 마땅히 받아서 다스려야 될 것인데도 소장을 물리친 자는 『경제육전』(經濟六典)에 의거하여 그 관리를 처벌할 것입니다."라고 하니, 임금이 그대로 따랐다.(세종실록 15권, 세종 4년, 서기 1422년 1월 21일 2번째 기사)

- **형조(刑曹)**: 육조(六曹) 중 하나로 법률, 사송(詞訟), 노비 등에 관한 사무를 관장한 관서. 추관(秋官) 또는 추조(秋曹)라고도 불렀다.
- **상계(上啓)**: 임금께 아뢰다
- **『속전』(續典)**: 『경제육전속전』을 말한다. 이는 『경제육전』(經濟六典)을 개정한 것으로 태종 13년(1413) 2월 30일에 공포, 시행하였다.
- **『경제육전』(經濟六典)**: 조선 시대 최초의 공적 법제서. 태조 6년(1397) 12월 26일 공포, 시행했다. 이를 『경제육전속전』과 구별하기 위해 『경제원육전』(經濟元六

典) 또는 『원육전』(元六典)이라고도 부른다.

- **수령(守令)**: 각 고을을 맡아 다스리던 지방관들을 통틀어 이르는 말
- **감사(監司)**: 각 도의 으뜸 벼슬. 관찰사
- **무고(誣告)**: 다른 사람에게 처벌을 받게 할 목적으로 허위 사실을 날조하여 관공서에 고발함
- **소장(訴狀)**: 어떤 일에 대한 판결을 요구하기 위하여 제출하는 문서
- **유사(攸司)**: 담당 관서 또는 담당관
- **분간(分揀)**: 사물의 옳고 그름이나 그 정체를 가려서 앎

이처럼 형조에서 임금께 올린 건의를 임금이 윤허하면 그것이 일종의 법으로 정해지게 되었는데, 이를 보면 원통한 일을 임금께 고(告)하고자 하는 사람들이 신문고를 두드리기 위하여 밟아야 하는 절차와 규정 그리고 이를 무시하였을 때 받아야 하는 처벌 등에 관하여 자세히 소개되어 있다.

백성이 원통한 일을 임금께 고(告)하고자 할 경우는, 우선 『속전』(續典) 조목에 따라서 서울에서는 담당 각 관사(官司)에, 그리고 지방에서는 수령(守令)과 감사(監司)에게 먼저 고해야 한다. 그러나 이렇게 고한 억울한 사정을 서울의 담당 관사나 지방의 수령 또는 감사가 처리해 주지 않으면, 다음으로 사헌부(司憲府)에 상세히 알려야 한다. 그런데도 사헌부에서도 처리해 주지 않으면, 그제야 대궐로 가서 그 문 앞에 달아 놓은 신문고(등문고)를 두드려야 한다.

이와 같은 세 단계의 과정에서, 만약 서울의 담당 관원이나 지방의 수령 또는 감사가 억울함을 고한 사람의 사정을 잘 살펴서 다스려 주지 않으면, 이들 관원에게 법에 따라 죄를 준다는 것이다. 그러나 만약 억울함을 고한 자가 다른 사람을 무고하기 위하여 관공서나 관원에게 고발하면, 이러한 고발자가 도리어 죄를 받게 된다. 또한 억울함을 고하는 자가 세 단계의 절차를 거치지 않고, 주어진 단계를 뛰어넘어서 월소(越

訴)해도 처벌한다는 것이었다.

(2) 신문고를 치지 못하게 한 의금부 당직원을 파면시키다

이처럼 세종대왕은 백성들이 억울함을 신문고로 호소하기 위한 절차와 처벌 규정 등을 만들어 놓았다. 그러나 어리석은 백성이 규정을 어기고 신문고를 치는 것을 막은 의금부 관리를 처벌하는가 하면, 신문고를 함부로 친 백성도 처벌하지 말도록 선처하기도 했는데, 이는 무엇보다도 아래 백성의 사정이 임금에게 제대로 상달될 수 있게 하기 위해서였다. 예컨대 세종실록 40권, 세종 10년(1428) 5월 24일 2번째 기사를 보면, 세종대왕은 여염집 종이 신문고를 치는 것을 금지한 의금부의 당직원을 사헌부에 내려 국문토록 하였는데, 이에 관한 것을 소개하면 [세종실록기사 7]과 같다.

[세종실록기사 7] 사비(私婢) 자재(自在)가 광화문의 종을 치고 자기의 원억(冤抑)한 일을 호소하므로 승정원(承政院)에서 그 까닭을 물으니, 대답하기를, "의금부(義禁府)의 당직원(當直員)이 '신문고 치는 것을' 금하기 때문에 종을 쳤습니다."라고 하였다. 이에 임금이 말하기를, "신문고를 설치한 것은 사람들이 마음대로 칠 수 있게 하여, 아래 백성들의 사정이 위에 통할 수 있게 하려는 것이다. 무슨 까닭에 금하였는가. 만약 진술한 말이 사실이 아니라면 죄는 그 사람에게 있는 것이니, 북[신문고]을 관리하는 관리에게 무슨 상관이 있겠느냐마는 이와 같이 금지를 당한 사람이 반드시 여러 사람일 것이니, 그 의금부의 당직원을 헌부(憲府)에 내려 국문(鞫問)케 하라." 마침내 김중성(金仲誠)·유미(柳渼)의 의금부 관직을 파면시켰다.(세종실록 40권, 세종 10년, 서기 1428년 5월 24일 2번째 기사)

• **사비(私婢)**: 여염집 여종

- **자재(自在)**: 사람 이름. 여종의 이름
- **원억(寃抑)**: 누명을 써서 원통하고 답답함
- **의금부(義禁府)**: 임금의 명에 의해 죄인을 다스리는 일을 맡아보던 관청
- **당직원(當直員)**: 일직이나 숙직 따위의 근무를 맡은 사람. 그러나 여기서는 당직청(當直廳) 즉 의금부에 속한 관청의 하나로 신문고를 관리하던 관아의 직원을 말함
- **헌부(憲府)**: 사헌부의 약칭. 사헌부는 정치를 논의하고 풍속을 바로잡으며 관리들의 잘못을 조사하여 그 책임을 탄핵하는 일을 맡아보던 관아
- **국문(鞫問)**: 형장(刑杖)을 가하여 신문함
- **김중성(金仲誠)**: 의금부의 당직원 이름
- **유미(柳渼)**: 의금부의 당직원 이름

[세종실록기사 7]에서 보듯이 여염집(개인집) 여종이 대궐 앞에 달아 놓은 신문고가 아니라 광화문의 종을 쳐서 자기의 억울한 일을 호소하였다. 그래서 승정원에서 그 까닭을 물었더니 여종이 대답하기를, "의금부의 당직원이 '신문고를 치는 것을' 금하기 때문에 종을 쳤습니다."라고 하였다. 이를 승정원에서 임금에게 보고했더니 임금이 말하기를, "신문고를 설치한 것은 사람들이 마음대로 칠 수 있게 하여, 아래 백성들의 사정이 위에 통할 수 있게 하려는 것이다. 무슨 까닭에 금하였는가?" 하면서 그 의금부 당직원을 사헌부에 내려 국문케 해서 드디어 당시 의금부 당직원 두 사람의 관직(官職)을 파면시켰다는 것이다. 따라서 이러한 실록기사를 볼 때, 세종대왕은 신문고의 설치 목적, 즉 백성들이 신문고를 마음대로 칠 수 있게 하기 위해, 아래 백성들의 사정이 위에 통할 수 있게 하려는 것을 방해한 관리는 관직까지 박탈했음을 알 수 있다.

(3) 신문고를 함부로 치는 자도 처벌하지 말라고 명령

세종대왕은 백성이 신문고를 치는 것을 막은 의금부 관리를 처벌하는

가 하면, 또한 신문고를 함부로 친 백성도 처벌하지 말도록 선처하기도 하였는데, 세종실록 50권, 세종 12년(1430) 10월 29일 1번째 기사를 보면 [세종실록기사 8]과 같이 기록되어 있다.

[세종실록기사 8] 임금이 상참(常參)을 받고, 정사(政事)를 보았다. … 임금이 대언(代言) 등에게 이르기를, "지난번에 '신문고를 함부로 치는 자에게는 죄를 주라.' 했었는데, 이제 다시 생각하니, 이렇게 하면 품은 생각이 있어 아뢰고 싶은 사람도 법을 두려워하여 말하지 못할 것이요, 또 어리석은 사람은 이것을 모르고 치게 될 것이다. 그러므로 나는 그들에게 죄를 주지 않을 터이니, 경(卿)들은 그리 알라." 하였다.(세종실록 50권, 세종 12년, 서기 1430년 10월 29일 1번째 기사)

- **상참(常參)**: 매일 아침 임금을 배알하던 약식(略式)의 조회(朝會), 즉 대신(大臣)·중신(重臣) 및 중요 아문의 참상관 이상 관원 등이 편전(便殿)에서 국왕을 배알하던 약식 조회
- **정사(政事)**: 정치에 관계되는 일, 또는 벼슬아치의 임명과 해임에 관한 사무
- **대언(代言)**: 왕명을 하달하는 일을 맡아보던 벼슬
- **경(卿)**: 임금이 2품 이상의 신하를 이르던 말

[세종실록기사 8]에서 보듯이 세종대왕은 상참에서 대언 등에게 말하기를, "지난번에 '신문고를 함부로 치는 자에게는 죄를 주라.'라고 했으나, 이렇게 하면 품은 생각이 있어 이를 임금에게 아뢰고 싶은 사람도 법을 두려워하여 말하지 못할 것이요, 또 어리석은 사람은 이것을 모르고 치게 될 것이다. 그러므로 나는 그들에게 죄를 주지 않을 터이니, 경들은 그리 알라."라고 했다. 따라서 이러한 실록기사로 미루어 볼 때 최소한 세종 시대 중기에는 백성들이 신문고를 마음대로 칠 수 있었던 것 같다.

(4) 신문고를 두 번씩 함부로 치는 자만 가볍게 처벌하라

세종대왕은 백성들이 신문고를 마음대로 칠 수 있도록 했던 것 같다. 그러나 신문고를 함부로 치는 사람들이 많아서 송사의 판결에 지장이 많으니, 신문고를 함부로 치는 사람들은 형률에 의거하여 죄를 다스려야 한다고 대신(大臣)들이 아뢰자, 세종대왕은 [세종실록기사 9]에서 보듯이 신문고를 함부로 두 번씩 두드리는 자만 가볍게 처벌하라고 명령했다.

[세종실록기사 9] 임금이 말하기를, "지난번에 대신(大臣)들이 의논을 올려 아뢰기를, '무릇 송사(訟事)를 판결하는 데는 이미 성규(成規)가 있어 중외(中外)에 반포 시행했으니, 혹시 탐포(貪暴)한 사람이 비록 정당한 판결을 잘못 판결했다고 일컬으면서 신문고를 함부로 치지마는, 이를 금하지 못하면 송사의 판결에 기한이 없을 것이니, 마땅히 형률(刑律)에 의거하여 죄를 다스려야 될 것이다.' 하나, 내 생각에는 비록 사리(事理)를 아는 사람이라도 송사를 판결할 적에는 또한 혹시 정당함을 잃는데, 하물며 그 무지(無知)한 사람이 이익으로써 마음을 먹고 금령을 범하는 것이랴. 마땅히 이를 생각 밖에 두고 그 죄를 다스리지 말아야 될 것이다. [그러나] 근래에는 함부로 고소(告訴)하는 사람이 지나치게 많으니, 지금부터 두 번씩이나 함부로 고소하고 격고(擊鼓)하는 자는 1등(等)을 감하여 죄를 다스리게 하라." 하였다.(세종실록 54권, 세종 13년, 서기 1431년 10월 28일 3번째 기사)

- **대신(大臣)**: 삼의정(三議政)을 통틀어 이르는 말로, 1894년 이후는 내각 각부의 으뜸 벼슬을 말함
- **송사(訟事)**: 백성끼리 분쟁이 있을 때, 관부(官府)에 호소하여 그 판결을 구함
- **성규(成規)**: 문장으로 작성된 규칙, 즉 성문법(成文法)

- **중외(中外)**: 국내와 국외
- **탐포(貪暴)**: 욕심이 많고 포학함
- **형률(刑律)**: 공법(公法)의 하나. 형사 범죄를 정의하고 피의자의 체포, 기소, 심리를 규율하며 유죄 선고된 범죄자에 대한 형벌을 결정하는 법체계
- **격고(擊鼓)**: 북을 침. 여기서는 신문고를 치는 것을 말함. 그러나 임금이 거둥할 때, 평민이 억울한 일을 상소하기 위해 북을 쳐서 하문을 기다리는 일도 격고라고 함

즉 세종대왕은 말씀하시기를, "내 생각에는 비록 사리(事理)를 아는 사람이라도 송사를 판결할 적에는 또한 혹시 정당함을 잃는데, 하물며 그 무지(無知)한 사람이 이익으로써 마음을 먹고 금령을 범하는 것이랴. 마땅히 이를 생각 밖에 두고 그 죄를 다스리지 말아야 될 것이다. [그러나] 근래에는 함부로 고소(告訴)하는 사람이 지나치게 많으니, 지금부터 두 번씩이나 함부로 고소하고 격고(擊鼓)하는 자만 1등(等)을 감하여 죄를 다스리게 하라." 하였다. 그리하여 백성들이 신문고를 마음대로 칠 수 있도록 하되, 두 번씩이나 함부로 치는 사람만 죄를 주되, 그것도 1등을 감해서 죄주도록 세종대왕은 선처하였다.

(5) 신문고의 폐해방지안을 신하들이 제시했으나 임금은 신소부실률만 허락

한편 사헌부에서 신문고의 여러 폐해들을 지적하면서 신문고의 사용 제한과 신문고의 악용자에 대한 처벌을 강화할 것을 임금에게 건의했다. 그러나 세종대왕은 "예전대로 하되 다만 신소부실죄(申訴不實罪)만 논하라."라고 하교했는데, 이에 관한 세종실록 59권, 세종 15년(1433) 1월 16일 3번째 기사를 보면 [세종실록기사 10]과 같이 기록되어 있다.

[세종실록기사 10] … 사헌부(司憲府)에서 아뢰기를, "근래에 신문고를

치는 자가 정치의 잘잘못과 민생의 편안과 근심은 말하지 아니하고 오직 자기들 일만 호소하며, 또 원통하고 억울한 일이 아니면서 무고(誣告)하는 자와, 망고(妄告)하는 자와, 월소(越訴)하는 자를 모두 그대로 두고 논죄하지 않기 때문에, 완악(頑惡)한 무리들이 조금만 마음에 불평이 있으면 관리를 대면하여 욕지거리하기를, '내가 마땅히 신문고를 치겠다.' 하고, 흔히 웃어른과 다투어 이기지 못하면 문득 꾸짖기를, '내가 마땅히 신문고를 치겠다.'라고 하니, 이로 말미암아 백성이 그 관(官)을 모욕하고 아랫사람이 웃어른을 업신여기니, 그 폐해가 심히 크며, 또 그사이에 혹 바르게 판결한 것을 그릇 판결했다고 망령되게 일컫고, 혹은 미결(未決)된 것을 이미 기결(旣決)되었다고 망령되게 일컬으며, 혹은 월소하여 신문고를 치는 자도 있고, 혹은 작고 더러운 일들을 혹 신소(申訴)하는 자도 있어, 몽롱(矇朧)하게 신문(申聞)하여 성청(聖聽)을 번독(煩瀆)케 하니 대체에 어그러짐이 있을 뿐 아니라, 이로 인하여 소송이 복잡하게 불어나고, 풍속이 가볍고 박(薄)하니 염려하지 아니할 수 없습니다.

율문(律文)을 상고(詳考)하건대, 원통하고 억울함을 변명하는 조문(條文)에 이르기를, '감찰어사(監察御史)가 원통하고 억울한 일을 변명할 적에는 모름지기 억울한 사실을 갖추어 실봉(實封)하여 주문(奏聞)하면, 위관(委官)이 추문(推問)하여 실정을 캐내고, 무고를 입은 사람에게는 법률에 의해 바루어 고치고, 원고(元告)와 원문(元問)한 관리는 죄에 처하되, 만약 일이 억울함이 없고 몽롱하게 변명한 자에게는 장(杖) 1백 대에, 도(徒) 3년에 처한다. 만약 무고한 죄가 중한 자는 고출입인죄(故出入人罪)로 논하고, 변명한 사람은 실정을 알았으면 죄를 갈이하되, 실정을 알지 못한 자에게는 죄를 주지 않는다.'라고 하였사오니, 억울한 일이 아니면서 난잡하게 신정(申呈)하여 옳고 그름이 명백한 것은 위의 율문과 신소부실조(申訴不實條)에 의하여 일의 경중에 따라 죄를 정하여 간사한 자를 징계하옵소서." 하였다.

이러한 사헌부의 건의에 대하여 임금이 "어떠한가." 하고 대신들에게 물으니 여러 사람이 의논하기를, "신소부실조의 율을 쓰는 것이 매우 적당하옵니다." 하였고, [영의정] 황희(黃喜)는 의논하기를, "사생(死生)에 관계되는 박절(迫切)한 일에만 신문고를 치기를 허락하고, 그 나머지 작은 일과 노비를 다투는 송사는, 결절(決折)한 관리가 바뀐 뒤에 사헌부에 정소(呈訴)하면, 주장관(主掌官)에게 이송(移送)하여 바루어 고치게 하옵소서. 대개 형벌을 써서 송사를 그치게 함은 독한 약을 써서 병을 치료하는 것과 같으므로, 후회하는 일이 있을까 두렵습니다." 하니, 임금이 말하기를, "예전대로 하되 다만 신소부실률로 죄를 논하라." 하였다.(세종실록 59권, 세종 15년, 서기 1433년 1월 16일 3번째 기사)

- **사헌부(司憲府)**: 정치를 논의하고 풍속을 바로잡으며 관리들의 잘못을 조사하여 그 책임을 탄핵하는 일을 맡아보던 관아
- **무고(誣告)**: 남에게 형사 또는 징계 처분을 받게 할 목적으로 허위 사실을 날조하여 관공서에 고발함
- **망고(妄告)**: 망령되이 고발함
- **월소(越訴)**: 서울이나 지방 관청에 호소할 것을 조정에 직접 호소함
- **호령(號令)**: 군령. 군대나 부하 등을 지휘하여 명령함 또는 그 명령
- **완악(頑惡)**: 억세게 고집스럽고 모질음
- **미결(未決)**: 아직 결재하지 않음
- **기결(旣決)**: 이미 결재함
- **신소(申訴)**: 범죄 피해자나 그 대리인이 수사 기관에 범죄 사실을 신고, 수사와 범인의 소추를 요구함
- **몽롱(朦朧)**: 분명하지 않고 흐리멍덩함
- **신문(申聞)**: 원통하고 억울한 일을 풀어 달라는 그 소원(訴冤)을 들어서 해결해 줌
- **성청(聖聽)**: 임금이 들음을 높여 이르는 말
- **번독(煩瀆)**: 너저분하게 많고 더러움. 개운하지 못하고 번거로움
- **율문(律文)**: 법률을 조목별로 벌여 적은 글
- **상고(詳考)**: 자세하게 참고하거나 검토함

- **감찰어사(監察御史)**: 사헌부의 종6품 관직, 또는 어사대와 감찰사에 속한 종6품 벼슬
- **실봉(實封)**: 어전(御前)에서만 개봉할 수 있도록 밀봉하는 것. 이는 다른 사람이 보지 못하도록 하고 임금만 보도록 하기 위한 것이었다.
- **주문(奏聞)**: 임금에게 아뢺
- **위관(委官)**: 죄인을 심문할 때 의정대신(議政大臣) 중에서 임시로 뽑아 임명하는 재판장을 이르던 말
- **추문(推問)**: 어떤 사실을 일일이 따져 가며 꾸짖어 물음, 죄를 문초함
- **장(杖)**: 오형(五刑) 중 태형보다 중한 형. 사람이 죄를 범하였을 때 형장을 써서 볼기를 치는 형벌. 60대 치는 것과 70대·80대·90대·1백 대의 5종으로 구분
- **도(徒)**: 오형 중 하나로, 죄인을 한 곳에 가두어 두고 소금을 굽거나 쇠를 다루는 등의 힘든 일을 시키는 형벌. 지금의 징역형과 같은데, 1년 복역에 장 60대, 1년 6개월에 장 70대, 2년에 장 80대, 2년 6개월에 장 90대, 3년에 장 1백 대 등 3종류가 있었다.
- **고출입인죄(故出入人罪)**: 법관이 의도적으로 다른 사람의 죄를 더 무겁게 또는 가볍게 다스린 죄
- **신정(申呈)**: 일정한 소송 행위를 요구하는 문서를 해당 기관에 올리는 것
- **신소부실조(申訴不實條)**: 범죄의 피해자나 그 대리인이 수사 기관에 범죄 사실을 신고하여 수사 및 범인의 소추를 요구할 때 그 내용이 부실(不實)한 것에 대한 법률 항목
- **황희(黃喜)**: 태조부터 세종에 이르기까지 네 임금 아래에서 일한 인물. 특히 세종 치세에서 18년간 영의정을 지내면서 임금과 대신들 사이의 균형을 잡아 조선왕조 최고의 번영을 누릴 수 있도록 했다.
- **박절(迫切)**: 인정이 없고 매몰스러움
- **결절(決折)**: 판결을 확정함, 확실히 정함
- **정소(呈訴)**: 소장을 관청에 냄
- **주장관(主掌官)**: 송사(訟事), 인사(人事), 과거(科擧) 따위의 형옥(刑獄)이나 행정 사무를 맡아보던 벼슬아치. 또는 그 일을 주관하던 관아
- **이송(移送)**: 행정 절차에서 사무 처리를 다른 관청으로 옮기는 일

[세종실록기사 10]에서 사헌부의 보고를 보면, 신문고는 그 설치 목적과는 다르게 여러 폐해도 적지 않았던 것 같다. 예컨대 완악한 무

리들이 조금만 마음에 불평이 있으면 관리를 대면하여 욕지거리하기를, "내가 마땅히 신문고를 치겠다."라고 하고, 흔히 웃어른과 다투어 이기지 못하면 문득 꾸짖기를, "내가 마땅히 신문고를 치겠다."라고 하니, 이로 말미암아 백성이 그 관(官)을 모욕하고 아랫사람이 웃어른을 업신여기니, 그 폐해가 심히 컸다. 그런가 하면, 혹 바르게 판결한 것을 그릇 판결했다고 망령되게 일컫고, 혹은 미결(未決)된 것을 이미 기결(既決)되었다고 망령되게 일컬으며, 혹은 월소하여 신문고를 치는 자도 있고, 혹은 작고 더러운 일들을 신소(申訴)하는 자도 있었다. 이로 인하여 소송이 복잡하게 불어나고, 풍속이 가볍고 박(薄)하게 되었다. 그러므로 이러한 폐해를 막기 위하여 신문고를 오용 또는 악용하는 자들에 대한 처벌을 강화해야 한다고 사헌부에서 건의했다.

그런가 하면, 영의정 황희(黃喜)는 의논하기를, "사생(死生)에 관계되는 박절(迫切)한 일에만 신문고를 치기를 허락해야 한다."라고 했다. 하지만 이러한 신하들의 여러 건의를 세종 임금은 모두 거부하면서 "예전대로 하되 다만 신소부실률로 죄를 논하라." 하였는데, 만약 신문고의 사용에 대해 여러 제약을 가하면 백성들이 하정을 임금에게 제대로 상달할 수 없다고 생각했기 때문이었다고 볼 수 있다.

(6) 신문고로 억울함을 호소치 않고 어가 앞에서 정소자는 논죄

세종대왕은 신문고를 함부로 두 번씩이나 치는 백성마저도 가볍게 처벌하도록 선처하였다. 그러나 임금이 거둥할 때 수레 앞으로 돌입하여 임금께 억울함을 호소하는 백성은 위령률(違令律)로 다스려야 한다는 의정부(議政府)의 건의는 그대로 받아들이기도 하였는데, 이에 관한 실록기사를 소개하면 [세종실록기사 11]과 같다.

[세종실록기사 11] 의정부(議政府)에서 형조(刑曹)의 첩정(牒呈)에 의하여

아뢰기를, … 『속형전』(續刑典)에 이르기를, '무릇 정치의 득실이라든가 민생의 편안함과 근심함을 고하고자 할 때에는 신문고를 칠 것이요, 원통하고 억울하였으나 신설(伸雪)하지 못하던 것을 고하고자 할 때에는 경중(京中)이면 주장(主掌)하는 각사(各司)에게, 외방(外方)이면 수령(守令)·감사(監司)에게 정소(呈訴)하되, 처리하지 아니하면 헌사(憲司)에 갖추어 고소하되, 또한 처리하지 아니한다면 와서 북을 치라.' 하였사온데, 이제 무식한 무리들이 거둥하실 때를 당하여 혹은 어가(御駕) 앞으로 돌입하여 호소하는 자가 있사오니, 혹시 대가(大駕)를 경동(驚動)시킬까 염려됩니다. 청하건대, 이제부터는 어가 앞에서 정소하는 자는 시비를 묻지 말고 다 수리(受理)하지 마시와 위령률(違令律)로 논죄하게 하옵소서." 하니, 그대로 따랐다.(세종실록 84권, 세종 21년, 서기 1439년 윤2월 1일 5번째 기사)

- **의정부(議政府)**: 백관(百官)의 통솔과 서정(庶政)을 총괄하던 최고의 행정기관
- **형조(刑曹)**: 육조의 하나로 법률, 사송, 노비 등에 관한 사무를 관장했다. 일명 추관 또는 추조
- **첩정(牒呈)**: 하급 관아에서 상급 관아로 올리는 문서
- **『속형전』(續刑典)**: 『경국대전』(經國大典) 속전(續典)의 육전 중 하나인 형벌에 관한 법률
- **신설(伸雪)**: 원통함을 풀고 부끄러운 일을 씻어 버림
- **주장(主掌)**: 책임지고 맡음
- **각사(各司)**: 한양에 있던 관아를 통틀어 이르던 말
- **외방(外方)**: 서울 이외의 모든 지방
- **수령(守令)**: 각 고을을 맡아 다스리던 지방관들을 통틀어 이르는 말
- **감사(監司)**: 각 도의 으뜸 벼슬
- **정소(呈訴)**: 소장을 관청에 냄
- **헌사(憲司)**: 사헌부(司憲府)의 별칭
- **거둥[擧動]**: 임금의 행차. 한자로는 '擧動'(거동)으로 표기
- **어가(御駕)**: 임금이 타는 수레
- **대가(大駕)**: 임금이 타는 수레

- **경동(驚動)**: 뜻밖의 일에 놀라서 들썩거림
- **수리(受理)**: 서류나 문서 따위를 받아서 처리함
- **위령률(違令律)**: 명령을 어기거나 거부함으로써 성립되는 죄에 관한 법률
- **논죄(論罪)**: 죄의 성립 여부를 밝히거나 그 가볍고 무거움 따위를 따짐

이처럼 "임금이 거둥할 때 수레 앞으로 돌입하여 임금께 정소(呈訴)하는 자는 시비를 묻지 말고, 다 수리(受理)하지 마시고 위령률(違令律)로 논죄하게 하옵소서."라는 의정부의 건의를 세종대왕이 그대로 따랐다. 이는 아마도 『속형전』(續刑典)에 "무릇 정치의 득실이라든가 민생의 편안함과 근심함을 고하고자 할 때는 신문고를 칠 것이요, 원통하고 억울하였으나 신설(伸雪)하지 못하던 것을 고하고자 할 때에는 경중(京中)이면 주장(主掌)하는 각사(各司)에게, 외방(外方)이면 수령(守令)·감사(監司)에게 정소(呈訴)하되, 처리하지 아니하면 헌사(憲司)에 갖추어 고소하되, 또한 처리하지 아니한다면 와서 북을 치라."라고 법전에 이미 규정되어 있기 때문으로 생각된다. 그리하여 백성들이 자신들의 억울함을 신문고로 호소하는 것은 허용했으나, 임금이 거둥할 때 어가 앞으로 뛰어들어 정소하는 자는 그 정소를 수리하지 않고 오히려 처벌하였다.

(7) 동궁의 시의식에서도 신문고의 소지를 보고할 정도로 중요시

세종대왕은 신문고의 기능을 매우 중요시했는데, 이는 동궁(東宮)이 정사(政事)를 보는 시의식[視事儀]을 정하면서 그 순서 중에 신문고를 친 자들의 소지(所志)를 한두 장씩 동궁 즉 세자에게 아뢰게 한 것을 통해서도 엿볼 수 있다. 이는 세종실록 117권, 세종 29년(1447) 9월 19일 2번째 기사에 기록되어 있는데, 그 내용을 소개하면 [세종실록기사 12]와 같다.

[세종실록기사 12]　동궁(東宮)이 정사(政事)를 보는 시의식(視事儀)을 정하

였다. 동궁은 승화당(承華堂) 동벽(東壁) 한가운데 앉고, 승지(承旨) 네 사람이 서쪽 협문(俠門)으로 들어와 서계(西階)를 거쳐 서쪽 합문(閤門)으로 올라와서 앞기둥[前楹]의 근동(近東)에 나아가 부복(俯伏)하되, 동쪽을 위로 하고 모두 북향하며, 의정부(議政府)·중추원(中樞院)·육조(六曹)·한성부(漢城府)·대간(臺諫)은 각 한 사람이 서쪽 협문으로 들어와 서계를 거쳐 올라와서 서쪽 합문으로 들어오되, 정1품이 한 줄이 되고, 2품 이상이 한 줄이 되어 당내(堂內) 서쪽 가에 동향하여 앉고, 3품 이하는 앞 기둥의 근서(近西)에 북향하여 부복하고, 사관(史官) 두 사람이 따라 들어와서 서편 기둥 밖에 부복하되 모두 동향한다.【당내를 출입하는 자는 누구든지 호내(戶內)에서 동향하여 땅에 엎드린다】그날의 입직승지(入直承旨)는 이조(吏曹)의 성기(省記)와 병조(兵曹)의 순찰단자(巡察單子)를 가지고 당중(堂中) 서쪽 기둥의 서변(西邊)으로 좇아 돌아들어 앞으로 나아가, 동궁의 자리 앞 7척(尺)쯤 떨어진 곳에 부복하여 나직한 음성으로 평온무사함을【만일 순찰에 범한 사람이 있었으면 "몇 시에 아무개를 가두었다."라고 한다】보고하고, 다음에 신문고를 친 소지(所志) 한두 장을 아뢰고, 물러나 제자리에 돌아간다. 다음에 여러 승지가 공사(公事)를 아뢰는데 역시 이 예(例)와 같이 하고, 그 나머지를 아뢰는 자들은 모두 제자리에서 하여 석차를 떠나지 아니한다. 아뢰기를 맨 나중에 한 승지가 머리를 돌려 슬며시 그만 나가자는 암시를 하면 맨 끝에서부터 먼저 나가는데, 승지들은 그대로 남아서 "신본(申本)·신목(申目) 및 모든 공사를 이로써 아뢰었사옵니다." 하고, 아뢰기를 마친 뒤에 역시 아래로 좇아 나간다.(세종실록 117권, 세종 29년, 서기 1447년 9월 19일 2번째 기사)

- **동궁(東宮)**: '왕세자'를 달리 이르던 말로, 세자와 세자빈이 거처하던 경복궁 안의 '세자궁'을 말함
- **정사(政事)**: 정치에 관계되는 일. 벼슬아치의 임명과 해임에 관한 사무

- **승화당(承華堂)**: 동궁 안 건물의 하나로, 당시 동궁은 자선당(資善堂), 승화당, 계조당(繼照堂)으로 구성되었다.
- **승지(承旨)**: 승정원의 좌승지, 우승지, 좌부승지, 우부승지 등을 통틀어 이르는 말
- **협문(俠門)**: 삼문(三門)으로 정문 좌우에 달린 작은 문. 드나들기 편토록 정문 옆에 따로 낸 작은 문
- **서계(西階)**: 서쪽의 계단
- **합문(閤門)**: 편전의 앞문으로, 여기서는 동궁의 앞문을 말함
- **근동(近東)**: 동쪽에 가까운 방향
- **부복(俯伏)**: 고개를 숙이고 엎드림
- **의정부(議政府)**: 백관(百官)의 통솔과 서정(庶政)을 총괄하던 조선의 최고 행정기관
- **중추원(中樞院)**: 조선 초기의 군사, 왕명 출납의 사무를 관장하던 중앙 관청의 하나로 출납·병기(兵機)·군정(軍政)·숙위(宿衛)·경비(警備)·차섭(差攝) 등의 일을 맡아 보았다.
- **육조(六曹)**: 행정을 각각 분담하여 집행하였던 여섯 개의 중앙 관서. 이조(吏曹), 호조(戶曹), 예조(禮曹), 병조(兵曹), 형조(刑曹), 공조(工曹)를 말한다. 오늘날의 행정 각 부에 해당한다.
- **한성부(漢城府)**: 조선왕조 수도(首都)의 행정구역 또는 조선왕조 수도를 관할하는 관청
- **대간(臺諫)**: 사헌부와 사간원의 벼슬을 통틀어 이르는 말
- **당내(堂內)**: 궁전의 안
- **근서(近西)**: 서쪽에 가까운 방향
- **사관(史官)**: 임금의 언행과 정치, 백관의 행정 등 시정(時政)을 기록한 관원. 이러한 사관이 기록한 사초(史草)는 시비를 가리지 못하고, 고치지도 못했으며, 사관의 기록행위도 면책권이 있어 신분이 보장되었다. 조선 초기에는 주로 국사(國史)의 기록을 전담한 예문춘추관의 공봉·수찬·직관을 사관이라고 했다. 사관은 직필로 국가의 사건, 왕의 언행, 백관의 잘잘못, 사회상을 기록해 후세에 올바른 정치가 행해지도록 하였다.
- **입직승지(入直承旨)**: 승정원에서 숙직하거나 근무하는 승지
- **이조(吏曹)**: 육조의 하나로 문선(文選)·훈봉(勳封)·고과(考課) 등에 관한 일을 관장한 관서
- **성기(省記)**: 요점만을 간단하게 적음. 또는 관아에서 당직자의 이름을 기록하던 서류

- **병조(兵曹)**: 육조의 하나로 군사 관계 업무를 총괄하던 중추 기관
- **순찰단자(巡察單子)**: 순찰에 관한 사실을 조목조목 적어 상급자에게 올리는 문서
- **당중(堂中)**: 궁전의 대청 안
- **척(尺)**: 길이를 측정하는 기본 단위로 촌(寸)을 기준으로 한 10진의 단위명. 고려와 조선 초기에 1척은 32.12cm였으나, 한일합병과 더불어 곡척(曲尺)으로 바뀌어 33.33cm로 통용되었다.
- **소지(所志)**: 관부(官府)에 올리는 소장(訴狀), 청원서, 진정서 등을 통틀어 일컫는 말. 이두로 '발괄'[白活]이라고도 불렀다. 소지는 당시 사람들의 생활 가운데 일어난 일 중에서 관부의 결정과 도움을 필요로 하는 모든 종류의 민원에 관한 문서이므로 그 내용은 아주 다양하였다. 소지를 수령이나 관계 관부에 올리면 해당 관원은 그 내용을 살펴본 뒤 그 소지에 대한 판결을 내리게 되는데, 이를 '데김[題音]' 또는 '제사(題辭)'라고 했다. 데김은 소지의 왼쪽 아래 여백에 쓰며, 그 여백이 모자라면 뒷면에 계속해서 쓰기도 하고 별지를 붙여 쓰기도 하였다. 데김을 적은 소지는 그 소지를 올린 사람에게 돌려주어 그 판결에 대한 증거자료로서 소중히 보관하도록 하였다.
- **신본(申本)**: 세자가 섭정할 때, 관원이 세자에게 올리는 문서 양식
- **신목(申目)**: 세자가 섭정할 때, 관원이 세자에게 올리는 문서의 제목
- **공사(公事)**: 공적인 일. 여러 사람에 관한 공적인 일

[세종실록기사 12]는 세자가 정사(政事)를 보는 의식 즉 시사의(視事儀)를 알려 주기 위하여 그 순서들을 자세히 설명하면서 시범도 보여 준 것인데, 임금이나 세자가 여러 정사를 보려면 그 순서나 사무가 대단히 많았을 것이다. 그런데 그중에 신문고를 두드린 사람들의 진정 내용을 보고하는 순서까지 넣었다는 것은 당시 신문고를 통한 백성들의 하소연을 얼마나 중시하였는지를 능히 짐작할 수 있다.

신문고(등문고)는 누가 왜 쳐서 어떤 결과를 얻었는가?

앞서 우선 세종 시기 신문고 명칭의 변경과, 신문고에 관한 제반 규정 및 세종대왕의 여러 배려 등에 관한 실록기사들을 읽어 보았다. 그러면 세종의 재위 시기에 신문고는 실제로 어떻게 운영되었는가?

(1) 진군이 관직을 받고자 신문고를 쳤으나 오히려 죄를 받아

신문고(등문고)는 주로 억울하고 원통한 일반 백성들이 두드린 것으로 생각하기 쉽다. 그러나 양반 관료나 그 자제들도 두드려서 하소연했는데, 예컨대 세종실록 1권, 세종 즉위년(1418) 9월 14일 3번째 기사를 보면, 앞서 [세종실록기사 1]에서 소개했듯이 형조판서와 병조판서를 역임했던 박습(朴習)도 직접 등문고를 치면서 "망령되이 스스로 하소연"하였다고 한다. 또한 세종실록 2권, 세종 즉위년(1418) 12월 12일 3번째 기사를 보면, 앞서 [세종실록기사 2]에서 살펴보았듯이, 조선왕조의 개국공신인 조영무(趙英茂)의 아들도 등문고를 쳐서 자신이 음란한 일을 하지 않았다고 변명하기도 했다. 그런가 하면, 경상도의 진군(鎭軍)은 관직을 받고자 신문고를 두세 번이나 치기도 했는데, 이에 관한 실록기사를 보면 [세종실록기사 13]과 같다.

> [세종실록기사 13]　좌대언(左代言) 김종서(金宗瑞)가 아뢰기를, "경상도의 진군(鎭軍)이 기선군(騎船軍)의 예(例)에 의거하여 관직을 받고자 하여 두세 번 신문고를 치니, 이것은 원통하고 억울한 일이 아닌데도 천청(天聽)을 번거롭게 하니, 이를 죄주는 것이 어떻겠습니까?" 하니, 임금이 말하기를, "이미 소원(訴願)을 잃었는데 또 그 죄를 입게 된다면 진실로 불쌍하다. 비록 번거로움이 되나 죄를 다스리지 말게 할 것이다. 옛날에

원숙(元肅)이 지신사(知申事)가 되었을 때 의리에 어그러진 일로 신문고를 친 사람이 있었는데, 원숙이 논죄하기를 청했으나 내가 죄주지 아니하였다. 만약 불순한 일로써 연달아 번거롭게 신문고를 치는 사람이 있으면 캐어묻고 죄주는 것이 옳을 것이다." 하였다.(세종실록 57권, 세종 14년, 서기 1432년 7월 18일 2번째 기사)

- **좌대언(左代言)**: 승정원의 정3품 벼슬. 조선 초기인 태조 1년(1392)에 중추원(中樞院)이 설치되면서 좌승지(左承旨)라 하였다가 태종 1년(1401) 승추부(承樞府)가 세워질 때 다시 좌대언으로 고쳐졌으며, 세종 15년(1433)에 좌승지로 개칭되었다.
- **김종서(金宗瑞)**: 세종의 신임이 두터워 우부대언, 좌부대언, 우대언을 거쳐 세종 15년(1433) 좌대언이 되었고, 함길도관찰사가 되었다. 세종 17년(1435) 함길도병마도절제사가 되어 북방으로 가서 6진을 개척했다. 그래서 김종서는 문신임에도 불구하고 무관으로 오해를 받게 되었다.
- **진군(鎭軍)**: 진(鎭)의 군대. 진(鎭)은 지방군대(地方軍隊)의 주둔영지(駐屯營地)로 각 병영(兵營), 수영(水營) 밑에 둔 직소(職所)를 말한다.
- **기선군(騎船軍)**: 각 포(浦)에 배속되어 해안 방어를 담당하던 수군(水軍). 배를 타고 싸우는 군병이라 하여 '선군'(船軍)으로 호칭되었으며 '기선군'(騎船軍)이라고도 불렸다.
- **천청(天聽)**: 임금의 귀
- **원숙(元肅)**: 세종 1년(1419) 지신사(知申事)로 재직하던 중, 태종 때 설치된 신문고가 남용되는 폐단을 지적하고 그 철폐를 주장하였다.
- **지신사(知申事)**: 승정원 도승지(都承旨)의 옛 명칭. 조선 태조 때 도승지로 바꾸었다가 태종 때 다시 지신사가 되었다가 세종 15년(1433) 도승지로 바뀌었다.

[세종실록기사 13]에서 보듯이 경상도의 진군이 관직을 받고자 신문고를 치기도 했다. 그러나 "이는 원통하고 억울한 일이 아닌데도 천청(天聽)을 번거롭게 하니, 죄주는 것이 어떻겠습니까?" 하고 좌대언 김종서가 임금께 아뢰었다. 그러자 세종대왕은 말하기를 "[그 진군이] 이미 소원(訴願)을 잃었는데 또 그 죄를 입게 된다면 진실로 불쌍하다."라

면서 죄주지 말라고 하였다. 그러면서 "만약 불순한 일로써 연달아 번거롭게 신문고를 치는 사람이 있으면 캐어묻고 죄주는 것이 옳을 것이다." 하였다. 따라서 이를 볼 때 세종대왕은 백성들이 되도록 마음 놓고 신문고를 칠 수 있도록 많은 배려를 했음을 알 수 있다.

(2) 경상도 주민 천여 명이 답험손실법 회복을 요구했으나 윤허 안해

앞서 살펴보았듯이 신문고(등문고)는 진군(鎭軍)이 관직을 받고자 두드리기도 했다. 그런가 하면, 경상도 주민 천여 명은 집단적으로 등문고를 쳐서 답험손실법(踏驗損實法)의 회복을 요구하기도 했는데, 세종실록 90권, 세종 22년(1440) 9월 3일 2번째 기사를 보면 [세종실록기사 14]와 같은 내용이 실려 있다.

> [세종실록기사 14]　**경상도 주민 천여 명이 등문고(登聞鼓)를 쳐서 공법(貢法)의 불편(不便)을 아뢰고, 답험손실법(踏驗損實法)을 회복하고자 하였으나, 임금이 윤허하지 아니하였다.**(세종실록 90권, 세종 22년, 서기 1440년 9월 3일 2번째 기사)

- **공법(貢法)**: 세종 12년(1430)에 제정한 토지세 제도. 세종 26년(1444) 개편되었다. 전국 각 도를 토지의 비옥도에 따라 3분하고 다시 상·중·하로 나눈 후 각각 상전·중전·하전으로 나눔으로써 27종의 토지 등급에 따라 각각 세율을 달리하였다. 이러한 공법은 중간부정을 근절시키고 일률적인 조세 제도 운영을 통해 국고의 증수를 도모하는 데 일정한 성과가 있었지만 상층농민에게는 유리하고, 하층농민에게는 불리했다. 그 결과, 소농층의 토지상실을 초래케 했다.
- **답험손실법(踏驗損實法)**: 고려 말과 조선 초에 한 해의 농업 작황(作況)을 현지에 나가 조사해 등급을 정하는 '답험법'(踏驗法)과, 조사한 작황의 등급에 따라 적당한 비율로 조세를 감면해 주는 '손실법'(損失法)을 병용한 수세법(收稅法). 고려 공양왕 3년(1391)의 전제(田制) 개혁 때부터 조선 세종 26년(1444) 공법(貢法) 시행 때까지 존속하였다. '수손급손법'(隨損給損法)·'손실답험법'이라고도 했다.

• **윤허(允許)**: 임금이 어떤 일에 대한 신하나 백성의 청을 허락함

[세종실록기사 14]를 보면, 경상도 주민 천여 명이 등문고를 쳐서 답험손실법을 회복시켜 달라고 요청했다고 하는데, 이를 곧이곧대로 해석하면 경상도 주민 천여 명 모두 서울로 올라와서 궁궐 앞에 달아 놓은 등문고를 쳤다고 볼 수 있다. 그러나 이는 현실적으로 불가능한 일이었다. 그러므로 아마도 경상도 주면 천여 명의 명의(名義)나 대표로서 한 사람이 서울로 올라와서 등문고를 쳤다는 말인 것도 같다. 그러나 그야 어떻든 간에 임금은 경상도 주민 천여 명의 청원을 받아들이지 않았다.

(3) 백성이 공법(貢法)의 시행에 관하여 신문고를 통해 상언하기도

이처럼 농민들은 개인의 억울함이 아니라, 나라의 공법(貢法) 중 답험손실법을 회복시켜 줄 것을 신문고를 쳐서 청원하기도 했다. 이러한 사례는 세종실록 78권, 세종 19년(1437) 8월 27일 1번째 기사에서도 찾아볼 수 있는데, 이를 소개하면 [세종실록기사 15]와 같다.

[세종실록기사 15] 임금이 정사(政事)를 보았다. 도승지(都承旨) 신인손(辛引孫)이 아뢰기를, "지금의 공법(貢法)은 여러 고전(古典)에서 상고(詳考)하고 시대의 사정에 맞는 것으로 참작하여, 대신(大臣)에게 의논하여 이를 만들었으니 진실로 법령이 되옵니다. 단지 금년만은 각도(各道)가 비록 약간의 풍년이 들었다 하나, 실농(失農)한 곳이 많아서 매년 흉년으로 백성이 저축해 둔 것이 없는데, 갑자기 공법을 한결같이 행하게 되면 민간에서 곤란하고 고생되는 것을 염려하지 않을 수 없습니다. 근자에 들으니, 경중(京中)과 외방에서 인심이 흉흉하여 이 법을 좋아하지 않고 신문고를 치면서 상언(上言)하는 자까지 있다고 합니다. 대개 이 법은 풍

년이면 백성들에게 좋고, 흉년이면 백성들에게 해가 되는 것이오니, 우선 공법을 정지하고 다시 손실의 법을 행하되, 시험하는 것 같이 하고 다시 풍년을 기다리는 것이 심히 편리하겠습니다." 하니, 임금이 말하기를, "나의 뜻도 또한 그러하나, 다만 이미 정한 것을 감히 경솔하게 고치지 못할 뿐이다. 이제 억지로 공법을 행하게 되면 백성이 혹은 유리(流離) 되고 혹은 사망하는 자가 있을까 참으로 염려되니, 마땅히 대신들과 이를 의논하라." 하였다.(세종실록 78권, 세종 19년, 서기 1437년 8월 27일 1번째 기사)

- **정사(政事)**: 정치에 관계되는 일. 벼슬아치의 임명과 해임에 관한 사무
- **도승지(都承旨)**: 승정원의 수장으로 정3품 당상관직. 왕명을 하달하고 하의를 상달하는 일을 맡았다.
- **신인손(辛引孫)**: 세종 16년(1434) 병조좌참의가 되고 이내 승정원 우승지를 거쳐 도승지에 승진하였다. 세종 20년(1438) 병조참판이 되었다.
- **공법(貢法)**: 조선 초의 전세(田稅) 제도. 세종 초부터 공법 논의가 일어나고, 세종 12년(1430) 그 구체적 논의로서 전국적으로 위로는 고관부터 아래로는 농민까지 17만 인에게 문의한 바 있었다. 세종 18년(1436)에는 공법상정소(貢法詳定所)를 설치하고, 세종 26년(1444) 공법 실시를 위한 최종안이 채택되었다. 그리하여 전적(田積)이 종래의 삼등전에서 전분육등법(田分六等法)으로 되고, 양전척(量田尺)도 종래의 수등이척지척(隨等異尺指尺)에서 새로운 수등이척주척(隨等異尺周尺)으로 개정했다.
- **실농(失農)**: 농사의 때를 놓침. 농사에 실패함
- **경중(京中)**: 서울의 안
- **상언(上言)**: 국왕에게 올리는 문서. 위로는 관원으로부터 아래로는 공사천(公私賤)에 이르는 모든 사람들이 할 수 있었다. 상언이 상소(上疏)와 다른 점은 상소는 대개 관원과 유생·사림(士林)이 국왕에게 올리는 문서 양식이나, 상언은 관원으로서가 아니라 사인(私人)으로서 올리는 것이었다. 또 상소에는 이두(吏讀)를 쓰지 않으나 상언에는 이두를 썼다.
- **유리(流離)**: 일정한 집과 직업이 없이 이곳저곳으로 떠돌아다님
- **대신(大臣)**: 2품 이상의 재상(宰相)을 통틀어 이르는 말. 그러나 1894년 이후는 내각 각부의 으뜸 벼슬을 지칭했다.

[세종실록기사 15]에서 보듯이, 누가 신문고를 쳐서 공법을 고쳐 달라고 임금에게 상언했는지에 관해서는 구체적으로 밝혀 놓지는 않았다. 그러나 공법은 토지에 관한 세금 제도이므로 농민이 그것을 개정해 달라고 상언했던 것 같은데, 이러한 상언이 있었다는 것을 도승지로부터 보고를 받은 세종 임금은 공법의 시행 여부를 다시 대신들과 의논하라고 명령했다.

(4) 참형 받은 관원 아들이 신문고로 자기 아버지의 청렴을 호소하기도

앞서 보았듯이 신문고는 전직 관료, 군인, 농민 등도 두드려서 억울함을 호소하거나 또는 공법의 개정 등을 청원하기도 했다. 그런가 하면 본인이 아니라 그 아들이 자기 아비의 억울함을 호소하기도 하였다. 세종실록 24권, 세종 6년(1424) 6월 13일 3번째 기사를 보면, [세종실록기사 16]에서와 같이, 평안도 지덕천군사(知德川郡事) 최세온(崔世溫)이 탐오(貪汚)한 죄로 참형을 받게 되자 그의 아들이 자기 아비의 청렴함을 신문고로 호소하기도 했다.

[세종실록기사 16]　사헌부(司憲府)에서 계(啓)하기를, "평안도 지덕천군사(知德川郡事) 최세온(崔世溫)이 정사(政事)를 어지럽히고 탐오(貪汚)하였는데, 자기가 차지한 것과 남용한 물품을 계산하니, 장물(贓物)이 총 1백 4관(貫)이었습니다. 감수자도율(監守自盜律)에 따라 참형(斬刑)으로 처단하고, 장물은 징수하여 관(官)이나 임자에게 돌려줄 것을 청합니다." 하니, 임금이 "딴 죄인을 행형(行刑)할 때에 다시 아뢰어 장물을 징수하고 율에 의거하여 시행하라."라고 명하였다. 최세온의 아들 최이기(崔李起)가 신문고를 두드리면서, "신의 아비는 일찍이 두어 고을 원이 되었으나, 모두 청백하다는 소문이 있었습니다. 지금 덕천군에서 탐오하다는 것으로써 죄를 얻게 되니 실상 원통하고 민망합니다. 행대감찰(行臺監察)

이 죄를 얽어서 만든 것이니 분변(分辨)하여 주기를 청합니다." 하니, 임금이 말하기를, "이 사람은 장물이 매우 많고, 진제(賑濟)할 쌀을 누에고치[繭]와 바꾸어 제가 차지함으로써 백성을 굶어 죽게까지 하였으니, 그 죄가 지극하다. 무릇 장리(贓吏)는 비록 사면령(赦免令)이 있었더라도 용서하는 예(例)에 들지 못한다는 것은 이미 법에 나타나 있다. 그러나 그 아들이 원통하다고 호소하니 분변하지 않을 수 없으니, 분변하기를 요구하는 장물은 우선 제쳐 놓고, 딴 장물로써 다시 수효(數爻)를 계산하여 아뢰라."라고 하였다.(세종실록 24권, 세종 6년, 서기 1424년 6월 13일 3번째 기사)

- **사헌부(司憲府)**: 정치를 논의하고 풍속을 바로잡으며 관리들의 잘못을 조사하여 그 책임을 탄핵하는 일을 맡아보던 관아
- **계(啓)**: 아뢰다, 보고하다
- **지덕천군사(知德川郡事)**: 평안도 북부에 있는 덕천군(德川郡)의 군수에 해당하는 벼슬
- **최세온(崔世溫)**: 사람 이름. 신원 미상
- **정사(政事)**: 정치에 관계되는 일, 또는 벼슬아치의 임명과 해임에 관한 사무
- **탐오(貪汚)**: 탐욕스럽고 추잡한 짓
- **장물(贓物)**: 강도, 절도, 사기 등 재산죄에 해당하는 범죄 행위로 부당하게 취득한 타인 소유의 물품
- **관(貫)**: 동전 1천 닢[文]을 꿴 한 꾸러미를 기준으로 정한 무게 단위. 관의 기준 중량은 돈[匁]으로 1천 돈은 1관이 된다. 1돈은 3.75g이므로 1관은 3,750g이다.
- **감수자도율(監守自盜律)**: 관리나 지방관이 공금(公金) 또는 공물(公物)을 유용하거나 도용하는 행위에 대한 처벌 법률. 감독하고 지키는 일을 맡은 관리가 자기가 관할하는 창고의 전곡(錢穀)을 스스로 훔친 경우에는 주범과 종범을 가리지 않고 죄를 묻도록 하였다. 이러한 죄인의 형량은 훔친 물건의 양에 따라 최저 장(杖) 80대에서 최고 참형(斬刑)에 이르기까지 차등을 두어 집행하였다.
- **참형(斬刑)**: 목을 베어 죽임
- **행형(行刑)**: 징역, 금고, 구류 등의 자유형을 실제로 집행함
- **최이기(崔李起)**: 사람 이름. 신원 미상
- **행대감찰(行臺監察)**: 지방에 파견하는 사헌부의 감찰. 조선 건국 후 관료제와 지

방행정을 정비하고, 중앙집권화를 강화하기 위해 행대를 파견해서 민간의 폐단, 향리의 작폐, 수령의 치적, 어량·염전의 조사, 권세가의 마필방목(주로 경기도) 등 다양한 형태의 감찰업무를 수행하게 했다.

- **분변(分辨)**: 사물의 시비나 선악 따위에 대해서 구별하여 앎
- **진제(賑濟)**: 흉년에 관(官)에서 곤궁한 백성을 도와주던 일
- **누에고치[繭]**: 누에가 실을 토하여 제 몸을 싸서 만든 집
- **장리(贓吏)**: 뇌물을 받거나 나라의 돈을 횡령한 관리
- **사면령(赦免令)**: 죄를 용서하여 형벌을 면제하는 임금의 명령
- **수효(數爻)**: 사물의 낱낱의 수

하지만 그의 아들의 신문고를 통한 호소에도 불구하고 최세온은 감수자도율(監守自盜律)에 따른 참형(斬刑)을 면치 못했을 뿐만 아니라, 그가 남용한 장물도 모두 징수하라고 임금이 명령하였다.

(5) 좌찬성 이맹균의 양자는 과전 상속을 신문고로 호소해서 성공

앞서 살펴본 최세온 아들의 경우와는 사뭇 다르지만, 죽은 좌찬성(左贊成) 이맹균(李孟畇)의 양자(조카)는 양아버지의 과전(果田)을 상속받게 해 달라고 신문고를 쳐서 호소하기도 했다. 그러자 이를 임금이 의정부(議政府)에 내려서 "호조와 함께 의논하여 올리라." 한즉, 호조(戶曹)의 관원 여럿이 의논 끝에 친아들의 예에 따라 과전을 물려주도록 하였는데, 이에 관한 세종실록 106권, 세종 26년(1444) 10월 9일 5번째 기사를 소개하면 [세종실록기사 17]과 같다.

> [세종실록기사 17] 죽은 좌찬성(左贊成) 이맹균(李孟畇)이 그 조카 보기(保基)로 뒤를 이었는데, 보기가 맹균의 과전(科田)을 상속하여 받고자 하니, 호조(戶曹)에서, "다른 사람에게 입후(入後)한 자가 과전을 물려받는 일은 전례가 없다."라고 하여 주지 아니하므로, 보기가 신문고를 쳐서 호소하니, 이를 임금이 의정부(議政府)에 내려서 "호조와 함께 의논하여 올리라."

한즉, 여럿이 의논하여 아뢰기를, "무릇 입후한 자에게는 일체의 집안일에 다 친아들과 같이 되어, 그 생부모(生父母)에게는 상복(喪服)을 강등(降等)하여 입는 법이니, 맹균의 과전을 친아들의 예에 의하여 보기에게 물려주는 것이 당연합니다." 하니, 임금이 그대로 따랐다.(세종실록 106권, 세종 26년, 서기 1444년 10월 9일 5번째 기사)

- **좌찬성(左贊成)**: 의정부의 종1품 관직으로 정원은 1인이다. 이재(二宰) 또는 이상(貳相)이라 불렀다. 이재는 삼정승에 이은 둘째 재상이란 뜻이다. 우찬성과 함께 삼의정을 보좌했으며 육조의 판서를 거친 후 우의정이나 좌의정으로 진급하기 전 좌찬성과 우찬성에 임명되는 것이 보통이었다.
- **이맹균(李孟畇)**: 세종 3년(1421) 사은부사(謝恩副使)로 명나라에 다녀와서 예조참판·경기도관찰사·공조판서·예조판서를 지냈다. 세종 7년(1425) 진위사(陳慰使)가 되어 명나라에 다녀와서 이조와 병조판서를 지냈다. 세종 12년(1430) 의정부 참찬이 된 뒤 성균관대사성·판한성부사·이조판서·예문관대제학을 지냈다. 세종 19년(1437) 예문관대제학 겸 판이조사(藝文館大提學兼判吏曹事)가 되었으며, 그 뒤 우찬성 겸 판이조사·판의주목사·좌찬성을 역임하였다. 1440년 부인 이씨가 심한 질투로 종을 죽인 사건으로 파면되어 황해도 우봉현(牛峰縣)으로 쫓겨났다가, 방면되어 돌아오는 길에 개성부에서 70세로 죽었다.
- **과전(科田)**: 과전법에 따라 관원에게 지급되는 토지. 문·무 백관을 18등급으로 나누어 재직·퇴직을 불구하고 지위에 따라 지급하되, 제1급은 1백 50결, 제18급은 10결을 주었다. 과전법은 조선조 초에 실시한 토지 제도
- **호조(戶曹)**: 육조의 하나로 호구(戶口)·공부(貢賦)·전량(錢糧)·식화(食貨)에 관한 일을 관장하던 관서
- **입후(入後)**: 양자로 들어감

[세종실록기사 17]을 보면, 백성이 신문고로 청원을 해서 처분을 받게 되는 절차를 엿볼 수 있는데, 만약 양자(養子)가 자기 양부의 과전을 상속받으려면 우선 호조(戶曹)에 민원을 제기해야 했던 것 같다. 그러나 호조에서 전례가 없다고 거절하자, 신문고을 쳐서 다시 청원했다.

그러자 이러한 청원을 임금이 의정부에 내려서 호조와 함께 의논하여 보고토록 했으며, 그 보고에서 "과전을 물려주는 것이 당연하다."라고 하자, 이를 임금이 받아들이는 식으로 신문고를 통한 백성들의 청원을 해결해 주었음을 알 수 있다.

(6) 생원이 과거(科擧) 신청기간 연장을 신문고로 호소하기도

신문고는 억울하고 원통한 백성들이 그 원통함을 임금께 하소연하여 풀던 제도로만 알고 있으나, 신문고에 관한 조선왕조실록을 보면 여러 계층의 다양한 청원들을 임금께 상달하는 수단으로 사용되었다. 예컨대, 생원(生員)들이 과거(科擧)에 응시 신청을 제때 하지 못했음에도 불구하고, 과거를 치를 수 있게 해달라고 신문고를 쳐서 임금의 허락을 받기도 했다. 이에 관한 것으로서 세종실록 117권, 세종 29년(1447) 8월 10일 기사 2번째 기사를 소개하면 [세종실록기사 18]과 같다.

> [세종실록기사 18] 성균생원(成均生員) 방유륜(房有倫) 등이 상서(上書)하기를, "… 삼가 생각하옵건대, 태종공정대왕(太宗恭定大王)께옵서 과거(科擧)의 제도를 한결같이 『원전』(元典)에 따르시어, 생원(生員)으로서 원점(圓點)이 차지 못한 자는 과거 보는 것을 허락치 않으셔서 법을 지키기에 원칙이 있으시면서도, 지난 정유년(丁酉年)에 생원 정지담(鄭之澹) 등이 근친(覲親)하러 고향에 내려갔다가 미처 이름을 기록하지 못하였는데, 시험 보는 날에 신문고를 쳐서 아뢰니, 태종(太宗)께옵서 상례(常例)로 정한 기한에도 불구하시고 시험을 치르게 허락하셨던 바, 지담(之澹)이 과연 뛰어나게 과거에서 장원(壯元)을 하였사오니, 법을 운용하시는 권도(權道)가 또한 지극하신 것이옵니다. … 신들이 신문고를 치고 또 말씀을 간곡히 올려 부르짖고 호소하옵기를 두 번이나 하였사오나, 천심(天心)을 감동시키지 못하였사오매, 오직 절통(切痛)하게 가슴을 칠 뿐이옵

니다." 하자, … 임금이 방유륜 등에게 과거를 치를 수 있도록 허락하였다.(세종실록 117권, 세종 29년, 서기 1447년 8월 10일 2번째 기사)

- **성균생원(成均生員)**: 소과(小科)인 생원시에 합격한 생원 중에서 성균관에 들어가서 공부하는 사람. 과거제도의 하나로서 소과인 생원시를 설치하고 그 합격자를 생원이라 하였는데, 이들에게는 진사(進士)와 더불어 성균관에 입학할 수 있는 자격이 부여되었다. 그리하여 성균관에 들어가 공부하다가 다시 문과(文科)에 응시, 합격해 관직에 나아가는 것이 당시 유생들이 밟는 정상적 과정이었다. 그러나 생원이나 진사들 중에는 성균관에 들어가지 않고 참봉·훈도·오위장 등 종9품직에 제수되는 경우도 있었다.
- **방유륜(房有倫)**: 행인천교수(行仁川敎授)를 지냄. 자세한 것은 미상
- **상서(上書)**: ① 관원이 세자에게 올리던 글. 즉 세자가 대리청정(代理聽政)할 때 올리는 것으로, 임금에게 올리는 소(疏)에 해당한다. ② 조선 시대 민원서(民願書)인 소지류(所志類). 그 서식은 다른 소지류와 약간 다르다. 이 문서는 관찰사·수령·암행어사 등에게 올리며, 그 내용은 산송(山訟)과 효행(孝行)·탁행(卓行)의 정려(旌閭)를 위한 것이 주류를 이루었다.
- **태종공정대왕(太宗恭定大王)**: 조선 제3대 임금 태종의 정식 명칭
- **『원전』(元典)**: 경국대전을 지칭한 듯함
- **생원(生員)**: 소과(小科)인 생원시에 합격한 사람. 위의 성균생원 참조
- **원점(圓點)**: 성균관과 4부 학당 등의 교육기관에서 유생의 출결 사항을 점검하기 위해 학생들이 식당에 들어갈 때 도기(到記)에 점을 찍고 서명하게 하여 매기는 점수. 하루에 아침저녁 두 번 식당에 들어가서 서명을 해야 원점 1점이 된다. 이 제도는 기숙하면서 공부하는 거재생(居齋生)들의 거관일수(居館日數)를 확인하기 위해 실시한 것으로, 특히 성균관의 경우 생원과 진사(進士)로 하여금 성균관에 기거하도록 하기 위해 제정된 것이다. 원점 300점을 취득한 자, 즉 성균관에 300일 거관(居館)한 유생이라야 과거시험인 관시(館試)에 응시할 자격을 주었다.
- **정유년(丁酉年)**: 태종 17년(1417)
- **정지담(鄭之澹)**: 안동부(安東府) 부사(府使) 역임. 자세한 것은 미상
- **근친(覲親)**: 아들이 친가에 가거나 시집간 딸이 친정에 가서 어버이를 뵘
- **상례(常例)**: 보통 있는 흔한 일
- **장원(壯元)**: 과거(科擧)의 갑과(甲科)에서 일등으로 급제함. 백일장이나 시험 등

에서 일등을 함

- **권도(權道)**: 어떤 일을 이루기 위하여 상황에 따라 일을 처리하는 방도
- **절통(切痛)**: 뼈에 사무치도록 분하고 억울함

[세종실록기사 18]에서 보듯이 태종 때 생원 정지담(鄭之澹) 등은 근친(覲親)하러 고향에 내려갔다가 미처 과거 응시 신청자 명단에 이름을 기록하지 못하였으나, 시험 보는 날에 신문고를 쳐서 아뢰니, 태종께옵서 상례(常例)로 정한 기한에도 불구하고, 성균생원 방유륜(房有倫) 등도 과거시험을 치르게 허락하기도 하였다.

(7) 사천인 출신 아들이 신문고로 과거 응시 허용을 탄원한 것은 거부

이처럼 생원 방유륜 등은 과거에 응시 신청을 미처 못 했다가 시험 치르는 날 신문고를 쳐서 과거를 보게 해달라고 하니, 세종이 허락해 주었다. 그러나 사천인(私賤人) 출신 어미의 아들이 과거에 응시할 수 있도록 허락해 달라고 신문고로 호소한 것은 거부하기도 했는데, 세종실록 55권, 세종 14년(1432) 3월 3일 1번째 기사를 보면 [세종실록기사 19]와 같은 내용이 실려 있다.

[세종실록기사 19] 예문봉교(藝文奉敎) 장아(張莪), 성균박사(成均博士) 권칠림(權七臨), 교서랑(校書郞) 이종의(李從義) 등이 상서(上書)하기를, "지금 흥해(興海) 사람 손책(孫策)은, 그의 어머니가 처음에는 사천인(私賤人) 이신(李莘)의 아들 이봉길(李逢吉)에게 시집갔다가 두 번째로 양인(良人)인 손흥발(孫興發)에게 시집가서 책을 낳았습니다. 책이 비록 봉길의 아들은 아니나, 한 여자로서 양인과 천민에게 겸해 시집갔으니, 그의 자식이 '나라에서' 뽑아 올리는 사람으로는 합당하지 않다는 것은 분명합니다. 정유년(丁酉年)에 성균정록(成均正錄)이 손책을 내쫓아서 선거(選擧)를

깨끗한 것으로 하려 하였더니, 손책이 자기의 세계가 더러운 것을 돌아보지 않고 신문고를 두드려서 탄원하였습니다. 태종께서 하늘과 땅 같은 넓으신 도량으로 응시하도록 허락하였습니다. [그러나] 그것은 대체로 한때의 하교일 뿐, 만세(萬世)의 고정(固定)한 법은 아닌 것입니다. 책이 지금 또 같은 생각으로 와서 국시(國試)에 응시하고자 합니다. 신(臣) 등은 한때의 하교(下教)로 훌륭한 시대의 사림을 더럽힐 수 없는 것이라고 생각합니다."라고 반대하자, 임금이 지신사(知申事) 안숭선(安崇善)에게 명하여 정부(政府)와 의논하게 하였다. 이에 황희(黃喜)·맹사성(孟思誠)·권진(權軫)·허조(許稠) 등이 아뢰기를, "이제 삼관(三館)의 상서를 읽어 보니 사람으로 하여금 두려워서 옴추리게 합니다. 윤허하지 않을 수 없겠습니다." 하니, 그대로 따랐다.(세종실록 55권, 세종 14년, 서기 1432년 3월 3일 1번째 기사)

- **예문봉교(藝文奉敎)**: 예문관의 정7품 관직(정원 2인). 예문관의 정8품 대교(待敎) 2인과 정9품 검열(檢閱) 4인과 더불어 '8한림'(八翰林)이라고 하여 춘추관의 기사관(記事官)을 겸하는 사관(史官)이었다.
- **장아(張莪)**: 예문봉교 역임. 자세한 신원은 미상
- **성균박사(成均博士)**: 성균관의 정7품 관직. 유교 교육과 문헌에 관한 일을 맡았다. 박사는 성균관에 3인 이외에 홍문관에 1인, 승문원에 2인, 교서관에 2인을 두었다.
- **권칠림(權七臨)**: 성균관 박사 역임. 기타는 미상
- **교서랑(校書郎)**: 교서관의 정9품 관직. 교서관은 경적(經籍)의 인쇄와 제사 때 쓰는 향과 축문, 인신(印信: 도장) 등을 관장하기 위하여 설치했던 관서
- **이종의(李從義)**: 교서랑 역임. 기타는 미상
- **상서(上書)**: 신하가 대리청정(代理聽政) 중인 세자에게 올리는 글. 상서의 피봉을 쓰는 법은 상소(上疏)와 같으나, 상소에서 '상전'(上典)이라 쓰는 곳에 '세자궁'(世子宮)이라고 썼다.
- **흥해(興海)**: 경상북도 포항시 흥해읍에 있던 옛 고을
- **손책(孫策)**: 사람 이름. 신원 미상
- **사천인(私賤人)**: 사가(私家) 즉 개인 집에서 부리던 종

- **이신(李莘)**: 사람 이름. 신원 미상
- **성균정록(成均正錄)**: 성균관의 하급관원인 학정(學正)·학록(學錄)을 말함
- **선거(選擧)**: 군수(郡守)가 현량방정(賢良方正: 어질고 착한 사람)하고, 효렴(孝廉: 효심이 깊고 청렴한 사람)한 사람을 관리로 추천하는 법. 군수가 사람을 뽑는 것을 선발이라고 했고, 그다음에 조정에 올리는 것을 천거라고 했다. 이렇게 선발하여 천거된 사람은 관리로 임명했다.
- **국시(國試)**: 국가의 시험, 곧 과거(科擧)시험을 말함
- **신(臣)**: 신하가 임금에게 자기를 가리키던 말
- **지신사(知申事)**: 왕명을 출납하던 승정원의 정3품 관직. 세종 15년(1433) 9월 지신사를 도승지(都承旨)로 고쳤으며 이것은 그대로 『경국대전』에 법제화되어 고종 31년(1894) 갑오개혁으로 관제가 개편되기 이전까지 계승되었다.
- **안숭선(安崇善)**: 세종 15년(1433)에 지신사(知申事)가 되었으나 곧 관명이 바뀌어 도승지로 되어 그 뒤 세종 19년(1437) 3월 대사헌으로 승진할 때까지 도승지로 있었다.
- **정부(政府)**: 의정부(議政府)의 약칭. 조선 시대에 백관(百官)의 통솔과 서정(庶政)을 총괄하던 최고의 행정기관. 도당(都堂)·묘당(廟堂)·정부(政府) 또는 황각(黃閣)이라고도 불렀다.
- **황희(黃喜)**: 태종 18년(1418) 세자 폐출의 불가함을 극간하다가 태종의 진노를 사서 교하(交河)로 유배되었다가 곧 남원부에 이치(移置)되었다. 세종의 치세가 시작되고 아울러 태종의 노여움이 풀리면서, 세종 4년(1422) 남원에서 소환, 직첩과 과전(科田)을 환급받고 참찬으로 복귀했다. 세종 6년(1424) 찬성, 이듬해에는 대사헌을 겸대하였다. 세종 8년(1426)에는 이조판서와 찬성을 거쳐 우의정에 발탁되면서 판병조사(判兵曹事)를 겸대하였다. 세종 9년(1427) 좌의정 겸 판이조사가 되었고, 세종 12년(1430) 좌의정으로서, 감목(監牧)을 잘못해 국마(國馬) 1,000여 필을 죽인 일로 해서 사헌부의 탄핵을 받아 파직되었다. 이듬해 다시 복직되어 영의정부사에 오른 뒤 세종 31년(1449) 치사(致仕: 나이가 많아 벼슬을 사양하고 물러나는 것)하기까지 18년 동안 국정을 통리(統理)하였다.
- **맹사성(孟思誠)**: 세종 1년(1419) 이조판서와 예문관대제학이 되고, 이듬해에 다시 이조판서가 되었다. 세종 3년(1421) 의정부찬성사(議政府贊成事)를 역임하고 세종 9년(1427)에 우의정이 되었다. 세종 14년(1432) 좌의정에 오르고 세종 17년(1435) 나이가 많아서 벼슬을 사양하고 물러났다.
- **권진(權軫)**: 태종 17년(1417) 형조판서에 오르고, 세종 8년(1426) 찬성(贊成)

이 되었으며, 세종 12년(1430) 이조판서를 거쳐 이듬해 우의정에 올랐다. 세종 15년(1433) 겸판이조사(兼判吏曹事) 재직 때 사람을 잘못 천거했다는 탄핵을 받고 파직되었다.

- **허조(許稠)**: 세종 때 세 번이나 이조판서를 지냈는데, 이때 죄인의 자식이라고 해도 만일 죄가 없으면 연좌 관련 처벌을 하지 않도록 하는 법규를 만들었다. 그 후 예조판서·우의정 등을 역임하다가 세종 21년(1439) 좌의정을 지냈다.
- **삼관(三館)**: 조선 시대에 학술·문필 기관인 성균관·승문원·교서관의 총칭

[세종실록기사 19]에서 보듯이 사천인(私賤人) 출신 어미의 아들이 과거시험에 응시할 수 있도록 허락해 달라고 신문고를 쳐서 호소했으나, 황희(黃喜)·맹사성(孟思誠)·권진(權軫)·허조(許稠) 등의 의견에 따라 허락받지 못하였다.

(8) 노복에게 신문고를 치게 한 자의 탄핵을 거론치 말도록 임금이 명령

신문고는 억울함을 당한 당사자나 또는 무엇을 탄원하려는 사람이 두드려서 임금에게 호소하는 경우가 대부분이었다. 그러나 다른 사람으로 하여금 신문고를 치게 해 호소나 탄원을 하는 경우도 적지 않았다. 예컨대 세종실록 30권, 세종 7년(1425) 11월 29일 7번째 기사를 보면, 노복(奴僕)으로 하여금 신문고를 치게 하기도 했는데, 이를 소개하면 [세종실록기사 20]과 같다.

[세종실록기사 20]　이미(李敉)가 이조판서(吏曹判書) 허조(許稠)의 집에 분경(奔競)을 범하였다고 하여 사헌부에서 탄핵하니, 미가 노복(奴僕)으로 하여금 신문고를 치게 하였다. 임금이 사헌부에 명령하기를, "미가 근일(近日)에 장죄(杖罪)를 받았으니, 어찌 벼슬을 구하기 위하여 분경하였겠는가. 그것을 들어 탄핵하지 말라." 하였다. 집의(執義) 정연(鄭淵)이 대답하기를, "미가 노복을 시켜 신문고를 치게 하여 임금께 들리게 하였

으니, 매우 무례(無禮)합니다. 청하건대 탄핵하게 하소서." 하였다. 임금이 말하기를, "미는 진실로 무례하다. 그러나 내 생각으로는 그가 사헌부의 탄핵을 받았으므로 친히 신문고를 칠 수 없었을 것이다." 하였다. 연이 대답하기를, "전일에 탄핵을 받았을 때 이미 친히 신문고를 쳤기 때문에, 오늘날 친히 치지 않고 노복을 시킨 일에 불과하지 않습니까." 하니, 임금이 말하기를, "내 다시 생각하여 보겠다." 하더니, 조금 뒤에 거론(擧論)하지 말라고 다시 명령하였다.(세종실록 30권, 세종 7년, 서기 1425년 11월 29일 7번째 기사)

- **이미(李敉)**: 사람 이름. 신원은 미상
- **이조판서(吏曹判書)**: 육조의 하나인 이조(吏曹)의 으뜸 벼슬
- **허조(許稠)**: 세종 4년(1422) 이조판서가 되었으며, 세종 8년(1426) 참찬·빈객이 되었다가 이조판서에 재임했는데, 이때 대간(臺諫)들의 간언을 두호(斗護: 남을 두둔해 돌보아 줌)해서 언로를 넓힐 것을 주장하였다.
- **분경(奔競)**: 분추경리(奔趨競利)의 준말로 벼슬을 얻기 위해 집정자의 집에 분주하게 드나들며 엽관(獵官) 운동하는 것을 말함
- **사헌부(司憲府)**: 정치를 논의하고 풍속을 바로잡으며 관리들의 잘못을 조사하여 그 책임을 탄핵하는 일을 맡아보던 관아
- **노복(奴僕)**: 남의 집에서 대대로 일을 해주는 천한 신분의 남자를 이르던 말
- **장죄(杖罪)**: 오형 중 태형보다 중한 형에 해당하는 죄. 장형(杖刑)은 사람이 죄를 범하였을 때 대형장(笞刑杖)으로 볼기를 치는 형벌로 60대 치는 것과 70대·80대·90대·1백 대의 5종으로 구분
- **탄핵(彈劾)**: 처벌하거나 파면함, 논하여 책망함
- **집의(執義)**: 사헌부의 종3품 관직(정원은 2인)
- **정연(鄭淵)**: 태종 5년(1405) 생원시에 합격하고, 음보(蔭補)로 지평에 재직 중에 당시 수상(首相)이던 하륜(河崙)을 탄핵한 일로 순금사(巡禁司)에 내려져 국문을 받았으나 속죄되어 풀려났다. 도관(都官)·정랑을 거쳐 종부시소윤(宗簿寺少尹)에 올랐다.
- **거론(擧論)**: 어떤 사항을 토론의 거리로 삼아 제기하거나 논의함

[세종실록기사 20]에서 보는 바와 같이, 이미(李敉)라는 사람이 이조판서 허조(許稠)의 집에 분경(奔競)을 범하였다고 하여 사헌부에서 탄핵하니, 미가 노복으로 하여금 신문고를 치게 하여 변명을 하도록 했는데, 이는 이미가 전일에 탄핵을 받았을 때 이미 친히 신문고를 쳤기 때문이었다. 그러나 좌우간 이미 노복을 시켜 신문고를 치게 한 것은 매우 무례한 행위이므로 탄핵을 해야 한다고 사헌부에서 임금께 아뢰었으나, 임금이 윤허하지 않았다는 것이다. 그 이유는 명확하게 밝혀 놓지 않았으나, 아마도 "미가 글씨를 잘 쓰고 글도 능하며, 또 관리로서의 사무 처리에도 유능하여, 전에는 그의 행동이 잘못됨이 없었기" 때문이었던 것 같다.

(9) 효령대군집 계집종은 상전 재산을 가로챈 자들을 국문토록 호소

[세종실록기사 20]과 같은 경우는 그 주인이 노복으로 하여금 신문고를 쳐서 탄핵을 면해 달라고 호소토록 하였다. 그러나 이러한 경우와는 달리, 노비가 스스로 신문고를 쳐서 자기 상전의 재산을 착복한 자들을 의금부에서 국문(鞫問)해 줄 것을 호소하기도 했다. 이에 관하여 세종실록 36권, 세종 9년(1427) 6월 23일 6번째 기사를 보면 다음 [세종실록기사 21]과 같다.

> [세종실록기사 21]　효령대군(孝寧大君)의 집 계집종 동백(冬白)이 신문고를 울리어 말씀을 올리기를, "상전(上典)의 시양부(侍養父)인 이미 사망한 의랑(議郎) 방여권(方與權)의 아내 권씨(權氏)가 금년 3월에 유후사(留後司) 사택(私宅)에서 죽었는데, 그 겨레붙이인 전(前) 사윤(司尹) 이맹유(李孟㮽)와 전 부사정(副司正) 남지(南智)가 그 재산을 차지하고자 하여 그 집의 노비 문서와 토지 문서를 감추어 놓고, 또 여권(與權)의 첩의 자식 가생(可生)을 꾀어서 상전이 여권의 시양자(侍養子)가 아니라고 사헌부에 무고(誣告)하였는

데, 상전도 그보다 먼저 고소장을 내어 시비의 판단을 청하였으나, 사헌부에서 들어주지 아니하고 가생(可生)의 무고를 수리(受理)한 것이 이미 공정한 일이 아니오며, 맹유가 권씨의 초상 때 며칠 동안에 빈소(殯所)를 모시던 계집종 진주(眞珠)를 간통하여 첩을 삼아서 상복도 벗기고 고기도 먹였는데, 사헌부는 그 죄를 면제해 주기 위하여, 거짓말로 진주의 상복을 벗긴 자는 계집종의 아들 석로(石老)였다고 하여 가지고 허위 날조로 문초(問招)를 하니, 석로가 그대로 복종하지 아니하므로 심하게 고문을 자행하며, 맹유의 종제(從弟)인 겸집의(兼執義) 숙당(叔當)까지 자기가 맹유의 종제되는 혐의도 생각지 않고 공공연히 참석하여 국문(鞫問)한 것도 심히 공정하지 못한 일이오니, 소관 관아로 하여금 그 사유를 국문하게 하시기를 빕니다." 하니, 의금부(義禁府)에 내려 국문하게 하였다.(세종실록 36권, 세종 9년, 서기 1427년 6월 23일 6번째 기사)

- **효령대군(孝寧大君)**: 조선 제3대 태종의 둘째 아들인 왕자
- **상전(上典)**: 종에 상대하여 그 주인을 이두식 한자어로 이르던 말
- **시양부(侍養父)**: 낳지는 않았으나 길러 준 아버지
- **의랑(議郞)**: 육조에 소속된 정4품의 관직
- **방여권(方輿權)**: 사람 이름. 신원 미상
- **유후사(留後司)**: 조선 초기에 고려의 수도였던 개성에 설치된 행정 기구로, 한양 천도로 인한 고려 구세력의 불만을 진정시키고, 한편으로는 이들을 견제하고 감시하는 차원에서 시행되었다. 그러나 장기적으로 보면 전 왕조의 수도를 우대하기 위한 것이었다.
- **사택(舍宅)**: 기관이나 단체 따위에 소속된 구성원을 위하여 그 기관이나 단체에서 지은 살림집
- **사윤(司尹)**: 벼슬 이름
- **이맹유(李孟睬)**: 사람 이름. 신원 미상
- **부사정(副司正)**: 오위(五衛)의 종7품 무관직
- **남지(南智)**: 세종 10년(1428)에 집의, 이듬해 동부대언이 되었다.
- **시양자(侍養子)**: 네 살 이상의 아이를 데려다 삼은 양자

- **사헌부(司憲府)**: 중앙 통치 기구인 삼사의 하나로, 관리들의 비리를 감찰하는 곳
- **무고(誣告)**: 남에게 형사 처분이나 징계 처분을 받게 할 목적으로 허위 사실을 날조하여 관공서에 고발함
- **수리(受理)**: 서류나 문서 따위를 받아서 처리함
- **문초(問招)**: 죄인을 심문함
- **종제(從弟)**: 아버지의 친형제의 아들딸 가운데 자기보다 나이가 어린 아우
- **겸집의(兼執義)**: 사헌부에 두었던 종3품직
- **숙당(叔當)**: 사람 이름. 신원 미상
- **의금부(義禁府)**: 특별사법 관청. 조옥(詔獄)·금부(禁府)·왕부(王府)·금오(金吾)라고 부르기도 하였다. 포도(捕盜)·순작(巡綽)·금란(禁亂)의 임무를 관장하였다.
- **국문(鞫問)**: 피의자에게서 자백을 받기 위해 형장(刑杖)을 가하는 심문

이러한 내용의 [세종실록기사 21]을 보면, 효령대군의 여종 동백은 신문고를 울려서 자기 상전의 재산을 착복한 자들을 의금부에서 국문(鞫問)해 줄 것을 호소하였다. 그러자 이를 임금이 받아들여서 의금부로 하여금 재산 착복자들을 국문케 하였다.

(10) 처자를 시켜 신문고를 쳐 자기 형의 유배지를 옮겨 달라고 호소하기도

한편 이미 유배형을 받은 죄인이 자기 처자(妻子)를 시켜 신문고를 쳐서 유배지를 서울과 가까운 경기도로 옮겨 달라고 호소하기도 했는데, 세종실록 106권, 세종 26년(1444) 10월 29일 1번째 기사를 보면 [세종실록기사 22]와 같은 기록이 나온다.

[세종실록기사 22] 사헌부(司憲府)에서 상소하기를, "죄가 무거우면 반드시 벌을 주고, 악함이 지극하면 용서할 수 없음은 예나 지금이나 이것이 큰 법입니다. 이례(李禮)의 형 이인(李仁)이 무도(無道)한 마음을 품고서, 시녀(侍女)들과 결탁하여 자기 첩처럼 여기어서 이웃 방에서 함께 자면

서 친히 수작(酬酌)을 나누며 대역죄(大逆罪)를 범하였으니, 죽어도 남은 죄가 있습니다. 인의 여러 아우들은 비록 그 정실을 몰랐더라도 법률상 유형(流刑)에 해당하온데, 더구나 예는 그 정실을 알고서 악당에 들어 술자리도 같이 하였으니, 죄가 얼마나 크옵니까. 전하께서 법에 처하기를 차마 못하시어 다만 외지에 귀양만 보내시었는데, 지금에 와서 성상(聖上)께서 다시 살려 주신 은혜를 생각하지 아니하고 도리어 그 처자를 시키어 신문고를 울려 [임금께] 말씀을 올려서 서울 가까운 곳으로 오기를 꾀하니, 그가 죄악을 뉘우치지 아니하고 국법을 두려워하지 아니함이 지극합니다. 엎드려 바라옵건대, 전하께서는 이것을 불의(不義)로 단정하시고 여론에 따라서 이 명령을 도로 거두시고 귀양간 곳에 그대로 두어 종신토록 돌아오지 못하게 하여 악을 징계하는 길을 펴주옵소서." 하였으나, 이를 임금이 허락하지 아니하였다.(세종실록 106권, 세종 26년, 서기 1444년 10월 29일 1번째 기사)

- **사헌부(司憲府)**: 정치를 논의하고 풍속을 바로잡으며 관리들의 잘못을 조사하여 그 책임을 탄핵하는 일을 맡아보던 관아
- **이례(李禮)**: 사람 이름. 신원 미상
- **이인(李仁)**: 사람 이름. 신원 미상
- **시녀(侍女)**: 지체 높은 사람의 가까이에서 시중을 드는 여자
- **수작(酬酌)**: 서로 말을 주고받음 또는 서로 술잔을 주고받음
- **대역죄(大逆罪)**: 왕권을 범하는 큰 죄를 이르던 말
- **유형(流刑)**: 죄인을 멀리 외딴 변경이나 섬에 보내어 가두는 형벌을 이르던 말
- **성상(聖上)**: 임금을 높여 부르는 말

[세종실록기사 22]에서 보듯이 이례(李禮)라는 사람의 형 이인(李仁)이 처자를 시켜 신문고를 두드려서 이례의 귀향지를 경기로 옮겨 달라고 호소하자, 사헌부에서 임금께 아뢰기를 이례를 귀양간 곳에 그대로 두어 종신토록 돌아오지 못하게 하라고 하였다. 그러나 이와 같은 사헌

부의 진언을 임금이 허락하지 않았다는 것인데, 실록기사에서는 이례의 형 이인이 처자를 시켜 신문고를 치도록 했다고 하나, 유배 중인 이례가 자기의 형 이인에게 유배지를 옮겨 달라고 부탁하자, 이인이 그의 처자를 시켜 신문고를 쳐서 이례의 유배지를 바꾸어 달라고 청원했을 수도 있다.

4

문종 시기

(1450-1452)

누구나 신문고를 칠 수 있도록

임금이 적극 배려

앞서 세종실록에는 신문고(등문고와 승문고 포함)에 관한 기사가 25건이나 되었으나, 그다음 제5대 임금인 문종의 문종실록(文宗實錄)에는 신문고 관련 기사가 6건밖에 보이지 않았다. 이는 세종의 재위 기간은 32년인데 비하여 문종의 재위 기간은 겨우 2년에 불과했기 때문이라고 볼 수도 있다. 문종은 세종대왕의 첫째 아들로 세종 3년(1421) 세자로 책봉되었는데, 세종이 각종 질환을 앓게 되자 세자가 세종 27년(1445)부터 세종이 붕어할 때까지 5년 동안이나 섭정을 하다가 세종 32년(1450) 왕위에 올랐다. 그러나 문종은 몸이 허약해서 즉위 2년 4개월 만에 세상을 떠났다. 하지만 이러한 짧은 기간에도 문종은 당시 언관(言官: 대간)의 언론이 정치 전반에 걸쳐 활발히 전개되었음에도 자주 구언(求言: 임금이 신하에게 바른말이나 대책 등을 널리 구함)을 했고, 또한 언로(言路)를 넓혀 조신(朝臣) 6품 이상에게는 모두 윤대(輪對: 임금을 만나 직무에 대해 아뢰던 일)를 허락했다. 그렇다면 이러한 문종은 신문고 제도에 대해서는 어떤 생각을 갖고 어떻게 운영했는가?

의녀(醫女)가 신문고로
임금께 의복 승수를 알려 드리기도

문종실록 3권, 문종 즉위년(1450) 9월 25일 1번째 기사를 보면, 의복의 승수(升數)와 초립(草笠)의 죽수(竹數) 등의 제한과 이를 해제하는 일에 관련하여 흥미로운 내용이 나오는데, 우선 그 내용부터 소개하면 [문종실록기사 1]과 같다.

[문종실록기사 1] 사헌부(司憲府)에게 상소(上疏)하였는데, … "근일의 전지(傳旨)에 의복의 승수(升數)와 초립(草笠)의 죽수(竹數)와 연좌아(軟坐兒) 등의 항목은 법망(法網)이 세쇄(細瑣)하여 범하는 사람이 자못 많으므로 특별히 금하지 말도록 하셨는데, … 승수의 법은 『육전등록』(六典謄錄)에 1품으로부터 관직이 없는 양반의 자제에 이르기까지는 11승(升) 이하를 사용하고, 공인(工人)·상인(商人)과 천례(賤隸)는 8승 이하를 사용하게 되었는데, 그 방금(防禁)이 진실로 엄격했던 것입니다. [그런데 이러한] 금령(禁令)을 전하께서 아무런 이유 없이 해제시킨 것은 첫째 사치의 풍습을 조장하는 것이요, 둘째 성헌(成憲)을 경솔히 변경시켜 백성들로 하여금 국가의 법을 믿지 못하게 하는 것이요, 셋째 백성들의 청원을 경솔히 들어줌으로써 여러 소인들이 앞일에 대하야 바라는 단서(端緖)를 열어 주는 것이니, 이른바 비록 일은 세쇄하더라도 대체(大體)에 관계가 있다는 것입니다. … [하오니] 엎드려 바라건대 [의복의 승수와 초립의 죽수를 특별히 금하지 말라고 하신] 전지를 거두어 들여 법을 지키는 신의(信義)를 보여서 [의복의 승수 등에 관한] 백성의 방금을 엄하게 하시면 매우 다행이겠습니다." 하였다.

[그러자] 임금이 말하기를, "의복의 승수는 내가 다른 사람의 말을 듣고 한 것이 아니라 의녀(醫女)가 신문고를 쳐서 알리기 때문에 이를 고쳤

을 뿐이다. 또 기사년(己巳年)의 수교(受敎)가 『육전』(六典)과는 같지 않은 까닭으로 이 법은 시행하지 않고서 『육전』의 법을 고친 것이 아니다. 또 갓[초립]은 내가 대[竹]가 많은 갓과 대가 적은 갓을 친히 써보아서 그 폐단을 다 아는 까닭으로 이를 고치게 한 것이다. … 그러나 승정원(承政院)에서도 또한 이를 말하고 있으니, 내가 마땅히 헤아려 생각해 보겠다." 하였다.(문종실록 3권, 문종 즉위년, 서기 1450년 9월 25일 1번째 기사)

- **사헌부(司憲府)**: 정치를 논의하고 풍속을 바로잡으며 관리들의 잘못을 조사하여 그 책임을 탄핵하는 일을 맡아보던 관아
- **전지(傳旨)**: 임금의 명령
- **승수(升數)**: 새수. 포목을 짤 때 날실의 수를 나타내는 단위로, 한 새는 80줄이었다. 이러한 새수가 높을수록 포목이 곱고, 새수가 적을수록 포목은 성기게 된다. 그러므로 새수는 포목의 고운 정도를 나타내게 되는데, 조선 태종 10년(1410) 8월 민간에서는 포목을 5새 이상 짜는 것을 금하였다.
- **초립(草笠)**: 황색의 가는 풀이나 대오리를 엮어 만든 갓
- **죽수(竹數)**: 초립을 짤 때 날의 수. 이러한 죽수는 많을수록 곱고, 적을수록 성기게 되는데, 『경국대전』에서는 선비는 50죽립(竹笠), 서민은 30죽립을 쓰도록 하여 죽수로 신분의 차별을 두었다.
- **연좌아(軟坐兒)**: 부드러운 자리
- **법망(法網)**: 범죄를 저지른 자에 대한 법률적 제재
- **세쇄(細瑣)**: 시시하고 자질구레함
- **『육전등록』(六典謄錄)**: 조선 시대 최초의 통일 법전으로 태조 6년(1397) 12월 26일 공포·시행되었다. 이는 그 후에 제정된 『경국대전』(經國大典)의 전신이다.
- **천예(賤隸)**: 천한 계급의 사람들과 종(노비)
- **금령(禁令)**: 어떠한 행위를 하지 못하게 하는 법령
- **대체(大體)**: 사물의 기본적 큰 줄거리
- **방금(防禁)**: 못하게 막아서 금함
- **의녀(醫女)**: 부인들의 질병을 구호·진료한 여자 의원. 이러한 의녀 제도는 태종 6년(1406) 검교한성부지제생원사(檢校漢城府知濟生院事) 허도(許道)의 건의에 따라 제생원(濟生院)에 처음으로 설치했다.

• **기사년(己巳年)**: 여기서는 세종 31년(1449)을 말함
• **수교(受敎)**: 임금의 명령을 높여 이르던 말
• **승정원(承政院)**: 임금의 명령을 전달하고 여러 사항들을 임금에게 보고하는 일을 맡아보던 관아로 오늘날의 대통령 행정실(비서실)에 해당

[문종실록기사 1]에서 엿볼 수 있듯이 옛날에는 신분을 구별하고, 백성들의 지나치게 사치스러운 풍습을 막기 위하여 사람들의 신분에 따라 의복의 승수와 초립의 죽수 등을 법으로 제한했다. 그러나 이러한 제한을 어기는 사람들이 많게 되자, 승수와 초립의 죽수 등을 특별히 금하지 말도록 문종 임금이 말했던 것 같다. 그러자 사헌부에서 상소를 올려, 임금의 명령을 거두도록 아뢰었던 것 같은데, 이러한 사헌부의 상소에 대하여 문종 임금이 대답하면서, 그 이유의 하나로, "의복의 승수는 내가 다른 사람의 말을 듣고 한 것이 아니라 의녀(醫女)가 신문고를 쳐서 알려주기 때문에 이를 고쳤을 뿐이다."라고 했다는 것이다. 따라서 이러한 문장으로 미루어 볼 때, 의녀가 신문고를 쳐서 의복의 승수를 법적으로 제한하는 것에 대한 문제점을 지적하면서 그 제한을 풀라고 임금에게 말씀드렸던 것 같다. 이런 말을 의복의 승수와는 무관한 일개 의녀가 왜 신문고를 쳐서 임금께 아뢰었으며 그것을 임금이 기꺼이 받아들여 의복의 승수에 대한 제한을 풀도록 했는지 알 수 없으나, 대단히 흥미로운 이야기이다. 왜냐하면 조선 시대에 일개 의녀가 신문고를 쳐서 임금에게 '의복의 승수에 대한 법적 제한을 풀라'고 건의하자, 임금이 그렇게 하도록 해당 관서에 명령했다는 사실은 믿기 어렵기 때문이다.

큰 사건 아니면 격고 금지를 김종서가 건의했으나 임금이 반대

문종 임금은 이처럼 백성들의 편의를 위하여 신분에 따라 의복의 승수와 초립의 죽수 등을 법으로 제한하던 것을 철폐토록 명령하였다(실현 여부는 미상). 그런가 하면 지경연(知經筵) 김종서(金宗瑞)가 문종 임금에게 건의하기를, 큰 사건이 아닌 자질구레한 일을 호소하기 위하여 신문고를 치지 못하도록 하라고 건의하자, 임금은 반대하며 그 이유를 설명해 주었는데, 이에 관한 실록기사를 소개하면 [문종실록기사 2]와 같다.

[문종실록기사 2]　임금이 정사(政事)를 보고, 윤대(輪對)하고, 경연(經筵)에 나아갔다. 『대학』(大學)을 강의(講義)하다가 청송장(聽訟章)에 이르러 지경연(知經筵) 김종서(金宗瑞)가 아뢰기를, "옛 성인(聖人)의 송사(訟事)를 다스림이 이와 같았는데, 지금은 신문고를 쳐서 원통한 사정을 호소하는 자가 매우 많습니다. 이것은 각 관사(官司)의 관리가, 사람이 소장(訴狀)을 내어 억울한 정상을 고(告)해 오는 것을 보면 반드시 이것은 의당 신문고를 쳐서 호소한 사건이라 말하고 즉시 받아 다스리지 않은 것이 드디어 한 격례(格例)를 이루었기 때문입니다. 금후에는 큰 사건이 아니고는 신문고를 치지 못하게 하고 망령되게 호소해 온 자는 법률에 의하여 죄주게 하소서." 하니, 임금이 이렇게 말하였다.

"작은 일을 가지고 신문고를 치는 것은 또한 금할 수가 없다. 비록 망령되게 호소한 자에게 죄를 가하는 법이 있긴 하나, 만약 무지한 소민(小民)이라면 어찌 차마 죄를 주겠는가? 또 가전(駕前)에 와서 직접 호소하는 자는 시비(是非)를 논하지 않고 죄준다는 법도 있다. 그러나 이렇게 하는 자는 거의가 무지한 사람이기 때문에 차마 죄를 줄 수는 없는 것이다. 담당 관사에서 그 소송을 받아들여 다스리지 않는 자에게 의당 교유(敎諭)하여 신문고를 치는 것을 기다리지 말고 결단하도록 하라. 또 격고(擊鼓)한 자가 어느 조(曹)에 소송한 일이면, 도로 그 조에 내려서 결단케 하라. 그렇기 때문에 그 굽혀진 것이 다시 펴질 이치가 없는 것이다. 나의 생각으로는, 이제부터는 무릇 격고한 일은 반드시 사헌부(司憲府)에 내려서 곡직(曲直)을 변별케 하고, 이에 반드시 오결(誤決)한 죄를 가하면 거의 사람마다 스스로 마음을 가다듬어 전력하여 다스릴 것이다. 옛 성인의 이른바 '백성으로 하여금 소송이 없게 하겠다.'라고 한 것은, 먼저 자기의 덕을 밝혀서 백성의 마음이 그를 두려워하고 복종하게 한 것이니 이는 후세의 가히 미칠 바가 아니다." 이렇게 임금이 말하자, 김종서가 다시 말하기를, "모든 자질구레한 일을 반드시 다 보고하여 올리게 되면, 혹시 성상(聖上)의 옥체(玉體)를 수고롭게 해드릴까 두려워서 감히 이렇게 아뢴 것입니다."라고 하였다.(문종실록 9권, 문종 1년, 서기 1451년 9월 8일 1번째 기사)

- **정사(政事)**: 정치에 관계되는 일, 또는 벼슬아치의 임명과 해임에 관한 사무
- **윤대(輪對)**: 각사(各司) 낭관(郎官)이 매월 세 차례씩 윤번으로 임금을 뵙고 직무에 관해 아뢰던 일
- **경연(經筵)**: 임금의 학문 수양을 위해 유교의 경서와 역사를 가르치고 토론하던 일종의 세미나
- **『대학』(大學)**: 중국의 4대 경전인 사서(四書) 중 하나. 사서는 『논어』, 『맹자』, 『중용』, 『대학』
- **청송장(聽訟章)**: 『대학』(大學)에 들어 있는 한 개의 장(章)의 이름. 청송은 재판을 위해 송사를 들음
- **지경연(知經筵)**: 경연청의 정2품 벼슬
- **김종서(金宗瑞)**: 조선 초기의 정치인이자 무인으로 세종 때인 세종 15년(1433)부터 세종 19년(1437)까지 함경도에 6진을 개척했으며 단종 때는 좌의정에 올라 고명대신(顧命大臣)으로서 섭정을 했다.
- **소장(訴狀)**: 재판을 요구하기 위하여 제출하는 문서

- **격례(格例)**: 격에 맞는 일정한 방식으로 되어 있는 관례
- **소민(小民)**: 평민을 이르던 말
- **가전(駕前)**: 임금이 탄 수레의 앞
- **교유(敎諭)**: 가르치고 타이름
- **격고(擊鼓)**: 신문고를 침
- **조(曹)**: 육조의 하나를 말함
- **곡직(曲直)**: 사리에 맞음과 틀림
- **오결(誤決)**: 잘못되게 결정을 내림
- **옥체(玉體)**: 임금의 몸을 높여 이르는 말

이와 같은 문종실록기사에서 보듯이, "자질구레한 일을 호소하기 위하여 신문고를 치는 것을 금지시키자."라는 김종서의 건의에 대하여 문종 임금이 반대한 이유는, 무지한 백성들에게 죄를 줄 수는 없기 때문이라는 것이었다. 그러면서 "이제부터는 무릇 격고한 일은 반드시 사헌부에 내려서 곡직(曲直)을 변별케 하고," 만약 사헌부 관원이 오결(誤決)하면 죄를 줌으로써 "사람마다 스스로 마음을 가다듬어 전력하여 다스릴 것이다."라고 밝혔다.

임금의 거둥 때 불쑥 나와 진소한 백성도 용서토록 하다

문종 임금이 무지한 백성을 불쌍하게 여기어서 되도록 죄를 주지 말도록 한 사례는 문종실록 12권, 문종 2년(1452) 2월 17일 1번째 기사에서도 볼 수 있는데, 우선 이 기사를 소개하면 다음 [문종실록기사 3]과 같다.

[문종실록기사 3]　강맹경(姜孟卿)이 임금에게 아뢰기를, "백사(百司)와 서부(庶府)를 설치하여 각기 그 사무를 처리하게 하였으니, 만약 관리가

능히 분변(分辨)하여 처리하지 못해서 원통하고 억울한 일이 있으면 서울에서는 주장(主掌)하는 각 관사(官司)에 소장(訴狀)을 바치고 지방에서는 수령(守令)이나 감사(監司)에게 소장을 바치는데, 만약 사실을 구명(究明)하여 처리하지 못한다면 사헌부(司憲府)에 갖추어 고(告)하고, 사헌부에서도 또한 사실을 구명하여 처리하지 못한다면, 그제야 와서 신문고를 치게 됩니다. 이로 말미암아 백성의 사정(事情)은 진실로 막히고 굴함이 없이 모두 펴지고 통하게 되는 것인데, 하물며 임금께서 거둥하실 때 누추한 잡인(雜人)들이 갑자기 쑥 나오는 것은 또한 매우 옳지 못합니다. 마땅히 시비(是非)를 캐묻지도 말고 모두 형벌을 적용해야만 하니, 사실을 따져서 논결(論決)할 수가 없습니다." 하니, 임금이 말하기를, "무지(無知)한 사람이 혹시 알지 못하고서 금령(禁令)에 저촉된 이가 없겠는가? 그것을 다시 마감(磨勘)하여 아뢰어라." 하였다.(문종실록 12권, 문종 2년, 서기 1452년 2월 17일 1번째 기사)

- **강맹경(姜孟卿)**: 세종 8년(1426) 진사시(進士試)에 합격하고, 세종 11년(1429) 중시문과에 병과로 급제, 사인·지승문원사·집의를 지냈다. 문종 1년(1451) 동부승지에 임명되고 이어서 여러 승지를 역임한 뒤 이듬해 도승지가 되었다.
- **백사(百司)와 서부(庶府)**: 국가의 모든 관료기구를 총칭하는 용어로, 사(司)·부(府) 이외에도 원(院)·관(館)·시(寺)·서(署)·감(監)·창(倉)·고(庫)·부(部) 등의 기관에 속한 예하 부서를 통해 업무를 분장했다. 이들 기관은 의정부와 그 예하 육조(六曹)가 속아문(屬衙門)을 통해 예하 부서 및 관원을 통괄하였다.
- **주장(主掌)**: 책임지고 맡음
- **수령(守令)**: 각 고을을 맡아 다스리던 지방관들을 통틀어 이르는 말
- **감사(監司)**: 각 도(道)의 으뜸 벼슬
- **거둥[擧動]**: 임금의 행차. 한자로는 '거동'(擧動)으로 쓰나, '거둥'이 본래 말이다.
- **논결(論決)**: 토론하여 결정함
- **금령(禁令)**: 어떠한 행위를 하지 못하게 하는 법령
- **마감(磨勘)**: 어떤 일을 잘 다루어 끝을 맺음

[문종실록기사 3]을 보아도 알 수 있듯이, 백성이 어떤 사정을 임금께 아뢰려고 할 때, 신문고를 쳐서 아뢰지 않고 임금이 행차할 때 불쑥 뛰어들어서 아뢰면 무조건 처벌토록 되어 있었다. 그런데 문종 임금이 거둥하실 때 누추한 잡인(雜人)들이 갑자기 쑥 나와서 임금께 아뢰려고 했다. 그러자 이 사람을 처벌해야 한다고 당시 도승지(都承旨) 강맹경(姜孟卿)이 임금에게 아뢰었다. 그러나 임금은 말하기를, "무지한 사람이 혹시 알지 못하고서 금령(禁令)에 저촉된 이가 없겠는가?"라면서, 그 사람을 잘 다루어 끝을 맺은 뒤에 보고하라고 했다는 것이다. 그리하여 그 누추하고 무지한 사람을 처벌하지 않았던 것 같다.

임금께는 신문고나 상언으로 상달해야지 편지는 아니 되었던 듯

다음으로 문종실록 10권, 문종 1년(1451) 11월 19일 1번째 기사를 보면, [문종실록기사 4]와 같은 내용이 나오는데, 이를 보면 백성이 임금께 어떤 일을 아뢸 때는 신문고를 치거나 또는 상언(上言)을 해서 상달(上達)하는 것이 관례였던 것 같다. 그러므로 이러한 관례를 무시하고 일반 백성이 편지로 임금에 어떤 일에 관하여 아뢰면 처벌했던 것 같다.

> [문종실록기사 4]　정부(政府)에서 또 아뢰기를, "이제 양녕대군(讓寧大君)의 짧은 서간(書簡)을 보니, '대체로 가난한 집의 여자가 성혼(成婚)을 할 수 없으면 관가(官家)에서 자장(資裝)을 주게 되어 있다.' 하였는데, … 대저 자신에게 절실하지만 스스로 밝힐 수 없는 일이면 혹은 신문고를 치고, 혹은 상언(上言)으로서 상달하는 것이 관례입니다. 지금 양녕대군은 태종조에 있어서 종묘(宗廟)와 사직(社稷)에 죄를 얻고 추방당하여 돌아

오지 못하였는데, 세종께서 특별히 우애(友愛)의 정을 가지고 서울로 소환(召還)하였으니 은혜가 지극히 두텁습니다. 겨우 편안함을 얻어서 부귀를 누리는 것이 바로 양녕대군의 분수인데, 이제 원하는 바를 편지(片紙)로 상달하니 어찌 신하[臣子]의 소행이라고 하겠습니까? 또 편지에 무례한 말이 많이 있으므로 신(臣) 등은 실로 깜짝 놀랐습니다. 청컨대 모름지기 죄를 다스리소서." 하니, 임금이 전교(傳敎)하기를, "일찍이 세종조에서 대체로 하고자 하는 일은 편지에 써서 아뢰었으니, 대개 편리함을 따르고자 하여서였다. 또 양녕은 이 같은 일이 무례가 되는지도 알지 못하니, 정부의 의논은 지나치다."라고 하였다.(문종실록 10권, 문종 1년, 서기 1451년 11월 19일 1번째 기사)

- **정부(政府)**: 의정부(議政府)의 약칭. 의정부는 조선 시대, 정종 2년(1400) 설치한 행정부의 최고 기관
- **양녕대군(讓寧大君)**: 태종의 장남으로, 세자로 책봉되었으나 학문에 정진하지 않고 무절제한 생활을 하여 결국 폐위되었다. 이후에는 풍류를 즐기며 여생을 보냈다. 시와 글씨에 뛰어났다고 한다.
- **자장(資裝)**: 여자가 시집갈 때 가지고 가는 혼수
- **대저(大抵)**: 대체로 보아서
- **종묘(宗廟)**: 역대 왕과 왕비의 위패를 모시는 사당
- **사직(社稷)**: 본래는 나라를 세울 때 왕이 제사를 지내던 토지신과 곡신(穀神)을 말했으나, 뒤에는 나라 또는 조정을 일컫는 말이 되었다.
- **종묘사직(宗廟社稷)**: 왕실과 나라를 통틀어 이르는 말

그럼에도 양녕대군이 문종에게 편지를 올려서 혼수에 관한 어떤 말을 하자, 의정부에서 양녕대군을 처벌하라고 임금에게 요청했다. 당시 양녕대군은 폐위되어서 일개 백성에 지나지 않은 데다가 과거에 종묘와 사직에 죄를 지었던 적이 있기 때문이다. 그러나 문종은 전교하기를, "일찍이 세종조에서 대체로 하고자 하는 일은 편지에 써서 아뢰었으니,

대개 편리함을 따르고자 하여서였다. 또 양녕은 이 같은 일이 무례가 되는지도 알지 못하니, 정부의 의논은 지나치다."라고 하였다는 것이다.

안지의 외손이 외조부의 고신을 돌려달라고도 신문고를 쳐

문종실록 13권, 문종 2년(1452) 4월 11일 1번째 기사를 보면, 세종 때 공조참판(工曹參判)을 지냈던 안지(安止)의 외손자가 신문고를 쳐서 자기 외조부(안지)의 고신(告身)을 돌려달라고 청원하기도 했는데, 이에 관한 내용을 소개하면 다음 [문종실록기사 5]와 같다.

> [문종실록기사 5] 임금이 안지(安止)의 고신(告身)을 돌려주도록 명하였다. 안지는 권제(權踶)와 더불어 『고려사』(高麗史)를 찬수(撰修)하면서 마음 내키는 대로 사실을 감삭(減削)했던 이유로써 죄를 얻었지마는, 그러나 권제의 제재(制裁)를 받았으므로 안지의 스스로 한 짓은 아니었다. 그 [안지] 외손(外孫)이 일찍이 신문고를 치고 진소(陳訴)하니, 임금이 윤허하지 아니했다. 그러나 말하기를, "안지의 성품이 옹졸하나 정직하니, 선왕(先王)께서 죄를 가(加)하지 않는 것은 그가 권제의 꾀임에 빠져서 능히 중지하지 못했기 때문이다."라고 하였는데, 이때에 와서 그제야 고신을 돌려주었다.(문종실록 13권, 문종 2년, 서기 1452년 4월 11일 1번째 기사)

• **안지(安止)**: 태종 14년(1414) 친시문과(親試文科)에 을과(乙科)로 급제하여 성균관박사가 되었고, 태종 16년(1416) 다시 문과중시(文科重試)에 을과 2등으로 급제하여, 예문관의 수찬(修撰)·제학 등을 역임하였다. 세종 27년(1445) 공조참판으로 권제(權踶)·정인지(鄭麟趾) 등과 함께 「용비어천가」를 지어 바쳤다. 이듬해

호조참판으로 정조사(正朝使)가 되어 명나라에 다녀온 뒤 집현전부제학·이조참판을 거쳐 공조판서에 올랐으나, 사필(史筆)의 일로 고신(告身)을 환수당하였다. 그러나 세조 1년(1455)에 소환되어 지중추원사에 복관이 되고, 이어 영중추부사에 올랐다.

- **고신(告身)**: 직첩(職牒). 즉 관원에게 품계와 관직을 수여할 때 발급하던 임명장. 교지(敎旨)와 같음
- **권제(權踶)**: 태종 14년(1414) 알성문과에 급제한 뒤, 세종초에 집현전부제학·대사헌·한성부윤 등을 지냈다. 세종 17년(1435) 이조판서가 되고, 이듬해에는 『동국연대』(東國年代)를 편찬했다. 그 뒤 예조판서·예문관대제학·지중추원사를 거쳐, 세종 24년(1442) 지춘추관사로서 신개(申槩)와 함께 『고려사』(高麗史)를 편찬했다. 세종 27년(1445) 우찬성이 되어 정인지(鄭麟趾)·안지(安止) 등과 「용비어천가」(龍飛御天歌)를 지었다. 그러나 감찰로 있을 때 대사헌(大司憲)의 비위에 거슬려 파면되기도 하였다.
- **『고려사』(高麗史)**: 조선 전기 문신 김종서·정인지·이선제·권제 등이 세종의 명을 받아서 고려 시대 전반에 관한 내용을 정리하여 편찬한 역사서. 태조 5년(1396) 완성. 분량은 139권 75책. 전체 구성은 세가(世家) 46권, 열전(列傳) 50권, 지(志) 39권, 연표(年表) 2권, 목록(目錄) 2권으로 되어 있다.
- **진소(陳訴)**: 사정을 말하며 하소연함
- **선왕(先王)**: 선대의 임금. 여기서는 세종을 말함

이와 같은 문종실록기사에 나오는 '고신'(告身)이란 관원에게 품계와 관직을 수여할 때 발급하던 임명장을 말하는데, 안지가 『고려사』(高麗史)를 찬수하면서 마음 내키는 대로 사실을 감삭(減削)했던 죄로 고신을 환수당했다. 그러자 안지의 외손자가 신문고를 쳐서 자기 외조부(안지)의 고신을 돌려달라고 임금께 청원했으나, 윤허하지 않았다가 문종 2년(1452) 4월 11일에야 안지의 고신을 돌려주라고 명하였다는 것이다. 따라서 이러한 문종실록기사를 볼 때, 외손자가 신문고를 쳐서 자기 외조부의 고신을 돌려달라고 신문고를 쳐서 청원하기도 했음을 알 수 있다.

어미가 신문고로 아들의 용서를 애걸했다가 도리어 곤장 맞아

문종실록에서 신문고 관련 기사 중, 끝으로 여섯 번째를 보면, [문종실록기사 6]과 같이 적혀 있다. 따라서 이 기사 내용만을 가지고서는 의금부(義禁府)에서 왜 정흥손(鄭興孫)을 국문(鞫問)하여 장(杖) 1백 대를 때리고 도형(徒刑) 3년에 처했으며, 그러자 정흥손의 어미가 신문고를 쳐서 애걸했다가 왜 장(杖) 80대를 맞았는지는 알 수 없다.

> [문종실록기사 6]　의금부(義禁府)에서 정흥손(鄭興孫)을 국문(鞫問)하여 장(杖) 1백 대를 때리고 도형(徒刑) 3년에 처하도록 위에 청하니, 임금이 명하여 장 1백 대를 때리도록 하였다. 그 어미가 신문고를 치고 애걸하니, 장 80대를 때리도록 명령하였다.(문종실록 13권, 문종 2년 서기 1452년 4월 23일 4번째 기사)

- **의금부(義禁府)**: 임금 명령을 받들어 중죄인을 신문하는 일을 맡았던 관아. 태종 14년(1414)에 의용순금사(義勇巡禁司)를 고친 것으로 왕족의 범죄, 반역죄·모역죄 따위의 대죄(大罪), 부조(父祖)에 대한 죄, 강상죄(綱常罪), 사헌부가 논핵(論劾)한 사건, 이(理)·원리(原理)의 조관(朝官)의 죄 따위를 다루었다.
- **국문(鞫問)**: 피의자에게서 자백을 받기 위해 형장(刑杖)을 가하는 심문
- **도형(徒刑)**: 오형(五刑)의 하나로 일정한 기간 지정된 장소에서 노역에 종사하게 하던 형벌

또한 정흥손이 누구였는지도 알 수 없으나 의금부에서 국문을 받은 것으로 미루어 볼 때, 그는 중대 범죄를 저질렀던 것 같다. 그래서 이러한 중대 범죄자를 용서해 달라고 신문고를 쳐서 애걸했던 그의 어미도 형장을 맞았던 것 같은데, 만약 이것이 사실이라면 중대 범죄자를 용서해 달

라고 신문고를 쳐서 애걸하는 자에게는 벌을 주었던 것 같다.

5

세조 시기
(1455-1468)

신문고를 함부로 치거나
월소하는 자는 처벌

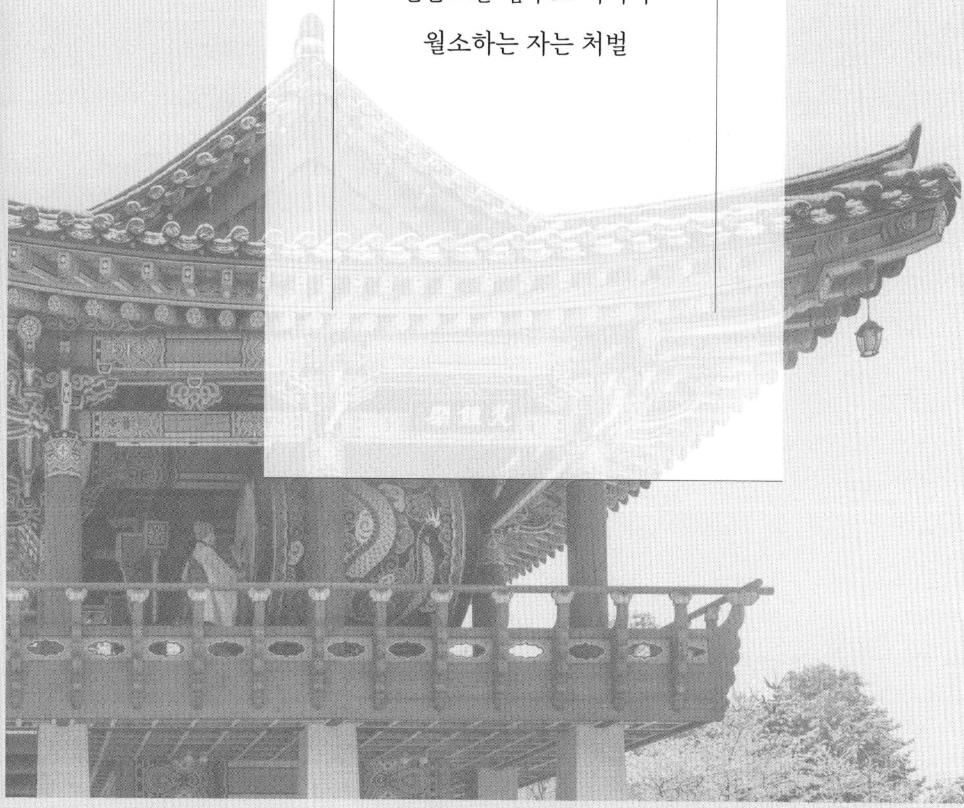

앞서 살펴보았듯이 제5대 임금인 문종(文宗)은 재위 기간이 겨우 2년이었음에도 문종실록(文宗實錄)에 신문고 관련 기사가 6건이 나왔다. 그러나 제6대 임금인 단종(端宗)은 재위 기간이 3년(1452-1455)이었으나, 그의 실록에는 신문고에 관련된 기사가 한 건도 보이지 않는다. 또한 제7대 임금 세조(世祖)의 세조실록(世祖實錄)에는 신문고 관련 기사가 다시 보였으나, 13년의 재위 기간(1455-1468) 중 겨우 2건만 나왔다. 그러면 이들은 도대체 어떤 내용의 기사였는가?

"구제에 신문고로 호소는 허용하되" 가전정소는 금지하라

세조실록에 나오는 신문고 관련 첫 번째 기사는 세조실록 2권, 세조 1년(1455) 8월 7일 8번째 기사였는데, 그 내용을 소개하면 [세조실록기사 1]과 같다.

> [세조실록기사 1] 임금이 형조(刑曹)에 전지(傳旨)하기를, "내가 도통사(都統使)로 있을 때에 무릇 소송(訴訟)을 신청하여 오는 자는 으레 해당 관사(官司)에 회부하여 분간(分揀)하였기 때문에, 이제 어리석은 백성들

이 가전(駕前)에 함부로 호소해 오는 것이 많다. 구제(舊制)에 억울한 일을 펴지 못한 자는 신문고를 쳐서 스스로 호소하는 일은 허용하되, 가전에 돌입한 자는 소송한 바를 묻지 않고, 위령(違令)한 것으로 논단하였으니, 이제부터 가전정소(駕前呈訴)하는 자는 하나같이 구제에 따라서 행하게 하라." 하였다.(세조실록 2권, 세조 1년, 서기 1455년 8월 7일 8번째 기사)

- **형조(刑曹)**: 육조의 하나로 법률, 소송, 형벌 따위의 일을 맡아보던 관청
- **전지(傳旨)**: 임금이나 왕비가 명령을 내리는 일이나 그 명령
- **도통사(都統使)**: 출정군의 최고사령관
- **관사(官司)**: 관원이 소속되어 나랏일을 맡아보는 곳
- **분간(分揀)**: 사물의 옳고 그름이나 그 정체를 가려서 앎. 어떤 대상이나 사물을 다른 것과 차이에 따라 나눔, 죄를 지은 형편을 보아서 용서함
- **가전(駕前)**: 임금이 탄 수레의 앞
- **위령(違令)**: 명령을 어김
- **가전정소(駕前呈訴)**: 억울한 사정을 행차하는 임금의 수레 앞에서 직접 호소를 올리던 일

[세조실록기사 1]을 보면, "구제(舊制)에 억울한 일을 펴지 못한 자는 신문고를 쳐서 스스로 호소하는 일은 허용하되" 운운하는 내용이 나온다. 그러므로 이로 미루어 볼 때, 세조 1년(1445)에도 신문고 제도가 유지되고 있었음을 알 수 있다. 그러나 "구제에 신문고를 쳐서 스스로 호소하는 일을 허용하되"라는 말이 무슨 뜻인지는 정확히 알 수 없으나, 이는 "신문고를 쳐서 억울한 일을 호소하던 예전의 제도는 허용하되, 그 대신 임금이 행차할 때 수레 앞[駕前]에서 함부로 호소해 오는 것은 그 내용에 관계없이 무조건 위령(違令)한 것으로 논단"하라는 것으로 해석할 수 있다. 그러므로 최소한 세조 1년에는 백성들이 신문고로 억울함을 호소하는 일은 허용했으나, 임금이 거둥(행차)할 때 그 수레 앞에서 호소하는 가전정소(駕前呈訴)는 무조건 금지했음은 확실하다.

월소(越訴)와 신문고를 함부로 치는 자는 처벌토록 하라

세조실록에 나오는 신문고 관련 두 번째 기사는 세조실록 6권, 세조 3년(1457) 2월 8일 1번째 기사인데, 이는 [세조실록기사 2]에서 보듯이, "월소(越訴) 및 신문고를 함부로 치는 자는 율문을 인증하여 논단하라." 라고 임금이 형조(刑曹)와 사헌부(司憲府)에 명령한 것이었다.

[세조실록기사 2] 임금이 형조(刑曹)와 사헌부(司憲府)에 전교(傳敎)하기를, "금후에는 월소(越訴) 및 신문고를 함부로 치는 자는 먼저 율문(律文)을 인증(引證)하여 논단(論斷)하고, 신문(申聞)하는 일을 거론(擧論)하지 말도록 하라." 하였다.(세조실록 6권, 세조 3년, 서기 1457년 2월 8일 1번째 기사)

- **사헌부(司憲府)**: 정치를 논의하고 풍속을 바로잡으며 관리들의 잘못을 조사하여 탄핵하는 관아
- **전교(傳敎)**: 임금이나 왕비가 명령을 내리는 일이나 그 명령
- **월소(越訴)**: 순서를 밟지 않고 곧바로 상급 관아에 소청하는 일
- **율문(律文)**: 법률을 조목별로 벌여 적은 글
- **인증(引證)**: 법령이나 글 따위를 인용하여 증거로 삼음
- **논단(論斷)**: 논의하여 결정함
- **신문(申聞)**: 원통하고 억울한 일을 들어서 해결해 주는 것
- **거론(擧論)**: 어떤 사항을 토론의 거리로 삼아 제기하거나 논의함

[세조실록기사 2]를 보면, 세조가 형조와 사헌부에 명령하기를 "월소(越訴) 및 신문고를 함부로 치는 자"는 법에 따라 처벌하고, 이러한 자들의 호소는 거론조차 하지 말라고 명령했는데, 여기서 '월소'란 순서를 밟지 않고 곧바로 신문고를 쳐서 임금에게 억울함을 호소하는 것을 말한다. 그렇다면 신문고는 도대체 어떤 순서를 밟아서 쳐야 하는가? 이

에 대해서는 조선 제9대 임금의 성종실록(成宗實錄)에 비교적 자세히 나와 있는데, 이는 뒤에서 성종실록에 나오는 신문고 관련 기사들을 살펴볼 때 알아보기로 하자.

6

성종 시기
(1469-1494)

세조 때 폐지되었던 신문고를
재설치해서 운영해

앞서 살펴보았듯이 제7대 임금의 세조실록에는 신문고 관련 기사가 2건이 나왔으나, 그다음 제8대 임금의 예종실록에는 한 건도 나오지 않았다. 이는 아마도 예종의 재위 기간이 불과 1년 2개월밖에 되지 않았기 때문이었던 것으로 생각된다.[1] 그러나 그다음 임금(제9대)의 성종실록에서 신문고 관련 기사들을 찾아보면, 등문고에 관한 것이 11건, 신문고에 관련된 것이 6건이 나온다. 그런데 앞서 태종실록에서 살펴보았듯이 신문고의 이름은 본래 '등문고'였으나, 태종 1년(1401) 8월 1일 '신문고'로 고쳤다. 그러나 세종실록 1권, 세종 즉위년(1418) 9월 14일 3번째 기사를 보면, 신문고가 '등문고'로 기록되었다가 세종실록 21권, 세종 5년(1423) 9월 13일 2번째 기사에는 '신문고'로 기록해 놓았다. 하지만 세종실록 63권, 세종 16년(1434) 1월 24일 3번째 기사를 보면, "신문고를 승문고(升聞鼓)로 개칭하였다."라고 기록되어 있다. 하지만 성종실록에는 승문고에 관한 기사는 보이지 않고, 등문고에 관한 기사가 11건, 신문고에 관한 기사가 6건이 나오는데, 이는 아마도 신문고의 명칭이

---

1 예종은 세조가 죽기 바로 하루 전날인 세조 14년(1468) 9월 7일 세조에게서 왕위를 물려받았는데, 이때 그의 나이는 19세였다. 그러나 예종은 왕위에 오른 지 1년 2개월 만에 짧은 생을 마감했다. 그러자 세조의 큰아들 덕종(德宗: 의경세자)의 둘째 아들인 자산군(者山君)이 왕위를 계승했다. 그가 바로 성종(成宗)인데, 당시 그의 나이는 13세에 불과해서 성년이 될 때까지 7년 동안 그의 할머니 정희대비(貞熹大妃)의 수렴청정을 받게 되었다. 그 뒤 18년 동안 친정하다가 성종 25년(1494) 38세의 나이로 세상을 떠났다.

여러 번 바뀌면서 여러 이름을 혼용했기 때문인 것 같다. 그러므로 이 장에서는 등문고와 신문고를 구별하지 않고, 성종실록에 나오는 그대로 살펴보기로 하겠다.

등문고의 재설치를 임금이 제안하고 그에 관해 신하들이 논의

성종실록에 나오는 신문고(등문고) 관련 기사들을 찾아보면, 신문고(등문고)를 다시 설치하는 것에 관한 내용이 적지 않게 나온다. 따라서 이들로 미루어 볼 때 세조 때 신문고가 폐지되었던 것 같으나, 이에 관한 기록이 세조실록에는 나오지 않는다. 하지만 세조 때 신문고가 폐지되었던 것이 사실이라면, 도대체 신문고는 언제, 왜 폐지되었다가 무엇 때문에 성종 때 다시 설치되었는지에 관한 성종실록기사들부터 살펴보기로 하자.

(1) 성종이 등문고를 다시 설치하는 일을 원상들에게 의논토록 명령

성종실록에 나오는 모두 17건의 신문고와 등문고 관련 기사 중에서 첫 번째는 성종실록 6권, 성종 1년(1470) 6월 24일 2번째 기사이다. 이를 보면 [성종실록기사 1]에서 보듯이 등문고를 다시 설치하는 것을 성종 임금이 원상(院相)에게 의논하라고 명령했다고 기록되어 있다.

> [성종실록기사 1]　임금이 전지(傳旨)하기를, "옛날에 등문고가 있었는데, 지금은 원통하고 억울함이 있는 자가 반드시 해당 관사(官司)에 고(告)하여 퇴장(退狀)을 받은 다음에 의금부(義禁府)의 당직(當直)에게 고하여 승정원에 전해서 고하고, 이에 [임금에게] 아뢰니, 그 전전(轉轉)하여 고하고 보고하는 사이에 양식을 허비하고, 엄류(淹留)하는 등 그 괴로움

이 적지 아니할 것이요, 또 반드시 그 정상(情狀)을 다하지 못하는 자도 있을 것이다. 지금 등문고를 [다시] 설치하고자 하는데, 그것을 원상(院相) 등에게 의논토록 하라." 하니, 신숙주(申叔舟)·한명회(韓明澮)·구치관(具致寬)·최항(崔恒)·홍윤성(洪允成)·조석문(曺錫文)·김질(金礩)·윤자운(尹子雲)이 의논하기를, "지금은 당직이 있으니, 곧 옛날의 등문고의 법(法)입니다. 그러나 만약 사헌부(司憲府)의 퇴장을 상고(上告)하지 아니하면, 이는 고알(告訐)의 풍속을 열게 되어 장차 그 폐단은 이루 말할 수 없을 것입니다. 다만 지금의 당직관(當直官)은 반드시 해당 관사와 헌부(憲府)에서 도장을 찍은 퇴장을 상고한 다음에 이에 받기 때문에 지체될 뿐입니다. 다만 헌부의 퇴장을 상고할 때 비록 도장을 찍지 않았더라도 또한 아뢰게 하며, 만약 사헌부와 의금부에서 청리(聽理)한 것이면 바로 당직에게 올리게 하는 것이 어떠하겠습니까?" 하니 그대로 따랐다.(성종실록 6권, 성종 1년, 서기 1470년 6월 24일 2번째 기사)

- **전지(傳旨)**: 임금의 분부를 전함. 임금의 분부를 전하는 문서, 곧 임금의 명령서
- **관사(官司)**: 관원이 소속되어 나랏일을 맡아보는 곳
- **퇴장(退狀)**: 소장(訴狀), 즉 상소장을 반려함
- **의금부(義禁府)**: 임금의 명에 의해 죄인을 다스리는 일을 맡아보던 관청
- **당직(當直)**: 숙직이나 일직 등을 맡음. 또는 이러한 일을 맡은 사람
- **승정원(承政院)**: 임금의 명령을 전달하고 여러 사항들을 임금에게 보고하는 일을 맡아보던 관아. 오늘날의 대통령 행정실(비서실)에 해당
- **전전(轉轉)**: 이리저리 정한 데 없이 옮겨 다님
- **엄류(淹留)**: 오랫동안 머무름
- **정상(情狀)**: 어떤 일이 벌어졌거나 사람이 처하여 있는 사정. 또는 딱하고 가엾은 형편
- **원상(院相)**: 임금이 병중으로 직무를 보지 못하거나 어린 왕이 즉위하여 섭정을 행할 때, 원로급 재상들이 승정원에 주재하여 국정 전반에 대하여 정책 결정에 자문으로 참여하도록 한 임시 관직

- **신숙주(申叔舟)**: 성종 즉위년(1469) 12월 29일 왕명으로 한명회, 구치관, 최항, 조석문, 김질 등과 함께 경연청영사(經筵廳領事)를 겸임하였다. 성종이 즉위하자 그를 추대한 공로로 영의정에 임명되었다.
- **한명회(韓明澮)**: 예종 1년(1469) 예종이 갑자기 서거하자 새 왕의 즉위시까지 정무를 맡아보는 원상(院相)이 되어 서정(庶政)을 결재하였다. 성종이 즉위(1469)하자 판이조사(判吏曹事)와 판병조사(判兵曹事)를 겸했다. 그는 평소 자신이 은퇴하면 갈매기를 벗 삼아 살겠노라며 지금의 강남구 압구정동에 '압구정'(狎鷗亭)이라는 정자를 지었으나 은퇴할 수 없었다. 성종 2년(1471) 춘추관영사(春秋館嶺事)에 이르렀다.
- **구치관(具致寬)**: 예종 1년(1469) 예종이 서거하자 원상(院相)으로서 호조판서를 겸직하였으며, 같은 해(1469) 성종이 즉위하자 다시 원상으로서 이조판서를 겸직하였다.
- **최항(崔恒)**: 성종 1년(1470) 부원군에 봉해졌고, 다음 해 구성군(龜城君) 준(浚)을 제거한 공으로 좌리공신(佐理功臣) 1등에 녹훈되고, 감춘추관사(監春秋館事)로서 세조실록과 예종실록의 편찬에 참여했다. 성품이 겸손하고 침착했으며 공정하고 청렴하여 40년간 관직에 있으면서 한 번도 탄핵을 받지 않았다.
- **홍윤성(洪允成)**: 예종 1년(1469) 예종이 병사하자 영의정으로 신숙주, 한명회, 정인지와 함께 다시 원상의 한사람이 되어 혼란을 수습하고 정무를 처결하였다. 이때 왕위 계승자 후보자를 낙점할 때 의경세자(懿敬世子)의 차남 자을산군(者乙山君) 이혈(李娎)을 지지하여 성종으로 등극시켰다.
- **조석문(曺錫文)**: 세조 13년(1467), 이시애의 난이 일어나자 병마부총사로 난을 진압하여 적개공신 1등이 되었고 이어 좌의정이 되었다가 얼마 뒤 영의정에 올랐다. 성종 2년(1471) 임금을 잘 보좌하고 정치를 잘했다고 하여 좌리공신(佐理功臣) 1등에 책록되었다.
- **김질(金礩)**: 1469년 성종 즉위 후 경연청영사(經筵廳領事)에 임명되고, 성종 1년(1470) 사옹원제조(司饔院提調)가 되었다. 성종 2년(1471)에 성종의 즉위를 도운 좌리공신을 서훈할 때 순성명량경제좌리공신(純誠明亮經濟佐理功臣) 2등으로 서훈되고 상락부원군(上洛府院君)에 봉해졌다.
- **윤자운(尹子雲)**: 성종이 즉위하자, 좌리공신(佐理功臣)이 되어 무송부원군(茂松府院君) 겸 예조판서(禮曹判書)에 봉해졌다. 그 뒤 잠시 관직에서 물러났으나, 성종 7년(1476) 다시 우의정이 되었다. 사람됨이 단아(端雅)하고 치밀해서 일생 동안 관부(官府)의 탄핵을 한 번도 받은 적이 없었다.

- **사헌부(司憲府)**: 정치를 논의하고 풍속을 바로잡으며 관리들의 잘못을 탄핵하는 일을 맡아보던 관아
- **고알(告訐)**: 피해자가 아닌 사람이 남의 범죄 사실을 관청에 고하는 것
- **헌부(憲府)**: 사헌부의 준말
- **청리(聽理)**: 백성끼리의 분쟁을 들어서 그 옳고 그름을 조사하여 처리함

[성종실록기사 1]에서 보듯이 임금이 전지하기를, "옛날에는 등문고가 있었으나, 그것이 없어져서 원통하고 억울함이 있는 자가 그 정상(情狀)을 다하지 못하는 자도 있을 것이라, 지금 등문고를 설치하고자 하니 이에 관하여 원상(院相) 등에게 의논토록 하라."라고 하였다고 한다. 따라서 이를 볼 때, 그간에 등문고가 폐지되었음을 알 수 있다. 그러나 앞서 살펴보았듯이 세조실록까지에는 신문고(등문고) 제도를 폐지했다는 기록이 나오지 않아서, 언제 왜 폐지했었는지에 관하여는 전혀 알 수가 없다. 하지만 성종실록 13권, 성종 2년(1471) 12월 15일 3번째 기사를 보면, "세조조(世祖朝)에 어떤 사람이 잘못 누고(漏鼓)를 쳤는데, 이로 인하여 금지시킨 것이고, 별달리 다른 까닭이 있는 것은 아닙니다."라는 내용이 나온다. 따라서 이를 볼 때, 세조 때 신문고(등문고) 제도가 일시적으로 폐지되었던 것만은 거의 분명하다. 그래서 [성종실록기사 1]을 보면, 성종 임금이 1469년 11월 28일 즉위하고 나서 7개월 뒤인 성종 1년(1470) 6월 24일에 명령하기를 "지금 등문고를 [다시] 설치하고자 하는데, 이를 원상(院相) 등에게 의논토록 하라." 했다. 그러나 신숙주·한명회 등의 원상들이 의논하기를, "만약 사헌부의 퇴장을 상고하지 아니하고 등문고를 다시 설치하면, 이는 고알(告訐)의 풍속을 열게 되어 장차 그 폐단은 이루 말할 수 없을 것입니다."라고 하면서 등문고의 재설치를 반대하였다.

(2) 세조 때 금지되었던 등문고를 성종이 다시 부활시키다

앞서 살펴보았듯이, 성종 임금은 1469년 11월 28일 즉위하고 나서 7개월 뒤인 성종 1년(1470) 6월 24일에 명령하기를 "지금 등문고를 [다시] 설치하고자 하는데, 그것을 원상(院相) 등에게 의논토록 하라." 했다. 그러나 원상들이 반대하여 등문고를 설치하지 못했던 것 같다. 하지만 약 1년 6개월 뒤 성종실록 13권, 성종 2년(1471) 12월 15일 세 번째 기사를 보면, [성종실록기사 2]에서 보듯이 성종 임금이 또다시 신문고를 설치하는 것이 어떻겠느냐고 대신들에게 물으면서, 그 전에 신문고가 왜 폐지되었는지에 관해서도 물었다.

> [성종실록기사 2]　임금이 경연(經筵)에 나아갔다. 강(講)을 마치니, 임금이 말하기를, "무릇 상언(上言)은 당직(當直)이 하는 것이나, 전계(轉啓)도 지체(遲滯)할 수 없으니, 금후로는 신문고 치는 것을 허락함이 어떻겠느냐? 당초에 격고(擊鼓)하는 것을 파(罷)함은 어느 때에 있었으며, 또 무슨 까닭으로 인함이냐?" 하니, 영사(領事) 홍윤성(洪允成)과 김국광(金國光)이 아뢰기를, "세조조(世祖朝)에 어떤 사람이 잘못 누고(漏鼓)를 쳤었는데, 이로 인하여 금지시킨 것이고, 별달리 다른 까닭이 있는 것은 아닙니다. 이제 북을 치게 허락하심도 무방(無妨)합니다." 하므로, 임금이 말하기를, "그것을 허락하여라." 하였다.(성종실록 13권, 성종 2년, 서기 1471년 12월 15일 3번째 기사)

- **경연(經筵)**: 임금의 학문 수양을 위해 임금에게 유교의 경서와 역사를 가르치는 일이나 그런 모임
- **강(講)**: 경연이나 서당 등에서 유교의 경서(經書)와 역사를 강의하는 것
- **당직(當直)**: 숙직이나 일직 등을 맡음. 여기서는 신문고에 관한 일을 맡음을 말함
- **전계(轉啓)**: 임무를 인계함
- **격고(擊鼓)**: 북을 침. 여기서는 신문고를 치는 것을 말함

- **파(罷)하다**: 폐지함 또는 끝내고 헤어짐
- **영사(領事)**: 주요 관서의 정1품 관직으로 해당 부서의 서무를 총리하는 임무를 맡았다. 의정부·중추부(中樞府)·돈녕부(敦寧府) 등의 정1품 아문(衙門)과 경연(經筵)·홍문관(弘文館)·예문관(藝文館)·춘추관(春秋館)·관상감(觀象監) 등의 특수부서에 두었다.
- **홍윤성(洪允成)**: 예종 1년(1469)에 예종이 병사하자 왕위 계승자 후보자를 낙점할 때 의경세자의 차남 자을산군 이혈을 지지하였다. 이렇게 성종을 지지하고 구성군(龜城君)을 숙청한 공로로 성종 2년(1471)에 좌리공신(佐理功臣) 1등의 호를 받고, 인산부원군(仁山府院君)에 진봉되었다.
- **김국광(金國光)**: 성종 1년(1470) 4월 좌의정으로 옮기고 5월에는 사은사로 명나라에 다녀왔다. 이듬해 3월 좌리공신(佐理功臣) 1등에 책훈되고 광산부원군(光山府院君)에 봉해졌다. 그러나 동년 8월 아우 김정광(金廷光)과 사위 이한(李垾)의 부정 사건으로 대간의 탄핵을 받아 사직하고 다만 원상과 영경연사(領經筵事)만을 겸하였다.
- **누고(漏鼓)**: 시각을 알리기 위하여 치는 북

[성종실록기사 2]를 보면, 그 이전에 신문고가 언제 왜 폐지되었는지도 알 수 있는데, 영사 홍윤성과 김국광의 보고에 의하면, 신문고가 폐지되었던 시기는 세조(世祖) 때였으며, 폐지 이유는 "어떤 사람이 누고(漏鼓)를 신문고인 줄 잘못 알고서 쳤는데, 이로 인하여 금지시킨 것이고, 별달리 다른 까닭이 있는 것은 아니었다."라는 것이었다. 이렇게 영사 홍윤성과 김국광이 성종 임금에게 아뢰면서, "이제 북[신문고]을 치게 허락하심도 무방(無妨)합니다."라고 하자, 임금이 말하기를, "그것을 허락하여라." 해서, 성종 2년(1471) 12월 15일부터 신문고가 부활하게 되었다.

(3) 등문고를 다시 설치하자는 성종의 제의에 신숙주 등이 적극 반대

하지만 이상한 것은, 그로부터 2년 반 뒤인 성종 5년(1474) 윤6월 14일 1번째 실록기사를 보면, [성종실록기사 3]에서 보듯이, 임금이 말하

기를, "지금 한재(旱災)가 심하니 등문고를 설치하여 민원(民冤)을 펴고자 하는데, 어떠한가?" 하고 신하들에게 제의했다. 그러나 앞서 성종 2년(1471) 12월 15일 3번째 실록기사를 보면, "임금이 말하기를, 그것[신문고]을 허락하여라." 하였다고 분명히 적혀 있는데, 왜 성종 5년(1474) 윤6월 14일 1번째 실록기사에는 "지금 한재가 심하니 등문고를 설치하여 민원을 펴고자 하는데, 어떠한가?"라고 신하들에게 또 물었는지 그 이유를 알 수 없다. 그러나 이는 혹시 한재(가뭄)에 관한 등문고만 설치하자는 것이었는지도 모르겠다.

[성종실록기사 3] 경연(經筵)에 나아가서 강(講)을 마치자, 임금이 말하기를, "지금 한재(旱災)가 심하니 등문고를 설치하여 민원(民冤)을 펴고자 하는데, 어떠한가?" 하니, 영사(領事) 신숙주(申叔舟)가 대답하기를, "상언(上言)하는 자는 사헌부(司憲府)에 올려서 그 소장(訴狀)에 인퇴(印退)한 뒤에야 상언할 수 있고, 아니면 비록 포원(抱冤)하였더라도 상달할 길이 없습니다." 하고, 집의(執義) 현석규(玄碩圭)는 아뢰기를, "의금부(義禁府)와 사헌부에서 잘못 판결한 사건은 곧바로 당직청(當直廳)에 올려 호소하고, 타사(他司)의 잘못 판결한 것은 해사(該司) 헌부(憲府)를 경유하여 인퇴한 뒤에 당직청에 올리며, 어기는 자는 월소(越訴)하는 죄가 있는 까닭으로 원통함을 호소하는 자가 부득이 먼저 해사에 올리고 해사의 관리도 잘못 판결하는 죄를 얻을까 두려워 즉시 인퇴하지 않으니, 이것은 민망한 일입니다. 그러나 격고(擊皷)를 허락하면 송사하는 자가 조금이라도 뜻에 맞지 않으면 곧 북을 쳐서 호소할 것이니, 소요(騷擾)하는 폐단이 없지 않을 것입니다." 하니, 신숙주가 말하기를, "현석규의 말이 옳습니다. 사람들에게 북을 쳐서 상언하는 것을 청허(聽許)하면 반드시 소요함을 초치(招致)할 것이니, 단연코 행할 수 없습니다." 하였다.(성종실록 44권, 성종 5년, 서기 1474년 윤6월 14일 1번째 기사)

- **경연(經筵)**: 임금에게 유학의 경서를 강론하는 일. 이는 임금에게 경사(經史)를 가르쳐 유교의 이상(理想) 정치를 실현하려는 것이 목적이었으나, 실제로는 전제왕권의 사적인 행사를 규제하는 데 주요 기능을 했다.
- **강(講)**: 강의(講義) 또는 경연이나 서당 등에서, 배운 글을 스승이나 윗사람 앞에서 욈
- **한재(旱災)**: 가뭄으로 인해 생기는 재앙
- **민원(民冤)**: 백성의 원망
- **영사(領事)**: 주요 관서의 정1품 관직으로 각 부서의 서무를 총리하는 임무를 맡았다.
- **신숙주(申叔舟)**: 성종 즉위년(1469) 12월 29일 왕명으로 한명회, 구치관, 최항, 조석문, 김질 등과 함께 경연청영사(經筵廳領事)를 겸임하였다. 성종이 즉위하자 그를 추대한 공로로 영의정에 임명되었다.
- **상언(上言)**: 신하가 임금에게 사사로운 일을 말이나 글로 아룀. 백성이 임금에게 글을 올림
- **사헌부(司憲府)**: 정치를 논의하고 풍속을 바로잡으며 관리들의 잘못을 조사하여 탄핵하던 관아
- **인퇴(印退)**: 소장에 담당 관서의 인장을 찍어서 반송하는 것
- **포원(抱冤)**: 마음속에 원한을 품음
- **집의(執義)**: 사헌부의 종3품 관직. 정원은 2인
- **현석규(玄碩圭)**: 성종 3년(1472) 집의(執義)로서 언사(言事)를 활발히 전개하고, 경연에도 참여하였다. 성종 5년(1474) 동부승지에 발탁되고, 이듬해 우부승지·좌부승지를 거쳐 도승지에 올랐다.
- **당직청(當直廳)**: 의금부 소속의 특수관서로 신문고의 관리와 그에 따른 소송사무를 담당하였다. 태종 2년(1402) 신문고가 설치된 뒤 태종 14년(1414) 이를 관리하는 전담기구로 설치되었다. 연산군 11년(1505) 밀위청(密威廳)으로 개칭되었으나 이듬해 중종반정 뒤 다시 당직청으로 고쳤다. 신문고가 있는 궐문 옆에 있었고, 의금부도사들이 1인씩 번갈아 당직하면서 소송사무를 처리하였다. 억울한 사정이 있는 사람은 먼저 해당 관서와 사헌부에 차례로 탄원한 뒤 최후로 신문고를 치게 하였는데, 당직청의 우두머리인 당직도사(當直都事)는 사헌부의 퇴장(退狀: 소장을 반송하는 것)을 살펴본 뒤 미심(未審)한 것이 있을 때만 상부에 보고하여 처리하게 하였다.

- **월소(越訴)**: 소정의 소원(訴寃) 절차를 거치지 않고 사헌부나 임금에게 직접 호소하는 것. 관원이나 서민들이 억울한 일을 당하였을 때 심리를 호소하는 소원제도는 태종 1년(1401) 11월 신문고의 설치와 함께 마련되었다. 이에 의하면 지방에서는 수령의 처분에 승복할 수 없을 때 관찰사에게 호소하고, 여기서도 수리되지 않으면 서울의 사헌부에 호소하였다가 거절을 당하면 신문고를 치게 하였다. 서울에서는 먼저 각 사안의 담당 관청에 호소하였다가 수리되지 않으면 사헌부와 신문고의 순서로 소원을 제기하게 하였다. 그런데 이러한 절차를 무시하고 차상급기관에 곧장 호소하면 월소죄로 처벌되었다. 신문고는 의금부 당직청에서 관장했는데, 반드시 사헌부의 퇴장(退狀: 고소장을 되돌려 보냄)을 확인한 뒤에 소원을 접수하여 월소를 막았다. 이러한 월소금지 제도는 소원의 남발을 억제하고 중간기관의 권위를 확보하기 위한 조치였다.
- **격고(擊鼓)**: 북을 치는 것. 여기서는 신문고를 치는 것을 말함
- **소요(騷擾)**: 많은 사람이 떠들썩하게 들고일어나 술렁거림. 많은 사람이 떼 지어 폭행이나 협박 따위를 함으로써 사회 질서를 어지럽히는 일
- **청허(聽許)**: 사정이나 제의 따위를 듣고 허락함
- **초치(招致)**: 사람이나 어떤 일을 불러서 오게 함

그 정확한 이유는 모르겠으나 좌우간 성종 임금이, "지금 한재(旱災)가 심하니 등문고를 설치하여 민원(民冤)을 펴고자 하는데, 어떠한가?"라고 신하들에게 물었다. 그러자 영사 신숙주와 집의 현석규가 반대했는데, 그 이유는 "격고(擊鼓)를 허락하면 송사하는 자가 조금이라도 뜻에 맞지 않으면 곧 북을 쳐서 호소할 것이니, 소요(騷擾)하는 폐단이 없지 않을 것"이며 또한 "사람들에게 북을 쳐서 상언하는 것을 청허(聽許)하면 반드시 소요함을 초치(招致)할 것"이라는 이유에서였다.

(4) 반대에도 등문고를 다시 설치하자 외람된 진소도 많아 이를 금지토록

성종 임금이 등문고를 다시 설치하려고 하자, 이를 신숙주 등이 반대했다. 그럼에도 불구하고 성종은 등문고를 다시 설치했다. 성종실록 45권, 성종 5년(1474) 7월 29일 2번째 기사를 보면 [성종실록기사 4]에서 보

듯이 "영사(領事) 정창손(鄭昌孫)이 말하기를, '등문고를 설치한 까닭은 억울한 일을 신문(申聞)할 수 있게 하려는 것인데, 근래 진소(陳訴)하는 자는 꺼리는 것이 없어서 위에 저촉되는 말을 내기까지 하니, 죄주지 않을 수 없습니다.'"라는 내용이 나온다.

> [성종실록기사 4] 임금이 경연(經筵)에 나아갔다. 강독이 끝나고서, … 영사(領事) 정창손(鄭昌孫)이 말하기를, "등문고를 설치한 까닭은 억울한 일을 신문할 수 있게 하려는 것인데, 근래 진소하는 자는 꺼리는 것이 없어 위에 저촉되는 말을 내기까지 하니, 죄주지 않을 수 없습니다." 하고, 이서장(李恕長)은 말하기를, "전에는 상언(上言)하는 자가 반드시 해사(該司)로부터 퇴장(退狀)을 받고 나서야 본부(本府)에 정고(呈告)하였는데, 지금은 청리(聽理)하는 사람이 곧바로 본부에 정고하여 예(例)대로 모두 인퇴(印退)하므로, 이 때문에 상언하는 자가 외람되게 많아졌습니다." 하고, 홍윤성(洪允成)이 말하기를, "신이 전에 제도(帝都)에 있을 때에 보니, 천자(天子)가 시조(視朝)할 때에 아뢰는 일이 매우 간편하여 옥체(玉體)를 피로하게 하지 않았습니다. 청컨대 외람함을 무릅쓰고 상언하는 자를 금하여 성청(聖聽)을 번거롭히지 말게 하소서." 하였다.(성종실록 45권, 성종 5년, 서기 1474년 7월 29일 2번째 기사)

- **영사(領事)**: 주요 관서의 정1품 관직으로 각 부서의 서무를 총리하는 임무를 맡았다.
- **정창손(鄭昌孫)**: 1469년 성종이 즉위하자 대광보국숭록대부(大匡輔國崇祿大夫)로 승품되고 원상(院相)이 되었다. 성종 1년(1470) 나이가 70이 되어 치사(致仕)하기를 청하였으나 허락되지 않고 궤장(几杖)이 하사되었다.
- **진소(陳訴)**: 사정을 말하며 하소연함
- **퇴장(退狀)**: 소장(訴狀)을 반송(返送)함
- **본부(本府)**: 관리가 자기가 속해 있는 관부를 이르는 말. 여기서는 사헌부(司憲府)

를 말함

- **정고(呈告)**: 관아에 소장을 올림
- **청리(聽理)**: 백성끼리의 분쟁이나 청원 등을 들어서 그 옳고 그름을 조사하여 처리함
- **인퇴(印退)**: 소장에 담당 관서의 인장을 찍어서 반송하는 것
- **홍윤성(洪允成)**: 예종 1년(1469) 예종이 병사하자 영의정으로 신숙주, 한명회, 정인지와 함께 다시 원상의 한사람이 되어 혼란을 수습하고 정무를 처결하였다. 이때 왕위 계승자 후보자를 낙점할 때 성종을 지지하고 구성군(龜城君)을 숙청한 공로로 성종 2년(1471) 좌리공신(佐理功臣) 1등의 호를 받고, 인산부원군(仁山府院君)에 진봉되었다.
- **제도(帝都)**: 제국(帝國)의 수도. 여기서는 중국 명나라 수도인 북경을 말함
- **천자(天子)**: 하늘의 아들이라는 뜻으로, 제국(중국)의 군주를 이르는 말
- **시조(視朝)**: 조정에 나와 정사를 돌봄
- **옥체(玉體)**: 임금의 몸
- **성청(聖聽)**: 임금이 들음을 높여 이르는 말

바로 이와 같은 내용으로 미루어 볼 때, 성종 5년(1474) 윤6월 14일 성종 임금이 말하기를, "지금 한재(旱災)가 심하니 등문고를 설치하여 민원을 펴고자 하는데, 어떠한가?" 하고 제의하자, 비록 신숙주 등이 반대했으나, 성종 임금은 성종 5년(1474) 7월 29일 이전에 등문고를 다시 설치했음이 분명하다. 그러자 등문고를 쳐서 "진소(陳訴)하는 자들이 꺼리는 것이 없어 위[임금]에 저촉되는 말을 내기까지 하니, 죄주지 않을 수 없습니다."라고 영사(領事) 정창손(鄭昌孫)이 임금에게 건의하였던 것 같다. 그리고 홍윤성(洪允成)은 임금께 아뢰기를, "청컨대 외람함을 무릅쓰고 상언하는 자를 금하여 성청(聖聽)을 번거롭히지 말게 하소서."라고 했던 것 같다.

백성이 등문고를 치는 것을 성종 임금은 너그럽게 받아들여

앞서 살펴보았듯이 조선조 태종 1년(1401)에 처음 설치했던 등문고는 세조 때 잠시 폐지되었던 것 같다. 그러나 성종 2년(1471) 12월 또는 성종 5년(1474) 7월에 다시 등문고를 설치하였다. 그러면 이때부터 등문고는 어떻게 운영되었으며, 백성들이 등문고를 통하여 호소한 억울함이나 원통함을 임금은 어떻게 처리해 주었는가?

(1) 백성은 일단 등문고로 호소토록 하면 그것을 임금이 작량, 처분

등문고를 다시 설치한 성종 임금은 백성들도 자유롭게 쳐서 억울함이나 원통함을 상언토록 적극 배려했다. 성종실록 90권, 성종 9년(1478) 3월 7일 3번째 기사를 보면, [성종실록기사 5]와 같이, 우부승지(右副承旨) 김승경(金升卿)이 아뢰기를, "모든 상언(上言)하는 자는 옛 법에 따라 반드시 담당 기관의 퇴장(退狀)을 차례로 받아 먼저 본관(本官)을 경유한 후에 등문고를 쳐서 상언하게 하소서."라고 진언하자, 임금이 말하기를, 그렇게 하면 백성들이 민정(民情)을 쉽게 상달할 수 없다면서, 일단 상언을 하게 되면, 간절하지 않은 것은 자신(임금)이 알아서 처리하겠다고 했다.

[성종실록기사 5] 임금이 주강(晝講)에 나아갔다. 강(講)하기를 마치자, 우부승지(右副承旨) 김승경(金升卿)이 아뢰기를, "예전에는 상언(上言)의 퇴장(退狀)은 반드시 먼저 담당관에게서 받아야 하며, 그런 뒤에 사헌부(司憲府)에 제출하게 되었으므로, 정유(情由)가 없는 자는 상언하지 못하였습니다. … 청컨대 다시 옛 법에 따라서 모든 상언하는 자는 반드시 차례로 퇴장을 받아서 먼저 본관(本官)을 경유한 후에 상언하게 하소서."

하니, 임금이 이르기를, "무릇 상언하는 자는 반드시 가까운 곳에 사는 백성만이 아니고, 역시 먼 곳에 사는 사람도 많다. 만약에 본관(本官)의 퇴장에 구애한다면 원통한 마음을 품은 자가 호소할 곳이 없을 것이니, 이것이 어찌 작은 문제이겠는가? 옛날에 등문고를 설치하였던 것은, 대개 민정(民情)을 쉽게 상달(上達)하게 하고자 한 것이다. 만약 간절하지 않은 상언이라면 내 스스로 마땅히 작량(酌量)하여 보류(保留)할 것이다." 하였다.(성종실록 90권, 성종 9년, 서기 1478년 3월 7일 3번째 기사)

- **주강(晝講)**: 경연특진관 이하가 오시(午時)에 임금을 모시고 행하던 경연
- **상언(上言)**: 백성이 임금에게 말이나 글을 올리던 일
- **우부승지(右副承旨)**: 중추원·승정원·승추부(承樞府)의 정3품 당상관직
- **김승경(金升卿)**: 세조 2년(1456) 사용(司勇)으로 식년 문과에 급제, 벼슬이 예조참판·대사헌에 이르렀다. 승정원 재직 시 직무에 충실하고 행정 능력이 뛰어나 임금이 금띠[金帶]를 하사하기도 했다.
- **퇴장(退狀)**: 소장(訴狀)을 반송 즉 되돌려주는 것
- **사헌부(司憲府)**: 정치를 논의하고 풍속을 바로잡으며 관리들의 잘못을 조사하여 그 책임을 탄핵하는 일을 맡아보던 관아
- **정유(情由)**: 어떤 일을 그렇게 하게 된 이유나 까닭
- **본관(本官)**: 감사(監司)나 병사(兵使)가 있는 곳의 목사, 판관, 부윤을 이르는 말
- **민정(民情)**: 백성들의 사정과 생활 형편, 백성의 마음
- **작량(酌量)**: 짐작하여 헤아림

[성종실록기사 5]를 보면, 성종은 민정(民情)이 임금에게 쉽게 상달될 수 있도록 등문고를 다시 설치하고, 이를 백성들이 자유롭게 쳐서 억울함이나 원통한 일을 임금에게 상언할 수 있도록 했다. 그러자 우부승지 김승경(金升卿)이 아뢰기를, "옛 법에 따라 모든 상언하는 자는 반드시 차례로 퇴장을 받아서 먼저 본관(本官)을 경유한 후에 상언하게 하소서." 하니, 임금이 이르기를, 그렇게 하면 "만약에 본관(本官)의 퇴장

에 구애한다면 원통한 마음을 품은 자가 호소할 곳이 없을 것이니," 일단 백성들로 하여금 등문고를 쳐서 호소토록 하면, 그 내용을 보고서 "만약 간절하지 않은 상언이라면 마땅히 작량(酌量)하여 보류(保留)할 것이다."라고 말했다. 그러니까 이를 다시 부연 설명하면, 백성이 등문고로 임금께 원통함을 아뢰려면 먼저 담당관에게서 퇴장(退狀)을 받은 뒤에 사헌부에 제출하고 나서 등문고를 쳐야 하는 등 그 절차가 까다로워서 백성들이 상언하기 어려우니까, 백성들에게 일단 등문고를 치게 한 뒤에 그 내용을 임금이 직접 보고서 간절하지 않은 호소는 받아들이지 않겠다는 것이었다.

(2) 노비들도 신문고를 쳐서 원통하고 억울함을 상언할 수 있어

한편 노비들이 노비단송도감(奴婢斷訟都監)에 자신의 신분에 관한 어떤 소송을 냈다가 만약 원통하고 억울한 일을 당하면, 이를 신문고를 쳐서 임금에게 상언할 수 있었는데, 성종실록 129권, 성종 12년(1481) 5월 29일 2번째 기사를 보면 다음 [성종실록기사 6]과 같은 내용이 실려 있다.

> [성종실록기사 6] 이조(吏曹)에서 의의(擬議)하여 단송(斷訟)을 마감할 낭청(郞廳)을 아뢰니, 임금이 명하여 영돈녕부사(領敦寧府事) 이상(李祥)에게 의논하게 하였다. 정창손(鄭昌孫)·한명회(韓明澮)가 의논하기를, "무릇 원통하고 억울한 것은 오로지 단송도감(斷訟都監)에서뿐만 아니라 형조(刑曹)·사헌부(司憲府)·장례원(掌隷院)·한성부(漢城府)에서도 모두 그러합니다. 단송도감에서 만약 원통하고 억울한 것이 있으면 신문고를 쳐서 상언하게 되면, 으레 마땅히 분간(分揀)할 터이니, 반드시 다시 관원을 설치하여 마감할 필요가 없습니다." 하고, 홍응(洪應)이 의논하기를, "단송도감에서 원통하고 억울함이 있는 자는 모두 이미 상언하게 하여 제때에 바야흐로 분간하게 하였으니, 지금 다시 관원을 설치하여 마감하게 할 수

는 없습니다. 이와 같이 한다면 송사(訟事)를 그칠 겨를이 없을 것이고, 폐단이 다시 여전해질 것이므로, 단송도감 일국(一局)이 파거(罷去)될 때가 없을 것입니다." 하고, 윤사흔(尹士昕)·노사신(盧思愼)·윤호(尹壕)가 의논하기를, "단송도감에서 앞을 다투어 속결(速決)하였으니, 간혹 미진(未盡)한 곳이 있을 것이므로, 마땅히 다시 마감해야 합니다." 하였다.(성종실록 129권, 성종 12년, 서기 1481년 5월 29일 2번째 기사)

- **이조(吏曹)**: 육조 가운데 우두머리 부서로 문관의 임용, 공훈 및 봉작, 인사 고과, 정무 등을 담당했다.
- **의의(擬議)**: 심의하고 의논함
- **단송(斷訟)**: 소송을 끝냄. 여기서는 노비에 관한 쟁송을 끝내는 것을 말했음
- **낭청(郎廳)**: 각 관서에서 실무를 담당하던 당하관. 낭관을 지칭하는 말로 불규칙하게 쓰였다. 그러던 것이 조선 후기에는 몇몇 관청에서 낭청을 정식 관직명으로 사용하게 되었다. 이들은 대체로 실무를 담당하였다. 품계는 종6품이나 실제는 정3품 당하관에서 종9품직 사이의 관원을 임명했다.
- **영돈녕부사(領敦寧府事)**: 돈녕부에 소속된 정1품 관직. 정원은 1명. 태종 14년(1414) 정월에 돈녕부가 신설될 때 영부사(領府事)라는 이름으로 처음 신설했다.
- **정창손(鄭昌孫)**: 성종 6년(1475) 영의정에 재임되었으며, 이듬해 임금이 왕비를 폐하려고 할 때 영의정으로 있으면서 강력하게 간하지 못하였다. 이후 여러 번 사직을 청했으나 허락되지 않다가 성종 16년(1485) 나이 84세에 영의정으로 재임된 지 1년 만에 사직하였다. 2년 뒤인 성종 18년(1487) 86세로 죽자 왕은 청빈(淸貧) 재상이라 하여 많은 물품 등을 부의로 하사하였다.
- **한명회(韓明澮)**: 1469년 예종이 갑자기 죽자 새 왕의 즉위 시까지 정무를 맡아보는 원상(院相)이 되어 서정(庶政)을 결재하였다. 동년 성종이 즉위하자 판이조사와 판병조사를 겸했다. 그는 평소 자신이 은퇴하면 갈매기를 벗 삼아 살겠노라며 지금의 서울시 강남구 압구정동에 '압구정'(狎鷗亭)이라는 정자를 지었으나 은퇴할 수 없었다. 성종 2년(1471) 춘추관영사(春秋館嶺事)에 이르렀다.
- **단송도감(斷訟都監)**: 노비단송도감(奴婢斷訟都監)을 말함. 이 도감은 노비의 쟁송을 바로잡고, 약자의 억울함을 풀어 주는 한편 신분제를 정비하기 위해 성종 12년(1481) 1월 설치했던 기관으로, 그동안 지체되어 온 많은 쟁송을 그해 중반

까지 반드시 해결토록 하고, 외방은 그해 3월 안으로 해결토록 하였다. 그러나 동년 4월 농사의 번거로움으로 중단하고 5월에 결송을 마감하게 되어 폐단이 적지 않았다.

- **형조(刑曹)**: 육조의 하나로 법률·사송(詞訟)·노비 등에 관한 사무를 관장. 추관(秋官) 또는 추조(秋曹)라고도 불렀다. 재판 관계 업무를 취급하기 때문에 의금부·한성부와 아울러 삼법사(三法司)라고 불렸으며, 사헌부·사간원과 함께 삼성(三省)이라 하여 의금부에서 국문할 때 함께 동참하기도 했다.
- **사헌부(司憲府)**: 중앙 통치 기구인 삼사의 하나로, 관리들의 비리를 감찰하는 곳
- **장례원(掌隷院)**: 노비의 부적(符籍)과 결송(決訟), 결송 입안(立案)을 담당한 관아로, 조선 초 형조 소속의 도관이 세조 12년(1466)에 변정원(辨定院)으로, 다음 해 장예원으로 명칭이 바뀌었다. 영조 40년(1764)에는 보민사(保民司)로 개칭하여 형조에 소속되었으나, 영조 51년(1775) 혁파되었다.
- **한성부(漢城府)**: 조선왕조 수도(首都)의 행정구역 또는 조선왕조 수도를 관할하는 관청. 1392년 조선왕조를 건국한 태조 이성계는 태조 3년(1394) 개경(開京)에서 한양부(漢陽府)로 수도를 옮기고 다음 해(1395) 한양부를 한성부라고 이름을 고친 뒤, 1910년 경성부(京城府)로 이름이 바뀔 때까지 515년간 조선왕조의 수도로서 정치·경제·사회·문화 등 모든 부분의 중심지가 되었다.
- **홍응(洪應)**: 성종 10년(1479) 우의정이 되고 성종 16년(1485)에 4도 순찰사를 거쳐, 좌의정이 되었다.
- **파거(罷去)**: 폐지됨
- **윤사흔(尹士昕)**: 성종을 옹립하여 나라를 안정시킨 공으로 성종 2년(1471)에 좌리공신(佐理功臣) 2등에 녹훈되었다. 성종 4년(1473) 대사헌 서거정(徐居正)으로부터, 훈척대신(勳戚大臣)으로 총병(摠兵)의 직에 있으면서 병권을 마음대로 천단하였다고 탄핵되었다. 성종 6년(1475) 우의정에 올랐으며, 성종 14년(1483) 파천부원군(坡川府院君)에 봉하여졌다.
- **노사신(盧思愼)**: 성종 7년(1476) 영돈녕부사(領敦寧府事)가 되어 사서(史書)와 시문(詩文)을 찬진하고 성균관에서 강의 등으로 성종의 문치를 도와, 성종 13년(1482) 선성부원군(宣城府院君)으로 진봉(進封)되었다.
- **윤호(尹壕)**: 성종 3년(1472) 식년문과에 병과로 급제, 벼슬이 병조참판에 이르렀다. 성종 11년(1480) 그의 딸을 성종이 왕비로 삼자 국구(國舅)로서 영원부원군(鈴原府院君)에 봉하여졌다.
- **속결(速決)**: 신속하게 결정하거나 끝을 맺음

[성종실록기사 6]에서 단송도감(斷訟都監)이란 '낱말 풀이'에서 말했듯이 노비의 쟁송을 바로 잡고, 약자의 억울함을 풀어 주는 한편 신분제를 정비하기 위해 성종 12년(1481)에 설치했던 기관이었다. 그런데 이러한 단송도감에 만약 어떤 노비가 자신의 신분에 관한 소송을 냈다가 만약 원통하고 억울한 일을 당하면, 이를 신문고를 쳐서 임금에게 상언하여 그 억울함을 풀게 하였다. 그러니까 노비들도 신문고를 쳐서 자신들의 억울함을 임금에게 호소하면 분간(分揀)해 주었다.

법을 무시하고 함부로 등문고를 친 자들은 엄격히 처벌

앞서 살펴보았듯이 성종은 세조 때 폐지했던 등문고(신문고)를 다시 설치하여, 백성들이 억울한 일이 있으면 그것을 쳐서 임금에게 상언하게 했다. 그러면서 "등문고를 설치한 것은, 대개 민정(民情)을 쉽게 상달(上達)하게 하고자 한 것"이라면서 백성들이 긴요하지도 않은 자질구레한 일과 자기의 억울한 일이 아닌 것을 가지고 등문고를 쳐도 관대하게 받아들였다. 그러자 백성들이 신문고(등문고)로 임금께 상언하는 절차도 밟지 않고, 본 고을이나 해당 관사에서 처결(處決)될 수 있는 작은 일까지 모두 번거롭게 상언하고도 오히려 만족하게 여기지 못하여, 임금이 행차할 때 수레 앞에서 길을 막으면서 진소(陳訴)하여 혼란을 야기하기도 했다.

(1) 백성들이 함부로 신문고를 두드리자 법적 절차에 따라 상언토록 명령

백성들이 이처럼 상언 절차를 무시하고 함부로 신문고를 두드리자 성종 임금은 성종 13년(1482) 8월 3일, 사헌부(司憲府)에 명령을 내려 백성들로 하여금 신문고로 상언하는 절차를 지키게 하라고 지시했는데, 그 내용을 보면 [성종실록기사 7]에서 보듯이 백성들이 신문고로 임금에게 상언하는 절차가 자세하게 설명되어 있다.

[성종실록기사 7] 임금이 사헌부(司憲府)에 전지(傳旨)하기를, "『대전』(大典)에는 원통하고 억울함을 하소연하는 자들이 서울에서는 주장관(主掌官)에 소장(訴狀)을 올리고, 지방에서는 관찰사(觀察使)에게 소장을 올리게 하였으며, 그래도 원통하고 억울한 자는 신문고를 치게 하였다. 무릇 억울함을 하소연하는 자는 먼저 본 고을의 해당 관사에 소장을 올렸어도 원통함을 펴지 못한 뒤에야 관찰사나 사헌부에 소장을 올리고, 관찰사나 사헌부에서도 끝내 해결이 되지 못한 뒤에야 퇴장(退狀)을 받아 상언(上言)하게 되어 있으니, 기강(紀綱)이 순서가 있어 체통(體統)이 문란하지 아니한 것은 조종조(祖宗朝)에서 세운 법이어서 지극히 상세하고 곡진(曲盡)하였다. 그런데 근자에 오면서 서울이나 지방의 백성들이 나라의 법을 돌아보지 아니하여, 비록 본 고을이나 해당 관사에서 처결(處決)될 만한 작은 일까지 모두 번거롭게 상언을 하고도 오히려 만족하게 여기지 못하여, 어가(御駕)가 나갈 때를 만나면 소장을 들고 길을 막으면서 분운(紛紜)하게 진소(陳訴)를 하여 혹은 의장(儀仗)에 충돌하기에까지 이른다. 거가(車駕)가 이르는 곳에서는 예의가 마땅히 엄숙하고 공손해야 할 것인데, 방자함이 이러한 지경이다. 이 뒤부터는 모든 억울함을 제소(提訴)하는 일들을 본부(本府)에서 분간(分揀)할 만하면 급속히 처결하도록 하고, 본부에서 함부로 처결하지 못할 것으로서 정리(情理)가 박절한 것은 옛 제도대로 퇴장하여 상문(上聞)하게 하라." 하였다.(성종실록 144권, 성종 13년, 서기 1482년 8월 3일 기해 4번째 기사)

• **사헌부(司憲府):** 정치를 논의하고 풍속을 바로잡으며 관리들의 잘못을 조사하여 그 책임을 탄핵하는 일을 맡아보던 관아

- **전지(傳旨)**: 임금의 명령 또는 그 명령을 적은 문서
- **『대전』(大典)**: 『경국대전』(經國大典)의 준말. 조선왕조의 근본을 이룬 법전. 고려 말부터 조선조 성종 때까지 약 100년간에 반포된 제법령(諸法令), 교지(敎旨), 조례(條例) 및 관례(慣例) 따위를 총망라한 법전으로, 조선 세조 때 최항(崔恒)을 중심으로 노사신(盧思愼), 강희맹(姜希孟) 등이 만들기 시작하여 성종 16년(1485) 간행하였다. 그 뒤로도 여러 차례 보완했으나 기본 골격은 조선 말기까지 계속 유지되어 적용되었다. 활자본 6권 3책으로 되어 있다.
- **주장관(主掌官)**: 송사(訟事), 인사(人事), 과거(科擧), 형옥(刑獄) 따위의 행정 사무를 맡아보던 벼슬아치. 또는 그 일을 주관하던 관아
- **소장(訴狀)**: 관청에 판결이나 처분을 요구하기 위하여 제출하는 문서
- **관찰사(觀察使)**: 각 도의 으뜸 벼슬. 관할 지방의 경찰권, 사법권, 징세권 따위의 행정에서 절대적 권한을 가진 종2품(從二品) 벼슬
- **퇴장(退狀)**: 사헌부에서 소장(訴狀)을 기각하여 도장을 찍어 돌려보내 주던 일
- **상언(上言)**: 신하나 백성이 임금에게 사사로운 일을 글로 올리거나 말로 아뢰는 것
- **조종조(祖宗朝)**: 임금의 선대(先代)를 이르는 말
- **곡진(曲盡)**: 정성이 지극함. 자세하고 간곡함
- **처결(處決)**: 결정하여 잘 처리함
- **어가(御駕)**: 임금이 타는 수레
- **분운(紛紜)**: 떠들썩하여 복잡하고 어지러움
- **진소(陳訴)**: 사정을 말하며 하소연함
- **의장(儀仗)**: 임금이 행차할 때 쓰는 병장기(兵仗器)나 물건을 이르던 말
- **거가(車駕)**: 임금이 타는 수레 또는 임금의 행차를 이르던 말
- **본부(本府)**: 관리가 자기가 속해 있는 관부를 이르는 말. 여기서는 사헌부를 가리킴
- **분간(分揀)**: 사물의 옳고 그름이나 그 정체를 가림
- **정리(情理)**: 인정과 도리를 아울러 이르는 말
- **박절(迫切)**: 인정이 없고 매몰스럽다
- **상문(上聞)**: 어떤 사실이나 이야기를 임금에게 들려 드림

[성종실록기사 7]을 보면, 백성이 억울함을 신문고로 임금에게 상언하는 법적 절차도 잘 소개되어 있는데, 『경국대전』(經國大典)에 의하면, 원통하고 억울함을 하소연하고자 하는 자들은, 신문고를 치기에 앞

서, 1차적으로 본 고을의 해당 관사에 소장(訴狀)을 올려 원통함을 펴달라고 한다. 그러나 그 원통함을 본 고을의 해당 관사에서 제대로 해결해 주지 않으면, 2차적으로 서울 거주자는 사헌부(司憲府)의 주장관(主掌官)에게 소장(訴狀)을 올리고, 지방 거주자는 관찰사(觀察使)에게 소장을 올려 다시 하소연하도록 했다. 사헌부나 관찰사도 끝내 해결해 주지 않은 뒤에야 사헌부나 관찰사의 퇴장(退狀)을 받은 다음에 대궐로 가서 신문고를 쳐서 임금께 상언토록 되어 있었다. 그런데 근자에 오면서 이러한 법적 절차를 무시하고, 비록 본 고을이나 해당 관사에서 처결(處決)될 만한 작은 일까지 모두 번거롭게 신문고로 상언하고도 이에 만족하지 못하여, 어가(御駕)가 나갈 때 소장을 들고 길을 막으면서 분운(紛紜)하게 진소(陳訴)를 하여 혹은 의장(儀仗)에 충돌하기에까지 이르렀다는 것이다. 그러므로 앞으로는 반드시 법적 절차를 밟아서 신문고로 상언토록 하게 하라고 임금이 사헌부에 명령을 내린 것이었다.

(2) 원통함을 신문고로 호소는 가능하나 종사·살인·자신의 억울함에만 국한

신문고에 관한 법과 절차를 무시하고 마구 호소하는 자들을 어떤 법규를 근거로 어떻게 처벌토록 했는지는 자세히 알 수 없다. 그러나 성종실록 234권, 성종 20년(1489) 11월 7일 1번째 기사를 보면, 신문고를 치는 법적 절차와 호소의 범위에 관한 간단한 논급이 나오는데, 그 내용을 소개하면 다음 [성종실록기사 8]과 같다.

> [성종실록기사 8] 임금이 영돈녕(領敦寧) 이상(李祥)과 육조(六曹)·한성부(漢城府)·대간(臺諫)·홍문관(弘文館)을 명소(命召)하여 전교하고 의견을 나누었다. … 손순효(孫舜孝)는 의논하기를, "무릇 민간의 풍습이나 한 나라의 풍속이란 이루어지기는 백 년도 부족하지만 무너뜨리기는 하루로도

남는 것입니다. 아랫사람이 윗사람을 고소하는 것을 선왕조(先王朝)에 잠시 그 발단을 열었다가 전해질 폐단을 깊이 알게 되자 정지하고서 원통한 일을 고소해야 할 사람들로 하여금 서울은 맡아보는 관원에게 고소하고, 외방(外方)은 관찰사에게 고하여, 그래도 원통한 것이 있으면 사헌부에 고하고 그리고도 원통한 것이 있으면 신문고를 치게 했던 것입니다. 종사(宗社)에 관계되는 것과 불법으로 사람을 죽인 것이거나 자신의 원통함을 고소하는 것이 아니면 고소를 허락하지 않았고, 만일 몰래 무고(誣告)하도록 부추긴 자가 있게 되면 죄가 도류(徒流)에 이른 것은 풍속을 두터이 하고 간사와 허위를 막기 위한 것입니다. 외방 관원의 범죄는 또한 사헌부로 하여금 풍문에 의해 들추어 탄핵하게 하니, 백성들이 원통한 일을 또한 펼 수 있었습니다. 이 밖에는 다시 계책이 없으니 다만 그때에 어사(御史)를 보내 간사한 짓을 들추고 숨은 일을 적발해야 합니다." 하였다.(성종실록 234권, 성종 20년, 서기 1489년 11월 7일 1번째 기사)

- **영돈녕(領敦寧)**: 돈녕부(敦寧府)에 소속된 정1품 관직으로 돈녕부에서 서열이 가장 높음
- **육조(六曹)**: 국가의 정무(政務)를 나누어 맡아보던 6개 조(曹)에 대한 총칭으로 즉 이조·호조·예조·병조·형조·공조를 일컫는다. 육부(六部) 또는 육관(六官)으로도 불렸다.
- **한성부(漢城府)**: 조선왕조 수도(首都)의 행정구역 또는 조선왕조 수도를 관할하는 관청
- **대간(臺諫)**: 사헌부와 사간원의 벼슬을 통틀어 이르는 말
- **홍문관(弘文館)**: 궁중의 경서(經書)·사적(史籍)의 관리와 문한(文翰)의 처리 및 임금의 각종 자문에 응하는 일을 관장하던 관서. 사헌부·사간원과 더불어 삼사(三司)라고 불렸다. 옥당(玉堂)·옥서(玉署)·영각(瀛閣)·서서원(瑞書院)·청연각(清燕閣)이라고도 하였다.
- **명소(命召)**: 임금이 특별하고 은밀하게 부름. 또는 임금의 은밀한 부름을 받고 몰래 입궐하는 의정대신이나 포도대장, 삼군부대장, 병조판서 등의 관원이 차던

패찰(牌札)

- **손순효(孫舜孝)**: 성종 6년(1475) 부제학을 거쳐 동부승지·우부승지·좌승지를 지내고, 성종 9년(1478) 도승지가 되었다. 이어 강원도관찰사로 나가 선정을 베풀고, 호조참판·형조참판을 지내면서 왕비 윤씨의 폐위를 반대하였다. 성종 11년(1480) 지중추부사로 정조사가 되어 명나라에 다녀온 뒤 공조판서·경기도관찰사·대사헌·한성부판윤·병조판서 등을 역임하였다. 성종 16년(1485) 임사홍(任士洪)을 두둔하다가 임금의 비위에 거슬려 경상도관찰사로 나아가 연해안 방어책을 강구했다. 이어 우찬성을 거쳐 판중추부사를 지냈으며, 고령으로 사퇴를 청했으나 허락받지 못하고 궤장(几杖)을 하사받았다.
- **선왕조(先王朝)**: 선대의 임금이 다스리던 시대
- **외방(外方)**: 서울 이외의 모든 지방
- **관찰사(觀察使)**: 각 도의 으뜸 벼슬. 관할 지방의 경찰권, 사법권, 징세권 따위의 행정에서 절대적 권한을 가진 종2품(從二品) 벼슬
- **사헌부(司憲府)**: 정치를 논의하고 풍속을 바로잡으며 관리들의 잘못을 조사하여 그 책임을 탄핵하는 일을 맡아보던 관아
- **종사(宗社)**: 종묘와 사직이라는 뜻으로, '나라'를 말함
- **무고(誣告)**: 남에게 형사 처분 또는 징계 처분을 받게 할 목적으로 허위 사실을 날조하여 고발함
- **도류(徒流)**: 도형(徒刑)과 유형(流刑)을 아울러 이르는 말. 도형은 죄를 범하여 감옥에서 강제 노동을 하면서 복역하는 형벌을 말하며, 유형은 죄인을 멀리 외딴 변경이나 섬에 보내어 가두는 형벌, 즉 정배를 말한다.

[성종실록기사 8]을 보면, 아랫사람이 윗사람 고소하는 것을 선왕조(先王朝)에 잠시 그 발단을 열었다가 폐단을 알게 되자 정지하였다는 것이다. 원통한 일은 고소할 수 있도록 하되, 서울에 사는 백성은 서울 관원에게 고소하고, 외방(外方)에 사는 사람은 해당 지역 관찰사에게 고하도록 한다는 것이다. 그래도 원통한 것이 있으면 사헌부에 고하고, 그러고도 원통한 것이 있으면 신문고를 치게 했다는 것이다. 그러나 종사(宗社)에 관계되는 것과 불법으로 사람을 죽인 것이거나 자신의 원통함을 고소하는 것이 아니면 고소를 허락하지 않고, 만일 몰래 무고(誣

告)하도록 부추긴 자가 있게 되면 유배를 보내는데, 이는 풍속을 두터이 하고 간사와 허위를 막기 위한 것이라고 한다. 한편 외방 관원의 범죄는 사헌부로 하여금 조사해서 탄핵하게 하니, 이를 통해서도 백성들이 원통한 일을 펼 수 있다는 것이었다.

(3) 억울함이 아닌 일로 신문고를 함부로 치는 자는 신소부실률로 논단

앞서 살펴보았듯이, 백성들이 원통한 일이 있으면 신문고를 쳐서 하소연이나 고소토록 하되, 법적 절차와 규정을 지키도록 했다. 그럼에도 불구하고 "긴요하지도 않은 자질구레한 일과 자기의 억울한 일이 아닌 것을 가지고 헛된 말을 얽어 만들어 난잡하게 진소(陳訴)하는" 경우가 많았던 것 같다. 그리하여 이를 규제토록 했는데, 성종실록 241권, 성종 21년(1490) 6월 22일 2번째 기사를 보면 [성종실록기사 9]와 같은 내용이 나온다.

> [성종실록기사 9] 승정원(承政院)에서 임금에게 아뢰기를, "지금 등문고(登聞鼓)를 치는 자가 긴요하지도 않은 자질구레한 일과 자기의 억울한 일이 아닌 것을 가지고 헛된 말을 얽어 만들어 난잡하게 진소(陳訴)하는데, 이는 매우 마땅하지 못한 일입니다. 지금부터 이와 같은 자는 신소부실률(申訴不實律)에 의거하여 논단(論斷)하고, 당직청(當直廳)으로 하여금 이 뜻을 가지고 방(榜)을 게시하여 알게 하는 것이 어떠하겠습니까?" 하니, 임금이 전교하기를, "옳다." 하였다.(성종실록 241권, 성종 21년, 서기 1490년 6월 22일 2번째 기사)

- **승정원(承政院)**: 조선 시대 왕명의 출납을 관장하던 관청. 정원(政院)·후원(喉院)·은대(銀臺)·대언사(代言司) 등으로 부르기도 하였다.
- **진소(陳訴)**: 사정을 말하며 하소연함

- **신소부실률(申訴不實律)**: 범죄의 피해자나 그 대리인이 수사기관에 범죄 사실을 신고하여 수사 및 범인의 소추를 요구할 때, 그 내용이 부실한 경우에 신고인을 처벌하는 법률
- **논단(論斷)**: 논의하여 결정함
- **당직청(當直廳)**: 의금부 소속 특수관서로 신문고의 관리와 그에 따른 소송사무를 담당하였다.
- **방(榜)**: 여러 사람들에게 널리 알리기 위하여 길거리 등에 써 붙이는 글. 과거에 급제한 사람의 이름을 종이에 적어 붙이기도 했다.

[성종실록기사 9]에서 보듯이, "긴요하지도 않은 자질구레한 일과 자기의 억울한 일이 아닌 것을 가지고 헛된 말을 얽어 만들어 난잡하게 진소(陳訴)하는 것은 신소부실률(申訴不實律)에 의거하여 논단(論斷)하"자고 승정원에서 임금께 건의하자, 이를 임금도 따르게 되었다. 그리하여 성종 21년(1490) 6월 22일부터는 등문고를 헛되이 치는 자에게는 신소부실률을 적용하여 처벌했음을 알 수 있다. 그러면서 이런 사실을 그 이전에 방(榜)을 게시하여 백성들에게 널리 알렸던 것 같다.

(4) 등문고를 치려는 사람의 죄를 각 관청에서 다스리지 말도록 하라

이처럼 "긴요하지도 않은 자질구레한 일과 자기의 억울한 일이 아닌 것을 가지고 헛된 말을 얽어 만들어 난잡하게 진소하는 자를 신소부실률(申訴不實律)에 의거하여 논단"토록 했다. 그러나 이렇게 하자, 등문고를 치려는 백성들을 각 관청에서 제멋대로 처벌하기도 했던 것 같은데, 성종실록 242권, 성종 21년(1490) 7월 23일 2번째 기사를 보면, 임금이 [성종실록기사 10]과 같이 승정원에 전교했기 때문이다.

[성종실록기사 10]　임금이 승정원(承政院)에 전교하기를, "등문고(登聞鼓)를 설치한 것은 백성의 억울함을 펴게 하려고 하는 것인데 등문고를 치

는 자에게 해사(該司)에서 예사로 모두 죄를 다스리기를 청하니, 어찌 등문고를 설치한 뜻이겠는가? 이 뒤로는 이와 같이 하지 않게 하라." 하였다.(성종실록 242권, 성종 21년, 서기 1490년 7월 23일 2번째 기사)

- **승정원(承政院)**: 왕명의 출납을 관장하던 관청. 정원(政院)·후원(喉院)·은대(銀臺)·대언사(代言司) 등으로 부르기도 하였다.
- **전교(傳敎)**: 임금이나 왕비가 명령을 내리는 일이나 그 명령을 이르던 말
- **해사(該司)**: 해당 관사(官司)

[성종실록기사 10]에서 보듯이 등문고를 치려는 백성들을 각 관청에서 제멋대로 처벌하려고 하자, 성종 임금은 승정원에 전교하기를, 등문고의 설치 목적은 백성의 억울함을 펴게 하려고 하려는 것인데, 각 관청에서 예사로 모두 죄를 다스리면 되겠느냐면서, "이 뒤로는 이처럼 하지 않도록 하라."라고 명령한 것이었다. 따라서 이를 볼 때 성종 임금은 백성을 위하여 많은 배려를 했음을 엿볼 수 있다.

(5) 임금이 등문고를 금지하는 것이 어떻겠느냐고 승정원에 하문하기도

앞서 살펴보았듯이 성종 임금은, "등문고를 설치하였던 것은, 대개 민정(民情)을 쉽게 상달(上達)하게 하고자 한 것"이라면서 백성들이 긴요하지도 않은 자질구레한 일과 자기의 억울한 일이 아닌 것을 가지고 신문고를 쳐도 관대하게 받아들였다. 그러나 어찌된 영문인지는 알 수 없으나, 성종실록 280권, 성종 24년(1493) 7월 6일 3번째 기사를 보면 [성종실록기사 11]에서와 같이 절실하지 않은 백성들의 호소는 금하는 것이 어떻겠는가라고 승정원 승지에게 물었다.

[성종실록기사 11]　임금이 승정원(承政院)에 전교하기를, "무릇 억울함을 호소하는 자가 실정이 비록 절실하지 않은 것이라도 모두 등문고를

치니, 진실로 적당하지 못하다. 등문고를 치는 것을 금하는 것이 어떻겠는가?" 하니, 승지(承旨) 등이 아뢰기를, "금방절목(禁防節目)은 전에 이미 빠뜨림 없이 하였는데 다만 관리가 잘 검찰(檢察)하지 못했을 뿐입니다. 청컨대, 다시 거듭 밝혀서 방(榜)을 걸어 알리고 깨닫게 하소서." 하였다. 그러자 임금이 그대로 따랐다.(성종실록 280권, 성종 24년, 서기 1493년 7월 6일 3번째 기사)

- **승정원(承政院)**: 왕명의 출납을 관장하던 관청. 정원(政院)·후원(喉院)·은대(銀臺)·대언사(代言司) 등으로 부르기도 하였다.
- **전교(傳敎)**: 임금이나 왕비가 명령을 내리는 일이나 그 명령
- **승지(承旨)**: 승정원의 정3품 당상관. 도승지(都承旨)·좌승지(左承旨)·우승지(右承旨)·좌부승지(左副承旨)·우부승지(右副承旨)·동부승지(同副承旨) 등 육승지를 말하며, 왕명의 출납을 담당하였다.
- **금방절목(禁防節目)**: 금지하는 것에 관한 지침 또는 규칙을 나열한 것
- **방(榜)**: 여러 사람들에게 널리 알리기 위하여 길거리 등에 써 붙이는 글. 과거에 급제한 사람의 이름도 이렇게 써 붙였다.

즉 [성종실록기사 11]에서 보듯이, "무릇 억울함을 호소하는 자가 실정이 비록 절실하지 않은 것이라도 모두 등문고를 치니, 진실로 적당하지 못하다. 등문고를 치는 것을 금하는 것이 어떻겠는가?"라고 임금이 승정원에 물었다. 그러자 승지(承旨) 등이 아뢰기를, "금방절목(禁防節目)은 전에 이미 빠뜨림 없이 하였는데 다만 관리가 잘 검찰(檢察)하지 못했을 뿐입니다. 청컨대, 다시 거듭 밝혀서 방(榜)을 걸어 알리고 깨닫게 하소서." 하였다. 그러자 임금은 절실하지 않은 백성들의 호소도 금하지 않는 대신, 신문고를 칠 때 금지하는 것들을 방을 통해 백성들에게 널리 알렸던 것 같다.

등문고로 호소한 백성의 억울함에 대한 임금의 처리 사례

이처럼 백성들이 비록 절실하지 않은 것이라도 모두 등문고를 쳐서 상언하게 되니, 이러한 것은 금지하는 것이 어떻겠느냐고 성종 임금이 승정원에 하문하기도 했다. 그러자 그런 것을 금지하는 대신 방(榜)을 통하여 등문고를 칠 때 금지하는 내용이나 규칙 등을 백성들에게 잘 알려 주자고 승정원에서 임금께 아뢰자, 임금이 그대로 따랐다. 그리하여 등문고 제도는 종전 그대로 계속 유지되었던 것 같다. 그렇다면 백성들이 등문고를 쳐서 억울함이나 원통함을 호소하면 이를 실제로 어떻게 처리해 주었는가? 이와 같은 사례는 성종실록에는 하나만 나와 있는데, 성종실록 261권, 성종 23년(1492) 1월 6일 7번째 기사를 보면 [성종실록기사 12]와 같이 적혀 있다.

> [성종실록기사 12]　공조정랑(工曹正郎) 조영휘(趙永暉)가 동(銅)과 철(鐵)로 기명(器皿)을 주조(鑄造)하는 일을 관장하면서 색리(色吏) 박귀손(朴貴孫)과 상통해 짜고 관가의 철물을 재상(宰相) 집의 질 나쁜 철과 바꾸어서 주조해 관에 납품하고는 문안(文案)에 기록도 하지 않았는데, 뒤에 주장(鑄匠) 김금질동(金金叱同)에게 주조물 납품을 책징(責徵)하자, 김금질동이 등문고를 쳐 그 억울함을 호소하므로 이를 [임금이] 유사(攸司)에 내려 변별하게 하였다.(성종실록 261권, 성종 23년, 서기 1492년 1월 6일 7번째 기사)

- **공조정랑(工曹正郎)**: 공조에 속한 정5품 벼슬. 정원은 3명으로 그 가운데 1명은 무관으로 임명했다.
- **조영휘(趙永暉)**: 사람 이름. 신원은 미상
- **기명(器皿)**: 집안 살림살이에 쓰이는 여러 그릇과 기구
- **주조(鑄造)**: 녹인 쇠붙이를 거푸집에 부어 물건을 만드는 일

- **색리(色吏)**: 감영(監營)이나 군아(郡衙)에서 전곡(錢穀)의 출납과 간수(看守)를 맡아 보던 아전
- **재상(宰相)**: 임금을 보좌하며 모든 관원을 지휘하고 감독하는 일을 맡은 2품 이상의 벼슬이나 그런 자리에 있는 사람을 통틀어 이르던 말
- **문안(文案)**: 나중에 자세하게 참고하거나 검토할 문서와 장부, 문서나 문장의 초안
- **주장(鑄匠)**: 주물의 장인(匠人). 장인은 손으로 물건을 만드는 일에 종사하던 사람
- **책징(責徵)**: 돈이나 곡식 따위를 내어 달라고 요구함
- **유사(攸司)**: 소관(所管) 관사나 관원
- **변별(辨別)**: 사물의 옳고 그름이나 좋고 나쁨, 또는 같고 다름을 가림

[성종실록기사 12]에서 보듯이, 공조정랑 조영휘가 색리 박귀손과 짜고 관가의 철물을 재상집의 질이 나쁜 철과 바꾸어 관에 납품하고는, 뒤에 주장(鑄匠) 김금질동에게 주조물 납품을 책징(責徵)하자, 김금질동이 등문고를 쳐서 그 억울함을 호소하므로 이를 [임금이] 유사(攸司)에게 내려 변별토록 하였다는 것이다. 그러나 그 변별 결과에 관한 것은 성종실록에 나오지 않아서, 어떻게 되었는지는 알 수 없다.

신문고와 비슷한 격쟁 관련 기사가 출현하기 시작

앞에서는 성종실록에 나오는 등문고에 관한 기사 11건과, 신문고에 관한 기사 6건 중에서 중요하다고 생각되는 12건만을 중심으로 성종 시기 신문고의 실태에 관하여 살펴보았다. 그런데 성종실록을 보면 성종 10년(1479) 11월 7일부터는 격쟁(擊錚)에 관한 기사도 나오기 시작하여 모두 6건이 나오고 있다. 격쟁이란 신문고 제도와 비슷하나, 원통한 일이 있는 사람이 임금이 거둥하는 길가에서 징이나 꽹과리를 쳐서 임금에게 호소하는 것을 말한다. 그러면 이러한 격쟁에 관해서도 간단히 살펴보고 넘어가기로 하자.

(1) 신문고 폐지 이후 격쟁 제도의 채용설에 대한 의문점

성종실록 국역본에서 주(註) 155를 보면, 격쟁이란 "조선조 때 원통한 일이 있는 사람이 임금에게 하소연하기 위하여 임금이 거둥하는 길가에서 징이나 꽹과리를 쳐서 하문(下問)을 기다리던 일로, 조선조 때 신문고를 폐지한 후에 재판에 불복(不服)한 자로 하여금 꽹과리를 쳐서 임금에게 호소하게 하였다."라고 국역자가 풀이해 놓았다. 그런데 이러한 풀이가 맞는다면, 신문고가 폐지되고 그 대신 격쟁 제도가 시작된 이후에는 조선왕조실록에 신문고에 관한 기사가 더 이상 나오지 않아야 한다. 그러나 조선왕조실록들을 보면 신문고와 격쟁에 관한 기사들이 같은 시기에 나오고 있다.

조선왕조실록에서 격쟁에 관한 기사는 성종실록 제111권, 성종 10년(1479) 11월 7일 5번째 기사에 처음 나오는데, 만약 이때 신문고가 폐지되고 그 대신 격쟁 제도가 실시되었다면 그 뒤에는 성종실록에 신문고(등문고)에 관한 기사가 나오지 않아야 한다. 그러나 성종실록을 보면 아래 〈표 2〉의 오른쪽 칼럼에서 보듯이 성종 10년(1479) 11월 7일 이후에도 신문고에 관한 기사가 모두 6건이나 나오고 있다.

또한 성종 시기 이후에도 신문고(등문고)에 관한 기사들이 계속 나와서, 조선왕조실록 국역본의 경우 연산군일기에 1건, 중종실록에 7건, 인종실록에 1건, 명종실록에 1건, 인조실록에 1건, 효종실록에 1건, 숙종실록에 9건, 영조실록에 18건, 정조실록에 12건, 순조실록에 1건, 고종실록에 3건이 나온다. 그러므로 격쟁 제도는 신문고를 폐지한 후 그 대신 채용한 것이라는 주장은 믿기 어렵다.

한편 격쟁에 관한 기사들을 찾아보면, 조선왕조실록 국역본의 경우 성종실록에 7건을 시작으로 해서 중종실록에 5건, 명종실록에 12건, 선조실록에 3건, 광해군일기 중초본에 2건, 광해군일기 정초본에 2건, 인조실록에 10건, 효종실록에 2건, 현종실록에 13건, 현종실록 개수본에

〈표 2〉 성종실록에 나오는 신문고(등문고)와 격쟁 관련 기사들의 목록

신문고(등문고 포함) 관계 기사	격쟁 관계 기사
① 성종실록 6권, 성종 1년(1470) 6월 24일 2번째 기사	① 성종실록 111권, 성종 10년(1479) 11월 7일 5번째 기사
② 성종실록 13권, 성종 2년(1471) 12월 15일 3번째 기사	② 성종실록 111권, 성종 10년(1479) 11월 11일 2번째 기사
③ 성종실록 44권, 성종 5년(1474) 윤6월 14일 1번째 기사	③ 성종실록 111권, 성종 10년(1479) 11월 16일 1번째 기사
④ 성종실록 45권, 성종 5년(1474) 7월 29일 2번째 기사	④ 성종실록 132권, 성종 12년(1481) 8월 18일 1번째 기사
⑤ 성종실록 90권, 성종 9년(1478) 3월 7일 3번째 기사	⑤ 성종실록 133권, 성종 12년(1481) 9월 20일 1번째 기사
⑥ 성종실록 129권, 성종 12년(1481) 5월 29일 2번째 기사	⑥ 성종실록 133권, 성종 12년(1481) 9월 21일 1번째 기사
⑦ 성종실록 144권, 성종 13년(1482) 8월 3일 4번째 기사	
⑧ 성종실록 212권, 성종 19년(1488) 윤1월 25일 5번째 기사	
⑨ 성종실록 234권, 성종 20년(1489) 11월 7일 1번째 기사	
⑩ 성종실록 241권, 성종 21년(1490) 6월 22일 2번째 기사	
⑪ 성종실록 280권, 성종 24년(1493) 7월 6일 3번째 기사	

11건, 숙종실록에 59건, 영조실록에 16건, 정조실록에 30건, 순조실록에 17건, 철종실록에 2건, 고종실록에 6건으로, 모두 합쳐 197건이나 나온다. 따라서 이들 기사를 일일이 분석해 보면, 격쟁 제도의 연원과 존속 실태를 알 수 있을 것이다. 그러나 이 책에서는 신문고(등문고)에 관한 실록기사들만 살펴보기로 하겠다. 하지만 격쟁에 관한 기사는 성종실록에 처음 나오므로, 성종실록에 나오는 격쟁 관련 기사들만 간단히 살펴보고 넘어가기로 하겠다.

(2) 조선왕조실록에 나오는 격쟁 관계 첫 번째 기사의 내용

앞서 말했듯이 조선왕조실록을 보면 격쟁에 관한 기사가 성종실록 111권, 성종 10년(1479) 11월 7일 5번째 기사에 처음 나온다. 그러나 이 기사를 보면, 격쟁 제도의 시원(始原) 등에 관한 것이 아니라, [성종실록기사 13]에서 보듯이, 임금이 의금부(義禁府)·형조(刑曹)·사헌부(司憲府)·한성부(漢城府)·장례원(掌隸院) 등에 전교하기를 "근일에 후원(後苑)의 담 밖에서 격쟁하면서 원통함을 호소하는 사람이 많다."라면서 송사(訟事)를 공정하게 하라고 명령하였다는 것이다.

[성종실록기사 13] 임금이 의금부(義禁府)·형조(刑曹)·한성부(漢城府)·사헌부(司憲府)·사간원(司諫院)·장례원(掌隷院)에게 전교(傳敎)하기를, "근일에 후원(後苑)의 담 밖에서 격쟁하며 원통함을 호소하는 사람이 많은데, 이것이 비록 간사한 무리들이 혹 도리가 아닌 일을 가지고 무고(誣告)하는 것이기는 하지마는, 그러나 송사(訟事)를 심리(審理)하는 관리들이 또한 혹시 시일을 끌어 지체하면서 판결하지 않기도 하고, 혹은 세력을 믿고 잘못 판결하기도 하여 원통함을 호소하는 것이 이 지경에 이르도록 한 것이다. 지금부터 이후로는 만약 격쟁하면서 원통함을 호소하는 사람이 있다면 즉시 다른 관사(官司)로 하여금 분간(分揀)하도록 하고, 시일을 끌어 지체하거나 잘못 판결한 정적(情跡)이 나타난다면, 그 관리(官吏)는 중죄(重罪)로써 논단(論斷)하도록 하라." 하였다.(성종실록 111권, 성종 10년, 서기 1479년 11월 7일 5번째 기사)

- **의금부(義禁府)**: 임금의 명에 의해 죄인을 다스리는 일을 맡아보던 관청
- **형조(刑曹)**: 육조(六曹) 중 하나로 법률, 소송, 형벌 따위의 일을 맡아보던 관청
- **사헌부(司憲府)**: 정치를 논의하고 풍속을 바로잡으며 관리들의 잘못을 조사하여 그 책임을 탄핵하는 일을 맡아보던 관아

- **사간원(司諫院)**: 삼사(三司)의 하나로 임금께 옳지 못하거나 잘못된 일을 고치도록 말하는 일을 맡아보던 관아. 삼사는 사헌부, 사간원, 홍문관을 아울러 이르는 말
- **장예원(掌隷院)**: 노비 관련 문서와 소송을 담당하던 정3품의 관아
- **후원(後苑)**: 대궐 안에 있는 동산
- **무고(誣告)**: 남에게 형사나 징계 처분을 받게 할 목적으로 허위 사실을 날조하여 관공서에 고발함
- **송사(訟事)**: 법률 상이나 또는 백성끼리 분쟁이 있을 때, 관부에 호소하여 그 판결을 구함
- **심리(審理)**: 사실을 자세히 조사하여 처리함. 옥에 갇힌 죄인을 임금의 명령으로 재심함
- **분간(分揀)**: 사물의 옳고 그름이나 그 정체를 가림
- **정적(情迹)**: 사적(私的) 또는 감정적 흔적

그리하여 만약 담당 관청에서 시일을 끌어 지체하거나 잘못 판결한 정적(情跡)이 나타난다면, 그 관리(官吏)는 중죄(重罪)로써 논단(論斷)하도록 하였다. 그런데 [성종실록기사 13]을 보면, 원통함을 호소하는 사람들이 임금이 거둥하는 길가에서 격쟁, 즉 징이나 꽹과리를 쳐서 호소하는 것이 아니라, 궁궐 후원(後苑)의 담 밖에서 격쟁하면서 원통함을 호소하는 사람이 많다고 했다. 그러므로 이러한 기사로 미루어 볼 때, 초기에는 임금이 거둥하는 길가에서 격쟁을 한 것이 아니라, 대궐 후원의 담 밖에서 했던 것 같다.

(3) 성종실록에 나오는 그 밖의 격쟁 관련 기사들의 주요 내용

[성종실록기사 13]과 같은 기사를 시작으로 해서 성종실록에만도 격쟁 관련 기사가 모두 6건이 나온다. 그러나 이들 기사를 보면, 격쟁 제도의 시작과 연원 등에 관한 내용은 전혀 없고, 격쟁 제도의 문제점들과 그 시정 방법 등에 관한 내용만 나오는데, 그중에서 격쟁에 관계된 주요 내용만 간단히 소개하면 다음과 같다.

① **성종실록 111권, 성종 10년(1479) 11월 11일 2번째 기사:** 임금이 측근의 신하에게 묻기를, "근일에 후원(後苑)에서 격쟁하며 호소하는 것이 모두 긴요하지 않은 것이니, 어떻게 하면 좋겠는가?" 하니, 영사(領事) 정창손(鄭昌孫)이 대답하기를, "이보다 앞서 그른 것을 알면서도 고발(告發)하는 사람은 즉시 장(杖)을 때리거나 혹은 보류(保留)시켰기 때문에 무릇 상언(上言)하는 것은 반드시 깊이 생각하고서 이를 시행했는데, 지금은 해당 관사(官司)에서 비록 혹시 처벌하기를 청하더라도 특별히 너그럽게 용서하도록 임금이 명하시니, 이러한 일로 인하여 다투어 서로 희망하고는 신소(申訴)하기를 그치지 않고 있습니다." 하였다.

② **성종실록 111권, 성종 10년(1479) 11월 16일 1번째 기사:** 김승경(金升卿)·김계창(金季昌)·채수(蔡壽)·노공필(盧公弼)·이계동(李季仝)은 의논하기를, … "근래에는 혹 긴요하지 않은 자질구레한 일을 가지고 대궐 가까운 곳에서 격쟁하기도 하니, 분수에 지나침이 이보다 심한 적이 없었습니다. 지금부터 이후에는 격쟁하는 사람이 혹은 꾸며서 속이거나 혹은 정리(情理)가 절박한 일이 아닌 것은 본 형률(刑律)에 2등(等)을 더하여 논단(論斷)해서 간사와 거짓을 징계시키는 것이 어떻겠습니까?" 하였다.

③ **성종실록 132권, 성종 12년(1481) 8월 18일 1번째 기사:** 임금이 상참(常參)을 받고, 정사(政事)를 보았다. 좌승지(左承旨) 이길보(李吉甫)·좌부승지(左副承旨) 이세좌(李世佐)·우부승지(右副承旨) 성준(成俊)이 아뢰기를, "지금은 하정(下情)이 위에 도달하여 한 사람의 원망함도 없습니다마는, 노비의 일을 단송도감(斷訟都監)에서 판결함이 오히려 미진함이 있을까 하여 또한 마감(磨勘)할 때에 비록 작은 일이라 하더라도 스스로 다 진술하게 하였는데도 혹 격쟁하고 통곡을 하면서 원통함을 호소하는 자가 있으니, 매우 옳

지 못합니다." 하니, … 임금이 말하기를, "관리(官吏)들이 혹시라도 공정치 못하다면 어떻게 원통함을 풀겠는가? 그러나 격쟁하며 통곡을 하는 것은 옳지 않다." 하였다.

④ **성종실록 133권, 성종 12년**(1481) **9월 20일 1번째 기사**: 임금이 상참(常參)을 받고 정사(政事)를 보았다. … 집의(執義) 구치곤(丘致崐)이 임금께 아뢰기를, "지금 소송(訴訟)하는 자가 더러 이기지 못할 형편이 되면 다투어 서로 상언(上言)하며 격쟁하기에 이르니, 매우 옳지 못합니다. 청컨대 중하게 논죄하소서." 하니, 임금이 말하기를, "『대전』(大典)에 의거하여 죄주는 것으로 족한데, 거듭 어떻게 죄를 더하겠는가?" 하였다.

⑤ **성종실록 133권, 성종 12년**(1481) **9월 21일 1번째 기사**: 정병(正兵) 김수의(金守義)가 밤 5고(鼓)에 남장문(南墻門) 밖 나무꼭대기에 올라가 격쟁하니, 임금이 전교하기를, "병조(兵曹)로 하여금 나치(拿致)해 오도록 하라." 했는데, 김수의가 나무에서 내려오지 않아 날이 밝도록 나치하지 못하였다. 병조의 입직(入直)한 당상관(堂上官)에게 명하여 의금부(義禁府)에 회부해서 김수의를 추국(推鞫)하게 하고, 장 1백 대를 때려 변방 고을의 종으로 예속시키도록 하였다.

앞서도 언급했듯이, 격쟁이란 일반적으로는 "원통한 일이 있는 사람이 임금에게 하소연하기 위하여 임금이 거둥하는 길가에서 징이나 꽹과리를 쳐서 하문(下問)을 기다리던 것"을 말한다. 그러나 앞선 기사들 중에서 ①번을 보면, "근일에 후원(後苑)에서 격쟁하며 호소하는 것이" 운운하였는데, 여기서 후원은 대궐 안에 있는 동산을 말한다. 따라서 이를 보면, 격쟁은 임금이 거둥하는 길가에서만 한 것이 아니라, 궁궐의 후원에서도 했던 것 같다. 그런가 하면 남장문(南墻門) 밖 나무꼭대기에 올라가서 격쟁을 하기도 했던 것 같은데, ⑤번째 기사를 보면, 정병(正兵: 농민 출신으로 이루어진 군인) 김수의가 남장문 밖 나무꼭대기에 올라가 격쟁을 했다고 한다. 그러나 이는 불법이었던 듯한데, 김수의는 장 1백 대를 맞고 변방 고을의 종으로 예속되었다고 기록되어 있기 때문이다. 이상으로 성종실록에서 처음 나오기 시작한 격쟁에 관하여 간단히 살펴보았다. 그러나 이 책에서는 격쟁에 관한 것은 더 이상 살펴보지 않고, 신문고(등문고)에 관한 것만 알아보기로 하겠다.

7

연산군 시기
(1494-1506)

신문고가 초기에는 존재했음이
확실하나 후기에는 미상

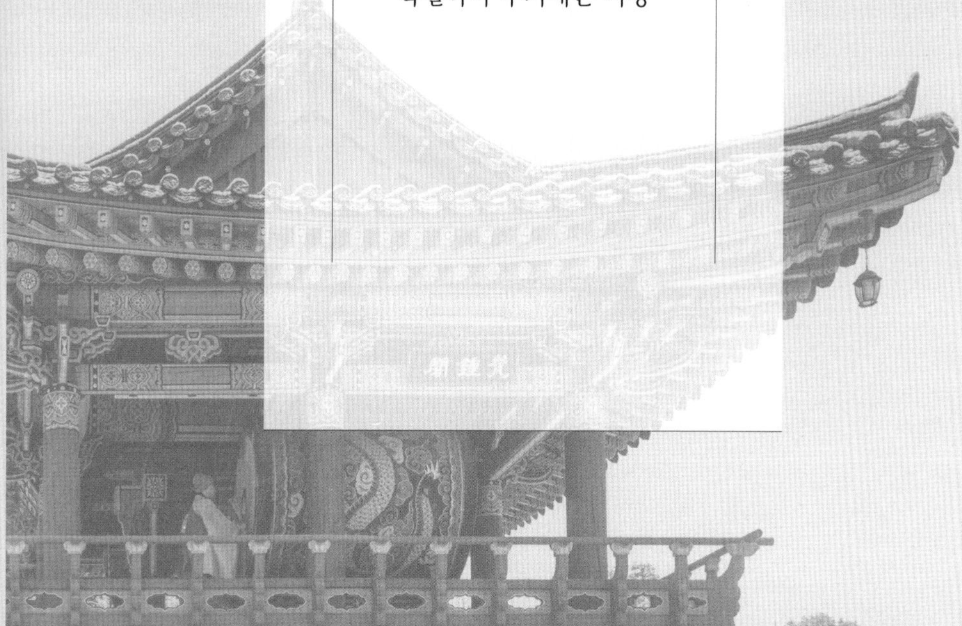

앞서 성종 시기 신문고(등문고)의 실태에 관한 실록기사들을 살펴보았다. 그러면 다음 임금인 제10대 연산군(燕山君) 시기 신문고(등문고)의 실태는 어떠했는가? 연산군일기(燕山君日記)[1]를 보면, 12년 동안의 재위 기간 중, 등문고에 관한 기사가 연산군 3년(1497) 9월 10일에 단 1건만 나온다. 그러므로 이것만을 가지고 연산군의 재위 시기에도 신문고(등문고)가 존재했다고 확언할 수는 없다. 그러나 최소한 연산군 초기인 연산군 3년(1497)에는 신문고(등문고)가 존재했음이 확실한데, 연산군일기 27권, 연산군 3년(1497) 9월 10일 1번째 기사를 보면, [연산군일기기사 1]과 같은 내용이 실려 있기 때문이다.

[연산군일기기사 1]　임금이 인정전(仁政殿)에 납시어 친히 문과(文科) 중시(重試)의 책문(策問) 글제를 냈는데, 그에 이르기를, "예로부터 천하 국가를 다스리는 길은 백성을 편안히 하고 풍속을 바르게 하는 데 지나지 않는다. 당우(唐虞)·삼대(三代)는 백성이 편안하고 물건이 풍성하며 풍

1　연산군은 중종반정에 의해 폐위되었으므로 그의 실록은 '일기'(日記)라고 했다. 그러나 체제는 일반 실록과 같다. 1506년 11월 연산군이 죽자 곧 일기청을 설치했으나 바로 편찬에 착수하지 못했고, 다음 해 4월 착수해서 중종 4년(1509) 9월 편찬을 완성했다. 이러한 연산군일기는 중종반정의 주역 성희안(成希顔)이 총책임자가 되어 편찬했기 때문에 연산군의 행실과 폭정에 대한 기사가 두드러지고 내용이 편파적인 측면이 많으며, 연산군 시대의 정치·사회 상황도 소략하게 서술되었다.

속이 아름답고 순박하였으니, 이는 무슨 도(道)를 행하여 그렇게 되었던가? … 나는 박덕한 몸으로 밤낮으로 다스리기를 도모하여 백성을 편안히 하고 풍속을 바르게 하는 데에 마음을 다하지 않는 것이 아닌데도, 혹은 등문고(登聞鼓)를 치고, 혹은 가전(駕前)에서, 혹은 법사(法司)에서 부산하게 진소(陳訴)를 하니 이는 백성이 편안해서 그러겠느냐. … 그 세도(世道)를 만회하여 당우·삼대의 정치를 회복하는 데는 어떠한 설(說)이 있느냐? 각자가 숨김없이 모두 진술하라." 하였다.(연산군일기 27권, 연산군 3년, 서기 1497년 9월 10일 1번째 기사)

- **인정전(仁政殿)**: 창덕궁의 정전으로 왕이 외국의 사신을 접견하고 신하들로부터 조하를 받는 등, 공식적인 국가행사를 치르던 곳
- **문과(文科)**: 문관(文官)을 등용하기 위해 실시한 과거. 대과(大科)라고도 했다. 문과에는 생원·진사뿐 아니라 원칙적으로는 소과(小科)에 응시해야 하는 유생(儒生)들도 응시할 수 있었으므로 신분상 하자만 없으면 누구라도 응시할 수 있었다.
- **중시(重試)**: 당하관(堂下官) 이하의 문무관에게 10년마다 한 번씩 보이는 과거. 처음에는 정년(丁年)에 행하던 것을 뒤에 병년(丙年)으로 바꾸어 실시하였다.
- **책문(策問)**: 예전에, 문과 시험 과목의 하나로, 정치에 관한 계책을 묻고 그에 대한 답을 적게 하는 시험을 이르던 말
- **당우(唐虞)**: 중국 고대의 임금인 도당씨(陶唐氏) 요(堯)와 유우씨(有虞氏) 순(舜)을 아울러 이르는 말
- **삼대(三代)**: 고대 중국의 하(夏)·은(殷)·주(周) 세 나라를 말함
- **가전(駕前)**: 임금의 수레의 앞
- **법사(法司)**: 사법 업무를 담당하던 관서. 형조·사헌부·한성부·의금부·장례원 등을 가리킨다.
- **진소(陳訴)**: 사정을 말하며 하소연하다
- **세도(世道)**: 세상을 다스리는 도리 또는 방도. 그러나 조선 시대에는 사림정치(士林政治)에서 표방했던 통치 원리, 즉 천리(天理)를 밝히고, 인심을 바르게 하며, 이단을 배척하고, 정학(正學)을 북돋우는 일 등을 뜻하는 말로 쓰였다.

이러한 [연산군일기 1]을 볼 때, 연산군 초기에는 등문고가 있었고, 임금이 수레로 행차할 때 징을 쳐서 임금께 하소연하는 격쟁도 존속했음을 알 수 있다. 연산군 3년(1497) 9월 10일 연산군이 인정전(仁政殿)에 납시어 친히 문과(文科) 중시(重試)의 책문(策問) 글제를 냈는데, 그에 이르기를, "나는 박덕한 몸으로 밤낮으로 다스리기를 도모하여 백성을 편안히 하고 풍속을 바르게 하는 데에 마음을 다하지 않는 것이 아닌데도, 혹은 등문고를 치고, 혹은 가전(駕前)에서, 혹은 법사(法司)에서 부산하게 진소(陳訴)를 하니 이는 백성이 편안해서 그러겠느냐."라고 말했다고 기록되어 있기 때문이다.

그러나 신문고(등문고)에 관한 기사가 그 뒤에는 더 이상 나오지 않아서, 연산군이 연산군 3년(1497) 9월 10일 이후 9년 만인 연산군 12년(1506) 9월 2일 왕위에서 쫓겨날 때까지 신문고 제도가 존속되었는지 여부는 알 수 없다. 하지만 연산군이 신문고 제도를 폐지했던 것 같기도 한데, 연산군 다음 임금의 중종실록 40권, 중종 15년(1520) 8월 30일 1번째 기사를 보면, "신문고를 두는 법을 이제 다시 쓰고 가전에서 정소(呈訴)하는 것을 금지하는 것이 어떠합니까?" 운운하는 문장이 나오기 때문이다. 이는 곧 연산군 때 신문고를 폐지했던 것을 다시 사용하자는 것이므로, 이를 미루어 볼 때 연산군 때 신문고 제도를 일시 폐지했다가 다음 임금인 중종 때 다시 부활시켰던 것 같기도 한데, 이에 관해서는 뒤에 중종 시기에 신문고의 실태를 살펴볼 때 다시 알아보기로 하겠다.

8

중종 시기
(1506-1544)

신문고와 격쟁의 실태와
그에 관한 여러 논란

앞서 살펴보았듯이 제10대 임금의 연산군일기(燕山君日記)에는 12년 동안의 재위 기간 중, 등문고에 관한 기사가 연산군 3년(1497) 9월 10일에 단 1건만 나온다. 그러므로 연산군 3년에는 신문고 제도가 존재했음이 확실하다. 그러나 그 뒤에도 계속해서 신문고 제도가 존재했는지는 알 수 없다. 그렇다면 다음 임금인 제11대 중종 시기(1506-1544)에 신문고 제도의 실태는 어떠했는가?

신문고와 격쟁에 관련된 여러 논란과 혼란

연산군 12년(1506) 9월 2일 성희안(成希顔)·박원종(朴元宗) 등이 연산군을 폐위시키고 그 대신 진성대군(晉城大君) 이역(李懌)을 왕으로 추대했는데, 이를 '중종반정'(中宗反正)이라고 부른다. 이렇게 되어 성종과 그의 계비 정현왕후(貞顯王后) 사이에서 연산군의 이복동생으로 태어났던 진성대군 이역은 조선의 제11대 임금인 중종(中宗)이 되어, 그 뒤 중종 39년(1544) 11월 15일 사망할 때까지 38년 동안 재위했다. 이 기간의 중종실록을 보면, 등문고에 관한 기사가 5건, 신문고에 관한 기사가 2건으로 모두 7건이 나온다.[1] 그러므로 중종 시기에도 신문고 제도가 존속했음이 거의 분명하다. 그러면 중종실록에 나오는 모두 7건의 신문고(등문고 포함) 관련 기사들 중에서 중요치 않은 1건을 빼고, 나머지 6건의 내용을 함께 살펴보기로 하자.

(1) 거짓으로 등문고를 친 자 이외에 격쟁자는 죄주지 말게 하다

중종실록에 나오는 등문고와 신문고에 관한 모두 7건의 기사 중에서 맨 먼저 나오는 기사는, 중종 즉위 8개월 뒤인 중종 1년(1506) 10월 25일 9번째 기사인데, 이를 보면 [중종실록기사 1]과 같이 간단히 기록되어 있다.

> [중종실록기사 1]　임금이 전교하기를, "등문고(登聞鼓)를 쳐서 호소한 바가 사실이 아닌 것 이외에 징을 친 자는 죄를 다스리지 말라." 하였다.(중종실록 1권, 중종 1년, 서기 1506년 10월 25일 9번째 기사)

- **전교(傳敎)**: 임금이나 왕비가 명령을 내리는 일이나 그 명령을 이르던 말
- **등문고(登聞鼓)**: 신문고와 같음

그러면 이는 도대체 무슨 말인가? 이를 분석하면, "등문고를 쳐서 호소한 바가 사실이 아닌 자, 즉 거짓으로 호소한 자는 처벌하라."라는 것이다. 그러나 "징을 친 자는 처벌하지 말라."라는 것인데, 그러면 여기서 '징을 친 자'란 어떤 사람을 말하는가? 이는 격쟁(擊錚)을 한 사람을 말하는데, 격쟁이란 앞서 말했듯이, 억울한 일을 당한 사람이 임금이 거둥하는 길가에 나가서 징이나 꽹과리를 쳐서 임금에게 하소연하던 제도로서, 신문고와 비슷한 상언(上言) 제도의 하나였다. 그러므로

1　중종실록에도 등문고와 신문고라는 명칭이 혼용되고 있는데, 이들 명칭의 차이는 없으며, 관례에 따라 어떤 사람은 등문고라고 불렀고, 어떤 사람은 신문고라고 불렀던 것 같다.

[중종실록기사 1]의 뜻은, 등문고를 쳐서 거짓으로 호소한 자는 처벌하되, 그 밖에 격쟁을 해서 억울함을 호소한 자는 처벌하지 말라는 것이었다.

(2) 등문고가 아니라 격쟁해서 상언한 자들은 모두 처벌하라

앞서 살펴보았듯이, 중종 1년(1506) 10월 25일 중종 임금이 하교하기를, "격쟁을 해서 억울함을 호소한 자는 처벌하지 말라."라고 하였다. 그러나 그로부터 2년 뒤인 중종 3년(1508) 6월 5일 5번째 기사를 보면, 어찌된 일인지 중종 2년(1507) 4월에 "격쟁한 사람은 허실(虛實)을 막론하고 장(杖) 80대로 처결하라." 했다가, 다음 해 6월에는 "앞으로는 격쟁상언한 사람은 모두 죄를 다스리라."라고 [중종실록기사 2]와 같이 하교하였다.

> [중종실록기사 2]　병조(兵曹)가, 김말동(金末同)이 격쟁상언(擊錚上言)한 것을 임금께 아뢰니, 전교하기를, "전일의 전교를 써서 아뢰라." 하니, 정원(政院)이 서계(書啓)하기를, "병인년(丙寅年) 10월 25일의 전교에 '등문고를 친 사람 외에 징[錚]을 친 사람은 죄를 다스리지 말라.' 하셨고, 정묘년(丁卯年) 4월 전교에는 '격쟁한 사람은 허실(虛實)을 막론하고 장(杖) 80대로 처결하라.' 하셨습니다." 하니, 임금이 전교하기를, "앞으로는 격쟁한 사람은 모두 죄를 다스리라." 하였다.(중종실록 6권, 중종 3년, 서기 1508년 6월 5일 5번째 기사)

- **병조(兵曹)**: 육조(六曹)의 하나로 군사와 우역(郵驛) 따위의 일을 맡아본 관청
- **김말동(金末同)**: 사람 이름. 신원은 미상
- **격쟁상언(擊錚上言)**: 징을 쳐서 임금에게 진정(陳情)하는 것. 대궐 차비문(差備門) 밖에 징을 설치하여 형륙(刑戮)·부자(父子)·적첩(嫡妾)·양천(良賤)의 분변(分辨) 등에 관한 재판의 종심(終審)에 승복하지 않고 억울함을 호소하는 자로 하여금

징을 치고 원장(冤狀)을 올리게 하여서 임금에게 입계(入啓)하여 백성의 억울함을 풀어 주던 제도.

- **전교(傳敎)**: 임금이나 그 왕비가 명령을 내리는 일이나 그 명령을 이르던 말
- **정원(政院)**: 승정원(承政院)의 준말. 임금의 명령을 전달하고 여러 사항들을 임금에게 보고하는 일을 맡아보던 관아. 임금의 비서실
- **서계(書啓)**: 임금의 명령을 받은 관리가 처리한 그 일의 전말을 보고한 문서
- **병인년(丙寅年)**: 중종 1년, 서기 1506년
- **정묘년(丁卯年)**: 중종 2년, 서기 1507년

[중종실록기사 2]에서 보듯이 중종 임금은, 중종 3년(1508) 6월 5일부터는 "격쟁상언한 사람은 모두 죄를 다스리라."라고 하교함으로써 격쟁 제도는 폐지하고, 종래의 신문고(등문고)를 통해서만 백성들로 하여금 억울함을 호소하게 하였던 것 같다.

(3) 가전상언(駕前上言)은 받지 말고 기존의 등문고로 정소토록 하라

이처럼 중종 3년(1508) 6월 5일부터는 '격쟁상언'(擊錚上言)은 금지하고, 종래의 신문고(등문고)만 사용하여 백성들이 억울함을 호소토록 했던 것 같다. 그러나 백성들은 '격쟁상언'이나 신문고를 격고하는 대신 '가전정소'(駕前呈訴) 즉 임금이 거둥하는 길가에서 꽹과리를 쳐서 하소연하는 경우가 많았던 것 같은데, 중종실록 17권, 중종 8년(1513) 2월 10일 4번째 기사를 보면 [중종실록기사 3]과 같은 내용이 나온다.

[중종실록기사 3]　병조판서(兵曹判書) 신윤무(辛允武)가 임금께 아뢰기를, "무릇 행행(行幸) 때에 가전(駕前)에서 정소(呈訴)하는 사람들이 시끄럽게 떠들며 나대는 것이 보기에 미안한데, 일체 금하려고 하면 억울함을 정소하는 길이 없게 될까 염려스럽습니다. 듣건대 견마배(牽馬陪)가 집에 있을 적에 이미 뇌물을 받고 가만히 소장(訴狀)을 가져다주면 소매 속에

간직하였다가, 소장을 받으라는 명이 내리면 소매 속에서 내어 올리고서, 몸소 정소하는 사람의 것은 도리어 버리고 아뢰지 않는다 하니, 매우 간사하고 외람한 짓입니다. 이제 부득이하여 받으려면 선전관(宣傳官)으로 하여금 받게 하소서." 하니, 상[임금]이 이르기를, "견마배들의 외람한 폐단은 마땅히 법을 세워 매우 금해야 한다. 선전관으로 하여금 받게 한다면 도리어 소란을 일으키게 되고 또한 전례(前例)가 없다. 억울함을 정소하려는 사람이 길에 가득한데, 위로 올리지 못하게 한다면 이는 왕자(王者)로서 억울함을 풀어 주는 도가 아니고, 정소하도록 하면 그 폐단을 금하기 어렵다. 나는 금부낭청(禁府郎廳) 2원(員)과 선전관 2원으로 하여금 나장(羅將)을 많이 거느리고 구경하다가 멀리서 정소하는 사람은 금하지 말고, 떠들며 뛰어드는 사람은 일일이 쇄항(鎖項)하여, 환궁(還宮)한 뒤에 취품(取稟)하여 분간(分揀)하고자 하는데 그것이 어떨는지 정부에 물으라." 하매, 성희안(成希顔)·김응기(金應箕)·홍경주(洪景舟)·윤금손(尹金孫)은 아뢰기를, "멀리서 꿇어앉아 정소하는 사람은 금하지 말고, 달려드는 사람은 쇄항하며, 뇌물을 받고 소매에 간직했다 바치는 사람은 매우 다스리소서." 하고, 송질(宋軼)은 아뢰기를, "이미 법사(法司)가 있고 또 등문고(登聞鼓)가 있으니, 일체 받지 않고 『대전』(大典)의 법대로 준행하는 것만 같지 못하며, 뇌물을 받고 소매에 간직했다 바치는 사람은 마땅히 매우 다스려야 합니다." 하였다.(중종실록 17권, 중종 8년, 서기 1513년 2월 10일 4번째 기사)

- **병조판서(兵曹判書)**: 병조의 정2품 으뜸 벼슬
- **신윤무(辛允武)**: 연산군 12년(1506), 연산군의 학정에 불만을 품은 성희안(成希顔)·박원종(朴元宗) 등에게 내외정세를 세밀히 알려 주어 중종반정을 결심하게 하고, 거사날에는 군사를 모아 임사홍(任士洪)·신수근(愼守勤)·신수영(愼守英) 등을 격살하고 일을 성사시켰다.
- **행행(行幸)**: 임금이 대궐 밖으로 행차함

- **가전(駕前)**: 임금이 행차할 때 그 수레 앞
- **정소(呈訴)**: 소장을 관청에 냄
- **견마배(牽馬陪)**: 사복시(司僕寺)에 속한 종7품 잡직으로 말고삐를 잡고 임금을 모시고 따라다니는 일을 담당했다.
- **선전관(宣傳官)**: 선전관청에 속하여 형명, 계라 및 부신의 출납을 맡았던 무관직
- **금부낭청(禁府郞廳)**: 의금부 소속 낭청. 낭청은 관리 중에서 문관은 정3품인 통훈대부 등에서 종9품인 장사랑까지, 무관은 정3품 어모장군 이하 종9품 전력부위까지의 벼슬아치를 통틀어 이르는 말
- **나장(羅將)**: 의금부에서 죄인을 문초할 때에 매질하는 일과 귀양 가는 사람을 압송하는 일을 맡던 하급 관리, 또는 군아(軍衙)에 딸린 사령의 하나
- **쇄항(鎖項)**: 도주를 방지하기 위하여 죄인의 목에 채우던 쇠사슬
- **환궁(還宮)**: 임금이나 왕비가 거둥하였다가 대궐로 돌아옴
- **취품(取稟)**: 웃어른께 여쭈어서 그 의견을 기다림
- **성희안(成希顔)**: 조선 전기에 홍문관정자·형조판서·우의정 등을 역임한 문신. 중종반정을 주도했으며, 중종 8년(1513) 영의정에 올랐다.
- **김응기(金應箕)**: 1506년 중종이 즉위하자 이조판서가 된 뒤 병조·공조·예조판서를 차례로 지내고, 중종 8년(1513) 우의정이 되었으며, 좌의정을 거쳐 중종 13년(1518) 영중추부사(領中樞府事)가 되었다.
- **홍경주(洪景舟)**: 연산군 12년(1506) 박원종(朴元宗)·성희안(成希顔) 등이 반정을 도모하자, 사복시첨정(司僕寺僉正)으로 신윤무(辛允武)·박영문(朴永文) 등과 함께 군대 동원의 책임을 맡아 거사를 성사시켰다. 그 공으로 정국공신(靖國功臣) 1등에 책록되고, 남양군(南陽君)에 봉해졌으며, 동부승지에 올랐다. 곧이어 도승지에 오르고, 품계가 자헌대부(資憲大夫)에 이르렀다.
- **윤금손(尹金孫)**: 중종 1년(1506) 경기도관찰사로 파견되고, 곧 정국공신(靖國功臣) 3등에 책록되면서 파성군(坡城君)에 봉군됨. 중종 3년(1508) 정2품 자헌대부에 오르면서 공조판서에 발탁되었다.
- **송질(宋軼)**: 성종 때 문과에 급제하여 여러 벼슬을 거쳐 판서에 이르고, 중종 7년(1512) 우의정, 이듬해 좌의정을 거쳐 영의정이 되었다.
- **법사(法司)**: 형조와 한성부를 아울러 이르는 말
- **대전(大典)**: 『경국대전』(經國大典)의 준말로, 조선왕조의 근본을 이룬 법전(法典)

[중종실록기사 3]에서 보듯이, 원통한 일을 당한 사람이 임금이 거

둥하는 길에서 꽹과리를 쳐서 하문을 기다리던 '가전정소' 제도에는 여러 폐단이 많았다. 그러자 성희안(成希顔)·김응기(金應箕)·홍경주(洪景舟)·윤금손(尹金孫)은 임금께 아뢰기를, "멀리서 꿇어앉아 정소하는 사람은 금하지 말고, 달려드는 사람은 쇄항하며, 뇌물을 받고 소매에 간직했다 바치는 사람은 매우 다스리소서." 하였다. 그러나 송질(宋軼)은 아뢰기를, "이미 법사(法司)가 있고 또 등문고가 있으니, 가전정소는 일체 받지 않고 『대전』(大典)의 법대로 준행하는 것만 같지 못하며, 뇌물을 받고 소매에 간직했다 바치는 사람은 마땅히 매우 다스려야 합니다."라고 건의하였다.

(4) 신문고를 다시 쓰고 가전정소는 금지하는 것에 대한 논란

신하들의 이러한 건의에 대하여 중종 임금이 어떻게 비답했는지에 관한 것은 중종실록에 기록되어 있지 않아서 알 수 없다. 그러나 중종실록 40권, 중종 15년(1520) 8월 30일 1번째 기사를 보면, 임금이 이르기를, "동교(東郊)에서 관가(觀稼)할 때 가전(駕前)에서 정소(呈訴)한 것이 4백여 장(張)이나 되니 유사(有司)는 신원(伸冤)에 힘써야 한다."라고 했다. 따라서 이를 볼 때, 중종은 임금이 거둥할 때 백성들이 징이나 꽹과리를 쳐서 억울함을 호소하는 가전정소(駕前呈訴)도 유지토록 했던 것 같다. 그러나 집의(執義) 남세준(南世準) 등은 "신문고를 두는 법을 이제 다시 쓰고 가전에서 정소하는 것을 금지하는 것이 어떠합니까?" 하고 임금에게 제안했는데, 이에 관한 실록기사 내용을 소개하면 [중종실록기사 4]와 같다.

> [중종실록기사 4] [임금이] 조강(朝講)에 나아갔다. … 상(上)이 이르기를, "동교(東郊)에서 관가(觀稼)할 때에 가전(駕前)에서 정소(呈訴)한 것이 많아서 4백여 장(張)이나 되었는데, 죄다 참으로 억울한 일이 있지는 않을지

라도 다 억울한 일이 없는 것이라고는 할 수 없을 것이니, 유사(有司)는 신원(伸冤)에 힘써야 한다." 하매, 남곤(南袞)이 아뢰기를, "전에는 가전에서 정소하면 사람들이 듣고서 놀라와 하였는데, 이제는 하찮은 일일지라도 예사로 생각하여 정소하느라고 대가(大駕)를 가리고 따르므로 보기에 매우 소요하니, 그중에서 억울함을 정소한 것이 부실한 자는 죄주는 것이 옳겠습니다." 하니, 상이 이르기를, "수리(受理)하지 않으면 그만일 뿐이지 죄줄 수는 없다." 하매, 집의(執義) 남세준(南世準)이 아뢰기를, "듣건대 가전에서 정소하는 자가 매우 소요하여 혹 고개를 넘고 재를 넘어서 따라가는 자까지 있다 하니, 재상(宰相)의 행차일지라도 사람들이 피해야 하는데, 더구나 임금이 지나는 곳에서 어찌 그처럼 외치며 따라갈 수 있겠습니까? 듣기에 매우 한심합니다. 신문고(申聞鼓)를 두는 법을 이제 다시 쓰고 가전에서 정소하는 것을 금지하는 것이 어떠합니까?" 하니, 상이 이르기를, "가전에서 정소하는 자를 일체 금하면 스스로 억울함을 호소하려는 자는 그 길이 없어질 것이며, 그래서 신문고를 자주 치게 되면, 사람들이 놀랄 것이다." 하매, 특진관 조계상(曺繼商)이 아뢰기를, "가전에서 정소하는 일이 근래 더욱 심해져서 부녀자 중에도 친히 정소하는 자가 있습니다. 고(告)한 것이 부실하면 죄주는 것이 옳겠습니다." 하니, 상이 이르기를, "일체 논죄(論罪)하면 안 된다. 부녀자가 친히 정소하는 것은 본디 그 법이 있으니, 법사(法司)가 규찰(糾察)해야 한다." 하였다.(중종실록 40권, 중종 15년, 서기 1520년 8월 30일 1번째 기사)

- **조강(朝講)**: 이른 아침에 경연관(經筵官)이 임금에게 학문을 강연하던 일
- **상(上)**: 임금을 높여 이르는 말
- **동교(東郊)**: 동쪽에 있는 들, 예전에 서울 동대문 밖의 근처를 이르던 말
- **관가(觀稼)**: 임금이 출궁하여 백성들의 농사짓는 모습을 관람하는 일을 지칭하는 용어. '가'(稼)는 심는다는 뜻에서 농사를 의미하고, '색'(穡)은 거둔다는 뜻에서 농사를 말하여, 농사를 가색(稼穡)이라고도 하였다.

- **가전(駕前)**: 임금이 행차(거둥)할 때 임금의 수레 앞
- **정소(呈訴)**: 소장(訴狀)을 관청에 냄
- **유사(有司)**: 단체의 업무를 맡아보는 직무 또는 사람
- **신원(伸冤)**: 원통한 일이나 억울하게 뒤집어쓴 죄를 풀어 버림
- **남곤(南袞)**: 중종 14년(1519) 심정(沈貞) 등과 함께 기묘사화를 일으켜 조광조·김정 등 신진 사림파를 숙청한 뒤, 좌의정을 거쳐 중종 18년(1523) 영의정이 되었다.
- **대가(大駕)**: 임금이 타는 수레를 이르던 말
- **수리(受理)**: 서류나 문서 따위를 받아서 처리함
- **집의(執義)**: 사헌부(司憲府)의 종3품 관직
- **남세준(南世準)**: 중종 9년(1514) 정언(正言)에 이어 중종 14년(1519) 사간(司諫)이 되었다.
- **재상(宰相)**: 임금을 보좌하며 모든 관원을 지휘하고 감독하는 일을 맡은 2품 이상의 벼슬이나 그런 자리에 있는 사람을 통틀어 이르던 말
- **특진관(特進官)**: 경연에 참여하여 왕의 고문에 응하는 관리
- **조계상(曺繼商)**: 중종 14년(1519) 사림파가 현량과를 설치하여 그들 세력을 확대하려 하자 반대하다가 파직되었으나, 홍경주(洪景舟)·남곤(南袞)·심정(沈貞) 등이 기묘사화를 일으켜 조광조를 비롯한 사림파를 제거한 뒤 다시 등용되어 특진관·공조판서 등을 지냈다.
- **논죄(論罪)**: 죄의 성립 여부를 밝히거나 그 가볍고 무거움 따위를 따짐
- **법사(法司)**: 형조와 한성부를 아울러 이르는 말
- **규찰(糾察)**: 드러나지 않은 것을 들추어내어 자세히 살피고 밝힘, 질서를 바로잡고 통제함

[중종실록기사 4]에서 보듯이, 집의 남세준은 "신문고를 두는 법을 이제 다시 쓰고 가전에서 정소하는 것을 금지하는 것이 어떠합니까?" 하고 임금에게 건의했으며, 특진관 조계상은 아뢰기를, "가전정소에서 고한 것이 부실하면 죄를 주자."라고 제안했다. 하지만 이러한 신하들의 제안에 대하여 중종 임금은 이르기를, "일체 논죄(論罪)하면 안 된다. 부녀자가 친히 정소하는 것은 본디 그 법이 있으니, 법사(法司)가 규찰(糾察)해야 한다." 하였다. 따라서 이를 볼 때 중종은 가전정소를 폐지

하지 않고 그대로 유지토록 했음을 알 수 있다.

정상적 호소 방법으로서 신문고와 그 밖의 비정상적 방법

이처럼 중종 임금은 가전정소를 통하여 백성들이 원통함을 호소하는 것도 허용하였다. 하지만 이는 비정상적 방법이고 정상적 방법은 어디까지나 신문고로 호소하는 것이었는데, 이는 중종실록 73권, 중종 27년(1532) 5월 18일 3번째 기사를 보면 알 수 있다.

(1) 신문고가 아닌 비정상적 방법으로 원통함의 호소도 임금은 허용

[중종실록기사 5]를 보면, 사간원(司諫院)의 대사간(大司諫) 권예(權輗)가 차자(箚子)를 올려 임금께 아뢰기를 "신문고를 치지 않고 비정상적인 다른 방법으로 원통함을 호소하는 자는 … 고의적으로 저지른 죄인데도 혹 특사(特赦)받은 예(例)가 있기도 합니다."라고 하니, 임금이 비답하기를, "내가 마땅히 유념하겠다."라고 했다.

> [중종실록기사 5]　사간원(司諫院)의 대사간(大司諫) 권예(權輗)가 차자(箚子)를 올렸다. … "궁금(宮禁)은 마땅히 엄하게 해야 할 것인데 궁궐의 출입에 방비가 없어서 안팎의 구분이 엄숙하지 못합니다. 그리하여 신문고를 치지 않고 비정상적인 다른 방법으로 원통함을 호소하는 자는 혹 요행한 은혜를 바라는 것이고, 고의적으로 저지른 죄인데도 혹 특사(特赦)받은 예(例)가 있기도 합니다." 하니 … 임금이 비답(批答)하였다. "내가 마땅히 유념하겠다."(중종실록 73권, 중종 27년, 서기 1532년 5월 18일 3번째 기사)

- **사간원(司諫院)**: 삼사(三司)의 하나로 임금께 옳지 못하거나 잘못된 일을 고치도록 말하는 일을 맡아보던 관아
- **대사간(大司諫)**: 사간원의 으뜸 벼슬
- **권예(權輗)**: 중종 14년(1519) 기묘사화가 일어나자, 당시 예문관대교(藝文館待敎)로서 조광조(趙光祖) 일파의 탄압 반대에 적극 앞장섰다.
- **차자(箚子)**: 신하가 임금에게 올리는 간단한 서식의 상소문. 성종 4년(1473) 서거정(徐居正)의 계언(啟言)에 의해 처음 쓰기 시작한 것으로, 상소보다는 서식이 간단하고 쉬워 말하고자 하는 것을 모두 표현할 수 있는 장점이 있었다. 특히 언론을 직책으로 삼는 대간(臺諫)과 홍문관에서 주로 사용했다. 이러한 차자는 선인(先人)들의 문집에 많이 남아 있으며 초본이 전하는 경우도 있다. 문집에는 상소문과 함께 차자를 '소차'(疏箚)로 분류하여 동류(同類)로 보고 있다(다음백과사전).
- **궁금(宮禁)**: 임금이 사는 궁궐
- **특사(特赦)**: 형의 선고를 받은 특정한 죄인에 대하여, 형의 집행을 면제하거나 유죄 선고의 효력을 상실하게 하는 조치
- **비답(批答)**: 상소·차자 등에 대하여 말미에 임금이 적는 가부의 하답

[중종실록기사 5]를 보면, "신문고를 치지 않고 비정상적인 다른 방법으로 원통함을 호소하는 자는" 운운한 것은 곧 신문고를 쳐서 원통함을 호소하는 것이 정상적 방법이라는 것인데, 이는 곧 중종 27년(1532) 당시에 신문고가 백성들이 억울함을 호소하는 정상적 방법으로 존재했다는 것을 말해 주고 있다. 그러나 이러한 신문고 이외에, 예컨대 가전정소 등을 사용하여 백성들이 억울함을 호소하기도 했는데, 이는 비정상적 방법이었지만 중종 임금은 백성들이 가전정소나 격쟁을 통해 억울함을 호소하는 것도 허용하고자 했던 것 같다.

(2) 중종 말기에는 가전정소뿐 아니라 신문고도 유명무실해졌던 듯

중종 27년(1532)경에는 백성들이 억울함을 호소하는 방법으로 신문고(등문고)도 존속했고, 또한 비록 비정상적 방법일지라도 가전정소를

통해서 호소하는 것도 허용되었음을 알 수 있다. 그러나 이로부터 11년 뒤인 중종 말기, 즉 중종 38년(1543)경에는 신문고(등문고) 자체도 유명무실하게 되었던 것 같다. 중종실록 100권, 중종 38년(1543) 2월 20일 2번째 기사를 보면, 그 말미에 사신(史臣)이 [중종실록기사 6]과 같은 논평을 달아놓았기 때문이다.

> [중종실록기사 6] 사신(史臣)은 논한다. 한 남자가 처소를 잃은 것으로도 왕정(王政)의 잘못됨이 있는 것을 알 수 있는 것이다. 지금 원통하고 억울한 마음을 품고 지극히 가까운 곳에서 징을 친 자를 제 곳을 얻은 자라고 할 수 있겠으며 정치에 하자(瑕疵)가 없다고 할 수 있겠는가. 그가 호소하고자 한 뜻을 묻지도 않고 쫓아냈으니 이 사람의 뜻을 알 수가 없다. 그러나 맑은 교화(敎化)에 젖어 편히 살고 즐거이 일하는 백성은 아닐 것이다. 대체로 임금이 계신 곳은 구중(九重)의 궁문 안으로, 당(堂) 아래는 천 리나 되도록 멀다. 이 때문에 아래 백성의 뜻이 통하지 못하는 곳이 바로 그곳이다. 등문고를 설치한 것은 비록 옛 성인(聖人)의 일은 아니지만 민정(民情)을 통하여 그들의 원통하고 억울함을 풀어 주려는 한 가지의 일이었으니, 어찌 설치한 뜻이 없었겠는가. 지금은 특별히 등문고를 설치하는 것도 보지 못했고 또 북을 치는 사람이 있다는 것도 듣지 못했으니, 이것이 어찌 한 백성도 원통하고 억울함이 없어서 그러했겠는가.(중종실록 100권, 중종 38년, 서기 1543년 2월 20일 2번째 기사)

- **사신(史臣)**: 역사를 쓰는 신하. 여기서는 조선왕조실록기사를 쓴 사람을 말함
- **왕정(王政)**: 왕이 나라를 다스리는 정치, 군주가 나라를 다스리는 정치 체제
- **교화(敎化)**: 사람을 정신적으로 가르치고 이끌어 좋은 방향으로 나아가게 함
- **구중(九重)**: 문이 겹겹이 이어진 깊은 궁궐이라는 뜻으로 임금이 있는 대궐 안을 이르는 말
- **추고(推考)**: 문초하거나 캐어물어 고찰함

즉, [중종실록기사 6]을 보면, "등문고를 설치한 것은 비록 옛 성인(聖人)의 일은 아니지만 민정(民情)을 통하여 그들의 원통하고 억울함을 풀어 주려는 한 가지의 일이었으니, 어찌 설치한 뜻이 없었겠는가. [그러나] 지금은 특별히 등문고를 설치하는 것도 보지 못했고, 또 북을 치는 사람이 있다는 것도 듣지 못했으니, 이것이 어찌 한 백성도 원통하고 억울함이 없어서 그러했겠는가?" 하였다. 그러므로 이러한 사신의 논평으로 미루어 볼 때, 중종 말기인 중종 38년(1543)경에는 신문고 제도가 유명무실하게 되어 신문고(등문고)를 설치한 것도 보지 못했고, 신문고(등문고)를 치는 사람도 없었던 것 같다.

9

인종-현종 시기
(1544-1674)

인종부터 현종까지 시기에는

신문고가 폐지되었던 듯

앞서 제11대 임금인 중종 시기 신문고와 격쟁 제도의 실태에 관하여 살펴보았다. 그러면 그다음 임금인 인종(仁宗) 시기 신문고의 실태는 어떠했는가? 인종실록(1544-1545)에는 신문고 관련 기사가 1건밖에 없어 그 실태를 정확히 알 수 없다. 그다음 명종실록(1545-1567)에도 신문고 관련 기사가 1건밖에 나오지 않는다. 그런가 하면 선조실록(1567-1608)과 광해군일기(1608-1623)에는 신문고 관련 기사가 1건도 보이지 않는다. 인조실록(1623-1649)과 효종실록(1649-1659), 그리고 현종실록(1659-1674)에는 또 신문고 관련 기사가 각각 1건씩 보인다. 그러다가 숙종실록(1674-1720)에는 신문고 관련 기사가 갑자기 10건이나 보인다. 그러면 여기서는 제12대 임금인 인종의 재위 시기부터 제18대 임금인 현종시기까지 신문고의 실태를 한데 묶어서 살펴보기로 하겠다.

인종 시기(1544-1545):
신문고 관련 기사가 1건밖에 없어 그 실태는 미상

인종의 선왕 중종은 병환이 위독해지자 중종 39년(1544) 11월 14일 세자에게 왕위를 물려주고, 15일 창경궁의 환경전(歡慶殿)에서 재위 39년 만에 승하하였다. 이러한 중종을 뒤이어 조선 제12대 임금이 된 사람이 바로 인종이었다. 그러나 왕위에 오르기 전부터 건강이 좋지 않던 인종은 즉위한 후에도 내내 병을 달고 살다가 약 8개월 만인 1545년 7월 1일 나이 31세로 붕어하였다.

이렇게 되어서 인종의 재위 기간은 고작 8개월밖에 되지 않았다. 그래서 그런지는 모르겠으나, 인종실록을 보면 신문고(등문고)에 관련된 기사가 겨우 1건 밖에 나오지 않으며, 격쟁에 관한 기사는 전혀 나오지 않는다. 그런가 하면 신문고(등문고)에 관한 기사도 인종 시기의 신문고(등문고)의 실태에 관한 것이 아니라 고대(古代) 중국에 있던 등문고에 관한 것이다. 따라서 이러한 기사만을 가지고 인종 시기 신문고(등문고)의 실태를 알 수는 없다. 그러나 참고로 인종실록에 나오는 신문고(등문고)에 관련된 기사 내용을 소개하기로 하겠는데, 이는 대사헌(大司憲) 송인수(宋麟壽) 등이 나라를 다스리는 방도에 대하여 임금께 올린 상소문에 나오는 것으로, 인종실록 2권, 인종 1년(1545) 4월 13일 4번째 기사에 [인종실록기사 1]과 같은 내용이 실려 있다.

> [인종실록기사 1] 대사헌(大司憲) 송인수(宋麟壽) 등이 나라를 다스리는 방도에 대하여 임금께 상소(上疏)하기를 … "한 개인의 소견에는 한정이 있으므로 상지(上智)라도 일실(一失)이 없을 수 없고 뭇사람의 선(善)은 끝이 없으므로 하우(下愚)라도 반드시 일득(一得)이 있는 것이니, 옛날의 성왕(聖王)은 뭇사람의 선을 거두어들여서 자기의 소견을 넓히려 하여 빈사(賓師)와 경사(卿士)가 서로 가부를 토론할 뿐더러, 소경[맹인]으로 하여금 시(詩)를 외어 아뢰게 하고, 백공(百工)으로 하여금 직분에 따라서 간(諫)하게 하고, 서인(庶人)으로 하여금 말을 전하게 하면서도 오히려 미진할까 염려하였습니다. 진선정(進善旌)·비방목(誹謗木)·등문고(登聞鼓) 등이 없는 때와 없는 곳이 없었으나 경계하는 바탕이 되지 못하므로, 경계하는 말을 날마다 위에 아뢰어 천하의 실정(實情)에 어두워서 환히 알지

못하는 것이 없었으니, 이 때문에 덕을 높이고 도를 즐겨서 지치(至治)의 공을 이루었습니다."(인종실록 2권, 인종 1년, 서기 1545년 4월 13일 4번째 기사)

- **대사헌(大司憲)**: 사헌부(司憲府)의 종2품 관직. 도헌(都憲)이라고도 불렀다. 정원은 1인. 사헌부는 시정(時政)을 논집(論執)하고 백관을 규찰하며, 풍속을 바로잡고, 원억(寃抑)을 펴며, 남위(濫僞)를 금하는 일 등을 맡아보던 관서로서, 조선 국초에는 사헌대(司憲臺)라고 불렀다.
- **송인수(宋麟壽)**: 인종이 즉위하자 동지사(冬至使)로 명나라에 다녀와 다시 대사헌이 되어 윤형원(尹元衡)을 탄핵하였다. 인종 1년(1545) 을사사화(乙巳士禍)가 일어나자 한성부좌윤으로 있다가 탄핵을 받고 파직당하여 청주에 은거하여 있던 중 사사(賜死)되었다.
- **상소(上疏)**: 임금에게 올리는 각종 글을 총칭하여 상주문(上奏文)이라고 하며, 그 중에서 간언(諫言)이나 의견, 진정을 전달하는 글을 '상소'라고 했다.
- **상지(上智)**: 가장 뛰어난 지혜
- **하우(下愚)**: 매우 어리석고 못남
- **성왕(聖王)**: 어진 임금
- **빈사(賓師)**: 제후로부터 빈객의 대접을 받던 학자
- **경사(卿士)**: 영의정, 좌의정, 우의정 이외의 고급 관료의 총칭
- **백공(百工)**: 여러 종류의 장인(匠人)
- **간(諫)하다**: 잘못을 고치도록 말하다.
- **서인(庶人)**: 벼슬이 없는 일반 백성을 이르던 말
- **진선정(進善旌)**: 진선지정(進善之旌)의 준말로, 중국의 요순(堯舜)시절에, 그 아래에서 정치에 대한 좋은 의견을 자유롭게 발언하도록 세워 놓았다는 깃발
- **비방목(誹謗木)**: 비방지목(誹謗之木)의 준말로, 그 밑에서 백성들이 억울함 등을 임금에게 호소하고, 정치를 비판토록 세워 놓은 나무
- **등문고(登聞鼓)**: 대궐의 문루에 달아두어 백성들이 억울한 일을 임금에게 직접 호소하고자 할 때 치도록 한 북. 신문고와 같음
- **지치(至治)**: 세상이 매우 잘 다스려짐

[인종실록기사 1]에서 등문고에 관한 부분을 보면, 중국의 요순(堯舜) 시대에는 등문고와 진선정(進善旌)·비방목(誹謗木)을 전국 각 곳에 설

치하여, 이들을 통하여 천하의 실정을 훤히 알아서 정치를 함으로써 임금의 덕을 높이고 도를 즐겨서 세상이 매우 잘 다스려졌다는 것이다. 그러므로 인종 임금도 그렇게 하라고 아뢴 것이다. 그러나 이러한 신하들의 상소를 인종 임금이 받아들여 등문고를 설치해서 운영했는지 여부는 알 수 없다.

명종 시기(1545-1567):
신문고는 금지하고 격쟁만 허용한 듯

앞서 말했듯이 제12대 인종(仁宗)은 건강이 좋지 않아 즉위 8개월만인 1545년 7월 1일 31세로 후사(後嗣)도 없이 붕어하였다. 그러자 제11대 임금인 중종과 그의 셋째 부인인 문정왕후(文定王后) 윤씨(尹氏) 사이에서 태어난 인종의 이복동생 경원대군(慶源大君)이 같은 해 7월 6일 왕위에 오르게 되었는데, 그가 바로 조선 제13대 임금인 명종(明宗)이었다. 그러나 당시 명종의 나이는 12세에 불과했기 때문에 그가 장성할 때까지 그의 모후 문정왕후가 수렴청정을 하게 되었다. 이러한 문정왕후는 명종 6년(1551) 명종이 만 18세로 법적 성인이 된 뒤에도 명종 18년(1563)까지 수렴청정을 계속했다. 그러다가 명종이 비로소 친정을 하면서 인재를 고루 등용하여 정치를 하려고 노력했으나, 4년 만인 명종 22년(1567) 8월 2일(음력 6월 28일) 갑자기 요절하고 말았다. 그렇다면 명종의 재위 시기에 신문고의 실태는 어떠했는가?

명종실록에서 신문고와 격쟁에 관련된 기사를 찾아보았더니, 신문고에 관한 기사는 겨우 1건만 나오나, 격쟁에 관한 기사는 12건이나 나오고 있다. 그러나 여기서는 신문고에 관한 기사 1건만 살펴보기로 하겠는데, 명종실록 14권, 명종 8년(1553) 6월 11일 1번째 기사를 보면, 신문고에 관하여 [명종실록기사 1]과 같이 서술해 놓았다.

> [명종실록기사 1] 헌부(憲府)가 임금께 아뢰기를, … "대체로 원통함을 호소할 사람은 각각 신리(伸理)할 곳이 있습니다. 『대전』(大典)에 '원통하고 억울함을 호소할 자는 서울에서는 주장관(主掌官)에게 정소(呈訴)하고 지방은 관찰사에게 정소하되, 그래도 억울하다면 신문고를 두드려라. 또한 형륙(刑戮)이 몸에 미쳐서 정리(情理)가 절박한 자는 당직 관원【궐문 밖에서 의금부 낭관 2인이 항상 숙직한다】이 그 상언(上言)을 받아서 곧바로 아뢰라.' 하였으니, 백성에게 억울한 일을 호소하도록 허락하여 막히거나 전달되지 않는 폐단을 없게 하는 선왕(先王)의 입법이 극진합니다."(명종실록 14권, 명종 8년, 서기 1553년 6월 11일 1번째 기사)

- **헌부(憲府)**: 사헌부(司憲府)의 준말. 정사를 논하고 모든 벼슬아치를 감찰하여 기강을 세우며, 풍속을 바로잡고 억울함을 풀어 주는 일을 맡아보던 관청
- **신리(伸理)**: 억울한 사람을 위하여 변명해 줌
- **『대전』(大典)**: 『경국대전』(經國大典)의 약칭. 조선 건국 전후부터 성종 15년(1484)까지의 왕명·교지·조례 중 영구히 준수할 것을 모아 엮은 법전
- **주장관(主掌官)**: 송사(訟事)·인사(人事)·과거(科擧)·형옥(刑獄) 등의 행정 사무를 맡아보던 벼슬아치. 또는 그 일을 주관하던 관아
- **정소(呈訴)**: 소장(訴狀)을 관청에 냄
- **형륙(刑戮)**: 죄인을 형법에 따라 죽임
- **정리(情理)**: 인정과 도리를 아울러 이르는 말
- **낭관(郞官)**: 각 관아의 당하관, 당하의 벼슬아치들을 통틀어 이르는 말
- **상언(上言)**: 신하가 임금에게 사사로운 일을 글로 올리던 일. 백성이 임금에게 글을 올리던 일
- **선왕(先王)**: 선대의 임금. 옛날의 어진 임금

[명종실록기사 1]의 내용으로 미루어 볼 때, 최소한 명종 8년(1553) 6월 11일까지는 신문고 제도가 존속했던 것 같다. 그러나 그 후 명종

22년(1567) 명종의 붕어까지 14년 동안의 명종실록에는 신문고에 관한 기사가 나오지 않는다. 따라서 이 기간에도 신문고가 존속했는지는 알 수 없다.

그런데 명종실록 25권, 명종 14년(1559) 4월 9일 1번째 기사의 국역본에서 격쟁(擊錚)에 관한 주(註 026)를 보면, “신문고를 폐지한 후에 재판에 불복하거나 억울한 일이 있는 사람은 꽹과리를 쳐서 임금에게 하소연하게 하였다.”라고 국역자(國譯者)가 주석해 놓았다. 이러한 주석처럼, 명종 때 신문고를 치는 것을 금지하고 그 대신 격쟁을 하도록 했기 때문에 명종실록에 격쟁에 관한 기사는 12건이 나오는 반면, 신문고에 관한 기사는 1건밖에 나오지 않았다고 볼 수도 있다. 그러나 명종실록에 “신문고를 금지 또는 폐지했다.”라는 기록은 보이지 않는다. 또한 격쟁도 명종 때 처음 시작된 것이 아니라, 그 이전부터 있어 왔다. 따라서 명종 때 “신문고를 금지한 후에 재판에 불복하거나 억울한 일이 있는 사람은 꽹과리를 쳐서[격쟁] 임금에게 하소연하게 하였다.”라는 국역자의 주석은 납득이 가지 않는다. 그러면 명종 때 격쟁의 실태는 어떠했는가?

격쟁이란, 앞서 여러 번 말했듯이, 억울한 일이 있는 사람이 임금에게 하소연하기 위하여 대궐 안에 걸어 놓은 징을 치거나 또는 임금이 거둥하는 길목에서 징이나 꽹과리를 쳐서 상언하는 제도로서 신문고와 비슷한 것이었다. 바로 이와 같은 격쟁에 관한 기사를 명종실록에서 찾아보면 모두 12건이나 나오는데, 이들을 연대별로 보면, 명종 6년(1551) 7월 27일부터 시작해서 명종 19년(1564) 1월 15일까지 13년 동안에 걸쳐 나온다. 그러므로 이러한 사실로 미루어 볼 때, 앞서 말한 명종실록 국역자의 주석처럼, 명종 때는 신문고는 금지하고 그 대신 그 이전부터 있어 왔던 격쟁만 허용한 듯하지만, 그 진위(眞僞) 여부는 정확하게 알 수 없다.

인조 시기(1623-1649):
신문고는 그 이전부터 폐지되어 있었던 듯

앞서 살펴보았듯이 제13대 임금인 명종실록에는 신문고에 관한 기사가 겨우 1건만 실려 있다. 그러나 그다음 제14대 임금인 선조실록과 제15대 임금인 광해군일기에는 신문고에 관한 기사가 전혀 나오지 않는다. 그러므로 선조 시기(1567-1608)와 광해군 시기(1608-1623)에 신문고의 실태는 알 수 없다. 그러면 그다음 제16대 인조(仁祖) 시기(1623-1649) 신문고의 실태는 어떠했는가?

광해군 15년(1623), 서인 일파가 사림(士林)을 규합해서 광해군과 집권당인 대북파를 몰아내고, 선조(宣祖)의 손자 능양군(綾陽君)을 왕으로 옹립했다. 이를 인조반정(仁祖反正)이라고 부르는데, 이때 왕이 된 능양군이 곧 제16대 임금인 인조이다. 그러면 이렇게 해서 왕위에 오른 인조의 재위 기간에 신문고의 실태는 어떠했는가?

인조실록에는 신문고에 관한 기사가 1건만 나온다. 하지만 그 내용을 보면, 인조 시기에 신문고가 존재했다는 것이 아니라, "신문고의 법이 시행되지 않은 지가 이미 오래되었다."라는 것인데, 그 내용을 소개하면 [인조실록기사 1]과 같다.

[인조실록기사 1] 대사헌(大司憲) 이식(李植) 등이 차자(箚子)를 올리기를, "무고한 백성이 하늘에 호소하여 해마다 한재(旱災)를 초래함은 반드시 그럴 만한 이유가 있습니다. 대체로 토착민이 부역(賦役)과 징병에 시달리는 데다가 또다시 관리의 잔학한 행위와 세력가의 침해를 받아 본업을 모두 잃고 억울하게 형법에 빠져드는 경우가 허다합니다. 중국의 전대(前代)에는 억울함을 호소하는 길이 잘 갖추어져 형옥(刑獄)의 심리(審理)와 처결을 한 관사(官司)에서만 맡고 있지 않으므로 이쪽에서 억울한

판결을 받은 자가 저쪽에서 신원(伸冤)되기도 하고 전일에 패소한 자가 나중에 승소하기도 합니다. 우리나라에서는 신문고의 법이 시행되지 않은 지가 이미 오래이고 금오(金吾)에 상언(上言)하는 것도 일정한 법이 있으며, 형을 받을 각오로 징을 쳐 호소하는 일은 용감한 자만이 그렇게 할 수 있습니다. 오직 불시에 행행(行幸)하여 가마를 멈추고 상언을 받는 규례가 있을 뿐인데 이제는 행행도 폐지하였습니다. 어질고 거룩하신 임금이 위에 계시는데도 아랫사람의 충정(衷情)이 이렇게까지 억눌리고 막혀 있으니, 참으로 한심하다 하겠습니다."(인조실록 44권, 인조 21년, 서기 1643년 5월 14일 1번째 기사)

- **대사헌(大司憲)**: 사헌부의 으뜸 벼슬의 명칭
- **이식(李植)**: 인조 때 대사헌·형조판서·예조판서 등을 역임한 문신
- **차자(箚子)**: 간단한 서식의 상소문
- **한재(旱災)**: 가뭄으로 인해 생기는 재앙
- **형옥(刑獄)**: 형벌과 감옥을 아울러 이르던 말
- **심리(審理)**: 사실을 자세히 조사하여 처리함. 옥에 갇힌 죄인을 임금의 명령으로 재심함
- **관사(官司)**: 관원이 소속되어 나랏일을 맡아보는 곳을 이르던 말
- **신원(伸冤)**: 원통한 일이나 억울하게 뒤집어쓴 죄를 풀어 줌
- **금오(金吾)**: 임금의 명에 의해 죄인을 다스리는 일을 맡아보는 관청인 의금부(義禁府)의 별칭
- **상언(上言)**: 신하나 백성이 임금에게 올리던 글이나 말
- **행행(行幸)**: 임금이 대궐 밖으로 행차함

[인조실록기사 1]에서 "우리나라에서는 신문고의 법이 시행되지 않은 지가 이미 오래이고" 운운한 것을 볼 때 인조 시기에도 신문고 제도가 시행되지 않았음을 알 수 있다. 그러나 언제부터 시행되지 않았는지에 관한 언급이 없어 그 시기는 알 수 없으나, 아마도 선조 때부터가

아닌가 추측된다. 하지만 또 하나의 신원(伸冤) 제도인 격쟁 제도는 존속했던 것 같은데, 인조실록에서 격쟁에 관한 기사들을 찾아보면 모두 10건이나 나오기 때문이다.

그러나 격쟁 중, '가전정소'(駕前呈訴) 즉 원통한 일을 당한 백성이 임금이 거둥하는 길에서 꽹과리를 쳐서 임금에게 호소하는 것은 쉽지 않았던 것 같다. 왜냐하면 [인조실록기사 1]을 보면, 대사언 이식(李植)이 차자에서 임금에게 아뢰기를, "금오(金吾)에 상언(上言)하는 것도 일정한 법이 있으며, 형을 받을 각오로 징을 쳐 호소하는 일은 용감한 자만이 그렇게 할 수 있습니다. 오직 불시에 행행(行幸)하여 가마를 멈추고 상언을 받는 규례가 있을 뿐인데 이제는 행행도 폐지하였습니다."라고 했기 때문이다. 그 결과, 인조 21년(1643) 5월경 당시 언로(言路)의 실태는 대사언 이식이 토로했듯이 "어질고 거룩하신 임금이 위에 계시는데도 아랫사람의 충정이 이렇게까지 억눌리고 막혀서 참으로 한심"하였던 것 같다.

효종 시기(1649-1659):
격쟁 제도만 운영하며 격쟁자를 처벌하기도

앞서 인조 시기 신문고의 실태에 관하여 살펴보았다. 그러면 다음 임금인 제17대 효종(孝宗) 시기 신문고의 실태는 어떠했는가? 효종은 광해군 11년(1619)에 인조와 인렬왕후 사이의 둘째 아들로 태어나서 인조반정 후 봉림대군(鳳林大君)에 봉해졌다. 인조 14년(1636)에 병자호란이 발발하자 봉림대군은 아우인 인평대군(麟坪大君)과 함께 강화도로 피난했다. 그러나 강화도마저 함락되면서 청나라 군대에 잡혀서, 한양과 광주를 잇는 한강 나루인 삼전도(三田渡)로 압송되었다가 그 후 그의 형 소현세자(昭顯世子)와 함께 청나라의 심양(瀋陽)으로 보내져 8년간의 인질 생활을 했다.

인조 23년(1645), 먼저 귀국한 소현세자가 갑자기 세상을 떠나자, 봉림대군은 급히 귀국하여 세자 책봉을 받았다가, 인조 27년(1649) 5월 인조가 붕어하자 5일 만에 즉위해 조선 제17대 임금 효종이 되었다. 그러자 청나라에 대한 원한이 깊었던 효종은 북벌계획을 추진하면서 군비를 강화했다. 그러나 효종은 즉위 10년 만에 요절하면서 북벌의 뜻은 이루지 못하고 말았다.

이러한 효종의 실록에서 우선 신문고와 격쟁에 관한 기사들을 찾아보았더니, 등문고(登聞鼓) 즉 신문고에 관한 기사가 1건, 격쟁에 관한 기사가 2건이 나왔다. 그러나 이들 중 효종실록 20권, 효종 9년(1658) 8월 26일 1번째 기사는 등문고(신문고)와 격쟁에 관하여 다 같이 말한 것이었는데, 그 내용을 소개하면 [효종실록기사 1]과 같다.

[효종실록기사 1] 정원(政院)이 임금에게 아뢰기를, "옛날에 대궐 안에다 등문고(登聞鼓)를 달아 놓고, 관청을 설치하고 관원을 두어 억울한 사람의 하소연을 알리도록 하였는데, 우리나라의 격쟁(擊錚)하는 법은 곧 옛날 등문고의 뜻입니다. 그러므로 그들을 가두고 추국(推鞫)하는 것은 본래 옛날의 제도가 아닙니다. 그런데 근래에 이런 무리들에게 너무 심하게 형문(刑問)하고 있습니다. 더러 미세한 일로 지나치게 시끄럽게 하는 자는 진실로 가증(可憎)스럽지만, 혹 자제(子弟)가 부형(父兄)의 억울함을 만났거나 서민이 세력가의 침탈을 당하였을 때 이 길이 있지 않으면 어디에다가 하소연할 수 있겠습니까. 만일 한갓 망령된 하소연이 가증스러워서 엄히 금지한다면 실로 아래의 사정을 통하고 억울한 백성을 다스리는 도리가 아닙니다.

신(臣)들이 삼가 형조(刑曹)의 문서를 보니, 격쟁하였던 고령(高靈)에 사는 배순룡(裵順龍)이란 사람은 형장(刑杖)에 맞아 죽기까지 하였습니다. 먼 곳의 미약한 백성이 발을 싸매고 와서 억울함을 호소하다가 한을 품은 채 그대로 죽어 버렸으니 참으로 불쌍합니다. 이것은 형관(刑官)이 형문을 너무 심하게 한 소치인데, 1차의 형문에서 사람이 죽기까지 하였으니 혹 이졸(吏卒)들이 간계(奸計)를 쓴 폐단도 없지 않을 것입니다. 형조의 담당 당상(堂上)과 낭청(郎廳)을 추고(推考)하고 그 이졸도 엄밀히 조사하여 처치하소서." 하니 임금이 답하기를, "1차 형문에서 죽은 것은 필시 아랫것들이 간계를 쓴 소치(所致)일 것이니 엄밀히 조사하여 처치하도록 하라." 하였다.(효종실록 20권, 효종 9년, 서기 1658년 8월 26일 1번째 기사)

- **정원(政院)**: 승정원의 준말
- **추국(推鞫)**: 의금부에서 임금의 특명에 의하여 중죄인을 신문하던 일
- **형문(刑問)**: 형장으로 죄인의 정강이를 때리며 죄를 심문함
- **가증(可憎)**: 괘씸하고 얄미움
- **형조(刑曹)**: 육조의 하나로 법률, 소송, 형벌 따위의 일을 맡아보던 관청
- **고령(高靈)**: 경상북도 남서쪽에 있는 군(郡)
- **형장(刑杖)**: 죄인을 신문할 때 쓰던 몽둥이
- **이졸(吏卒)**: 직위가 낮은 벼슬아치
- **당상(堂上)**: 정3품 이상인 명선대부, 봉순대부, 통정대부, 절충장군 이상의 벼슬
- **낭청(郎廳)**: 관리 중에서 문관은 정3품인 통훈대부(通訓大夫) 등에서 종9품인 장사랑(將仕郎)까지, 무관은 정3품 어모장군(禦侮將軍) 이하 종9품 전력부위까지의 벼슬아치를 통틀어 이르는 말
- **추고(推考)**: 문초하거나 캐어물어 고찰함

[효종실록기사 1]에서 첫머리를 보면, "정원(政院)이 임금에게 아뢰기를, 옛날에 대궐 안에다 등문고(登聞鼓)를 달아 놓고, 관청을 설치하고 관원을 두어 억울한 사람의 하소연을 알리도록 하였는데, 우리나라의 격쟁(擊錚)하는 법은 곧 옛날 등문고의 뜻입니다."라고 한 것으로 미

루어 볼 때, 효종 시기에는 등문고(신문고) 대신 격쟁을 통하여 신민들의 원통함을 호소토록 했음을 알 수 있다. 그러나 이와 같은 등문고와 격쟁의 본래의 뜻을 저버리고, 근래에는 격쟁한 사람을 가두고 추국하며 너무 심하게 형문해서 죽게 만들기도 하는데, 이는 옛날의 제도가 아니며, 실로 아래의 사정을 통하고 억울한 백성을 다스리는 도리가 아니라는 것이었다. 그러면서 그 실례의 하나로서, 고령(高靈)에 사는 배순룡(裵順龍)이라는 사람이 격쟁을 해서 억울함을 호소하다가 형관(刑官)의 형장(刑杖)에 맞아 죽게 되자, 이 일을 엄히 조사할 것을 승정원이 임금에게 아뢰자, 임금이 대답하기를 "엄밀히 조사하여 처치하라."라고 했다고 한다.

현종 시기(1659-1674): 신문고는 없고 그 대신 격쟁만 있었던 듯

앞서 효종 시기 신문고의 실태에 관하여 살펴보았다. 그러면 그다음 임금인 제18대 현종(顯宗) 시기의 실태는 어떠했는가? 이를 알아보기 위하여 먼저 현종실록에서 신문고에 관한 기사들을 찾아보았는데, 현종실록에는 두 가지 버전이 있다. 첫째는 숙종 3년(1677) 5월 완성한 본래의 현종실록이다. 그런데 이는 사색당파(四色黨派) 중 남인(南人)에 의해 편파적으로 작성되었다는 서인(西人)들의 주장에 따라 서인들이 다시 한번 숙종 9년(1683) 음력 3월 현종실록을 편찬하게 되었는데, 이 두 번째 현종실록은 『현종개수실록』(顯宗改修實錄)이라고 부른다. 그리하여 이들 각 실록에서 신문고(등문고)에 관한 기사를 찾아보았더니, 현종개수실록에만 1건이 나온다. 이는 현종개수실록 10권, 현종 5년(1664) 4월 25일 2번째 기사인데, 그 내용은 [현종실록기사 1]과 같다.

[현종실록기사 1] 교리(校理) 이유상(李有相) 등이 임금에게 상차(上箚)하기를, "지난번 유생(儒生)들이 올린 소(疏)에 대한 비답(批答)에서 이미 '광소'(狂疏)라고 하며 서필원(徐必遠)을 배척했으니, 이는 조정에서 이미 시비를 결정한 것입니다. 시비가 이미 정해졌는데도 여전히 분명한 지휘를 해주지 않으시니, 실로 성상(聖上)께서 어떤 생각을 지니고 계신지 밖의 사람으로서 감히 알 수 없는 점이 있습니다. … 삼가 생각건대, 제왕(帝王)이 선비를 대우하는 도(道)는 반드시 여유 있게 포용해 주고 너그러이 용서해 주어 설령 망령되고 과격한 말을 하더라도 죄를 주지 않는데, 그렇게 하는 것은 참으로 사기(士氣)의 성쇠가 세도(世道)의 흥망과 관계되므로 길러야지 막아서는 안 되고 북돋아 주어야지 꺾어서는 안 되기 때문입니다. 지금 전하(殿下)께서는 이미 배양을 제대로 하지도 못하고 게다가 꺾어 버렸으며 심지어 소두(疏頭)를 정거(停擧)하라는 명을 내리기까지 하셨으니, 어찌 세도를 위해서는 염려를 하지 않으십니까. … 만약 조금 시비를 논했다고 바로 '조정을 멋대로 제재(制裁)했다.'라고 할 경우, 설령 대궐에서 지키고 있으면서 울부짖는 자나 관(棺)을 들고 와서 등문고를 두드리는 자가 있으면 장차 어떤 죄명을 줄지 모르겠습니다. 전에 우리 인종대왕(仁宗大王)께서 태학(太學) 유생들이 상소한 것에 대한 비답에 이르시기를 '태학은 공론이 있는 곳이니, 시비를 논하는 것은 좋은 것이지만 시비를 정하는 것은 유생들이 할 일이 아니다.' 하셨으니, 이는 참으로 성인(聖人)의 말입니다. 시비를 정하는 것은 진실로 조정의 일이지만 시비를 논하는 것은 실로 태학의 책임입니다. 지금 전하께서 유생들을 '멋대로 제재했다.'라고 배척하시어 그들로 하여금 감히 시비를 두지 못하게 하시니, 전하의 이 거조(擧措)는 또한 인종의 가르침과 다릅니다. 원컨대, 우레와 같은 위엄을 거두시고 소두 유생을 정거시키라는 명을 환수(還收)하소서." 하니, 상(上)이 따르지 않았다.(현종개수실록 10권, 현종 5년, 서기 1664년 4월 25일 2번째 기사)

- **교리(校理)**: 홍문관, 교서관, 승문원의 종5품 벼슬
- **이유상(李有相)**: 조선 후기에 교리·이조좌랑·이조정랑·집의(集義) 등을 역임한 문신
- **상차(上箚)**: 임금에게 차자(箚子)를 올림. 차자는 간단한 서식의 상소문을 말함
- **유생(儒生)**: 유학을 공부하는 선비
- **소(疎)**: 신하가 임금에게 올리는 글의 통칭
- **비답(批答)**: 상소에 대하여 그 말미에 임금이 적는 가부의 하답
- **광소(狂疏)**: 미친 상소
- **서필원(徐必遠)**: 현종 초에 병조참의·승지·대사성·예조참의·이조참의 등을 거쳐, 현종 4년(1663) 대사간·승지·병조참의를 역임. 이듬해 함경도관찰사가 되어 목면 재배를 권장하고 구휼 사업에 힘썼다. 현종 6년(1665) 강화유수를 역임하고, 현종 9년(1668) 자헌대부에 승진하여 형조판서가 되었으며, 현종 12년(1671) 병조판서에 이르렀다.
- **전하(殿下)**: 제국(帝國)의 황태자나 황태자비, 황자 등의 황족, 왕국의 왕과 왕비를 높여 이르는 말
- **소두(疏頭)**: 연명(連名)하여 올리는 상소에서 맨 먼저 이름을 적은, 주동이 되는 사람
- **정거(停擧)**: 시험장에서 부정행위 등을 한 유생에게 일정 기간 과거를 못 보게 하던 일
- **인종대왕(仁宗大王)**: 조선 제12대 인종 임금을 말함
- **태학(太學)**: 인재 양성을 위하여 한양에 설치한 최고 유학 교육 기관
- **거조(擧措)**: 무엇을 처리하거나 꾸미기 위한 조치
- **제재(制裁)**: 습관이나 규정에 어그러짐이 있을 때 그것을 금지하고 나무람
- **세도(世道)**: 세상을 올바르게 다스리는 도리, 또는 세상에서 사람이 마땅히 행해야 할 도리
- **우레[雷]**: 번개가 친 다음에 하늘에 크게 울리는 소리
- **환수(還收)**: 도로 거두어들임

이 기사는 교리(校理) 이유상(李有相) 등이 상차(上箚)하여, '소두(疏頭) 유생(儒生)을 정거(停擧)시키라'는 명령의 환수(還收)를 임금에게 청

하면서 등문고에 관하여 간단히 언급한 것이었는데, [현종실록기사 1]에서 중간 부분을 보면, "설령 대궐에서 지키고 있으면서 울부짖는 자나 관(棺)을 들고 와서 등문고를 두드리는 자가 있으면 장차 어떤 죄명을 줄지 모르겠습니다."라는 내용이 나온다. 그러나 이는 우리나라 현종 시기의 등문고를 말한 것이 아니라, 중국의 고사(故事)에 나오는 등문고를 말한 것이다. 즉 "대궐에서 지키고 있으면서 울부짖는 자나 관을 들고 와서 등문고를 두드리는 자"라는 말은 중국의 『한서』(漢書) 권99 왕망전(王莽傳)에 나오는 말로, 왕망이 자기 딸을 황후로 세우고자 하는 과정에서 서민·유생·낭리(郎吏) 이하 1천여 명이 대궐에서 지키고 있으면서 상소하여 왕망의 딸을 황후로 세우라고 청하여 뜻이 관철되었다고 한다.

이러한 고사는 중국의 『남사』(南史) 권18 장궐전(臧厥傳)에도 나오는데, 장궐이 관리로 있으면서 판단이 정확하고 밝아 모든 일을 이치에 맞게 처리하였는데, 그가 죽자 등문고를 치면서 그에게 청직사인(淸直舍人)을 내려 주자고 호소하는 자가 있었다고 한다. 그러므로 [현종실록기사 1]에 나오는 "등문고를 두드리는 자"는 우리나라 현종 시기의 일이 아니라, 중국 한나라 때 일을 말하는 것이다. 그러므로 현종 시기에 등문고가 있었다는 식으로 오해해서는 아니 되는데, 현종 시기 우리나라에 등문고(신문고)는 존재하지 않았던 것 같다.

그러나 등문고와 똑같은 역할을 수행했던 격쟁 제도는 시행되었음이 분명한데, 현종실록에서 격쟁에 관한 기사들을 찾아보면 본래의 현종실록에서는 13건이 나오고 현종개수실록에서는 11건이 나오나, 이들 중에는 두 버전의 내용이 똑같은 것이 8건이 된다. 그러므로 이들 8건을 제외하면 격쟁에 관한 기사들이 모두 16건이 되는데, 이들은 현종 1년(1660)부터 현종 11년(1670)까지 비교적 골고루 분포되어 있다. 따라서 이로 미루어 볼 때, 현종 시기에는 신문고 제도는 존재하지 않았으나, 그 대신 그와 비슷한 격쟁 제도는 존속했음이 분명하다.

10

숙종 시기
(1674-1720)

폐지되었던

신문고를 복원하여 활성화

앞에서는 인종(제12대)부터 현종(제18대)까지의 시기 신문고의 실상에 관하여 간단히 살펴보았다. 그러면 다음 임금인 제19대 숙종(肅宗) 임금 시기의 실태는 어떠했는가? 숙종은 현종의 외아들로 현종 2년(1661) 8월 15일 경덕궁 회상전(會祥殿)에서 태어나 현종 8년(1667) 정월 왕세자에 책봉되고, 현종 15년(1674) 8월 즉위하여 재위 46년이 되던 1720년 6월 8일 경덕궁 융복전(隆福殿)에서 승하하였다. 숙종실록에도 두 가지 버전이 있는데, 본래 버전은 경종 즉위년(1720) 11월 노론인 정호(鄭澔)가 총재관이 되어 편찬을 시작하여 영조 3년(1727) 인쇄까지 거의 완료했다. 그러나 그해 정미환국(丁未換局)으로 소론이 다시 집권하자, 이들은 숙종실록을 전면개수하려 했으나 작업이 거의 완료된 상태였으므로 개수는 곤란하여, 이광좌(李光佐)의 주도로 권마다 끝에 보궐정오(補闕正誤)를 만들어서 원본과 합본하여 간행하는 방법을 택했다. 그 결과, 숙종실록에는 숙종실록 원본과 보궐정오본이 있게 되었다.

신문고(등문고) 제도를 복원하여 적극적으로 활용

숙종 시기에 신문고의 실태를 알아보기 위하여 우선 두 가지 버전의 숙종실록에서 신문고(등문고와 승문고 포함)에 관련된 기사들을 검색해 보았다. 그 결과, 숙종실록 원본에서는 등문고에 관한 것이 5건, 신문고에 관한 것이 3건이 나왔으며, 숙종실록 보궐정오본에서는 등문고에 관한 기사만 1건이 나와서, 신문고 관련 기사는 모두 9건이나 되었다. 그런데 앞서 살펴보았듯이 신문고 제도는 선조(宣祖) 때부터 실제적으로는 폐지되었던 것 같다. 그러나 숙종실록을 보면 숙종 12년(1686) 9월 21일부터 "신문고를 쳐서 억울함을 호소했다."라는 내용의 기사가 나오기 시작해서 숙종 43년(1717) 9월 2일까지 9건이나 나온다. 그러면 이들 기사를 읽어 보면서 숙종 시기에 신문고(등문고와 승문고 포함)의 실태를 알아보기로 하자.

(1) 숙종 12년 9월부터 실록에 신문고 관련 기사가 다시 나타나기 시작

앞서 말했듯이 조선왕조실록을 보면, 선조 시기부터 신문고의 존재에 관한 기사가 보이지 않는다. 그러나 숙종실록 17권, 숙종 12년(1686) 9월 21일 2번째 기사를 보면, [숙종실록기사 1]에서 보듯이 윤계(尹堦)의 아들 윤세기(尹世紀)가 자기 아버지를 위하여 신문고를 쳐서 억울함을 호소했다는 내용이 나오며, 이를 시작으로 신문고에 관한 기사가 8건이나 나온다.

> [숙종실록기사 1] 임금이 주강(晝講)에 나아갔다. … 참찬관(參贊官) 신계화(申啓華)가 아뢰기를, "평안감사(平安監司) 윤계(尹堦)는 전에 강도(江都)를 맡았을 적에 뇌물 사건으로 탄핵을 받았었고, 황해감사(黃海監司) 임규(任奎)는 일찍이 호남(湖南)을 안찰(按察)할 적에 자기 기첩(妓妾)의 병을 위하여 선화당(宣化堂)에다 신사(神祀)를 설치하였으니, 이와 같은 사람들을 어떻게 다시 변방의 책임을 맡길 수 있겠습니까?" 하였다. … 그런데도 시강관(侍講官) 조상우(趙相愚)는 마침내 한마디의 말도 변명함이 없다가 이에 아뢰기를, "새로 부임한 양서(兩西) 지방의 방백(方伯)은 모두 여

론에 부합되지 않습니다." 하였다. … 윤계의 아들 윤세기(尹世紀)가 자기 아버지를 위하여 신문고를 치고 억울함을 하소하자, 강도의 등록(謄錄)을 고찰해 냈는데 윤계가 당시 조처한 일들이 많았다. 그래서 조상우는 사실과 틀리게 다른 사람을 논박했다는 책임을 물어 다시 파직되었다.(숙종실록 17권, 숙종 12년, 서기 1686년 9월 21일 2번째 기사)

- **주강(晝講)**: 경연특진관 이하가 오시(午時)에 임금을 모시고 행하던 경연(經筵)
- **참찬관(參贊官)**: 경연청(經筵廳)의 정3품 벼슬
- **신계화(申啓華)**: 숙종 6년(1680) 춘당대문과(春塘臺文科)에 을과로 급제하였다. 수찬·정언·지평을 거쳐, 교리 때 사직의 소를 올리면서까지 박세전(朴世전) 등의 피죄지과(被罪之科: 죄를 지은 조목)와 김환(金煥)의 무고 사건에 대한 정론(停論: 논의가 중단됨)의 잘못을 주장했으나 특명으로 추국을 당하지는 않았다. 헌납을 거쳐, 숙종 12년(1686) 문과 중시에 장원으로 급제하여 승지에 특채되었다.
- **윤계(尹堦)**: 숙종 12년(1686) 평안도관찰사가 되었으나, 강화유수 때 가혹하게 세금을 거두었다는 탄핵을 받아 부임하지 못했다. 이듬해 한성판윤이 되고 좌참찬·공조판서를 거쳐 비변사(備邊司)의 천거로 광주유수(廣州留守)가 되었다. 숙종 15년(1689) 기사환국으로 남인이 정권을 장악하자, 송시열(宋時烈) 당(黨)으로 몰려 전라도 강진으로 귀양갔다가 그곳에서 죽었다.
- **강도(江都)**: 강화도의 옛 이름
- **임규(任奎)**: 숙종 6년(1680) 전라도관찰사에 이어 동부승지를 역임하고, 숙종 12년(1686) 황해도관찰사를 끝으로 관직을 떠났다.
- **안찰(按察)**: 어떤 곳을 조사하여 살핌. 그러나 여기서는 안찰사(按察使)로 복무할 때라는 뜻인데, 안찰사는 각 도의 행정을 맡았던 으뜸 벼슬임
- **기첩(妓妾)**: 기생 출신의 첩
- **선화당(宣化堂)**: 관찰사가 정무를 보던 정청(政廳)으로 고을의 동헌(東軒)에 해당한다. 정면 중앙에 '선화당'이라는 편액(扁額)을 달았는데, 이는 '임금의 덕을 선양하고 백성을 교화하는(宣上德而化下民) 건물'임을 뜻했다.
- **신사(神祀)**: 신령을 모신 사당
- **시강관(侍講官)**: 경연청의 정4품 벼슬
- **조상우(趙相愚)**: 숙종 때 문과에 급제하여 태안현감·지평·병조좌랑·부교리·이

조좌랑·수찬·검토관·교리·부응교·시강관을 지내다가 기사환국으로 쫓겨났지만 갑술환국으로 복귀해 승지·대사간·이조참의·대사성·부제학·개성유수 등을 거쳐 대사간·승지·대사성·부제학을 거쳐 경기도관찰사·이조참판·대사성·대사헌·부제학을 거쳐 형조판서·예조판서·우참찬·좌참찬을 거쳐 대사헌·형조판서·판의금부사·병조판서·우참찬·좌참찬·이조판서·한성부판윤·예조판서를 거쳐 우의정이 되고 뒤에 판중추부사가 되었다.

- **양서(兩西)**: 황해도와 평안도를 아울러 이르는 말
- **방백(方伯)**: 지방 장관
- **윤세기(尹世紀)**: 윤계(尹堦)의 아들로, 숙종 8년(1682) 장령을 거쳐, 숙종 10년(1684) 김환(金煥)이 모반을 일으킨다는 무고를 하였을 적에 여기에 동조하지 않아 영흥부사로 좌천되었다.
- **등록(謄錄)**: 각 관아에서 소관 업무나 관아 간의 문서 전달 및 업무의 시행과정 등을 일지(日誌) 형식으로 기록한 것

[숙종실록기사 1]을 보면, 평안감사로 내정되었던 윤계가 그 전에 강화유수로 있을 때 뇌물 사건으로 탄핵을 받았다고 시강관 조상우가 논박하자, "윤계의 아들 윤세기가 자기 아버지를 위하여 신문고를 치고 억울함을 하소하였다." 그러자 강화도의 등록(謄錄)을 고찰해 본 결과, 조상우는 사실과 틀리게 다른 사람을 논박했다는 책임을 물어 조상우가 다시 파직되었다. 그러므로 이를 볼 때, 숙종 12년(1686)경에는 그 이전에 폐지나 중지되었던 신문고를 다시 복원하여 백성들의 억울함을 처리해 주었음이 분명한데, 이는 다음의 숙종실록기사 8건을 보아도 알 수 있다.

(2) 유신일의 아들 유입도 등문고를 쳐서 송원하다

숙종실록 33권, 숙종 25년(1699) 윤7월 8일 1번째 기사에도 [숙종실록기사 2]에서 보듯이 의금부(義禁府)에서 유신일(兪信一)이라는 자를 "지만취초(遲晩取招)를 하지 않았는데도, 그의 아들 유입(兪岦)이 등문고를

쳐서 송원(訟冤)하기를" 운운하는 내용이 나오는데, 여기서 '등문고'는 신문고와 마찬가지로서 숙종 시기에도 신문고와 등문고를 서로 혼용했던 것 같다.

[숙종실록기사 2] 의금부(義禁府)에서 유신일(兪信一)의 일을 언의(讞議)하여 아뢰기를, "이우백(李友白)은 곤장을 친 일에 대해서는 이미 자복(自服)하였으니, 마땅히 법에 의해 처단해야 하나, 옥정(獄情)의 의심스런 단서는 처음 검시(檢屍)를 요청하지 않았기 때문에 시장(屍帳)의 실인(實因)을 빙거(憑據)할 데가 없습니다. 이 일은 상법(常法) 밖에 관계된 것이니, 청컨대 대신(大臣)들과 의논하여 조처하게 하소서." 하니, 임금이 윤허하였다. … 뒤에 유신일이 지만취초(遲晩取招)를 하지 않았는데, 그의 아들 유입(兪岦)이 등문고를 쳐서 송원(訟冤)하기를, "노승경(魯承經)이 도신(道臣)의 협박을 받아 거짓으로 공초(供招)한 것이니, 왕옥(王獄)에서 안험(按驗)하게 하소서." 하였다. 노승경은 곧 북로(北路) 사람인데, 처음에 의원(醫員)으로서 이우백의 병을 치료하고 장사(杖死)하였다고 관부(官府)에 납공(納供)하였다가, 금오(金吾)에 잡혀와 갇힘에 이르러서는 앞서의 말을 모두 바꾸어서 "실인은 병으로 죽은 것인데, 시친(屍親)에게 꾐을 받아 거짓으로 공초하였다."라고 하였다.(숙종실록 33권, 숙종 25년, 서기 1699년 윤7월 8일 1번째 기사)

- **의금부(義禁府)**: 임금의 명에 의해 죄인을 다스리는 일을 맡아보던 관청
- **유신일(兪信一)**: 숙종 1년(1675) 생원시에 합격하고, 숙종 9년(1683) 장흥봉사(長興奉事)를 지냈으며, 숙종 15년(1689) 증광문과에 병과로 급제하였다. 사헌부·사간원 등에서 여러 관직을 거쳐, 숙종 22년(1696) 집의(執義)·문학(文學)·세자시강원필선·장령(掌令) 등을 지냈다.
- **언의(讞議)**: 처벌 방법 따위를 정하는 논의
- **옥정(獄情)**: 범죄 사건을 다스릴 때 고려하는 일체의 사정

- **시장(屍帳)**: 검시 결과보고서
- **실인(實因)**: 피살자의 실제 사인(死因)
- **빙거(憑據)**: 증명할 만한 근거
- **상법(常法)**: 변하지 않는 일정한 규칙이나 법
- **지만취초(遲晩取招)**: 죄인이 자복할 때까지 문초하여 범죄 사실을 말하게 함
- **송원(訟冤)**: 원통함을 풀어 달라고 소송함
- **도신(道臣)**: 각 도의 으뜸 벼슬이었던 '관찰사'를 달리 이르는 말
- **공초(供招)**: 죄인이 범죄 사실을 자세히 말함
- **왕옥(王獄)**: 의금부(義禁府)의 별칭
- **안험(按驗)**: 자세히 조사하여 증거를 세움
- **북로(北路)**: 서울에서 함경도로 통하는 길. 그러나 여기서는 함경도를 말함
- **장사(杖死)**: 곤장으로 볼기를 치는 장형(杖刑)을 당하여 죽음
- **관부(官府)**: 벼슬아치들이 모여 나랏일을 처리하는 곳
- **납공(納供)**: 보고함
- **금오(金吾)**: 의금부(義禁府)의 별칭
- **시친(屍親)**: 죽임을 당한 사람의 친척

따라서 [숙종실록기사 2]를 보아도 숙종 시기에는 신문고 제도를 다시 사용했음을 알 수 있는데, 이처럼 "신문고를 쳐서 억울함을 호소했다."라는 내용의 기사는 숙종 25년(1699) 이후에도 모두 7건이 나온다.

(3) 손지 아들이 신문고로 호소했으나 그 아비를 죽인 사형수를 유배토록 선처

숙종실록 38권, 숙종 29년(1703) 12월 3일 1번째 기사에도 전 현감 손지(孫志)의 아들이 그의 아비를 죽인 자들을 엄형에 처벌해 줄 것을 신문고를 통하여 임금에게 호소했다는 내용이 나온다. 이 기사는 분량이 꽤 길으나 소개하면 [숙종실록기사 3]과 같다.

[숙종실록기사 3]　임금이 사형수(死刑囚)를 삼복(三覆)하였다. … 이명(李

命)의 아버지 이막룡(李莫龍)은 일찍이 전(前) 현감(縣監) 손지(孫志)에게 매를 맞고 얼마 안되어 병들어 죽었다. 손지가 처음에는 살인 혐의로 체포되었으나, 사실을 구핵(究覈)한 뒤에 풀려났었다. 그런데 이명은 손지의 종으로서 속량(贖良)된 사람인데, 자기의 아버지가 손지의 손에 죽은 것 때문에 항상 복수하려는 마음을 품고 있었다. 13년 뒤에 손지가 마침 상주(尙州)에 간 적이 있었다. 이명이 그 동생 이가음이(李加音伊)와 함께 대낮에 산에 올라가 "내가 이제 원수를 갚겠다."라고 부르짖고, 곧바로 손지가 거처하는 곳으로 달려가니, 손지는 황급히 도망쳐 피하고 그의 종인(從人) 춘봉(春奉)이 칼을 뽑아 들고 가로막았다. 그러자 이명이 먼저 춘봉을 찔러 죽이고, 가음이는 손지를 뒤따라가서 마구 찔러 죽였다. 그리고 형제가 모두 도망쳐 숨어 있다가 한 달이 지난 뒤에 관아에 나아가서 자수하고 말하기를, "아버지가 죽은 뒤에 밤낮으로 절치부심(切齒腐心)하며 원수 갚기를 생각해 왔으나, 다만 동생이 어리기 때문에 장성하기를 기다려 힘을 합쳐 복수하려고 지금까지 참아 왔었는데, 이제는 소원을 풀었습니다. 죽어도 여한이 없으나 집에 노모(老母)가 계시므로 살길을 처리한 뒤에 비로소 출두하였습니다." 하니, 현관(縣官)과 도신(道臣)이 모두 그를 의롭게 여겨 그 옥사(獄事)를 늦추려고 하였다.

그러나 손지의 아들이 신문고를 쳐서 원통함을 호소하였으므로, 드디어 이명 등을 경옥(京獄)으로 옮겼다. 누가 춘봉을 죽였으며, 누가 손지를 죽였는가를 신문하여 캐물으니, 형제가 서로 죽기를 다투면서 사실을 명백히 하지 않으려고 하였다. 여러 번 형신(刑訊)을 받은 뒤 비로소 각각 자복하였는데, 감옥에 갇혀서 계복(啓覆)을 기다리다가 이가음이는 먼저 병들어 죽었다. 그리고 이명도 율(律)을 의논하니 사형에 해당되었다. 임금이 여러 신하들에게 순문(詢問)하니 우윤(右尹) 이세재(李世載)가 바로 그 당시의 도신이었는데, 살려서 감형하는 의논에 부칠 것을 힘써 주장하였다. 그리고 형조판서 이익수(李益壽)도 이명의 지극한 효성을 크게 칭찬하고 결코 사형시킬 수 없다고 주장하였다. 판부사(判府事) 서문중(徐文重)은 아뢰기를, "당초 이막룡이 피살되었을 때 옥사(獄事)가 성립되지 않았으니, 나라에서 복수(復讐)로 승인할 수 없습니다. 게다가 손지만 죽였다면 혹 복수라고 인정할 수 있겠지마는, 춘봉은 관계가 없는 사람으로서 까닭 없이 살해당하였습니다. 또 그 상명(償命)을 허락하지 않는다면, 춘봉에 대하여서는 실제로 너무나 원통하게 됩니다. 이명에게 사형을 용서하여 주는 것은 근거할 데가 없을 듯합니다." 하고, 병조판서 윤세기(尹世紀)는 아뢰기를, "춘봉을 죽이지 않으면 형편상 손지를 죽일 수가 없었습니다. 그러니 이것도 하나로 연결된 일로 보아야지 나누어 두 가지로 볼 수는 없을 것입니다. 지금 만일 이명을 죽인다면 『춘추』(春秋)에서 복수를 인정한 의의(意義)가 어디에 있겠습니까?" 하고, 교리(校理) 이만성(李晩成)은 아뢰기를, "이명이 만일 사건 당일에 관청에 나아와서 죽기를 자청(自請)하였다면, 복수한 일이 명백하다고 할 수 있겠지만, 30일 동안이나 도피하여 있다가 비로소 나와서 자수하였으니, 행적이 매우 의심스럽습니다. 더욱이 타인을 억울하게 죽였으니, 법에 있어서 응당 사형시켜야 하는 것 아니겠습니까?" 하고, 수찬(修撰) 이관명(李觀命)은 아뢰기를, "춘봉은 비록 손지를 따라다니기는 하였지마는, 그의 종은 아니었습니다. 그러나 죽음을 무릅쓰고 가로막았을 리가 절대로 없었을 것입니다. 이명이 춘봉을 죽인 것은 입을 막으려는 계획에서 나온 것입니다." 하니, 임금이 말하기를, "이가음이가 만일 살았다면 혹 살려 줄 수 있겠지만, 이명은 억울하게 종인(從人)을 죽였으니 법으로 볼 때 용서하기 어렵다." 하였다. 그러자 예조참판 유집일(兪集一)은 아뢰기를, "아비가 죽은 지 10년 뒤에 칼을 갈아 복수하고, 자신의 죽음을 집에 돌아가듯 쉽사리 생각하였습니다. 보통 사람은 손가락를 끊어도 효도라고 하는데, 하물며 이러한 일이겠습니까? 이명 같은 지극한 효성은 고금(古今)에 드문 일입니다. 어찌 차마 사형을 집행하여 효도의 도리를 손상시킬 수 있겠습니까?" 하고, 여러 신하들 중에서도 이명을 구조하는 사람이 매우 많았다. 좌의정 이여(李畬)도 또한 아뢰기를, "순(舜) 임금 때에도 오형(五刑)으로써 오교(五敎)를 돕게 했으니, 오로지 법(法)만으로 처리하지 않았음을 알 수 있습니다. 다만 인정과 법을 참작하여 처리하는 데에 달려 있을 뿐입니다." 하니, 임금이 한참 동안 깊이 생각하고 있다가, 하교(下敎)하기를, "법률로는 사형이 마땅하나, 정리(情理)로는 용서할 만하다. 특별히 사형을 감면하여 귀양 보내도록 하라." 하였다.(숙종실록 38권, 숙종 29년, 서기 1703년 12월 3일 1번째 기사)

- **삼복(三覆)**: 형법의 하나로 사형에 해당하는 죄인에게 억울함이 없도록 세 번 심리하던 일
- **현감(縣監)**: 현의 우두머리. 현은 지방행정 구획의 하나
- **구핵(究覈)**: 사실이나 이치 따위를 속속들이 살펴 밝힘
- **속량(贖良)**: 몸값을 받고 종을 놓아주어 양민이 되게 함
- **종인(從人)**: 남에게 딸려서 따라다니는 사람
- **절치부심(切齒腐心)**: 이를 갈면서 속을 썩인다는 뜻으로, 매우 분하여 한을 품음을 이르는 말
- **비부(婢夫)**: 종의 남편
- **현관(縣官)**: 현감(縣監)의 별칭. 최하위의 지방행정구역 단위였던 현(縣)의 종6품 직 관직
- **도신(道臣)**: 각 도의 으뜸 벼슬이었던 '관찰사'를 달리 이르는 말
- **옥사(獄事)**: 반역이나 살인 따위의 중대한 범죄를 다스림
- **경옥(京獄)**: 서울에 있는 감옥
- **형신(刑訊)**: 형장(刑杖)으로 죄인의 정강이를 때리며 죄를 심문하던 형벌
- **계복(啓覆)**: 임금에게 아뢰어 사형 선고를 받은 죄인을 다시 심사함
- **순문(詢問)**: 임금이 신하나 백성에게 의견 등을 물음
- **우윤(右尹)**: 한성부(漢城府)의 종2품 벼슬
- **이세재(李世載)**: 숙종 29년(1703) 한성우윤이 되고, 이어 대사간·도승지·경기도 관찰사 등을 역임하였고 형조참판으로 재직 중에 죽었다. 특히 동래부사로 있을 때에는 간사한 왜인(倭人)들의 버릇을 고쳐, 왜인들이 100년 이래의 두려운 부

사라고 찬탄하였다.

- **형조판서(刑曹判書)**: 형조의 정2품 으뜸 벼슬. 형조는 육조의 하나로 법률, 소송, 형벌 따위의 일을 맡아보던 관청
- **이익수(李益壽)**: 숙종 13년(1687) 지평이 되었으나, 그해 당쟁으로 인하여 죄없이 몰리는 나양좌(羅良佐)를 변호하다가 삭직 당하였다. 이듬해(1688) 정언으로 복직되고, 그 이듬해(1689) 다시 지평이 되었다. 성품이 강직하였는데, 당시 위세를 떨치던 장희빈(張禧嬪)의 어머니가 가마를 타고 궁문을 나가는 것을 막다가 파직되기도 하였으나 곧 사간(司諫)에 복직되었다. 숙종 23년(1697) 승지가 되고, 이어서 대사간·판의금부사·이조판서를 거쳐 좌찬성에 이르렀다.
- **판부사(判府事)**: 중추부(中樞府)의 으뜸 벼슬. 중추부는 숙위(宿衛), 군기(軍機) 등을 맡아보던 관청
- **서문중(徐文重)**: 숙종 7년(1681) 광주부윤으로 남한산성 수축에 힘을 기울였다. 그 뒤 호조참판·경상도관찰사·예조참판·도승지·공조판서·형조판서·지중추부사·우참찬 등을 지냈다. 숙종 15년(1689) 기사환국 때 인현왕후의 폐위를 반대해서 중앙에서 밀려나 금천으로 퇴거했으나, 남인의 책동으로 안변부사로 나갔다. 숙종 20년(1694) 갑술옥사로 서인이 정권을 잡게 되면서 병조판서 겸 지의금부사가 되었으나, 장희빈과 남인들을 징계하는 문제에 온건한 입장을 취하다가 탄핵을 받아 다시 금천으로 은퇴했다. 그 뒤 훈련대장·형조판서·병조판서를 지내고, 숙종 26년(1700) 영의정을 거쳐 기로소에 들어갔다.
- **상명(償命)**: 피살자의 목숨에 대하여 살인자의 목숨으로 갚음. 곧 사형에 처한다는 뜻
- **병조판서(兵曹判書)**: 병조의 정2품 으뜸 벼슬. 병조는 육조의 하나로, 군사에 관한 일을 맡아보던 관청
- **윤세기(尹世紀)**: 숙종 13년(1687) 예조참의에 이어 우부승지로 재직 중 대신에게 엄하게 문책한 비망기(備忘記)의 환수를 청하였다가 파직되었다. 이듬해 다시 승지로 복직되었고, 숙종 15년(1689) 청나라의 장렬왕후(莊烈王后)가 죽자 고부사(告訃使)로 청나라에 다녀왔다. 같은 해 기사환국으로 아버지와 함께 파직, 유배되었다. 숙종 20년(1694) 갑술옥사가 일어나 유배에서 풀려나와 병조판서에 제수되었다. 그 뒤 서북면 출신의 무신도 선전관으로 기용하라는 왕명을 실행하지 않았다는 죄목으로 다시 파직되었으나, 숙종 31년(1705) 호조판서로 기용되었고 우참찬·한성부판윤·좌참찬·예조판서 등을 지냈다.
- **교리(校理)**: 홍문관, 교서관, 승문원의 종5품 벼슬

- **이만성(李晩成)**: 숙종 22년(1696) 선혜랑을 거쳐 성주목사·장악원첨정(掌樂院僉正)·강화부경력(江華府經歷)·선공감부정·예빈시정 등을 역임하고, 숙종 34년(1708) 호군을 거쳐 돈녕부도정(敦寧府都正)에 이르렀다.
- **『춘추』(春秋)**: 중국 춘추시대에 노(魯)나라 은공(隱公)으로부터 애공(哀公)에 이르기까지 12공(公) 242년간의 기록을 담고 있는 유교 경전
- **수찬(修撰)**: 예문관과 춘추관의 정8품 벼슬
- **이관명(李觀命)**: 숙종 13년(1687) 진사가 되었고, 숙종 24년(1698) 알성문과에 급제한 뒤 지평·교리·이조참판·부제학·도승지·대사헌·예조판서·형조판서 등을 역임했다.
- **유집일(兪集一)**: 숙종 22년(1696) 승지에 임명되었다. 그 뒤 부사직·경상도관찰사·황해도관찰사·대사간 등을 거쳐, 숙종 31년(1705) 예조참판이 되었다.
- **이여(李畬)**: 숙종 20년(1694) 중궁 복위 및 갑술환국에 적극 참여하여 형조참판에 발탁되었고, 다음 해 도승지를 거쳐 이조참판이 되었다. 이때 재해로 피폐된 농촌에 대한 수습책을 상소하였다. 이어서 공조참판·한성판윤·대사헌·좌참찬·대제학·예조판서·이조판서·판의금부사 등을 거쳐 숙종 28년(1702) 좌의정이 되었고, 곧 영의정에 올랐다.
- **순(舜)임금**: 중국 신화 속 군주의 이름으로, 중국의 삼황오제(三皇五帝) 신화 가운데 오제의 마지막 군주이다. 주로 선대의 요(堯)와 함께 이른바 '요순'(堯舜)이라 하여 성군(聖君)의 대명사로 일컬어진다.
- **오형(五刑)**: 중국 주대(周代) 이래 사용한 죄인을 벌하는 다섯 종류의 형벌. 즉 얼굴에 먹물을 넣는 묵형(墨刑), 코를 베는 의형(劓刑), 발꿈치를 잘라 내는 월형(刖刑), 생식기를 거세하는 궁형(宮刑), 사형(死刑)을 시키는 대벽(大辟)을 말함
- **오교(五敎)**: 부자유친(父子有親)·군신유의(君臣有義)·부부유별(夫婦有別)·장유유서(長幼有序)·붕우유신(朋友有信)의 다섯 가지 교화(敎化)
- **정리(情理)**: 인정과 도리를 아울러 이르는 말

[숙종실록기사 3]에서 보듯이 전 현감 손지(孫志)의 아들이 그의 아비를 죽인 자들을 엄형에 처벌해 줄 것을 신문고를 통하여 임금에게 호소했으나, 범인 이명(李命)은 그의 아버지 이막룡(李莫龍)이 현감(縣監) 손지(孫志)에게 매를 맞고 얼마 안되어 병들어 죽었기에 그 원수를 갚기 위하여 손지를 죽인 것이었다. 그러므로 임금이 하교(下敎)하기를, "법

률로는 이명을 사형하는 것이 마땅하나, 정리(情理)로는 용서할 만하다." 하여, 특별히 사형을 감면하여 귀양보내도록 했다는 것이다.

(4) 태복시의 횡탈에 태안 백성들이 신문고를 치며 호소했으나 기각

다음으로 숙종실록 39권, 숙종 30년(1704) 4월 22일 2번째 기사에는 태안(泰安)의 백성들이 태복시(太僕寺)의 횡탈에 항거하여 신문고를 치며 원통함을 호소하였다는 내용이 기록되어 있다. 그러므로 이를 보더라도 숙종 시기에는 신문고가 있었으며, 이들 통해 백성들이 억울함을 임금께 호소했음을 알 수 있다. 그러나 이 경우는 임금이 백성들의 호소를 들어주지 않으면서, 또 호소하면 죄를 주겠다고 했는데, 그 내용을 소개하면 다음 [숙종실록기사 4]와 같다.

> [숙종실록기사 4]　태안(泰安)의 백성들이 태복시(太僕寺)에서 고목장(古牧場)이라 칭하여 대대로 전해온 전토(田土)를 횡탈(橫奪)하니, 신문고를 치며 원통함을 호소하였다. 태복시에서 낭관(郎官)을 보내어 조사하게 하고 말하기를, "목장(牧場)의 터가 완연히 있는데, 백성들이 혹은 도리(道里)가 다르다 하고 혹은 삼한시대(三韓時代)에 쌓은 성(城)이라 하여 열 눈[十目]이 보는 바를 가리려고 거짓을 꾸며서 점유할 계획을 하고 있으니, 매우 놀라운 일입니다. 두 목장을 이내 태복시에 귀속시켜서 이 뒤라도 토호(土豪)의 무리들이 만약 다시 백성을 꾀어 거짓으로 호소한다면, 마땅히 공전(公田)을 함부로 점유했다는 죄로써 논하여 다스리소서."하니, 임금이 윤허하였다.(숙종실록 39권, 숙종 30년, 서기 1704년 4월 22일 2번째 기사)

- **태안(泰安)**: 충청남도 북서쪽 끝에 있는 군(郡)
- **태복시(太僕寺)**: 궁중의 승여(乘輿), 마필, 목장 등에 관한 일을 맡아보던 관아
- **횡탈(橫奪)**: 다른 사람의 것을 함부로 가로채어 빼앗음

- **낭관(郎官)**: 각 관아의 당하관을 통틀어 이르는 말
- **도리(道里)**: 어떤 곳과 다른 곳 사이의 이수(里數)
- **삼한시대(三韓時代)**: 우리나라 남쪽에 마한(馬韓), 진한(辰韓), 변한(弁韓)이라는 부족 국가가 존재하던 시대
- **토호(土豪)**: 지방에서 재력과 세력을 바탕으로 양반 행세를 할 정도로 힘을 과시하는 사람. 지방에 자리를 잡고 버텨 세력을 떨치던 호족
- **공전(公田)**: 국가가 소유하는 토지
- **윤허(允許)**: 임금이 어떤 일에 대한 신하의 청에 대하여 그렇게 하도록 허락함

[숙종실록기사 4]를 보면, 태안의 백성들이 신문고를 쳐서 호소하기를, "태복시가 태안의 고목장을 횡탈했다."라고 주장했다. 그래서 태복시에서 낭관(郎官)을 보내어 조사해 본 결과, 이는 태안의 토호(土豪) 무리들이 거짓을 꾸며 고목장을 점유하기 위하여 태안 백성들을 꾀어 신문고로 호소토록 한 것이었다. 따라서 임금은 태안 백성들의 호소를 기각하면서, 만약 토호 무리들이 백성을 꾀어 거짓으로 또 호소한다면, 마땅히 공전(公田)을 함부로 점유했다는 죄로써 논하여 다스리기로 했다는 것이다.

(5) 역적 이정의 손자도 등문고를 두드려 원통함을 호소

다음으로 숙종실록 47권, 숙종 35년(1709) 11월 28일 2번째 기사에도 [숙종실록기사 5]에서 보듯이 "역적 이정(李楨)의 손자 이지(李墀)가 등문고를 두드려 [자기 조부인] 정의 원통함을 호소하되" 운운하고 있다. 따라서 이를 볼 때, 숙종 후기에도 신문고 제도가 비교적 활발하게 운영되었음을 짐작할 수 있다.

[숙종실록기사 5]　역적 이정(李楨)의 손자 이지(李墀)가 등문고(登聞鼓)를 두드려 정의 원통함을 호소하되, 명성왕후(明聖王后)가 내린 분부를 들

어 말을 하고, 김석연(金錫衍)을 끌어다 증거를 대기까지 했다. … 임금이 규례대로 비답을 내렸다.(숙종실록 47권, 숙종 35년, 서기 1709년 11월 28일 2번째 기사)

- **명성왕후(明聖王后)**: 조선 제19대 임금 숙종의 비. 제26대 고종의 비(妃)인 명성황후(明成皇后)와는 한자(漢字)가 다른 황후이다.
- **김석연(金錫衍)**: 숙종 6년(1680)에 음보(蔭補)로 관직에 나아가 예빈시정(禮賓寺正)·전설(典說)·별검(別檢)을 역임하였다. 숙종 15년(1689) 기사환국으로 관직에서 추방당하였다가 숙종 20년(1694) 갑술옥사로 다시 기용되어 숙종 23년(1697) 공조참판이 되었다. 한성부윤을 거쳐 숙종 26년(1700) 강화유수, 숙종 30년(1704) 어영대장, 숙종 35년(1709) 형조판서 등을 역임하였다.
- **비답(批答)**: 상소 등에 대하여 그 말미에 임금이 적는 가부의 하답

지금까지 소개한 모두 5건의 신문고 관련 기사들을 보면, 숙종실록 33권, 숙종 25년(1699) 윤7월 8일 1번째 기사에서만 신문고를 '등문고'라고 불렀고, 나머지 4건의 기사들에서는 모두 '신문고'라고 불렀다. 하지만 숙종실록 47권, 숙종 35년(1709) 11월 28일 2번째 기사를 비롯하여 그 이후 숙종실록에 나오는 5건의 신문고 관련 기사들에서는 '신문고'라고 하지 않고, 모두 '등문고'로 호칭하였다. 그러면 이는 '신문고'라는 용어가 '등문고'로 바뀌었기 때문일까, 아니면 '신문고'와 '등문고'를 혼용하다 보니, 우연히 그렇게 되었을 뿐인가? 우연일 가능성이 높은데, 숙종실록 47권, 숙종 35년(1709) 11월 28일 2번째 기사 이후에 숙종실록에 나오는 기사들에서는 비록 '등문고'라는 말을 쓰긴 했지만, 그 이유를 밝혀 놓은 곳이 없기 때문이며, 그 뒤 다른 임금의 실록들에서도 '신문고'와 '등문고'라는 용어를 혼용하고 있기 때문이다.

신문고(등문고)의 남용이나 악용자는 처벌해

앞서 살펴보았듯이 숙종실록에서 신문고(등문고 포함)에 관한 기사들을 찾아보면, 각종 신분의 백성들이 신문고를 통해 여러 가지의 억울함을 호소하였다. 따라서 숙종 시기에는 신문고 제도가 다시 활성화되었음을 엿볼 수 있다. 그러나 일부 백성들이 신문고를 악용하거나 남용하여 처벌을 받은 사례도 적지 않다.

(1) 박세당의 손자가 등문고로 공사를 청하다가 정배 당해

숙종실록 48권, 숙종 36년(1710) 7월 11일 4번째 기사를 보면, "박세당(朴世堂)의 손자 박필기(朴弼基)가 등문고를 두드려 그의 숙부 박태한(朴泰翰)과 함께 앉아 공사(供辭)하기를 청했다가 오히려 정배를 가게 되었다고 하는데, 그 내용을 소개하면 [숙종실록기사 6]과 같다.

> [숙종실록기사 6] … 이보다 앞서, 박세당(朴世堂)의 손자 박필기(朴弼基)가 등문고를 두드려 그의 숙부 박태한(朴泰翰)과 함께 앉아 공사(供辭)하기를 청하였는데, 장황하게 여러 가지로 끌어댄 것이 많았다. … 임금이 답하기를, "지난번 박필기의 공사를 보건대, 조령(朝令)을 거역하고 반드시 다투어 이기려 하여 유현(儒賢)을 무함해 헐뜯고 어그러지는 말이 많았으니, 내가 실로 놀라고 한탄하였다. … 박필기를 정배(定配)케 하라." 하였다.(숙종실록 48권, 숙종 36년, 서기 1710년 7월 11일 4번째 기사)

- **박세당(朴世堂):** 숙종 28년(1702) 이경석(李景奭)의 비문을 지은 것이 계기가 되어 정치적 박해를 받게 되었다. 비문 속에는 송시열(宋時烈)의 인품이 이경석의 인품보다 못하다는 내용이 있어, 노론에게 사문난적(斯文亂賊)으로 몰려 삭탈관직(削奪官職) 당하고 옥과(玉果)로 유배되었다.
- **박필기(朴弼基):** 박세당(朴世堂)의 손자라고 하나, 신원은 미상

- **박태한(朴泰翰)**: 박필기의 숙부라고 하나, 신원은 미상
- **공사(供辭)**: 죄인이 범죄 사실을 자세히 말함
- **유현(儒賢)**: 이름난 선비
- **무함(誣陷)**: 없는 사실을 거짓으로 꾸며 남을 함정에 빠뜨림

[숙종실록기사 6]을 보면, 박세당의 손자 박필기가 등문고를 두드려 그의 숙부 박태한과 함께 앉아 공사(供辭)하기를 청했는데, 지난번의 공사를 보건대, 조령(朝令)을 거역하고 반드시 다투어 이기려 하여 유현(儒賢)을 무함해 헐뜯고 어그러지는 말이 많아서, 이를 임금이 보고서 놀라고 한탄하면서 박필기를 정배(定配)케 하라고 명령했다는 것이다. 그러니까 등문고(신문고)를 악용하여 다른 사람을 무함하고 비방하는 자는 오히려 처벌했음을 알 수 있다.

(2) 유학 심일녕이 등문고를 쳐서 형조판서 유득일을 파직시켜

이와 같이 등문고(신문고)를 악용하여 다른 사람을 무함하고 비방하는 자는 처벌했다. 하지만 피해자가 신문고를 올바로 사용하여 억울함을 호소한 경우는 피해자의 억울함을 제대로 해결해 주지 않은 관원을 처벌하기도 했다. 이러한 사례의 하나로서 숙종실록 48권, 숙종 36년(1710) 7월 22일 3번째 기사를 보면, [숙종실록기사 7]과 같은 내용이 실려 있다.

> [숙종실록기사 7]　임금이 유득일(兪得一)을 파직하도록 명하였다. 그때 여주(驪州)의 유학(幼學) 심일녕(沈一寧)이 등문고를 치며 말하기를, "누이동생이 그 지아비 이만운(李萬運)에게 피살되었는데, 전(前) 형조판서(刑曹判書) 유득일이 공공연하게 옥사(獄事)를 늦추어 한 달이 넘도록 시체를 찾지 못하였습니다." 하니, 임금이 특교(特敎)를 내리기를, "아내를 때려 죽음에 이르게 한 자는 곧 일죄(一罪)이다. 더욱이 이만운은 아내를 죽이

고 시신(屍身)을 숨겼으므로, 정절(情節)이 흉악하고도 참혹하여 몹시 절통(絶痛)한 일이며, 형관(刑官)이 된 사람으로서 시일을 질질 끌어 마침내 엄중하게 핵실(覈實)하지 아니하였으니, 해당 형관을 우선 파직하도록 하라." 하였다. 그때 유득일이 강세윤(姜世胤)의 과옥(科獄)을 소상히 핵실해 간교한 실정을 모두 드러내자, 강세윤의 아비 강현(姜鋧)은 원한이 골수에 사무쳐 유언비어를 조작하여 그를 중상하였다. 그런데 때마침 이만운의 옥사가 있게 되자, 유득일은 이만운이 그의 아내를 죽였다는 명백한 증험(證驗)이 없으므로, 옥사를 성사시킬 수 없다고 여겨 여러 번 고집하여 주달(奏達)하였다가, 종래는 미안(未安)한 하교(下敎)를 만나 마침내 체임(遞任)되었는데, 이때에 이르러 심일녕의 격고(擊鼓)로 인하여 또 파직하라고 명하였다.(숙종실록 48권, 숙종 36년, 서기 1710년 7월 22일 3번째 기사)

- **유득일(兪得一)**: 숙종 30년(1704) 형조판서에 이어 병조판서에 전직, 이정청당상(釐整廳堂上)을 겸임하여 군정(軍政)의 쇄신에 힘썼다. 숙종 32년(1706) 동지사(冬至使)로 청나라에 갔다가 이듬해 귀국했다. 형조판서가 되었으나 숙종 37년(1710) 아내를 죽인 이만운(李萬運)의 송사처리가 지연되고 있다는 죄인의 처남 심일녕(沈一寧)의 격고(擊鼓)로 파직되었다.
- **유학(幼學)**: 벼슬하지 않은 유생을 말함
- **심일녕(沈一寧)·이만운(李萬運)**: 사람 이름. 신원은 미상
- **형조판서(刑曹判書)**: 형조의 으뜸 벼슬로 정2품
- **옥사(獄事)**: 반역이나 살인 따위의 중대한 범죄를 다스림
- **특교(特敎)**: 임금의 특별한 명령
- **일죄(一罪)**: 사형에 해당하는 죄
- **절통(絶痛)**: 몹시 분하고 억울함
- **형관(刑官)**: 법률·사송(詞訟: 민사적 소송)·상언(詳讞: 형사적 소송)에 관한 일을 관장한 관리
- **핵실(覈實)**: 어떤 일이나 사건 따위의 실제 상황을 자세히 살펴봄
- **과옥(科獄)**: 과거를 볼 때 일어나는 부정행위를 다스리는 사건
- **증험(證驗)**: 증거로 삼거나 내세울 만한 경험

• **주달(奏達)**: 임금에게 아룀
• **하교(下敎)**: 임금이 명령을 내림
• **체임(遞任)**: 벼슬이 갈려 다른 벼슬을 맡음
• **격고(擊鼓)**: 북을 침. 여기서는 등문고(신문고)를 치는 것을 말함

[숙종실록기사 7]의 내용을 간단히 요약하면, 여주(驪州)의 유학 심일녕의 누이동생이 그 지아비 이만운에게 피살되었는데, 전(前) 형조판서 유득일이 공공연하게 옥사(獄事)를 늦추어 한 달이 넘도록 시체를 찾지 못하자, 심일녕이 등문고를 쳐서 이러한 사실을 호소하였다. 그러자 임금이 특교를 내려 조사해 본 결과, 유득일에게 잘못이 있자 그를 파직시키라고 명령했다는 것이다.

(3) 지평 김운택은 조의 차림으로 대궐에 들어와 등문고를 쳤다가 파직돼

한편 숙종실록 57권, 숙종 42년(1716) 5월 16일 2번째 기사를 보면, 전(前) 지평(持平) 김운택(金雲澤)이 조의(朝衣) 차림으로 갈도(喝道)를 거느리고 거드럭거리며 대궐에 들어와 드디어 등문고를 쳤다가 그의 형제 김춘택·김보택과 함께 모두 파직을 당했다고 기록되어 있는데, 그 내용을 소개하면 [숙종실록기사 8]과 같다.

> [숙종실록기사 8] 헌부(憲府)에서 전에 아뢴 일을 다시 아뢰고, 또 말하기를, "김춘택(金春澤)은 특히 흉악하고 잔꾀가 많으며 화를 잘 내고 간특한 인물로서 이제 원배(遠配)하기를 청한 것도 참작하는 뜻에서 나왔으니, 그 자제되는 자가 사정(私情)에 가리워서 신원(伸冤)할 만한 단서가 있다고 생각하더라도 또한 국가의 처분을 조금 기다려야 할 것인데, 전 지평(持平) 김운택(金雲澤)은 감히 조의(朝衣) 차림으로 갈도(喝道)를 거느리고 거드럭거리며 대궐에 들어와 드디어 등문고를 쳐서 천청(天聽)을 현혹하려 하였으니 본디 이미 놀랍습니다. 청컨대 김춘택과 그 형제 김운택·

김보택(金普澤)을 모두 파직시키소서." 하니, 이를 임금이 그대로 따랐다.(숙종실록 57권, 숙종 42년, 서기 1716년 5월 16일 2번째 기사)

- **헌부(憲府)**: 사헌부의 준말. 정치를 논의하고 풍속을 바로잡으며 관리들의 잘못을 조사하여 그 책임을 탄핵하는 일을 맡아보던 관아
- **김춘택(金春澤)**: 숙종의 장인 만기의 손자이며, 호조판서 진구의 아들이다. 서인 노론의 중심가문에 속하여, 숙종 15년(1689) 기사환국 이후 남인이 정권을 잡았을 때 여러 번 투옥·유배되었다. 숙종 20년(1694) 재물을 써서 궁중에 내통하여 폐비 민씨를 복위시키려다 체포되어 심문을 받았으나, 갑술환국으로 남인이 축출되자 풀려났다. 서인이 노론·소론으로 갈라지자 노론에 속하여 숙종 27년(1701) 소론의 탄핵으로 부안에 유배되었다. 숙종 32년(1706) 희빈 장씨의 소생인 세자(뒤의 경종)를 모해하려 한다는 혐의를 받고 제주에 안치되었다.
- **김운택(金雲澤)**: 김춘택의 동생으로 숙종 25년(1699) 사마시에 합격, 진사가 되었고, 숙종 30년(1704) 춘당대 문과에 병과로 급제한 뒤, 숙종 43년(1717) 평안도감진어사(平安道監賑御史)로 나갔고, 숙종 45년(1719) 부수찬(副修撰) 조상건(趙尙健)과 함께 위패사건(違牌事件)으로 파직당했다가 다시 승지로 기용된 뒤 세자의 명에 의해 충청도균전사(忠淸道均田使)가 되었다. 그 뒤 부제학·호조참판·형조참판에 이르렀으나, 경종 2년(1722) 신임사화로 소론이 집권하자 영변(寧邊)에 유배되었다가, 다시 반역을 도모한다는 목호룡(睦虎龍)의 무고로 노론 4대신과 함께 장살(杖殺)되었다.
- **원배(遠配)**: 먼 곳으로 귀양을 보냄
- **사정(私情)**: 사사로운 사정
- **신원(伸冤)**: 원통한 일이나 억울하게 뒤집어쓴 죄를 풀어 버림
- **지평(持平)**: 사헌부의 정5품 관직
- **조의(朝衣)**: 관원이 조정에 나갈 때 입는 정복
- **갈도(喝道)**: 사헌부(司憲府)나 사간원(司諫院)의 관원이 사진(仕進)할 때 앞에 서서 길을 치우라고 소리치던 하례(下隷)
- **천청(天聽)**: 임금의 귀
- **김보택(金普澤)**: 김춘택의 동생으로 숙종 21년(1695) 별시문과에 급제했으나 노·소론이 분쟁하여 등용되지 못하다가 5년 후에야 연원찰방에 임용되었다. 그 후 검열·정언·문학·보덕 등을 거쳤다. 숙종 27년(1701) 소론인 남구만·최석정 등

이 희빈 장씨에 대해 가벼운 형벌을 주장하자, 노론의 선봉에 서서 이들을 역적을 옹호한 죄로 탄핵했다. 숙종 41년(1715) 전라도관찰사가 되었다.

(4) 이세덕은 등문고를 쳐서 스승을 두둔하다가 고금도로 정배돼

끝으로 숙종실록 60권, 숙종 43년(1717) 9월 2일 1번째 기사에는 전(前) 지평(持平) 이세덕(李世德)이, 그의 스승인 윤증(尹拯) 부자(父子)가 추탈(追奪)되자, 등문고를 쳐서 이들의 억울함을 호소했다가 고금도(古今島)로 정배되었다는 내용이 나오는데, 이를 소개하면 다음 [숙종실록기사 9]와 같다.

> [숙종실록기사 9] 전(前) 지평(持平) 이세덕(李世德)을 고금도(古今島)에 정배하였다. 이세덕은 자신의 스승인 윤증(尹拯) 부자(父子)를 추탈(追奪)한 것 때문에 등문고를 쳐서 억울함을 호소하였다. 그리하여 수금(囚禁)되어 공사(供辭)를 바쳤는데, 대략 이러하였다. [호소문 생략](숙종실록보궐정오 60권, 숙종 43년, 서기 1717년 9월 2일 1번째 기사)

- **지평(持平)**: 사헌부의 정5품 관직
- **이세덕(李世德)**: 숙종 38년(1712) 지평으로서 같은 소론인 이돈(李墩)이 조태채(趙泰采)의 일로 억울함을 당했다고 논하다가 도리어 노론의 미움을 사서 먼 곳으로 유배되었다. 숙종 43년(1717) 스승인 윤증 부자의 신원(伸寃)을 1만여 마디나 되는 장문으로 상소했다가, 금령을 어겼다 하여 강진현(康津縣) 고금도(古今島)에 다시 유배되었다.
- **고금도(古今島)**: 전라남도 완도군 고금면의 섬으로, 장흥반도 남쪽 해상에 있는 섬
- **윤증(尹拯)**: 숙종 8년(1682) 호조참의, 숙종 10년(1684) 대사헌, 숙종 21년(1695) 우참찬, 숙종 27년(1701) 좌찬성, 숙종 35년(1709) 우의정, 숙종 37년(1711) 판돈녕부사 등에 제수되었으나 모두 사퇴하고 나가지 않았다. 송시열을 비롯한 노론측은 현실과의 일정한 타협을 통해 권력을 장악하는 데 최우선의 의미를 두었던 데 비해, 윤증을 내세운 소론측은 현실과의 타협을 거부하며 명분을 고수하려

했는데, 그가 죽은 뒤(1714년 사망) 소론이 거세되면서 관직이 추탈되었다가 후에 복권되었다.

- **추탈(追奪)**: 죽은 사람의 죄를 논하여, 그 사람이 살았을 때 지낸 벼슬 이름을 깎아 없애는 일
- **수금(囚禁)**: 가두어 둠
- **공사(供辭)**: 죄인이 범죄 사실을 자세히 말함

이상으로 숙종 시기 신문고(등문고 포함)의 실태에 관한 실록기사들을 살펴보았는데, 숙종은 숙종 12년(1686)경부터 신문고 제도를 부활시켜 백성들의 억울함을 풀어 주기 위해 노력했다. 그리하여 숙종 시기에는 신문고 제도가 활발하게 운영되면서, 결과적으로 관리들의 폭정과 부정부패 등의 척결과 방지에도 크게 이바지했던 것 같다. 이는 무엇보다도 숙종의 성품 때문이었다고 볼 수 있는데, 숙종은 비교적 어린 나이에 왕위에 올랐지만, 나이 많은 대신 앞에서도 거리낌 없이 큰소리를 치고 마음에 들지 않는 신하는 즉시 유배를 보내거나 사사하는 등 왕으로서 과단성 있는 면모를 보였다. 그러면서 46년 동안이나 국가를 통치하면서, 당시에 격화되었던 서남 당쟁을 자신에게 유리하게 이용하기도 하였다.

11

영조 시기
(1724-1776)

신문고를 공식적으로
재설치하고 가두격쟁은 금지

앞서 살펴보았듯이 제19대 임금인 숙종 시기에는 신문고 제도가 부활되어 비교적 활성화되었다. 그러나 제20대 임금의 경종실록(景宗實錄)에는 신문고는 물론 격쟁에 관한 기사가 한 건도 없는데, 이는 아마도 경종의 재위 기간이 불과 4년(1720-1724)밖에 되지 않았기 때문인 것 같다. 그 반면, 제21대 임금인 영조(英祖)는 재위 기간이 무려 52년(1724-1776)으로 조선 역대 임금 중 가장 오랫동안 왕위에 있어서 그런지는 모르겠으나, 영조실록에는 등문고에 관련된 기사가 4건, 신문고에 관한 기사가 14건, 그리고 격쟁에 관한 기사도 16건이나 실려 있다. 그러면 영조 시기에 신문고(등문고 포함)의 실태와 실상(實相)은 어떠했는가?

영조 47년 신문고를 재설치하고 가두격쟁은 금지토록 명령

영조실록 117권, 영조 47년(1771) 11월 23일 3번째 기사를 보면, "국초(國初)의 고례(古例)에 의거하여 창덕궁(昌德宮)의 진선문(進善門)과 시어소(時御所)의 건명문(建明門) 남쪽에 신문고를 다시 설치하도록 임금이 명하고", 가두(街頭)에서 바라를 치는 자는 처벌하라고 교시했다는 내용이 실려 있다. 따라서 이러한 기사를 볼 때, 영조 47년(1771) 11월 23일

이전에는 신문고가 폐지되었다가 그 뒤 다시 설치했다고 볼 수 있다. 그러나 그 이전의 영조실록을 보면, 백성들이 신문고를 통하여 억울함을 호소했다는 기사들도 6건이나 나오고 있다. 그러면 그 이유는 무엇일까?

(1) 고례에 따라 신문고를 다시 설치하고 격쟁은 금지토록 명령

우선 영조 임금이 영조 47년(1771) 11월 23일 신문고를 다시 설치하도록 명하고, 가두에서 바라를 쳐서 호소하는 자는 처벌하라고 교시했다는 기사부터 소개하면 [영조실록기사 1]과 같다.

> [영조실록기사 1] 국초(國初)의 고례(古例)에 의거하여 창덕궁(昌德宮)의 진선문(進善門)과 시어소(時御所)의 건명문(建明門) 남쪽에 신문고를 다시 설치하도록 명하고, [임금이] 하교하기를, "이와 같이 구법(舊法)을 회복한 후에는 차비(差備)를 물론하고 길에서 바라를 치는 자는 비록 사건사(四件事)에 관계된다 하더라도 장(杖)을 때리고, 비록 신문고를 쳤다 할지라도 사건사에 관계되지 않는 자는 호남의 연해(沿海)에 충군(充軍)시키도록 하라. 만약 사건사가 아니면 형추(刑推)하여 정배하는 일을 기록하여 정식(定式)으로 삼도록 하라. 그리고 신문고의 전면과 후면에 '신문고'라고 세 글자를 써서 우부우부(愚夫愚婦)로 하여금 모두 알게 하라." 하였다.(영조실록 117권, 영조 47년, 서기 1771년 11월 23일 3번째 기사)

- **국조(國初)**: 국가가 세워지는 시기 무렵. 여기서는 조선왕국이 세워진 시기를 말함
- **고례(古例)**: 예로부터 내려오는 관례
- **창덕궁(昌德宮)**: 조선 시대 궁궐 중 하나(현 서울시 종로구 소재). 태종 5년(1405) 완공된 곳으로, 역대 임금이 이곳에서 정치를 하고 상주(常住)했다. 임진왜란 때 궁궐이 불타 없어진 것을 광해군 2년(1610) 다시 짓고, 그 뒤 여러 차례 복구를 거듭했다. 보물 383호인 돈화문(敦化門) 등이 있다. 1997년 12월 유네스코 세계

문화유산으로 지정되었다.

- **진선문(進善門)**: 창덕궁 금천교(錦川橋)와 인정문(仁政門) 사이에 있는 문. 1908년 헐렸다가 1999년에 복원했다.
- **시어소(時御所)**: 예전에 임금이 궁전을 떠나 임시로 머무는 집을 이르던 말
- **건명문(建明門)**: 창덕궁의 호위청 서쪽에 설치한 문으로, 이곳에 궁궐 내의 시위(侍衛)·의장(儀仗) 등의 군사 사무를 처리하는 병조의 지부가 있었다.
- **구법(舊法)**: 옛날의 법률. 예전의 방법. 여기서는 신문고에 관한 예전의 법을 말함
- **차비(差備)**: 어떤 일을 하기 위해 필요한 물건, 자세 따위를 미리 갖추어 차림
- **바라**: 국악기 중, 금부(金部)에 속하는 타악기의 하나. 냄비 뚜껑같이 생긴 두 개의 얇고 둥근 놋쇠판으로 만들며, 놋쇠판 중앙의 불룩하게 솟은 부분에 구멍을 뚫고 끈을 꿰어 그것을 양손에 하나씩 잡고 서로 부딪쳐서 소리를 낸다. 자바라(啫哱囉)·발(鈸)·제금(提金)이라고도 한다. 영조실록 이전의 실록에는 임금이 거둥할 때 징이나 꽹과리를 쳐서[격쟁] 임금에게 상언했다고 했으나, 여기 영조실록에서는 '바라'(哱囉)를 쳐서 상언했다고 했는데, 그 이유는 모르겠다. 그러나 격쟁을 할 때 징이나 꽹과리 이외에 바라도 사용했기 때문에 그렇게 말한 것 같다.
- **사건사(四件事)**: 상언(上言)이나 격고(擊鼓: 신문고를 두드림)할 수 있다고 허용된 네 가지 일. 곧 적첩분별(嫡妾分別), 형륙급신(刑戮及身), 양천변별(良賤辨別), 부자분별(父子分別)
- **장(杖)**: 죄인에 벌로서 매를 침
- **충군(充軍)**: 군대에 편입시킴. 조선 시대에 죄를 지은 자를 군역에 복무하게 하던 형벌 제도
- **형추(刑推)**: 형장(刑杖)으로 죄인의 정강이를 때리며 죄를 심문하던 형벌
- **정배(定配)**: 죄인을 지방이나 섬으로 보내 일정 기간 동안 그 지역 내에서 감시를 받으며 생활하게 하는 형벌을 이르던 말
- **정식(定式)**: 일정하게 정한 방식이나 의식 또는 법
- **우부우부(愚夫愚婦)**: 어리석은 남자와 여자

[영조실록기사 1]의 첫머리를 보면, "국초의 고례에 의거하여 창덕궁의 진선문과 시어소의 건명문 남쪽에 신문고를 다시 설치하도록 명하였다."라고 했는데, 이는 조선왕국의 건국 초기인 태종(太宗) 1년(1401) 7월 18일, 태종 임금이 안성의 학장 윤조(尹慥)와 전 좌랑 박

전(朴甸)의 상언에 따라 신문고를 설치했던 관례에 따라 다시 신문고를 설치하라고 명령했던 것이다. 따라서 이를 보면 이전에 신문고가 폐지되었던 것을 영조가 다시 설치했음을 알 수 있는데, 앞서 살펴보았듯이 그 전에 신문고를 언제부터 폐지했었는지는 확실치 않으나 아마 선조 때부터였던 것으로 추측된다.

한편 신문고를 다시 설치한 뒤에는 임금이 거둥하는 길가에서 바라를 쳐서 억울함을 호소하는 자는 비록 그것이 사건사(四件事)에 관계된다고 하더라도 장(杖)을 때리도록 해서 금지시켰다고 한다. 그리고 신문고를 쳐서 억울함을 호소하더라도 그것이 사건사에 관계되지 않는 자는 호남의 연해(沿海)에 충군시키도록 하도록 했다. 또한 만약 사건사가 아니면 형추(刑推)하여 정배하는 일을 기록하여 정식(定式)으로 삼도록 했다. 그리고 어리석은 남녀백성들도 신문고를 잘 이용할 수 있도록 신문고의 전면과 후면에 '신문고'(申聞鼓)라고 세 글자를 써서 우부우부(愚夫愚婦)로 하여금 모두 알게 하라고 영조 임금이 명령했다.

(2) 신문고를 친 사람에 대한 형추는 제외토록 다시 하교

[영조실록기사 1]에서 보듯이 영조 임금은 영조 47년(1771) 11월 23일, 신문고를 다시 설치토록 하면서, 만약 사건사가 아닌 것을 신문고로 호소하면 "형추(刑推)하여 정배하는 일을 기록하여 정식(定式)으로 삼도록 하였다." 그러나 그 이튿날 다시 하교를 내려서, "신문고를 친 사람을 정례(定例)에 따라 형추하라는 명을 제외하도록 명령"했는데, 그 내용을 소개하면 [영조실록기사 2]와 같다.

> [영조실록기사 2]　신문고를 친 사람을 정례(定例)에 따라 형추하라는 명을 제외하도록 명하고, 하교하기를, "이미 신문고를 설치하고 비록 관계에 따라 형추하게 하였으나, 이것은 반드시 국초(國初)에 없던 것으로서

신문고를 설치하는 뜻이 아니다. 이후로 만약 신문고를 울린 자가 있으면 병조(兵曹)에서는 어떤 사람이 신문고를 울렸는지 해조(該曹)에 내려서 추문(推問)하게 한 다음 아뢰되, 해조와 해부(該府)를 물론하고 아울러 전일의 관례에 따라 형추하게 한 것을 제외하고, 곧바로 초기(草記)하여 정식(定式)에 의거해서 시행하도록 하라." 하였다.(영조실록 117권, 영조 47년, 1771년, 11월 24일 3번째 기사)

- **형추(刑推)**: 형장(刑杖)으로 죄인의 정강이를 때리며 죄를 심문하던 형벌
- **하교(下敎)**: 임금이 명령을 내림. 윗사람이 아랫사람에게 가르치어 보임
- **병조(兵曹)**: 육조(六曹)의 하나로 군사와 우역(郵驛) 따위의 일을 맡아보았다.
- **해조(該曹)**: 해당 조(曹)
- **추문(推問)**: 어떤 사실을 일일이 따져 가며 꾸짖어 물음. 죄를 문초함
- **해부(該府)**: 해당 부(府). 부는 고려·조선시대에 지방 행정구획 명칭의 단위. 부는 군(郡)·현(縣) 등 보다 상급의 행정구역이었다.
- **초기(草記)**: 상주문(上奏文)의 하나. 각 관서에서 정무상(政務上) 그리 중요하지 아니한 사항에 관하여 사실만을 간단히 적어 상주하는 문서
- **정식(定式)**: 일정하게 정한 방식이나 의식 또는 법

앞서 [영조실록기사 1]에서 보듯이, 영조 47년(1771) 11월 23일, 신문고를 다시 설치토록 하면서, 만약 사건사가 아닌 것을 신문고로 호소하면 "형추(刑推)하여 정배하는 일을 기록하여 정식(定式)으로 삼도록" 했으나, 그 이튿날 이러한 하교를 취소토록 한 이유는, 그것 즉 형추하여 정배하는 것은 "반드시 국초(國初)에 없던 것으로서 신문고를 설치하는 뜻이 아니"기 때문이라는 것이었다. 그러나 만약 신문고를 울린 자가 있으면 병조에서는 그가 누구인지 추문한 다음에 임금께 아뢰되, 곧바로 초기(草記)하여 정식(定式)에 의거해서 시행하도록 하라고 했다.

(3) 다시 설치했던 신문고의 철폐를 명령했다가 곧 취소

앞서 살펴보았듯이 영조는 영조 47년(1771) 11월 23일, 신문고를 다시 설치토록 명령했다. 그러나 약 한 달 뒤인 12월 25일, 영조는 갑자기 신문고를 철거하도록 명했다가, 곧 다시 설치하도록 명했는데, 그 이유를 영조실록 117권, 영조 47년(1771) 12월 25일 2번째 기사에서 다음 [영조실록기사 3]과 같이 설명해 놓았다.

> [영조실록기사 3]　임금이 신문고를 철거하도록 명했다가, 곧 다시 설치하도록 명하였다. 임금이 신문고를 설치한 후 오래된 일에 대해서도 대부분 격고(擊鼓)할 마음을 먹고 한갓 남잡(濫雜)한 일만 아뢴다 하여 철거하도록 명했다가 곧 정침(停寢)한 것이었다.(영조실록 117권, 영조 47년, 1771년 12월 25일 2번째 기사)

- **격고(擊鼓)**: 북을 침. 즉 여기서는 신문고를 치는 것을 말함
- **남잡(濫雜)**: 넘치고 잡스러움
- **정침(停寢)**: 일을 중도에서 그만둠

즉 영조가 영조 47년(1771) 12월 25일 다시 설치토록 했던 신문고를 한 달 뒤에 철거하도록 명령했다가 곧 그 철거 명령을 취소한 이유는, 신문고를 다시 설치하자 백성들이 오래된 일에 대해서도 대부분 격고(擊鼓)할 마음을 먹고 한갓 남잡(濫雜)한 일만 아뢰기 때문이었다. 그러나 영조는 곧 마음을 바꾸어, 신문고의 철거명령을 거두었던 것이다.

(4) 토민들이 신문고를 악용하여 지방관원들을 쫓아내기도

[영조실록기사 3]에서도 엿볼 수 있듯이, 영조가 신문고를 다시 설치하

자, 물론 순기능(順機能)도 많았겠지만 또한 부작용도 적지 않았던 것 같다. 왜냐하면 영조 48년(1772) 3월 20일 헌납(獻納) 이형원(李亨元)이 임금에게 올린 신문고에 관한 상소의 내용을 보면, [영조실록기사 4]에서 보듯이 토민(土民)들이 신문고를 악용하여 지방 관원을 쫓아내려는 폐단도 없지 않았기 때문이다.

> [영조실록기사 4]　헌납(獻納) 이형원(李亨元)이 상소하였는데, 대략 이르기를, … "전하(殿下)께서는 조종(祖宗)의 제도를 본받아 신문고(申聞鼓)를 설치하셨습니다마는, 단지 세도(世道)가 점점 쇠퇴해져 민속(民俗)이 많이 거짓되어 한편에서 꾸민 말은 또한 준거(準據)하여 믿기 어렵습니다. 수령(守令)과 감사(監司)가 된 자가 만약 사사로움을 좇아 공정함을 버린다면, 죄주거나 태거(汰去)하는 것이 무슨 아까울 바가 있겠습니까마는, 만약 혹시라도 사실과 달리 토민(土民)이 관장(官長)을 내쫓으려고 간계(奸計)를 부린 경우라면, 신관(新官)·구관(舊官)을 맞이하고 보내는 폐단은 물론 그 폐단이 흘러 반드시 명리(命理)를 업신여기고 조정(朝廷)을 가볍게 여기는 데 이를 것입니다." 하였다.(영조실록 118권, 영조 48년, 서기 1772년 3월 20일 2번째 기사)

- **헌납(獻納)**: 사간원(司諫院)의 정5품 벼슬로 임금에게 충언을 올리는 일을 맡았다.
- **이형원(李亨元)**: 영조 37년(1761) 정시문과(庭試文科)에 병과로 급제하여 영조 41년(1765) 예문관검열(藝文館檢閱)이 되고, 헌납(獻納)·정언(正言)을 거쳐 영조 48년(1772) 회양부사(淮陽府使)가 되었다.
- **전하(殿下)**: 제국(帝國)의 황태자나 황태자비, 황자 등의 황족이나 왕국의 왕과 왕비를 높여 이르는 말
- **조종(祖宗)**: 임금의 역대 조상. 어떤 분야를 본격적으로 일으킨 사람을 비유적으로 이르는 말
- **세도(世道)**: 세상을 올바르게 다스리는 도리. 세상에서 사람이 마땅히 행해야 할 도리

- **준거(準據)**: 사물의 정도나 성격 따위를 알기 위한 근거나 기준
- **태거(汰去)**: 죄과가 있는 낮은 벼슬아치나 구실아치를 그 직무에서 쫓아냄
- **토민(土民)**: 대대로 그 지방에서 살고 있는 백성
- **관장(官長)**: 관가의 우두머리라는 뜻으로, 여기서는 고을 원을 높여 이르던 말
- **신관(新官)**: 새로 임명된 관리. 새로 부임한 관리
- **구관(舊官)**: 이전에 재임하였던 벼슬아치
- **명리(命理)**: 하늘에서 부여한 운명과 자연의 법칙

(5) 신문고의 재설치는 영조의 주요 치적 중 하나로 꼽혀

비록 신문고는 폐단도 있었지만, 영조가 신문고를 다시 설치한 것은 그의 주요 치적의 하나로 손꼽히고 있다. 영조실록 127권에는 영조대왕의 묘지문[誌文]이 실려 있는데, 이를 보면 [영조실록기사 5]와 같이 기록되어 있다.

> [영조실록기사 5] 지문(誌文)에 이르기를, … [영조대왕은] 신문고(申聞鼓)를 다시 설치하여 하정(下情)을 통하게 하시어 사방의 깊이 숨겨진 일이 모두 진달(進達)되었다.(영조실록 127권, 영조대왕 묘지문 중에서)

- **지문(誌文)**: 죽은 사람의 이름, 나고 죽은 날, 행적, 무덤의 위치, 좌향 따위를 적은 글
- **하정(下情)**: 아랫사람(백성)의 사정. 윗사람에게 자기의 심정이나 사정을 낮추어 이르는 말
- **진달(進達)**: 윗사람에게 전달됨. 중간 관청에서 상급 관청으로 올려 보내짐

또한 영조실록 127권에는 영조대왕의 행장(行狀)도 실려 있는데, 이를 보면 [영조실록기사 6]에서와 같이 영조대왕은 "신문고를 건명문(建明門)에 걸고 원통한 마음을 품은 백성이 북을 쳐서 아뢰게 하셨다."라고 기록해 놓았다.

[영조실록기사 6] [영조] **49년 계사(癸巳) 춘정월(春正月)에 왕께서 숭정전(崇政殿)에 나아가니 세손(世孫)이 백관(百官)을 거느리고 진하(陳賀)하였는데, 성수(聖壽)가 80이고 즉위하신 지 50년이 되기 때문이다. 신문고를 건명문(建明門)에 걸고 원통한 마음을 품은 백성이 북을 쳐서 아뢰게 하셨다.**(영조실록 127권, 영조대왕 행장 중에서)

- **49년 계사(癸巳)**: 영조 49년(1773년) 계사년(癸巳年)을 말함
- **춘정월(春正月)**: 봄이 시작되는 음력 정월
- **숭정전(崇政殿)**: 경희궁(慶熙宮)의 정전(正殿)으로 역대 국왕의 즉위식이나 대례 등 국가의식을 행하던 곳. 경희궁은 조선 후기 임금의 피우(避寓)를 위한 이궁(離宮: 임금이 궁중 밖으로 나들이할 때 머무는 곳)으로 현재 서울특별시 종로구 신문로에 있었다.
- **진하(陳賀)**: 나라에 경사가 있을 때 벼슬아치들이 임금 앞에 나아가 축하를 드리는 일
- **성수(聖壽)**: 임금의 나이 또는 수명을 높여 이르는 말
- **건명문(建明門)**: 경희궁에 있던 문
- **행장(行狀)**: 사람이 죽은 뒤에 그 사람의 평생의 행적을 기록한 글

신문고를 재설치했다지만 그 이전에도 존재했던 듯

앞서 살펴보았듯이 영조실록을 보면, 그 이전에 폐지되었던 신문고를 영조 47년(1771) 11월 23일 영조가 다시 설치했다고 기록되어 있다. 그러나 그 이전의 영조실록을 보면, 백성들이 신문고를 통하여 억울함을 호소했다는 기사들이 적지 않게 나오고 있다. 즉 영조가 즉위한 지 16일 뒤인 영조 즉위년(1724) 9월 11일자 영조실록을 보면 신문고에 관한 기사가 나오기 시작하여, 영조가 신문고를 다시 설치했다는 영조 47년(1771) 11월 23일까지 47년 동안에 신문고(등문고 포함)에 관한 기

사가 6건이나 나온다. 그러면 그 이유는 무엇일까? 우선 영조의 즉위 이후, 그가 신문고를 다시 설치했다는 영조 47년(1771) 11월 23일까지 47년 동안에 영조실록에 나오는 신문고에 관한 기사들부터 살펴보기로 하자.

(1) 13세 여자아이도 등문고를 쳐서 아비의 원수를 갚다

영조실록에 처음 나오는 등문고(신문고 포함) 관련 기사는 영조실록 1권, 영조 즉위년(1724) 9월 11일자 2번째 기사인데, 그 내용을 보면 [영조실록기사 7]과 같다.

> [영조실록기사 7]　삼사(三司)에서 청대(請對)하였다. … [홍문관부수찬] 이거원(李巨源)이 말하기를, "옛날에 길분(吉翂)은 13세의 아이로서 아비의 원수를 갚았습니다. 지금 역비(逆婢)는 오히려 편안하게 있는데, 전하께서는, '번거롭게 하지 말라.'라고 비답(批答)하시니, 신(臣)은 매우 의혹스럽게 여깁니다." 하니, 임금이 말하기를, "길분은 그때 근거할 만한 것이 있었으므로 등문고(登聞鼓)를 쳐서 그 원수를 갚았으나, 지금은 근거가 없는데 어떻게 출부(出付)하겠는가?" 하였다. 이거원이 말하기를, "이 일을 어떻게 '문구'(文具)라고 할 수 있습니까? 문구라고 하신 하교는 실언(失言)하신 것입니다." 하였는데, 이명언(李明彦)이 말하기를, "이거원이 귀가 어두워서 잘못 들었습니다." 하니, 임금이 말하기를, "조금 전에 한 말은 의사(意思)가 전달되지 아니하였으니, 잘못 들은 것을 이상하게 여길 것이 없다." 하였다.(영조실록 1권, 영조 즉위년, 서기 1724년 9월 11일 2번째 기사)

- **삼사(三司)**: 사헌부(司憲府)·사간원(司諫院)·홍문관(弘文館)을 아울러 이르는 말
- **청대(請對)**: 신하가 급한 일로 임금에게 뵙기를 청함
- **이거원(李巨源)**: 홍문관부수찬·교리 등을 역임한 문신. 영조 즉위 후 교리에 임명

되었으나, 영조 1년(1725) 양사(兩司)의 탄핵을 받아 삭출되었다가 곧 지평 이의천(李倚天)의 탄핵으로 영해(寧海)에 유배되었다. 그 뒤 영조 3년(1727) 정미환국으로 유배에서 풀려났으나, 그 이전인 경종 4년(1724)에 지제교(知製敎)로서 목호룡(睦虎龍)의 『위훈교서』(僞勳敎書)를 짓고 김일경의 신구(伸救)에 힘쓴 것이 화가 되어 금고에 처해졌다.

- **비답(批答)**: 상소의 내용에 대하여 상소 말미에 임금이 적는 가부의 하답
- **출부(出付)**: 무엇을 빼내어 남에게 넘겨줌
- **문구(文具)**: 실속이 없이 겉만 꾸미거나 형식만 차림
- **하교(下敎)**: 임금이 명령을 내림. 윗사람이 아랫사람에게 가르치어 보임
- **이명언(李命彦)**: 숙종 38년(1712) 임진(壬辰) 정시(庭試) 병과(丙科) 2위로 급제. 정랑(正郞)·사헌부대사헌(司憲府大司憲)·홍문관리(弘文館吏) 등을 역임

[영조실록기사 7]를 보면, "옛날에 길분(吉玢)이라는 13세의 여자아이가 등문고를 쳐서 아비의 원수를 갚았다."라는 내용이 나오는데, 그게 언제였으며, 어떻게 그의 아비의 원수를 갚았는지는 알 수 없다. 그러나 이 기사에서 말한 '옛날'은 영조의 즉위 이전의 일일 수도 있어, [영조실록기사 7]만을 가지고서는 영조가 영조 47년(1771) 11월 23일 신문고를 다시 설치하기 이전의 영조 시기에도 신문고가 존재했다고 말할 수는 없다.

(2) 멋대로 대궐에 들어와 등문고를 친 것을 막지 못한 관원을 처벌

하지만 영조실록 53권, 영조 17년(1741) 3월 1일 2번째 기사를 보면, 목천운이라는 사람의 자식이 멋대로 대궐에 들어와 등문고를 치며 아비의 원통함을 호소하자, 이러한 사람이 궐내로 함부로 뛰어들도록 허락한 병조의 당상관을 추문(推問)토록 했다는 내용이 나오는데, 우선 이를 소개하면 다음 [영조실록기사 8]과 같다.

[영조실록기사 8] 임금이 소대(召對)를 행하였다. 검토관(檢討官) 정휘

량(鄭翬良)이 말하기를, "목천운(睦天運)의 자식이 멋대로 대궐에 들어와 등문고를 두드리며 그 아비의 원통함을 호소하였습니다. 제방(隄防)이 엄중하지 못하였으니, 청컨대 병조(兵曹)의 당상관(堂上官)으로 그가 함부로 뛰어들도록 허락한 자를 추문(推問)하게 하소서." 하니, 임금이 그대로 윤허(允許)하였다.(영조실록 53권, 영조 17년, 서기 1741년 3월 1일 2번째 기사)

- **소대(召對)**: 임금이 경연청의 참찬관 이하의 신하를 불러 몸소 글을 강론하는 일을 이르던 말. 또는 임금의 부름을 받고 나아가 정사에 관한 의견을 올리는 일을 이르던 말
- **검토관(檢討官)**: 경연청의 정6품 벼슬. 강독(講讀)과 논사(論思)에 관한 일을 맡았음
- **정휘량(鄭翬良)**: 영조 9년(1733) 사마시에 합격했고, 영조 13년(1737) 별시문과에 급제했다. 시독관·응교를 거쳐 영조 32년(1756) 대제학에 임명되었다.
- **목천운(睦天運)**: 사람 이름. 신원은 미상
- **제방(隄防)**: 들어오지 못하도록 막음
- **병조(兵曹)**: 육조(六曹)의 하나로, 군사와 우역(郵驛) 등의 일을 맡아보았다.
- **당상관(堂上官)**: 조의(朝議)를 행할 때 당상(堂上)에 있는 교의(交椅)에 앉을 수 있는 관계(官階) 또는 그 관원. 동반은 정3품 통정대부(通政大夫) 이상, 서반은 절충장군(折衝將軍) 이상, 종친은 명선대부(明善大夫) 이상, 의빈(儀賓)은 봉순대부(奉順大夫) 이상의 품계를 가진 사람을 말한다.
- **추문(推問)**: 어떤 사실을 일일이 따져 가며 꾸짖어 물음. 죄를 문초함
- **윤허(允許)**: 임금이 어떤 일에 대한 신하의 청을 허락함

[영조실록기사 8]의 내용으로 미루어 볼 때, 비록 멋대로 대궐에 들어와 등문고를 치며 자기 아비의 원통함을 호소하긴 했지만, 영조가 신문고를 다시 설치하기 30년 전에도 신문고(등문고)를 쳐서 억울함을 호소한 일이 있었음이 거의 분명하다. 그러나 이는 불법이었던 것 같은데, 이러한 불법적 행동을 막지 못한 병조의 당상관을 추문하도록 검토관 정휘량(鄭翬良)이 임금에게 요청하자, 이를 임금이 윤허했기 때문이다.

(3) 자식들도 신문고를 쳐서 자기 아비의 원통함을 호소

앞서 보았듯이 영조가 신문고를 다시 설치하기 30년 전에도 신문고(등문고)를 쳐서 억울함을 호소한 일이 있었으나, 그것은 불법이었던 것 같다. 그러나 그로부터 4년 뒤인 영조실록 61권, 영조 21년(1745) 1월 15일 1번째 기사를 보면, [영조실록기사 9]와 같이 윤득화(尹得和)의 아들 윤현동(尹顯東)이 또 신문고를 쳐서 아비의 원통함 호소하자, 임금이 훈련대장 김성응(金聖應)에게 함문(緘問)하라고 명하였다고 한다.

> [영조실록기사 9]　간원(諫院)에서 … 또 아뢰기를, "훈련대장 김성응(金聖應)은 전후 상소의 함답(緘答)을 자주 변경한 것도 이미 놀라운 일인데, 더군다나 '대신(大臣)에게 물어서 처리하겠다.'라는 전교가 있었는데도 스스로 무고(無故)한 것처럼 여겨 연석(筵席)에 입참하였으니, 일이 매우 무엄합니다. 마땅히 파직을 시행해야 합니다." 하였으나, 윤허하지 않았다. 이때 윤득화(尹得和)의 아들 윤현동(尹顯東)이 또 신문고를 쳐서 그 아비의 원통함을 호소하니 김성응에게 함문(緘問)하라고 명하였는데, 대답이 명백하지 못했기 때문에 대계(臺啓)가 이와 같았다.(영조실록 61권, 영조 21년, 서기 1745년 1월 15일 1번째 기사)

- **간원(諫院)**: 사간원(司諫院)의 약칭. 삼사(三司)의 하나로 임금께 간하는 일을 맡아보는 관아
- **헌납(獻納)**: 사간원의 정5품 벼슬로 임금에게 충언을 올리던 일을 맡았음
- **전계(傳啓)**: 전달하는 보고 또는 보고서
- **훈련대장(訓鍊大將)**: 훈련도감(訓鍊都監)의 종2품 주장(主將)
- **김성응(金聖應)**: 판의금부사·병조판서·훈련대장 등을 역임한 무신
- **함답(緘答)**: 죄과(罪科)가 있다고 생각되는 당상관(堂上官)이나 부녀자를 서면(書面)으로 추문(推問)하는 일을 함문(緘問)이라고 하고, 거기에 대해 서면으로 답하는 것을 함답(緘答)이라고 함
- **전교(傳敎)**: 임금이나 그 비가 명령을 내리는 일이나 그 명령을 이르던 말

- **연석(筵席)**: 경연(經筵)의 자리. 경연은 임금의 학문 수양을 위해 임금에게 유교의 경서와 역사를 가르치는 일이나 이런 일을 담당한 관청을 이르던 말
- **입참(入參)**: 궁중의 잔치나 제례(祭禮)에 참여하는 일을 이르던 말
- **윤득화(尹得和)**: 호조참의·대사헌·예조참판 등을 역임한 문신
- **윤현동(尹顯東)**: 사람 이름. 신원은 미상
- **함문(緘問)**: 죄과(罪科)가 있다고 생각되는 당상관(堂上官)이나 부녀자를 서면(書面)으로 추문(推問)하는 일을 말함
- **대계(臺啓)**: 사헌부나 사간원 대간(臺諫)들이 벼슬아치의 잘못을 임금에게 보고하던 글

그러므로 [영조실록기사 9]를 보면, 영조 47년(1771) 영조가 신문고를 다시 설치하기 26년 전인 영조 21년(1745) 1월 당시 신문고 제도가 합법적으로 시행되고 있었다고 볼 수 있다. 그렇다면 그 이유는 무엇일까? 정확히는 알 수 없으나, 아마도 신문고 제도가 폐지되었음에도 불구하고, 그 관례가 살아남아서 만약 백성들이 신문고를 통하여 억울함을 임금에게 호소하면 그것을 수리해 주기도 했던 것 같다.

(4) 해주 선비의 처도 등문고를 쳐서 남편의 원통함을 호소

이와 같은 사실은 영조실록 69권, 영조 25년(1749) 5월 16일 2번째 기사를 보아도 알 수 있는데, 이 기사를 보면 [영조실록기사 10]에서 보듯이, 영조가 신문고를 다시 설치하기 이전인 영조 25년(1749)에 해주(海州)의 선비 유태오(柳泰五)의 처 강씨(康氏)도 등문고를 쳐서 남편의 원통함을 호소했으나, 그 호소가 받아들여지지는 아니했다고 한다.

> [영조실록기사 10] 해주(海州)의 선비 유태오(柳泰五)의 처 강씨(康氏)가 남편의 원통함을 호소하였으나 회보(回報)가 없었다. 유태오의 백부(伯父)가 읍교(邑校)에게 무고(誣告)를 입었고 판관(判官) 김광우(金光遇)가 그

사건을 다스리게 되었는데, 유태오가 백부에게 가서 안후(安候)를 살펴보았더니 김광우가 노여움을 옮겨 유태오를 장살(杖殺)하였다. 이에 강씨가 머리를 풀어헤치고 통곡하면서 감사 엄우(嚴瑀)에게 호소하였는데, 엄우가 김광우의 세력을 두려워하여 불문에 붙여 두고 도리어 울부짖은 것으로 죄를 삼았으며, 인하여 유태오의 아비마저 가두었으므로 강씨가 하늘에 울부짖으며 말하기를, "어찌할까? 여자란 남편을 위하여 죽는 것이 마땅하다." 하고, 드디어 대궐 아래에 나아가 통곡하여 10일 밤낮을 그치지 않으니 보는 자들도 슬프게 여겼다. 이에 등문고를 두드려 진달(進達)하자 그것을 형조(刑曹)에 내렸는데, 판서 서종급(徐宗伋)이 아뢰기를, "수령(守令)이 태(笞) 50대로 스스로 처단하게 하는 것이 당연한 법전인데, 사핵(査覈)을 행하여 상명(償命)을 하게 하면 크게 후일의 폐단에 관계되니 그만둠이 마땅합니다." 하고, 읍교는 도신(道臣)으로 하여금 조사해 다스리게 하니, 일이 마침내 정침(停寢)되었다. 해서(海西)의 백성들이 강씨를 훌륭하게 여기고 서종급을 원망하지 않는 이가 없었다.(영조실록 69권, 영조 25년, 서기 1749년 5월 16일 2번째 기사)

- **유태오(柳泰五)**: 사람 이름. 신원은 미상
- **백부(伯父)**: 아버지의 맏형을 가리키거나 부르는 말
- **읍교(邑校)**: 읍의 장교
- **무고(誣告)**: 남에게 형사 처분 또는 징계 처분을 받게 할 목적으로 허위 사실을 날조하여 관공서에 고발함
- **판관(判官)**: 중앙과 지방의 관아에 편제되어 실무를 담당한 종5품의 중급 관리
- **김광우(金光遇)**: 영조 13년(1737) 생원이 되고, 영조 25년(1749) 해주판관을 지냈으며, 영조 39년(1763) 증광문과에 병과로 급제, 성균전적·병조좌랑·예조좌랑을 거쳐 함경아사(咸鏡亞使)를 지냈고, 그 뒤 사헌부 지평이 되었다. 시문에 뛰어나 저술을 남기기도 했다.
- **안후(安候)**: '안신'(安身)의 높임말. 안신은 몸을 편안하게 가지는 것을 말함
- **엄우(嚴瑀)**: 조선 후기 관리로 황해감사 역임

- **진달(陳達)**: 말이나 편지를 받아 윗사람에게 전달. 중간 관청에서 공문 서류를 상급 관청으로 올려 보냄
- **형조(刑曹)**: 육조의 하나로 법률, 소송, 형벌 따위의 일을 맡아보던 관청
- **판서(判書)**: 육조의 으뜸 벼슬. 장관
- **서종급(徐宗伋)**: 형조판서·우참찬·충청도관찰사 등을 역임한 문신
- **수령(守令)**: 각 고을을 맡아 다스리던 지방관들을 통틀어 이르는 말
- **태(笞)**: 작은 형장으로 볼기를 때리는 것으로 오형 가운데 가장 가벼운 형벌. 죄의 경중에 따라 10대에서 20대·30대·40대·50대까지 5등급으로 나눠 시행. 삼국시대 이후 일제강점기 초기까지 존속되었다가 1920년 폐지
- **사핵(査覈)**: 실제 사정이나 정세를 자세히 조사하여 밝힘
- **상명(償命)**: 사람을 죽인 사람을 그 벌로 죽임
- **도신(道臣)**: 각 도의 으뜸 벼슬이었던 '관찰사'를 달리 이르는 말
- **정침(停寢)**: 일을 중도에서 그만둠
- **해서(海西)**: 황해도 지방 일대를 이르는 말

따라서 이러한 사실로 미루어 볼 때, 영조가 영조 47년(1771) 11월 23일 신문고(등문고)를 공식적으로 설치하기 이전에도, 백성들이 신문고(등문고)를 쳐서 억울함을 호소하는 관례가 비공식적으로 계속 존재해 왔던 것 같다.

(5) 신문고를 쳐서 파양(罷養)을 요청하기도 하다

한편 신문고는 백성들이 억울함을 호소할 때뿐만 아니라, 관청에 파양(罷養)을 신청할 때도 사용했는데, 영조실록 76권, 영조 28년(1752) 4월 19일 1번째 기사를 보면, 이경명(李經明)이라는 사람의 어미가 신문고를 쳐서 그의 양자(養子) 이경(李坰)의 파양을 요청했다는 내용이 [영조실록기사 11]과 같이 실려 있다.

[영조실록기사 11] 임금이 친국(親鞫)하여 이경(李坰)을 신문(訊問)하였는데 경은 이소(李炤)의 양자이다. 경이 공초(供招)하기를, … "신(臣)은 소와

는 25촌이고 외가에서 키워 길렀는데 양모와는 척분(戚分)이 있는 집입니다. 신의 양모가 제사를 받드는 일은 사체(事體)가 소중하니 천첩(賤妾)의 소생으로 적통(嫡統)을 이을 수 없다고 여기고 기어코 후사(後嗣)를 세우려 하였는데, 이경제(李經濟)가 사이에 들어 주선하여 신의 나이 16세에 출계(出系)하여 소의 뒤를 이었습니다. … [그러나] 계해년(癸亥年)에 양모인 이경명(李經明)의 어미가 신문고를 치고 신의 파양(罷養)을 청하니, [이를] 예조(禮曹)에 내렸으나 오랫동안 미결되었기 때문에 … 이양제(李陽濟)가 또 날조하여 형조(刑曹)에 정소(呈訴)하였기 때문에 … "(영조실록 76권, 영조 28년, 서기 1752년 4월 19일 1번째 기사)

- **친국(親鞫)**: 임금이 직접 중죄를 지은 자에게 일일이 따져 묻는 일
- **신문(訊問)**: 알고 있는 사실을 자세히 따져서 캐물음
- **공초(供招)**: 죄인이 범죄 사실을 자세히 말하는 일. 또는 그 말
- **척분(戚分)**: 성(姓)이 다르면서 일가가 되는 관계
- **사체(事體)**: 사리와 체면을 아울러 이르는 말. 벌어진 일의 상태
- **천첩(賤妾)**: 종이나 기생의 신분으로 남의 첩이 된 여자
- **적통(嫡統)**: 정실에게서 난 자식의 계통
- **후사(後嗣)**: 대를 잇는 아들
- **출계(出系)**: 양자로 들어가서 그 집의 대를 이음
- **계해년(癸亥年)**: 영조 19년(1743)
- **파양(罷養)**: 양자로 입적하여 성립되었던 양친자 관계를 끊음
- **정소(呈訴)**: 소장(訴狀)을 관청에 냄

(6) 등문고를 방자히 친 자는 정배를 보내는 것이 마땅

한편 영조실록 96권, 영조 36년(1760) 11월 23일 3번째 기사를 보면, [영조실록기사 12]에서 보듯이 그 말미에 "등문고를 방자히 친 일은 정배(定配)함이 마땅하나" 운운하는 내용이 나온다. 따라서 신문고(등문고)를 '방자히' 친 자는 정배를 보냈던 것 같다. 그러나 여기서 '방자히'가

어떻게 치는 것인지는 알 수 없다.

[영조실록기사 12] 임금이 대신(大臣)과 형조(刑曹)의 세 당상(堂上)을 소견(召見)하였다. 형조판서 홍상한(洪象漢)이 정심(鄭杺)의 동생 정삼(鄭槮)이 격쟁(擊錚)한 공사(供辭)를 가지고 우러러 아뢰기를, "정심이 정방(鄭枋)과 더불어 정방의 조카 집에 같이 있었는데, 정방이 예궐(詣闕)할 적에 계초(啓草) 가운데 능창군(綾昌君)의 일을 언급한 것이 있었으나 그 이름자를 분명히 기억하지 못하여 그 조카 정우환(鄭羽煥)으로 하여금 탐지하여 써서 예궐한 뒤에 보고하게 하였습니다. 사헌부(司憲府) 하례(下隷)가 형조의 엄문(嚴問)에 겁을 내어 '계초를 금구쉬(金溝倅)에게서 받아 왔다.'라고 말하였기 때문에, 지금 정삼이 격쟁하여 억울함을 호소하는 데 이르렀습니다." 하고, 우의정 민백상(閔百祥)이 말하기를, "계초는 진실로 정심이 대신 지은 것이 아닙니다. 듣건대, 그 사람됨이 청백하고 정직하여 결코 속이고 숨길 이치가 없다고 합니다. 또 홍지해(洪趾海)가 비록 '만 사람이 함께 본 바이다.'라고 하였으나, 신(臣)이 이미 보지 못하였고 다른 사람이 합(閤)에 나아간 자들도 또한 모두 보지 못하였다고 합니다." 하니, 임금이 말하기를, "등문고를 방자히 친 일은 정배(定配)함이 마땅하나 한 일로 인하여 형제를 처분하는 것은 왕정(王政)의 할 바가 아니다. 다만 그 공사(供辭)를 물시(勿施)하라." 하였다.(영조실록 96권, 영조 36년, 서기 1760년 11월 23일 3번째 기사)

- **당상(堂上)**: 정3품 이상인 명선대부·봉순대부·통정대부·절충장군 이상의 벼슬의 계제
- **소견(召見)**: 불러서 만나 보다
- **홍상한(洪象漢)**: 병조판서·판돈녕부사·판의금부사 등을 역임한 문신
- **정심(鄭杺)**: 사람 이름. 신원은 미상
- **정삼(鄭槮)**: 사람 이름. 신원은 미상

- **공사(供辭)**: 죄인이 범죄 사실을 자세히 말함
- **정방(鄭枋)**: 부총관·도총관·공조판서 등을 역임한 문신
- **예궐(詣闕)**: 대궐 안으로 들어감
- **계초(啓草)**: 임금에게 올리는 간단한 글 또는 비공식적 글
- **능창군(綾昌君)**: 왕족으로 추존된 원종의 셋째 아들이자 인조의 동생. 광해군 7년(1615) 신경희(申景禧) 등 서인계 일부 인사가 선조의 서손 능창군을 왕으로 추대하려던 일이 발각되어 주동자 신경희 등은 사형에 처해졌으며, 능창군은 강화도 교동에 귀양 보냈다가 나중에 사형시켰다.
- **정우환(鄭羽煥)**: 사람 이름. 신원은 미상
- **하예(下隷)**: 상전의 명령에 따라 일하는 사람
- **엄문(嚴問)**: 엄하게 심문함
- **금구쉬(金溝倅)**: 전라도 금구(金溝)의 원님. 금구는 전라도 김제 지역의 옛 지명
- **민백상(閔百祥)**: 조선 후기에 호조판서·이조판서·우의정 등을 역임한 문신
- **홍지해(洪趾海)**: 조선 후기에 부응교·승지·대사간·평안도관찰사·형조판서 등을 역임한 문신
- **합(閤)**: 쪽문. 궁중의 작은 문. 침실(寢室). 누각(樓閣)
- **왕정(王政)**: 왕이 나라를 다스리는 정치. 군주가 나라를 다스리는 정치 체제
- **물시(勿施)**: 하려던 일을 그만둠. 해 온 일을 무효로 돌림

[영조실록기사 12]는 임금이 대신(大臣)과 형조(刑曹)의 세 당상(堂上)을 소견(召見)하여 정심(鄭杺)이라는 사람이 그의 동생 정삼(鄭槮)이 격쟁(擊錚)한 일에 관하여 논의한 것이다. 그런데 임금이 말하기를 "등문고를 방자히 친 일은 정배함이 마땅하나 한 가지 일로 인하여 형제를 처분하는 것은 왕정(王政)의 할 바가 아니다."라고 격쟁이 아니라 등문고를 방자히 쳤다는 말이 나오는데, 그 이유는 알 수 없다. 그러나 아마도 당시에는 격쟁과 신문고(등문고)를 같은 제도로 간주하여 격쟁을 친 것을 신문고(등문고)를 친 것으로 기록했던 것 같다.

신문고의 재설치 이후 크게 활성화됐으나 남용도 많아

앞서 살펴보았듯이 영조실록을 보면, 영조 47년(1771) 11월 23일 영조가 신문고를 다시 설치했다고 기록되어 있다. 그러나 그 이전의 영조실록에도 백성들이 신문고(등문고)를 통하여 억울함을 호소했다는 기사들이 6건이나 나오는데, 그 이유는 알 수 없지만 아마도 영조가 신문고를 공식적으로 다시 설치하기 이전에도 관례에 따라 신문고 제도가 비공식적으로 존재했던 것 같다. 그러다가 이를 영조가 다시 공식적으로 설치토록 했던 것 같다. 그러자 신문고 제도가 크게 활성화되었던 것 같은데, 영조실록을 보면 영조 47년(1771) 11월 23일 영조가 신문고를 다시 설치한 이후, 영조 52년(1776) 3월 25일 영조가 사망하기까지 5년 동안에 신문고에 관한 기사가 모두 10건이나 나온다. 그러면 이들로 미루어 볼 때, 당시 신문고의 실상은 어떠했는가?

(1) 사건사 이외의 일로는 신문고를 울리지 못하게 하라

영조 47년(1771) 11월 23일 영조가 신문고를 다시 설치하라고 명령한 뒤에 영조실록에 나오는 신문고에 관한 첫 번째 기사는 6개월 뒤인 영조 48년(1772) 5월 26일 2번째 기사이다. 그 내용을 보면 [영조실록기사 13]에서와 같이, 연인손(延仁孫)이라는 사람이 녹봉(祿俸)을 상별감(上別監)에게 빼앗기자 신문고를 쳤다. 그러자 임금이 말하기를, "이후부터는 사건사(四件事)가 아니면, 이 북을 울리지 못하게 하라. 그래도 북을 울리는 경우 사서(士庶)를 가리지 말고 엄중히 세 차례 추문(推問)하여 해도(海島)에 충군(充軍)하게 하라."라고 했다.

> [영조실록기사 13]　임금이 건명문(建明門)에 나아가 선전관(宣傳官)에게 명하여 금고(金鼓)에 나아가 연인손(延仁孫)을 잡아들여 가삽삼잡(假揷三匝)

후에 영종진(永宗鎭)에 충군(充軍)하도록 하였다. 연인손이 공초(供招)하기를, "오늘 녹봉(祿俸)을 받았으나, 상별감(上別監)에게 빼앗겼으므로, 신문고를 쳤습니다." 하니, 임금이 말하기를, "이후 사건사(四件事) 가 아니면, 이 북을 울리지 못하게 하라. 그래도 북을 울리는 경우 사서(士庶)를 가리지 말고 엄중히 세 차례 추문(推問)하여 해도(海島)에 충군하게 하라. 혹 조정세(趙靖世)의 아들과 같은 자가 있으면, 비록 사건(四件)에 관계되어 토주(土主)를 신문한 자라 하더라도 또한 이 율(律)에 의거하여 시행하도록 하라." 하였다. 이보다 앞서 조정세가 대각(臺閣)의 탄핵(彈劾)을 받았는데, 그 아들이 신문고를 울렸기 때문이다.(영조실록 118권, 영조 48년, 서기 1772년 5월 26일 2번째 기사)

- **건명문(建明門)**: 창덕궁의 호위청 서쪽에 있는 문. 이 문 남쪽에 신문고(申聞鼓)를 설치했음
- **선전관(宣傳官)**: 선전관청에 속하여 형명(形名), 계라(啓螺) 및 부신(符信)의 출납을 맡았던 무관직. 여기서 형명은 기폭과 북으로 군사의 교련을 지휘, 명령하는 일이나 그 지휘법을 말함. 계라는 임금이 나들이할 때 취타를 연주하는 것을 말함. 부신은 나뭇조각이나 두꺼운 종잇조각에 글자를 쓰고 도장을 찍은 뒤에 그것을 두 조각으로 쪼개어, 한 조각은 상대편에게 주고 한 조각은 보관하였다가 뒷날에 그것을 서로 맞추는 것으로써 어떤 약속된 일의 증거로 삼던 일이나 그 물건을 말함
- **금고(金鼓)**: 군중에서 전진이나 후퇴 등의 신호에 쓰이는 쇠북
- **연인손(延仁孫)**: 사람 이름. 신원 미상
- **가삽삼잡(假揷三匝)**: 형벌의 일종이나 자세한 것은 미상
- **영종진(永宗鎭)**: 현재 인천광역시 중구에 있는 섬인 영종도에 있던 군진(軍陣)
- **충군(充軍)**: 군대에 편입함. 죄를 지은 자를 군역에 복무하게 하던 형벌 제도
- **공초(供招)**: 죄인이 범죄 사실을 자세히 말하는 일
- **녹봉(祿俸)**: 나라에서 벼슬아치들에게 주던 보수. 곡식이나 베, 돈 따위를 주었음
- **상별감(上別監)**: 궁중의 액정서(掖庭署)에 딸려 있던 관직. 액정서는 왕명의 전달, 임금이 쓰는 붓과 벼루의 공급, 궁궐 열쇠의 보관, 궁궐 정원의 설비 등에 관한

일을 맡아보던 관청

- **사건사(四件事)**: 신문고나 격쟁(擊錚)으로 상언(上言)할 수 있다고 용허(容許)된 네 가지 일, 즉 적첩분별(嫡妾分別)·형륙급신(刑戮及身)·양천변별(良賤辨別)·부자분별(父子分別)에 관한 사건을 말함
- **사서(士庶)**: 벼슬자리에 있거나 문벌이 높은 집안의 사람인 사대부나 벼슬이 없는 일반 백성인 서인을 함께 이름
- **추문(推問)**: 어떤 사실을 일일이 따져 가며 꾸짖어 물음. 죄를 문초함
- **해도(海島)**: 바다 가운데 있는 섬
- **조정세(趙靖世)**: 사람 이름. 신원은 미상
- **토주(土主)**: 토착민
- **율(律)**: 공법의 하나
- **대각(臺閣)**: 사헌부와 사간원을 통틀어 이르는 말
- **탄핵(彈劾)**: 처벌하거나 파면함. 논하여 책망함

(2) 신문고를 치지 못하게 한 병조의 입직 당랑과 수문장을 곤형

이와 같이 신문고는 백성들이 사건사(四件事)에 관한 것을 호소할 때만 치도록 했으며, 만약 그렇지 않은 경우는 엄중히 추문하여 해도에 충군토록 했다. 그런데 황거(黃遽)라는 사람이 산송(山訟)에 관한 것을 호소하기 위해 신문고를 치려고 하자, 이를 병조(兵曹)의 담당 관원들이 제지했다. 그러자 이러한 사실을 알게 된 영조는 병조의 입직(入直) 당랑(堂郎)과 수문장(守門將)을 파직하고 해조(該曹)로 하여금 곤형(棍刑)을 집행하게 했다. 그리하여 담당 관리들로 하여금 백성들이 신문고를 치는 것을 막지 말도록 했는데, 이에 관한 기사를 소개하면 다음 [영조실록기사 14]와 같다.

[영조실록기사 14] 병조(兵曹)의 입직(入直) 당랑(堂郎)과 수문장(守門將)을 파직하여 해조(該曹)로 하여금 곤형(棍刑)을 집행하게 하였다. 이때 황거(黃遽)라는 자가 이양정(李養鼎)과 산송(山訟)을 하였는데, 그 공사(供辭)

에서 말하기를, "지난달에 신문고를 울리고자 하였으나 병조에서 금지하였습니다."라고 하였기 때문에, 이런 명령이 있게 된 것이다.(영조실록 119권, 영조 48년, 서기 1772년 12월 14일 2번째 기사)

- **병조(兵曹)**: 조선 시대 육조(六曹)의 하나로 군사와 우역(郵驛) 따위의 일을 맡아 보았다.
- **입직(入直)**: 관청에 들어가 숙직하거나 근무함
- **당랑(堂郞)**: 예전에 같은 관아에 속하는 당상관과 당하관을 통틀어 이르던 말
- **해조(該曹)**: 해당 조. 여기서는 병조를 말함
- **곤형(棍刑)**: 조선 시대, 곤장으로 죄인의 볼기와 허벅다리를 번갈아 치는 형벌
- **황거(黃遽)**: 사람 이름. 신원은 미상
- **이양정(李養鼎)**: 조선 후기 동래 부사를 지낸 문신
- **산송(山訟)**: 묘지에 관한 소송
- **공사(供辭)**: 죄인이 범죄 사실을 자세히 말함 또는 그 말

(3) 성수 80세 이상자 명단에서 누락됐다고 신문고로 호소하기도

이처럼 백성들이 신문고를 치는 것을 담당 관리들이 막지 말도록 하자, 어떤 사람은 자기 아버지가 80세 이상 성수자(聖壽者) 명단에서 누락되었다고 신문고를 쳐서 호소하기도 했다. 그러자 임금이 해당 수재(守宰)에게 죄를 주고, 또한 각 도(道)에 누락자를 추계(追啓)토록 하여 추계를 잘 살피지 못한 호서(湖西)와 북관(北關)의 도백을 파직시키기도 했는데, 이에 관한 기사를 소개하면 [영조실록기사 15]와 같다.

[영조실록기사 15] 전라감사(全羅監司)가 80세 이상인 사람 3천여 인(人)과, 1백 세 된 사람 20여 인을 장문(狀聞)하였다. 이에 앞서 임금이 성수(聖壽) 80세가 되어 추은(推恩)하고자 제도(諸道)에 80세 이상인 사람을 초록(抄錄)하여 아뢰도록 명하였는데, 시골 백성 가운데 나이를 속이는 자가 많았기 때문에 제도에서 보고한 것이 대략 1천 명의 수효에 밑돌

지는 않았고, 호남이 가장 많았다. 군신(群臣)이 수역(壽域)의 치화(治化)를 성대하게 칭송하니 임금이 기뻐하였다. 그런데 한 사람이 그의 아버지가 누락되었다고 하여 신문고를 쳐서 호소하니, 임금이 그 고을의 수재(守宰)에게 죄를 주고 다시 제도에 추계(追啓)하게 하였는데, 호서(湖西)의 도백(道伯) 윤동석(尹東晳)과 북관(北關)의 도백 송형중(宋瑩中)은 추계를 잘 살피지 못한 죄로 특별히 파직하였고 두 도(道)의 수령도 죄를 받은 자가 많았다.(영조실록 120권, 영조 49년, 서기 1773년 2월 29일 4번째 기사)

- **전라감사(全羅監司)**: 전라도의 으뜸 벼슬
- **장문(狀聞)**: 장계(狀啓)를 올려 임금에게 아뢰던 일이나 그 글. 장계는 지방에 파견된 관원이 자기 관하의 중요한 일을 임금에게 글로써 보고하는 일이나 그런 문서를 이르던 말
- **성수(聖壽)**: 임금의 나이 또는 수명을 높여 이르는 말
- **추은(推恩)**: 시종관이나 병사(兵使), 수사(水使) 등의 아버지가 70세 이상인 때에 나라에서 그 아버지에게 정3품 통정대부 이상의 품계를 주는 것
- **초록(抄錄)**: 글이나 문장 따위에서 필요한 대목만 가려 뽑아 적음
- **군신(群臣)**: 많은 신하
- **수역(壽域)**: 장수하는 사람이 많이 모여 있는 지역. 오래 살았다고 할 수 있는 나이
- **치화(治化)**: 잘 다스려 교화함
- **수재(守宰)**: 수령, 즉 각 고을을 맡아 다스리던 지방관들을 통틀어 이르는 말
- **추계(追啓)**: 편지에서 사연의 본 내용을 끝낸 후에 추가하여 덧붙이는 글이나 말
- **도백(道伯)**: 각 도의 으뜸 벼슬. 그 지방의 경찰권, 사법권, 징세권 따위의 행정에서 절대적인 권한을 가진 종2품(從二品) 벼슬이었다.
- **윤동석(尹東晳)**: 사람 이름. 신원은 미상
- **북관(北關)**: '함경도'를 달리 이르는 말
- **송형중(宋瑩中)**: 사람 이름. 신원은 미상

(4) 산송과 자질구레한 것 등을 신문고로 호소하는 폐단도 많아

영조 임금이 영조 47년(1771) 11월 23일 예전의 신문고를 다시 설치하

여 백성들의 억울함을 풀어 주자, 백성들은 산송(山訟)을 비롯하여 여러 자질구레한 일들까지 신문고로 호소함으로써 여러 폐단을 야기하기도 했다. 이러한 사례의 하나로서 영조실록 120권, 영조 49년(1773) 3월 10일 5번째 기사를 보면, [영조실록기사 16]과 같이 적혀 있다.

> [영조실록기사 16] 청양(靑陽) 사람 신재환(申在瓛)이 산송(山訟)으로서 신문고를 두들기니, 임금이 신대승(申大升)에게 안렴(按廉)하도록 명하였다. 이에 앞서 임금이 '신문고는 곧 국초(國初)의 고제(古制)이다.'라고 말하고 다시 설치하도록 명하였는데, 시골 백성들이 자질구레한 일을 가지고 와서 번거롭게 하는 일이 많았으므로 번잡스러움을 견디지 못하여 임금이 조사하기도 전에 앞질러 처분해 버림에, 도신(道臣)과 수재(守宰)가 전후로 죄를 입은 자가 많았다. 최후에는 호남의 구(舊) 도백(道伯) 홍낙성(洪樂性)이 대략 그 폐단을 아뢰니, 임금 또한 바로 후회하였다.(영조실록 120권, 영조 49년, 서기 1773년 3월 10일 5번째 기사)

- **신재환(申在瓛)**: 사람 이름. 신원은 미상
- **산송(山訟)**: 묘지에 관한 송사
- **신대승(申大升)**: 조선 후기 문신으로 안동부사(安東府使)·대사헌(大司憲) 등 역임
- **안렴(按廉)**: 조사하여 살핌
- **고제(古制)**: 옛날에 쓰이던 제도
- **도신(道臣)**: 각 도(道)의 으뜸 벼슬이었던 '관찰사'를 달리 이르는 말
- **수재(守宰)**: 수령 즉 각 고을을 맡아 다스리던 지방관들을 통틀어 이르는 말
- **도백(道伯)**: 각 도의 으뜸 벼슬. 감사(監司), 관찰사
- **홍낙성(洪樂性)**: 영조 20년(1744) 정시문과에 급제하고, 정언·지평·사간·승지·대사성·이조참의·강화부유수·이조판서 등을 역임

(5) 소녕원을 능으로 봉하라고 신문고를 친 자는 임금이 쫓아내

심지어는 평안도 용강(龍岡)에 사는 박흥조(朴興祖)라는 29세 총각은 신

문고를 울려서, 영조의 어머니(무수리 출신)인 숙빈 최씨의 무덤인 소녕원(昭寧園)을 능으로 봉해 달라는 청원까지 했다. 그러자 영조 임금은 박흥조에게 식량을 주어 쫓아 보내라고 명령하였다고 [영조실록기사 17]과 같이 기록되어 있다.

> [영조실록기사 17] **용강(龍岡) 사람으로 29세 된 총각 박흥조(朴興祖)가 신문고를 울리므로** [임금이] **전정(殿庭)으로 불러들여 그가 하고 싶은 말을 친히 물으니, 소녕원(昭寧園)을 능으로 봉하는 일이었다. 임금이 식량을 주어서 쫓아 보내라고 명하였다.**(영조실록 120권, 영조 49년, 서기 1773년 윤3월 28일 2번째 기사)

- **용강(龍岡)**: 평안남도 남부에 있는 군
- **박흥조(朴興祖)**: 사람 이름. 신원은 미상
- **전정(殿庭)**: 궁전의 뜰
- **소녕원(昭寧園)**: 조선 19대 숙종(재위 1674-1720)의 후궁이며 21대 영조(재위 1724-1776)의 어머니(무수리 출신)인 숙빈 최씨의 무덤. 숙빈 최씨는 숙종 44년(1718) 49세로 죽었다. 효심이 지극했던 영조는 최씨의 무덤 근처에다 막을 짓고 무덤을 받들었으며, 친필 비(碑)와 비각을 4곳에 세웠다.

(6) 오위장 조두신은 전토를 추심하는 일로써 신문고를 두드리기도

그런가 하면 일반 백성이 아니라 오위(五衛)의 군사를 거느리던 장수인 오위장(五衛將) 조두신(趙斗臣)은 전토(田土)를 추심(推尋)하는 일로써 신문고를 두드리기도 했다. 그러자 영조는 조두신을 삭판(削版)하여 시골로 내쫓으라고 명령했는데, 그 내용을 소개하면 [영조실록기사 18]과 같다.

> [영조실록기사 18] **오위장(五衛將) 조두신(趙斗臣)이 전토(田土)를 추심(推**

尋)하는 일로써 신문고를 두드리니, 임금이 말하기를, "그의 나이 82세이기 때문에 특별히 오위장을 제수(除授)하였으니 광영(光榮)이 이미 극진한 것이다. 그런데도 득롱망촉(得隴望蜀)의 계교를 꾸며 냈으니, 이는 상하(上下)의 구별이 엄하지 못한 탓이다. 그를 삭판(削版)하여 시골로 내쫓아라." 하였다.(영조실록 120권, 영조 49년, 서기 1773년 4월 11일 5번째 기사)

- **오위장(五衛將)**: 조선 시대, 오위도총부에 딸려 오위의 군사를 거느리던 장수
- **조두신(趙斗臣)**: 사람 이름. 신원은 미상
- **제수(除授)**: 천거에 의하지 않고 임금이 직접 관리를 임명하는 일을 이르던 말
- **추심(推尋)**: 찾아내어 가지거나 받아 냄
- **득롱망촉(得隴望蜀)**: 만족할 줄을 모르고 계속 욕심을 부림. 사람의 욕심은 한이 없음. 중국 후한(後漢)의 광무제(光武帝)가 농(隴) 지방을 평정한 후에 다시 촉(蜀) 지방까지 원하였다는 데에서 유래
- **계교(計巧)**: 이리저리 생각을 해서 낸 꾀
- **삭판(削版)**: 죄를 지은 사람의 벼슬과 품계를 빼앗고 벼슬아치의 명부에서 그 이름을 지움

(7) 집의 황간이 신문고의 남용을 지적하자 남용자는 처벌토록 명령

이처럼 신문고를 그 본래의 설치 목적과는 다르게 남용하는 사례가 많게 되자, 집의(執義) 황간(黃榦)은 임금에게 아뢰기를 "지금 이 뒤로는 사건사(四件事) 이외에 만약 난잡한 폐단이 있을 것 같으면, 해당된 당상(堂上)과 낭관(郎官)은 특별히 견책(譴責)의 형전(刑典)을 시행하여야 합니다." 하니, 임금이 답하기를, 그렇게 시행할 뿐 아니라 "엄중하게 죄를 다스리는 일로 법을 정하도록 하라." 하였다고 [영조실록기사 19]과 같이 기록되어 있다.

[영조실록기사 19]　집의(執義) 황간(黃榦)이 또 아뢰기를, "신문고를 다시 설치한 것은 대개 원통하고 억울한 것을 호소하여 아래 사정을 통하

려고 한 것인데, 근래에 기강이 해이해져 사건사(四件事) 이외에, 향곡(鄕曲)에서 은혜 구하기를 엿보고 희망하는 무리들이 시끄럽게 와서 북을 치니, 일의 외람되고 무례한 것이 지극히 놀랄 만합니다. 지금 이 뒤로는 사건사 이외에 만약 난잡한 폐단이 있을 것 같으면, 해당된 당상(堂上)과 낭관(郎官)은 특별히 견책(譴責)의 형전(刑典)을 시행하여야 합니다." 하니, [임금이] 답하기를, "이 뒤로 이와 같이 하는 자는 특별히 견책의 형전을 시행할 뿐이 아니라, 엄중하게 죄를 다스리는 일로 법을 정하도록 하라." 하였다.(영조실록 122권, 영조 50년, 서기 1774년 6월 23일 1번째 기사)

- **집의(執義)**: 사헌부(司憲府)의 종3품 관직. 정치를 논의하고 풍속을 바로잡으며 관리들의 잘못을 조사하여 그 책임을 탄핵하는 일을 맡아보던 관리
- **황간(黃榦)**: 사람 이름. 신원은 미상
- **사건사(四件事)**: 신문고나 격쟁을 통해 임금에게 상언(上言)할 수 있다고 허용된 네 가지 일, 즉 적첩분별(嫡妾分別)·형륙급신(刑戮及身)·양천변별(良賤辨別)·부자분별(父子分別)에 관한 사건
- **향곡(鄕曲)**: 시골구석
- **당상(堂上)**: 정3품 이상인 명선대부·봉순대부·통정대부·절충장군 이상의 벼슬
- **낭관(郎官)**: 각 관아의 당하관을 통틀어 이르는 말
- **견책(譴責)**: 잘못을 꾸짖고 나무람. 관리 등의 잘못에 대하여 다시는 그런 일이 없도록 주의시키는 징계 처분

(8) 신문고를 함부로 치는 것을 금지하도록 임금이 또 명령

그로부터 11개월 뒤인 영조 51년(1775) 5월 1일에는 영조 임금이 또 명령을 내려 신문고를 함부로 쳐서 억울함을 호소하는 것을 금지토록 했는데, 그 이유를 보면 [영조실록기사 20]과 같이 밝혀 놓고 있다.

[영조실록기사 20]　신문고를 함부로 쳐서 억울함을 호소하는 것을 금하도록 명하였다. 이때 임금이, 근장군(近仗軍)이 뇌물을 요구하며 북을

치는 사람을 조종하는 것을 염려하고, 병조(兵曹)의 당상(堂上)과 낭청(郎廳)을 파직하고 병리(兵吏)를 곤장으로 때려 다스렸으므로, 남잡(濫雜)하게 억울함을 호소하는 자가 날마다 북을 치니, 그 시끄러운 것을 견디지 못하였기 때문에 이 명이 있게 된 것이다.(영조실록 124권, 영조 51년, 서기 1775년 5월 1일 2번째 기사)

- **근장군(近仗軍)**: 궁궐을 경비하고, 왕의 거둥 때 신변을 경호하던 군부대
- **병조(兵曹)**: 육조(六曹)의 하나로 군사와 우역(郵驛) 따위의 일을 맡아보았다.
- **당상(堂上)**: 정3품 이상인 명선대부·봉순대부·통정대부·절충장군 이상의 벼슬아치
- **낭청(郎廳)**: 관리 중에서 문관은 정3품인 통훈대부(通訓大夫) 등에서 종9품인 장사랑(將仕郎)까지, 무관은 정3품 어모장군(禦侮將軍) 이하 종9품 전력부위(展力副尉)까지의 벼슬아치를 통틀어 이르는 말
- **병리(兵吏)**: 병사, 군인
- **남잡(濫雜)**: 지나치고 잡스러움

(9) 13살짜리 봉사손의 신문고 호소는 임금이 가상히 여겨 들어줘

앞서 살펴보았듯이 영조가 명령하기를, 백성들이 사건사(四件事) 이외에 함부로 신문고를 쳐서 억울함을 호소하는 것은 금지토록 했다. 그러나 연천현감(漣川縣監) 조중국(趙重國)이 선정신(先正臣) 조헌(趙憲)의 종가(宗家)를 몰래 빼앗을 계획을 품고 억지로 선정신의 사당을 임소(任所)에 두고 받들자, 이를 선정신의 13살짜리 봉사손이 대궐문으로 들어와 신문고를 두드려 호소했다. 이를 임금이 현명하게 여겨, 조중국의 사판(仕版)을 즉시 깎아 버리라고 명하고, 고을 수령으로 하여금 봉사손이 벼슬을 얻어 녹봉(祿俸)으로 제사를 지낼 때까지 도와주도록 했다. 이는 [영조실록기사 20]과 같이 기록되어 있다.

[영조실록기사 20] 연천현감(漣川縣監) 조중국(趙重國)의 사판(仕版)을 즉

시 깎아 버리라고 명하고, 예관(禮官)으로 하여금 선정신(先正臣) 조헌(趙憲)의 신주(神主)를 그 봉사손(奉祀孫)의 집을 찾아 세우고 제문(祭文)을 지어 내려보내어 고을 수령으로 하여금 치제(致祭)하게 하고, 음식물과 옷감을 그 집에 제급(題給)하며, 봉사손의 나이가 차기를 기다려 벼슬을 주어 쓰고, 봄가을 제수(祭需)는 그 고을 수령으로 하여금 도와주되 봉사손이 벼슬을 얻어 녹봉(祿俸)으로 제사를 지낼 때까지 기다리게 하였다. 이보다 먼저 조정에서는 선정신 조헌의 자손이 가난하여 제사를 잇지 못하게 되었으므로 조혁(趙爀) 부자(父子)를 임용함이 옳다 하고 조혁을 단성(丹城) 수령으로 임명하였으며, 조중국 또한 대신(大臣)들이 경연(經筵)에서 아뢴 것으로 인해 6품직으로 올라 연천 수령이 되었는데 조중국이 몰래 종가(宗家)를 빼앗을 계획을 품고 억지로 선정신의 사당을 임소(任所)에 두고 받들었다. 선정신의 봉사손의 나이가 겨우 열셋이었으므로 그의 어미 오씨(吳氏)가 휘양[揮項]을 쓰고 대궐문으로 들어와 신문고(申聞鼓)를 두드리니, 임금이 그를 현명하게 여겨 이런 명을 내린 것이었다.(영조실록 123권, 영조 50년, 서기 1774년 11월 12일 2번째 기사)

- **연천현(漣川縣)**: 경기도 북부에 있는 행정구역인 현(縣)
- **현감(縣監)**: 현(縣)의 우두머리. 종6품으로 고려 시대의 감무(監務)를 고친 것
- **조중국(趙重國)**: 사람 이름. 신원은 미상
- **사판(仕版)**: 벼슬아치의 명부
- **예관(禮官)**: 예의(禮儀)·제향·조회(朝會)·교빙(交聘)·학교·과거에 관한 일을 관장하던 관리
- **선정신(先正臣)**: 벼슬 이름
- **조헌(趙憲)**: 조선 중기 문신으로, 유학자이자 경세사상가·의병장·공조좌랑 등을 역임
- **신주(神主)**: 서낭당이나 국사당 따위에 모셔 두는 죽은 사람의 위패
- **봉사손(奉祀孫)**: 조상의 제사를 맡아 올리는 자손
- **치제(致祭)**: 공신이 죽었을 때, 임금이 제물과 제문을 보내어 제사를 지내는 일

- **제급(題給)**: 관부(官府)에서, 백성이 제출한 소장이나 원서에 판결이나 지령을 써 주는 일
- **제수(祭需)**: 제사를 지낼 때 쓰는 여러 물품이나 음식
- **녹봉(祿俸)**: 나라에서 벼슬아치들에게 그 보수로서 주던 곡식·베·돈 따위를 통틀어 이르는 말
- **조혁(趙爀)**: 사람 이름. 신원은 미상
- **단성(丹城)**: 경상남도 산청 지역의 지명
- **경연(經筵)**: 임금의 학문 수양을 위해 신하들이 임금에게 유교의 경서와 역사를 가르치는 일, 또는 이러한 일을 담당하는 관청
- **임소(任所)**: 지방 관원이 근무하는 곳
- **휘양[揮項]**: 남자들이 추위를 막기 위하여 쓰던 모자의 하나. 머리 윗부분은 트고 뒤는 길어 큰 것은 등도 덮을 수 있고 작은 것은 뒤통수와 목을 두른다.

(10) 상신 조재호 딸의 격고 호소도 임금이 가상히 여겨 선물도 하사

한편 고(故) 상신(相臣) 조재호(趙載浩)의 서용(敍用) 문제에 관한 그의 딸의 격고 호소도 임금이 처음에는 용납하지 않았다가 들어주면서 조재호의 딸을 가상하게 여겨서 그에게 옷감과 먹거리까지 내려 주었는데, 그 내용을 소개하면 [영조실록기사 22]와 같다.

[영조실록기사 22] 임금이 고(故) 상신(相臣) 조재호(趙載浩)에게 직첩(職牒)을 주어 서용(敍用)하도록 명하였다. 이때 그의 딸이 신문고를 두드려 공초(供招)를 바치자, 임금이 처음에는 시행하지 말라고 명했다가, 잠시 후 또 하교하기를, "이 사람은 대관(大官)이 된 몸으로 벗을 사귈 때에는 반드시 단정한 사람을 취해야 한다는 뜻을 경계하지 않고, 못된 무리들과 사귀어 이 일을 양성(釀成)하였다." … 이튿날 임금이 조씨(趙氏)가 격고(擊鼓)한 것을 가상히 여겨 의자(衣資)와 식물(食物)을 내려 주었다.(영조실록 124권, 영조 51년, 서기 1775년 5월 2일 1번째 기사)

- **상신(相臣)**: 영의정·좌의정·우의정을 합하여 이르던 말
- **조재호(趙載浩)**: 영조 15년(1739) 우의정 송인명(宋寅明)의 천거로 세자시강원에 등용되었다. 그 뒤 홍산현감(鴻山縣監)으로 있으면서 춘당대시(春塘臺試)에 병과로 급제, 승정원승지로 특진되었고, 이어 경상도관찰사·이조판서 등을 거쳐 영조 28년(1752) 우의정이 되었다.
- **직첩(職牒)**: 조정에서 내리는 벼슬아치의 임명(任命) 사령서(辭令書)
- **서용(敍用)**: 죄가 있어 벼슬을 박탈했던 사람을 다시 임용함
- **공초(供招)**: 죄인이 범죄 사실을 자세히 말하는 일
- **대관(大官)**: 높은 벼슬아치
- **양성(釀成)**: 빚어 만들다. 이끌어 내다
- **의자(衣資)**: 옷을 만드는 데 쓰는 천이나 감 따위를 이르는 말. 또는 옷을 만들거나 사는 데 드는 값
- **식물(食物)**: 먹을 수 있는 온갖 것

12

정조 시기
(1776-1800)

영조가 재설치한 신문고를
적극적으로 활용토록 허용

앞서 살펴보았듯이 조선 제21대 임금인 영조는 영조 47년(1771) 11월 23일 신문고를 다시 설치하여 운영하였다. 그러면 제22대 임금인 정조 시기에서 신문고의 실태는 어떠했는가? 우선 정조실록에서 신문고에 관련된 기사를 찾아보았더니 등문고(登聞鼓)에 관한 것이 1건, 그리고 신문고에 관한 것이 10건으로 모두 11건이 나왔다. 그러면 이들 기사를 중심으로 정조 시기에 신문고의 실태는 어떠했는지 추정해 보기로 하겠다.

신문고만 허용했으나 격쟁도 부분적으로 인정

영조 임금이 영조 47년(1771) 11월 23일 다시 설치한 신문고는 정조 시기에도 24년 동안 그대로 존속되었다. 또한 영조가 신문고를 다시 설치하면서 격쟁 제도를 금지했던 시책도 정조는 그대로 계승했다. 그러나 정조실록에서 격쟁에 관한 기사들을 찾아보면 모두 30건이나 나온다. 따라서 이로 미루어 볼 때, 조정에서 신문고를 다시 설치한 뒤 격쟁 제도를 금지했지만, 백성들이 불법적 격쟁을 통해 임금에게 억울함을 호소하는 사례가 적지 않자, 정조는 "격쟁을 완전히 막으면 백성들의 하정(下情)을 알 수 없다."라면서 백성들의 격쟁을 선별해서 처리토록 했다.

(1) 정조의 명령에 나타난 신문고의 법의와 설치 장소

우선 정조실록 48권, 정조 22년(1798) 3월 8일 2번째 기사를 보면, 격쟁 대신에 신문고를 다시 설치한 때와 그 법의(法意) 및 설치 장소 등에 관한 기록이 구체적으로 나와 있다. 따라서 이러한 내용의 실록기사부터 소개하면 다음 [정조실록기사 1]과 같다.

> [정조실록기사 1] 임금이 병조판서에게 전교(傳敎)하기를 "대저 신문고에 관한 한 가지 일에 대해서 매양 한 번은 깨우쳐 주려고 하면서도 아직 그러하지 못했다. 『문헌비고』(文獻備考)를 편집한 이후에 특별히 명하여 쟁(錚)을 고(鼓)로 대신하였다. 그리하여 옛날 협양문(協陽門)·광달문(廣達門) 밖에서 치던 쟁을 치우고, 지금은 진선문(進善門)·건명문(建明門)에다 북으로 대신 설치하였다. 북을 설치한 법의(法意)는 대체로 억울한 사연을 임금에게 알리는 길을 열어 주고자 한 것이다. 그런데 근자에 듣건대, 연전에 한 문신(文臣)의 후예는 북을 싸매었고[裹鼓], 한 중신(重臣)의 후예는 북을 높이 달아매었다[掛鼓]고 하니, 진실로 이 말대로라면 어찌 놀랍지 않겠는가. 경(卿)은 내사(內司)를 엄히 신칙(申飭)하여 입직당랑(入直堂郎)으로 하여금 잘못된 일을 답습하지 말도록 하라. 그리고 이 뒤로는 사건(四件) 안에 든 절박한 일로 들어가기를 허락하지 않을 수 없는 경우에 대해서는 입직당랑이 그의 원정(原情)을 확인한 다음에 들어가기를 허락하여 상헌(常憲)을 준수하도록 하라." 하였다.(정조실록 48권, 정조 22년, 서기 1798년 3월 8일 2번째 기사)

- **전교(傳敎)**: 임금이나 그 왕비가 명령을 내리는 일이나 그 명령을 이르던 말
- **『문헌비고』(文獻備考)**: 조선 영조 때 홍봉한(洪鳳漢)이 조선의 문물제도 전반에 걸쳐 기록한 일종의 백과사전. 총 100권으로, 중국 원나라 때 편찬된 『문헌통고』의 예를 따라 예(禮)·악(樂)·병(兵)·형(刑) 등으로 분류했다. 고종 때 이를 보완해

『증보문헌비고』 250권을 간행했다.

- **쟁(錚)**: 징. 놋쇠로 만들어진 부분을 채로 쳐서 소리를 내는 악기
- **고(鼓)**: 북. 타악기의 하나
- **협양문(協陽門)**: 창덕궁 승정원 동쪽에 있던 문. 임금의 침전이면서 동시에 편전(便殿) 기능을 했던 희정당(熙政堂)의 합문으로 사용했다.
- **광달문(廣達門)**: 경희궁의 편전인 흥정당(興政堂)으로 출입하기 위해 설치된 합문
- **진선문(進善門)**: 창덕궁 금천교(錦川橋)와 인정문 사이에 있는 문
- **건명문(建明門)**: 경희궁에 있는 문
- **법의(法意)**: 법률의 근본 뜻
- **내사(內司)**: 내수사(內需司). 왕실의 재정 관리를 맡아보는 관아. 궁중에서 쓰는 쌀·베·잡물(雜物)·노비 따위에 관한 일을 담당했다.
- **입직당랑(入直堂郞)**: 관청에 들어가 숙직하거나 근무하는 당상관과 당하관을 통틀어 이르던 말
- **사건사(四件事)**: 신문고나 격쟁을 통해 호소할 수 있도록 허용한 네 가지 일, 즉 ① 형벌이 스스로에게 미치는 일[刑戮及身], ② 부자(父子) 관계를 밝히는 일[父子分別], ③ 적첩(嫡妾)을 가리는 일[嫡妾分別], ④ 양천(良賤)을 가리는 일[良賤辨別]을 말함.
- **원정(原情)**: 털어놓고 말하거나 간곡히 호소함
- **상헌(常憲)**: 기본 법률, 헌법

[정조실록기사 1]를 보면 신문고를 설치한 법의, 즉 법률적 뜻이 잘 나타나 있는데, 그것은 곧 백성들의 "억울한 사연을 임금에게 알리는 길을 열어 주고자 한 것"이었다. 또한 그 이전에는 백성들이 쟁(錚)을 사용하여 억울한 사연을 임금에게 알리게 했으나, 영조 때 『문헌비고』(文獻備考)를 편집한 이후에 영조 임금이 "특별히 명하여 쟁(錚: 징)을 고(鼓: 신문고)로 대신하게" 해서, "옛날에는 협양문(協陽門)·광달문(廣達門) 밖에서 치게 했던 쟁을 치우고, 그 대신 진선문(進善門)·건명문(建明門)에다 북[신문고]을 설치하였다."라고 했다. 따라서 이러한 기록을 볼 때, 영조와 정조 때는 창덕궁의 진선문 이외에 경희궁의 건명문에도 신문고를 설치해 놓았음을 알 수 있다. 그러면서 이런 신문고를 백성들이

쳐서 억울함을 호소하는 것을 관원 등이 막거나 방해하지 말도록 정조는 병조판서에게 명령했다.

(2) 신문고 이외에 격쟁은 금지했으나 가두격쟁 내용은 조사보고토록

앞서 살펴보았듯이, 영조 임금이 "특별히 명하여 쟁(錚: 격쟁)을 고(鼓: 신문고)로 대신하게" 하면서 신문고를 다시 설치하고, 격쟁은 금지시켰는데, 이러한 시책을 정조도 그대로 따랐다. 그러나 정조는 격쟁을 무조건 금지하지 않고, 대궐 밖에서 격쟁하는 자는 형조(刑曹)에 이부(移付)한 다음 추문(推問)하여 임금에게 아뢰도록 했는데, 이에 관한 정조실록 3권, 정조 1년(1777) 2월 20일 2번째 기사를 보면 [정조실록기사 2]와 같다.

> [정조실록기사 2] 위외(衛外)에서 격쟁하는 것을 추문(推問)하는 법을 신명(申明)시켰다. 하교(下教)하기를, "어궐(御闕)의 경우는 차비문(差備門)에서 격쟁하고 동가(動駕)의 경우에는 위외(衛外)에서 격쟁하는 것이 옛 제도이다. 선조(先朝)에서 신문고를 다시 설치한 뒤 격쟁하는 제도를 금하도록 명하였는데, 성명(聖明)의 뜻은 단지 징으로 하지 말고 북으로 하자는 데 있었던 것이다. 지금은 아울러 동가(動駕)할 때까지도 또한 격쟁을 금하기 때문에 애당초 해조(該曹)에 내려지는 거조(擧措)가 없었다. 금오(金吾)의 장관(長官)이 주달(奏達)한 것으로써 유사(有司)가 거행하는 데 대해 어둡다는 것을 알 수 있었다. 이 뒤로 격쟁하는 사람은 궐내의 경우는 이미 북이 있으니 징은 논할 것이 없지만, 위외의 경우는 고례(古例)에 의거하여 형조(刑曹)에 이부(移付)한 다음 추문(推問)하여 아뢰게 하라." 하였다.(정조실록 3권, 정조 1년, 서기 1777년 2월 20일 2번째 기사)

• **위외(衛外)**: 궁궐을 호위하기 위해 설치된 호위청(扈衛廳)의 밖

- **추문(推問)**: 어떤 사실을 일일이 따져 가며 꾸짖어 물음. 죄를 문초함
- **신명(申明)**: 밝게 밝힘
- **하교(下教)**: 임금이 명령을 내림. 윗사람이 아랫사람에게 가르치어 보임
- **어궐(御闕)**: 궁궐을 높혀 이르는 말
- **차비문(差備門)**: 궁궐 편전의 앞문과 종묘의 상문, 하문, 앞전, 뒷전을 통틀어 이르던 말
- **동가(動駕)**: 임금이 탄 수레가 대궐 밖으로 나감
- **선조(先朝)**: 윗대의 임금, 여기서는 영조를 말함
- **성명(聖明)**: 임금의 밝음
- **해조(該曹)**: 해당 조(曹)
- **거조(擧措)**: 무엇을 처리하거나 꾸미기 위한 조치
- **금오(金吾)**: 의금부(義禁府)의 별칭. 의금부는 임금의 명에 의해 죄인을 다스리는 일을 맡아보는 관청
- **주달(奏達)**: 임금에게 아룀
- **유사(有司)**: 기관이나 단체의 업무를 맡아보는 직무나 사람
- **고례(古例)**: 예로부터 내려오는 관례
- **이부(移付)**: 일이나 서류 등을 다른 부서로 넘김

[정조실록기사 2]를 조금 부연 설명하면, 영조가 신문고를 다시 설치하기 이전에 격쟁을 통해 억울함을 호소할 경우, 궁궐의 경우는 차비문(差備門)에서 격쟁하고, 임금이 행차할 경우는 궁궐 밖에서 격쟁토록 했다. 그러나 선조(先祖) 즉 영조가 신문고를 다시 설치한 뒤에는 격쟁 제도를 금지토록 했는데, 이는 단지 징[錚]으로 하지 말고 북[鼓]으로 하자는 것이었다고 한다. 그러나 임금이 대궐 밖으로 행차할 때 길거리에서의 격쟁도 금지하기 때문에 백성들이 억울함을 임금이 제대로 알 수 없게 되었다는 것이다. 그러므로 임금이 행차할 때 격쟁하는 사람이 있거든 고례(古例)에 의거하여 형조(刑曹)에 이부(移付)한 다음에 추문(推問)하여 임금에게 아뢰도록 하라고 정조 임금이 명령을 내렸다. 따라서 이를 볼 때, 격쟁 제도를 금지하긴 했지만 임금의 행차 시에 거리에 격

쟁하는 사람의 호소는 형조에서 조사한 뒤에 임금에게 보고했음을 알 수 있다.

(3) 가두격쟁자는 정배가 원칙이나 사건사가 아닌 경우도 접수

정조 시기에 격쟁 제도를 원칙적으로는 금지했지만 임금의 행차 시에 길거리에서 격쟁하는 사람의 호소는 형조에서 조사한 뒤에 임금에게 보고토록 했다. 또한 영조가 신문고를 설치한 뒤에 임금의 거둥 시에 길거리에서 격쟁자는 장배(杖配)토록 했으나, 그렇게 하면 백성들의 하정(下情)이 임금에게 제대로 상달될 수 없다면서, 정조는 형조판서에게 명령하기를, 사건사의 경우는 형문하여 공초를 받되, 사건사가 아닌 것은 형추한 뒤 무조건 장배는 하지 말라고 했다. 그러면서 전라도 고령(高靈)의 한 여인이 길거리에서 격쟁을 하자, 형조판서 장지항(張志恒)이 임금에게 구례(舊例)에 따라 장배(杖配)시키라고 건의했으나, 그렇게 되면 궁궐에 들어와서 격쟁할 길이 없는 백성들의 하정(下情)이 상달될 수 없다면서 정배형은 유보토록 했는데, 이에 관한 실록기사를 소개하면 [정조실록기사 3]과 같다.

> [정조실록기사 3] 형조판서 장지항(張志恒)이 아뢰기를, "선조(先朝)에서 신문고를 설치한 뒤에 가로(街路)에서 격쟁하는 자는 장배(杖配)시키라는 하교가 있었기 때문에 그 뒤로는 사건사(四件事)의 여부를 막론하고 모두 결장(決杖)하여 먼 곳에 정배시켜 왔었습니다. 일전에 동가(動駕)할 때 고령(高靈)의 여인(女人)이 가로에서 격쟁하였으니, 구례(舊例)에 의하여 거행하게 하소서." 하니, 임금이 비답하기를, "문금(門禁)이 엄중하여 대궐에 들어와서 격쟁할 길이 없을 것이니, 그렇다면 하정(下情)이 상달될 수 없을 것이다. 이 뒤로는 사건사에 대하여는 으레 형문(刑問)하여 공초(供招)를 받고 사건사가 아니면 형추(刑推)한 뒤 시행하지 말게 하라." 하였

다.(정조실록 3권, 정조 1년, 서기 1777년 6월 10일 3번째 기사)

- **형조판서(刑曹判書)**: 형조의 정2품의 으뜸 벼슬
- **장지항(張志恒)**: 조선 후기에 형조판서·삼도수군통제사·어영대장 등을 역임한 무신
- **선조(先朝)**: 윗대의 임금
- **사건사(四件事)**: 상언(上言)이나 격쟁(擊錚)할 수 있다고 허용된 네 가지 일, 곧 적첩분별(嫡妾分別)·형륙급신(刑戮及身)·양천변별(良賤辨別)·부자분별(父子分別)
- **결장(決杖)**: 죄인에게 곤장을 치는 형벌을 집행하는 일
- **문금(門禁)**: 궁궐이나 성문으로 드나들지 못하게 막던 일
- **동가(動駕)**: 임금이 탄 수레가 대궐 밖으로 나감
- **고령(高靈)**: 경상북도 남서쪽에 있는 군(郡)
- **구례(舊例)**: 예로부터 전해 오는 관례
- **비답(批答)**: 신하의 상소에 대하여 그 말미에 임금이 적는 가부의 하답
- **하정(下情)**: 아랫사람들의 사정. 윗사람에게 자기의 심정이나 사정을 낮추어 이르는 말
- **형문(刑問)**: 형장(刑杖)으로 죄인의 정강이를 때리며 죄를 심문하던 형벌
- **공초(供招)**: 죄인이 범죄 사실을 자세히 말하는 것이나 그 말
- **형추(刑推)**: 위의 형문과 마찬가지

(4) 신문고와 쟁(錚)을 멋대로 치는 것을 엄중히 막지 말도록 지시

한편 정조실록 15권, 정조 7년(1783년) 1월 18일 2번째 기사를 보면, 검토관(檢討官) 엄사만(嚴思晩)이 임금에게 건의하기를, "백성들이 신문고와 쟁(錚)을 멋대로 치는 폐단을 막도록 하라."라고 하였다. 그러나 정조는 비답하기를 "이를 엄중히 막으면 아랫사람들의 사정을 알릴 수 없고 그렇다고 너무나 풀어놓으면 간사한 폐단이 더욱더 늘어날 것"이니 조정에서 유사(有司)에게 맡겨 적절히 처결토록 하라고 분부했는데, 이에 관한 기사 내용을 소개하면 다음 [정조실록기사 4]와 같다.

[정조실록기사 4] 검토관(檢討官) 엄사만(嚴思晩)이 또 아뢰기를, "신문고와 쟁(錚)을 치도록 법을 만든 것은 백성들이 억울한 사정을 펴지 못할까 염려해서입니다. 그런데 요즘 들어서 간사한 백성들의 사기가 날로 늘어나 하찮은 일이라도 대뜸 멋대로 위에 알리고 있습니다. 여러 도(道)에 특별히 주의시켜 쟁을 쳐서 조사하는 일은 힘써 명확히 조사하여 잗달은 폐단을 막게끔 하소서." 하니, 임금이 비답(批答)하기를, "이 일은 일례로 지킬 수만은 없다. 엄중히 막으면 아랫사람들의 사정을 알릴 수 없고, 그렇다고 너무나 풀어놓으면 간사한 폐단이 더욱더 늘어날 것이다. 조정(朝廷)에서 안팎의 유사(有司)에게 맡겨 사실을 캐내어 처결하도록 하되, 갑자기 처결하는 유사에게는 각기 해당된 법을 적용하게 하면 어찌 두 가지가 다 타당성이 있지 않겠는가? 이로써 거듭 주의시키도록 하라." 하였다.(정조실록 15권, 정조 7년, 서기 1783년 1월 18일 2번째 기사)

- **검토관(檢討官)**: 경연(經筵)의 정6품직
- **엄사만(嚴思晩)**: 정조 즉위년(1776) 홍문관수찬, 정조 2년(1778) 홍문관 부교리와 교리로 승진, 정조 3년(1779)엔 홍문관수찬이 되었다. 정조 7년(1783) 경연청 검토관을 지내다가 제주목사가 되었다.
- **쟁(錚)**: 놋쇠로 만들어진 부분을 채로 쳐서 소리를 내는 징이나 꽹과리
- **비답(批答)**: 신하들의 상소나 건의에 대한 임금의 가부의 하답
- **유사(有司)**: 어떤 기관이나 단체의 업무를 맡아보는 직무

이와 같은 실록기사에서 보듯이, "백성들이 신문고와 쟁을 멋대로 치는 폐단를 막도록 하라."라고 조정의 신하가 정조에게 건의했으나, 정조는 말하기를, 그런 폐단을 엄중히 막으면 아랫사람들의 사정을 알릴 수 없다면서, 유사로 하여금 각각의 사례별로 처결토록 했다. 따라서 이런 사실로 미루어 볼 때, 정조는 백성들의 하정을 알고 이를 해결해 주고자 한 현군(賢君)이었음을 알 수 있다.

신문고에 관련된 여러 규정들도 만들어

비록 정조 시기에도 가두격쟁을 완전히 금지하지 않았으나 원칙적으로는 금지했고, 그 대신 신문고만 이용하여 백성들이 억울함을 호소하게 하였다. 그러나 정조는 격쟁도 부분적으로 허용했다. 또한 정조는 백성들이 신문고로 억울한 사연을 임금에게 알릴 수 있도록 신문고의 문제점 등을 개선하는 등 여러 노력을 했는데, 그 실례들을 정조실록에서 찾아보면 다음과 같다.

(1) 신문고를 금오 당직에 설치하자는 영의정의 건의를 수용

정조 6년(1782) 6월 영의정 서명선(徐命善)이 이갑(李押)의 상소대로 신문고를 금오(金吾: 의금부)의 당직에 설치하자고 건의했다. 그러자 이를 정조는 그대로 따랐다고 했는데, 정조실록 13권, 정조 6년(1782) 6월 10일 3번째 기사를 보면, [정조실록기사 5]와 같이 기록되어 있다.

> [정조실록기사 5] 영의정 서명선(徐命善)이 아뢰기를, "도헌(都憲) 이갑(李押)이 일찍이 상소하여 신문고를 금오(金吾)의 당직(當直)에게 붙일 것을 청하였습니다. 신문고는 하정(下情)을 통하고 원통하고 억울한 것을 소통시키는 방법인데, 한결같이 신문고를 치는 데다가 맡겨 둔다면 숙청(肅淸)하게 하는 방도에 매우 어긋나는 것입니다. 만일 그로 하여금 취사(取捨)하게 한다면 반드시 조종하는 폐단이 발생하게 되니, 상소의 내용대로 신문고를 당직에다 설치하여 하민(下民)들로 하여금 억울함을 아뢸 수 있는 길이 있게 해야 합니다." 하니 … 임금이 좌상(左相)·우상(右相)에게 순문(詢問)하였다. 첨의(僉議)가 또한 옳다고 하니, 그대로 따랐다.(정조실록 13권, 정조 6년, 서기 1782년 6월 10일 3번째 기사)

- **서명선(徐命善)**: 사헌부 지평·사간원 헌납·홍문관 응교 등을 역임한 문신
- **도헌(都憲)**: 사헌부(司憲府)의 으뜸 벼슬. 사헌부는 정치를 논의하고 풍속을 바로잡으며 관리들의 잘못을 조사해서 그 책임을 탄핵하는 일을 맡아보던 관아
- **이갑(李玾)**: 예조판서·공조판서·병조판서 등을 역임한 문신
- **금오(金吾)**: 의금부(義禁府)의 별칭. 의금부는 임금의 명에 의해 죄인을 다스리는 일을 맡아보는 관청
- **당직(當直)**: 숙직이나 일직 등을 맡은 사람
- **하정(下情)**: 아랫사람들의 사정. 윗사람에게 자기의 심정이나 사정을 낮추어 이르는 말
- **숙청(肅淸)**: 혼란한 세상, 그릇된 일 따위를 엄하게 바로잡음. 또는 정치적으로 입장을 달리하거나 반대하는 사람을 추방하거나 없앰
- **하민(下民)**: 벼슬을 하지 않은 일반 평민
- **동가(動駕)**: 거둥. 임금이 탄 수레가 대궐 밖으로 나감
- **좌상(左相)**: 의정부의 정1품 벼슬의 좌의정(左議政)을 이르던 말
- **우상(右相)**: 의정부의 정1품 벼슬의 우의정(右議政)을 이르던 말
- **순문(詢問)**: 임금이 신하나 백성에게 무엇을 물음
- **첨의(僉議)**: 벼슬 이름

기사 내용을 조금 부연하면, 정조 6년(1782) 6월 10일 당시까지는 백성이 신문고를 치면, 이를 병조의 하급 관원이 조사해서 보고했는데, 이렇게 하면 병조의 하급관원이 신문고를 친 사람을 조종하는 폐단이 발생할 수 있다고 도헌(都憲) 이갑(李玾)이 일찍이 상소하면서, 이러한 폐단을 막기 위해 신문고의 일을 금오(金吾), 즉 의금부의 당직(當直)에게 맡겨 하민(下民)들로 하여금 억울함을 아뢸 수 있게 하자는 것이었다. 이러한 이갑의 상소 내용을 영의정 서명선이 정조 임금에게 아뢰어 정조가 좌의정과 우의정에게 순문하자, 이들도 좋다 해서 임금이 이갑의 건의를 그대로 따랐다는 것이다.

(2) 신문고 설치 장소를 대궐 밖으로 옮기는 일도 신하들에게 논의토록

정조는 또한 임금이 거둥할 때 함부로 격쟁하는 것을 막기 위해 신문고는 당직청(當直廳)에다 설치하고 금오(金烏: 의금부)의 낭관(郎官)이 관장하도록 하자는 대사헌(大司憲) 정호인(鄭好仁)의 상소에 관해서도 "징을 침은 역시 그전부터의 고유의 법이기에 전연 막아 버리는 일은 또한 경솔하게 의논할 수가 없다. 어떻게 하면 좋을 것인지 비국(備國)의 당상들은 각각 의견을 진달(陳達)하라."라고 하였다. 그러나 여러 신하들의 의논이 각각 귀일(歸一)하지 아니하여 일이 정지되었는데, 이에 관한 정조실록 16권, 정조 7년(1783) 7월 12일 1번째 기사의 내용을 소개하면 [정조실록기사 6]과 같다.

> [정조실록기사 6] 임금이 차대(次對)하였다. 영의정 정존겸(鄭存謙)이 아뢰기를, "대사헌(大司憲) 정호인(鄭好仁)의 상소에 '신문고를 두드림은 그전부터 있는 법제이지만, 위외(衛外)에서 징을 치는 짓은 일체 준엄하게 금단(禁斷)해야 한다.'라고 했었습니다. 요사이는 동가(動駕)할 때면 징을 치는 자들이 서로 잇달게 되어 보기에 놀랍게 됩니다. 대궐 밖에다 신문고를 두었음은 그전부터 있는 법제이고, 당직청(當直廳)에 상언(上言)하는 것도 또한 위에 주달(奏達)하도록 했습니다. 신문고를 당직청에다 설치하고 금오(金吾)의 낭관(郎官)이 관장하도록 하되, 본부(本府)의 당상(堂上)에게 고하고 그 즉시 초기(草記)를 하도록 한다면, 위외에서 징을 치는 일이 자연히 남잡(濫雜)해질 염려가 없게 될 것입니다." 하니,
>
> 임금이 말하기를, "그전에는 대궐 안의 차비문(差備門) 밖에서 징을 치는 사람을 병조(兵曹)에 내주면 형조(刑曹)로 이송하여 초기하게 되고, 동가(動駕)할 때에 위외에서 징을 치는 자는 금훤낭청(禁喧郎廳)이 잡아다가 형조에 주었다. 선조(先朝)에 『문헌비고』(文獻備考)의 편찬을 명했을 때에 비로소 옛적의 사례를 모방하여 신문고를 설치하면서 대궐 안에서 징

을 치는 것은 금지했다. 이는 대개 아랫사람들의 사정을 널리 통하게 하는 훌륭한 거조(擧措)인 것인데, 그 뒤에는 위외에서 징을 치는 것까지 금지하다가, 원통을 호소하는 사람들이 더러는 깃발을 걸고 포(砲)를 치는 짓을 하게 되어, 보기에 놀랍고 괴이했기 때문에 병신년(丙申年)과 정유년(丁酉年) 무렵에 특별히 위외에서는 징을 치는 것을 금지하지 말도록 했던 것이니, 진실로 대궐 안에 있어서는 이미 난입(闌入)을 금하게 되어 있고, 대궐 밖에서도 또한 징을 치는 길을 막아 버린다면, 아래 사람들이 사정을 상달(上達)할 수 없게 될 것이다.

이번에 그 신문고를 대궐 밖에 두자는 논의는 진실로 의견이 있은 것이다. 대개 송(宋)나라의 고사(故事)로 말하더라도 등문고원(登聞鼓院)이 대궐 밖에 있었고, 우리 국조(國朝)의 고사에도 또한 신문고를 대궐 밖에다 두고서 주서(注書)로 하여금 나가서 살피도록 했던 것이다. 만일 이번에 이에 의하여 신문고를 당직청에 내다 두고서 혹시라도 신문고를 치는 사람이 있게 되면, 당직(當直) 도사(都事)는 승정원에 와서 고하고 형방승지(刑房承旨)가 주관하여 등문(登聞)하도록 한다면 안될 것이 없을 듯하다. 다만 승선(承宣)은 곧 왕명(王命)을 출납(出納)하는 소임이므로 형관(刑官)의 일을 겸하여 거행함은 또한 어떻게 될 것인지 모르겠다. 만일 의금부(義禁府)의 당상이 주관하도록 한다면, 의금부 당상은 곧 조사(朝士)들을 의언(議讞)하는 관원인데, 어찌 필부(匹夫)들의 송사까지 아울러 주관하게 할 수 있겠느냐? 신문고를 대궐 밖으로 내놓아야 한다는 의논은 비록 일리(一理)가 있는 듯하기는 하지마는, 내놓은 뒤의 일이 진실로 난처하게 된다. 또한 징을 침은 역시 그전부터의 고유의 법이기에 전연 막아 버리는 일은 또한 경솔하게 의논할 수가 없다. 어떻게 하면 좋을 것인지 비국(備國)의 당상들은 각각 의견을 진달(陳達)하라." 하였는데, 여러 신하들의 의논이 각각 귀일(歸一)하지 아니하여, 드디어 일이 정지되었다.(정조실록 16권, 정조 7년, 서기 1783년 7월 12일 1번째 기사)

- **차대(次對)**: 매달 여섯 차례씩 의정·대간·옥당 등이 나라의 중요한 일을 임금에게 아뢰는 일
- **정존겸(鄭存謙)**: 조선 후기에 좌의정·우의정·영의정 등을 역임한 문신
- **대사헌(大司憲)**: 사헌부의 으뜸 벼슬로 종2품. 사헌부는 정치를 논의하고 풍속을 바로잡으며 관리들의 잘못을 조사하여 그 책임을 탄핵하는 일을 맡아보던 관아
- **정호인(鄭好仁)**: 조선 후기에 진주목사를 역임한 문신
- **위외(衛外)**: 궁궐이나 임금을 지키는 군대인 금위군(禁衛軍)의 호위선 밖
- **금단(禁斷)**: 어떠한 구역이나 범위 안에 들지 못하게 막음. 어떠한 행위를 하지 못하게 엄중히 금함
- **동가(動駕)**: 거둥. 임금이 탄 수레가 대궐 밖으로 나감
- **당직청(當直廳)**: 의금부 소속의 특수관서로 신문고의 관리와 그에 따른 소송사무를 담당하였다. 태종 2년(1402) 신문고가 설치된 뒤 태종 14년(1414) 이를 관리하는 전담기구로 신문고가 있는 궐문 옆에 설치하였다. 연산군 11년(1505) 밀위청(密威廳)으로 개칭되었으나 이듬해 중종반정 뒤 다시 당직청으로 고쳤다.
- **주달(奏達)**: 임금에게 아뢰는 일이나 말
- **금오(金吾)**: 의금부(義禁府)의 별칭. 임금의 명에 의해 죄인을 다스리는 일을 맡아보던 관청
- **낭관(郎官)**: 각 관아의 당하관을 통틀어 이르는 말
- **본부(本府)**: 지방관이 자기가 속해 있는 관부를 이르는 말
- **당상(堂上)**: 정3품 이상인 명선대부·봉순대부·통정대부·절충장군 이상의 벼슬
- **초기(草記)**: 각 관아에서, 행정에 그리 중요하지 않은 사항을 사실만 간단히 적어 임금에게 올린 문서
- **남잡(濫雜)**: 행동 등이 넘치고 잡스러움
- **차비문(差備門)**: 궁궐 편전(便殿)의 앞문과 종묘의 상문, 하문, 앞전, 뒷전을 통틀어 이르던 말
- **초기(抄記)**: 글이나 문장 따위에서, 필요한 대목만을 가려 뽑아 적음
- **금훤낭청(禁喧郎廳)**: 임금의 전좌(殿座)나 거둥 때 함부로 들어와 떠드는 사람을 단속한 임시 벼슬
- **선조(先朝)**: 왕가에서 윗대의 조상이나 임금
- **『문헌비고』(文獻備考)**: 우리나라 상고(上古) 때부터 대한제국 말기에 이르기까지의 문물과 제도를 총망라하여 분류하고 정리한 책. 융희 2년(1908) 조승구(趙昇

九), 박용대(朴容大) 등 30여 명이 증보하여 『동국문헌비고』(東國文獻備考)라는 이름으로 다시 간행(250권 50책)했다.

- **거조(擧措)**: 무엇을 처리하거나 꾸미기 위한 조치. 큰일을 저지르는 것
- **포(匏)**: 바가지
- **병신년(丙申年)**: 정조 즉위년(1776)
- **정유년(丁酉年)**: 정조 원년(1777)
- **난입(闌入)**: 어떤 곳에 불법적으로 들어감
- **상달(上達)**: 윗사람에게 말이나 글로 여쭈어 알려 드림
- **고사(故事)**: 옛날부터 전해 오는 규칙이나 정해진 관례 또는 유서 깊은 일. 옛적에 있었던 일
- **등문고원(登聞鼓院)**: 백성들이 신문고를 통하여 임금에게 중요한 사실이나 사건을 알리는 일을 관장했던 중국 송(宋)나라의 기관
- **국조(國朝)**: 나라. 여기서는 조선왕국을 말함
- **주서(注書)**: 승정원의 정7품 벼슬아치
- **당직도사(當直都事)**: 숙직이나 일직 등을 맡은 종5품의 벼슬로, 충훈부·의금부·중추부·오위도총부 등에 소속되어 관리의 감찰, 규탄 등을 맡아보았다.
- **승정원(承政院)**: 임금의 명령을 전달하고 여러 사항들을 임금에게 보고하는 일을 맡아보던 일종의 비서실
- **형방승지(刑房承旨)**: 승정원에서 형방(刑房)을 맡아보던 승지
- **등문(登聞)**: 임금에게 중요한 사실이나 사건을 알림
- **승선(承宣)**: 승정원 승지를 달리 이르는 말
- **출납(出納)**: 임금의 명령 따위를 내주거나 신하들의 건의 등을 받아들임
- **형관(刑官)**: 형벌을 관장하였던 관리
- **의금부(義禁府)**: 임금의 명에 의해 죄인을 다스리는 일을 맡아보던 관청
- **조사(朝士)**: 조정에서 일하는 신하. 조관(朝官)
- **의언(議讞)**: 죄를 의논함
- **비국(備國)**: 군국(軍國)의 사무를 맡아보던 관아. 중종 때 삼포왜란을 계기로 지변사재상의 합의 체제로 설치했다가 임진왜란 후에는 의정부를 대신하여 최고의 정치 및 군사기관으로 발전하였다.
- **진달(進達)**: 말이나 편지를 윗사람에게 전달함
- **귀일(歸一)**: 여러 갈래로 나뉘어 있는 것이나 갈린 것이 하나로 합쳐짐

[정조실록기사 6]의 내용을 보면, 중국 송(宋)나라에서 등문고원(登聞鼓院)이 대궐 밖에 있었듯이, 우리나라에서도 신문고를 대궐 밖에 달아 놓고, 이를 누가 두드리면 승정원의 주서(注書)로 하여금 나가서 살피도록 하는 것이 어떻겠느냐고 정조 임금이 제의하면서, "비국(備國)의 당상들에게 각각 의견을 진달(陳達)하라." 하였으나, 여러 신하들의 의견이 합치되지 않아서 무산되었다는 것이다. 그러므로 그 이후에도 신문고는 계속해서 예전과 마찬가지로 창덕궁 대궐 밖 돈화문의 문루에 달아 놓았던 것 같다.

(3) 격고하러 무단 입궐한 백성보다 그를 인도치 않은 관원을 처벌

정조 시기에도 신문고는 창덕궁 돈화문에 달아 놓았으나, 이를 잘못 알고 어떤 서리(書吏)가 신문고를 치려고 금호문(金虎門) 안으로 들어오려고 했다. 그러자 병조(兵曹)에서 임금에게 그 서리를 처벌하고 궐문 출입을 엄격히 할 것을 청했다. 그러나 정조는 그 서리에게 돈화문의 신문고를 가리켜 주어 그곳으로 보내지 않음으로써 결과적으로 담당 관원들이 백성의 소원(訴冤)을 막은 죄를 물어서 해당 입직 당상은 체차(遞差)하고, 낭관(郎官)은 잡아다가 조처하였다. 그리고 금호문의 수문 장졸은 엄히 곤장을 쳐 취초(取招)하라고 하였는데, 이에 관한 정조실록기사를 소개하면 [정조실록기사 7]과 같다.

> [정조실록기사 7] 병조(兵曹)가 아뢰기를, … "조금 전 금호문(金虎門) 수문장 김복상(金福祥)이 와서 고하기를 '오늘 문을 연 후, 한 서리(書吏)가 들어오려고 하였는데 거둥이 수상하기에 붙잡아서 힐문했더니 전 우의정 김종수(金鍾秀)의 손자 김동선(金東善)이라고 합니다.'라고 하였습니다. 이처럼 문금(門禁)이 지엄한 때를 당해서 이처럼 함부로 들어온 일이 있었으니, 유사(攸司)로 하여금 법에 비추어 참작해서 처리하게 하소서."

하니, 임금이 전교하기를, "신문고를 [다시] 설치한 후에 와서 두드린 자를 본조(本曹) 이하 해조(該曹)에서 추문(推問)하여 초기(草記)하는 것은 일찍이 선조(先朝)에서 정한 규정이 있다. 근래에 문금이 비록 엄하나 입직(入直) 당상(堂上)이 원정(原情)을 가져다 본 후에 받아들여야 할 일에 관계되면 즉시 초기해야 하니, 비단 근래의 예가 그럴 뿐만 아니라 일전에 재신(宰臣) 이병정(李秉鼎)의 일 역시 그러하였다. 참으로 마땅히 호소할 일에 속하면 조관(朝官)과 백도(白徒)가 무슨 관계가 있겠는가. 설혹 잘못해서 금호문을 거쳤더라도 마땅히 즉시 돈화문(敦化門)을 가리켜 주어 그곳으로 보내야 했으며, 더구나 이 초기 가운데 '어제는 차자(箚子)를 올리려는 서리로 여겼었고 오늘에야 비로소 깨달았다.'라고 하였다. 그렇다면 어제는 생기(省記)가 없이 대궐 안에 허접(許接)하였는가. 비록 예사로운 소원(訴冤)이라 하더라도 마땅히 받아들여야 할 것이면 받아야 하는데 하물며 대신(大臣)의 집에서 억울함을 호소하는 것이겠는가. 앞의 일로 보면 문금이 전혀 없었던 죄가 있고 뒤의 일로 보면 소원을 막은 죄가 있으니, 해당 입직 당상은 체차(遞差)하고 낭관(郞官)은 잡아다가 조처할 것이며 수문(守門) 장졸(將卒)은 엄히 곤장을 쳐 취초(取招)하라." 하였다.(정조실록 35권, 정조 16년, 서기 1792년 5월 26일 1번째 기사)

- **금호문(金虎門)**: 창덕궁(昌德宮)의 돈화문(敦化門) 서쪽에 있는 작은 문
- **김복상(金福祥)**: 사람 이름. 신원은 미상
- **김종수(金鍾秀)**: 조선 후기에 대제학·이조판서·우의정 등을 역임한 문신
- **문금(門禁)**: 대궐 문이나 성문을 함부로 드나들지 못하게 하던 일
- **유사(攸司)**: 기관이나 단체의 업무를 맡아보는 직무자
- **본조(本曹)**: 육조(六曹) 중에서 자기가 속한 조를 말함
- **해조(該曹)**: 육조 중에서 해당 조(曹)
- **추문(推問)**: 어떤 사실을 일일이 따져 가며 꾸짖어 물음. 또는 죄를 문초함
- **초기(草記)**: 중앙 각 관아에서, 행정에 그리 중요하지 않은 사항을 사실만 간단히 적어 임금에게 올리던 문서의 한 가지

- **입직(入直)**: 관청에 들어가 숙직하거나 근무함
- **당상(堂上)**: 정3품 이상인 명선대부·봉순대부·통정대부·절충장군 이상의 벼슬아치
- **원정(原情)**: 털어놓고 말하거나 간곡히 호소함
- **재신(宰臣)**: 임금을 도와 모든 관원을 지휘하고 감독하는 2품 이상의 벼슬이나 그런 자리에 있는 사람을 통틀어 이르던 말. 또는 정3품 당상관 이상의 벼슬을 통틀어 이르던 말
- **이병정(李秉鼎)**: 조선 후기에 한성판윤·예조판서·함경감사 등을 역임한 문신
- **조관(朝官)**: 조정에서 일하는 신하
- **백도(白徒)**: 과거를 치르지 않고 벼슬아치가 되는 일이나 그런 사람. 또는 훈련받은 일이 없는 병정
- **돈화문(敦化門)**: 창덕궁(昌德宮)의 정문. 정면 5칸, 측면 2칸의 중층 건물로, 태종 12년(1412) 창건. 임진왜란 때 소실되었던 것을 광해군 1년(1608) 창덕궁을 복구하면서 함께 중건
- **차자(箚子)**: 간단한 서식의 상소문
- **서리(書吏)**: 중앙과 지방의 관청에 속해 있던 하급 관리
- **생기(省記)**: 궁궐에 매일 입직하는 장병의 성명과 그날의 군호를 적은 기록. 관아 숙직자들의 명단
- **소원(訴冤)**: 원통함을 호소하는 것
- **체차(遞差)**: 어떤 직위에 있던 관리를 다른 사람으로 바꾸는 일
- **낭관(郎官)**: 각 관아의 당하관을 통틀어 이르는 말
- **장졸(將卒)**: 장수와 병졸을 아울러 이르던 말.
- **취초(取招)**: 죄지은 사람을 문초하여 범죄 사실을 말하게 함

[정조실록기사 7]로 미루어 볼 때도 정조 임금은 백성들의 억울함을 듣고 해결해 주기 위해 여러 노력을 한 애민적 군주였음을 알 수 있다.

신문고를 통한 백성들의 호소를 적극적으로 처결해 줘

앞서 정조 시기에 신문고의 여러 실태에 관한 정조실록기사들을 살펴보았다. 그러면 백성들이 신문고를 쳐서 어떤 억울함을 호소하면, 이를 조정과 임금은 실제로 어떻게 처리해 주었는가? 그 사례들을 몇 가지만 살펴보기로 하겠다.

(1) 정조는 즉위 16일 뒤부터 신문고로 호소 사건의 처리 시작

정조 임금은 1776년 3월 10일(양력 4월 27일) 즉위했다. 그런데 그로부터 16일 뒤인 3월 26일자 정조실록 1권 3번째 기사를 보면, 정조 임금은 벌써 전(前) 평안도관찰사 조엄(趙曮)의 아들이 신문고를 쳐서 자기 아비의 원통함을 호소한 사건에 대한 판하(判下)를 내렸다. 아마도 이것이 정조 임금이 첫 번째로 처리한 신문고 호소 사건이었던 것 같은데, 이 사건의 전말(顚末)을 소개하면 [정조실록기사 8]과 같다.

> [정조실록기사 8]　헌납(獻納) 이평(李枰)이 차자(箚子)를 올려 아뢰기를, "전 평안도관찰사 조엄(趙曮)은 재물을 탐하여 백성들을 침학(侵虐)한 죄에서는 관서(關西) 사람들이 그의 살을 씹으려고 하였으니, … 조엄에게 마땅히 변방에 내치는 벌을 내리셔야 합니다." 하였다. … 두 달이 지난 뒤에 전 돈녕부도정(敦寧府都正) 조진관(趙鎭寬)이 신문고를 두드려 그 아비를 위해 원통함을 호소하였다. 조진관은 조엄의 아들이었는데, 그 원사(爰辭)에서 그의 아버지가 번신(藩臣)으로 있을 때에 '진정(賑政)을 차리지 않았다.'라는 것에 대해서는, "전 감사 구윤옥(具允鈺)의 장계(狀啓)에 '열여섯 고을에서 백성들을 진휼하여 병들거나 여위어 죽는 것을 면하게 하였다.'라고 한 것이 있으니 스스로 준비하여 굶주린 백성들을

구제한 실상을 증험할 수 있습니다. '내다 팔아 잉여(剩餘)를 차지한 것이 12만 석이다.'라는 것에 대해서, 값을 상정해서 무역하여 공용(公用)에 충당하고 당초부터 한 푼의 남긴 돈도 없었음은 문서에 분명하게 나와 있습니다. '빚을 받아 내려고 터무니없는 기록을 하여 40만 냥의 적체된 빚을 받아 내어 아전(衙前)과 백성들이 원망하게 되었다.'라는 것에 대해서는 근거 없는 말이 전파된 것이니, 본도(本道)에서 사핵(査覈)해 보시기를 바랍니다." 하니, … 임금이 조엄의 막비(幕裨) 권휴(權烋)와 조진정(趙鎭禎)을 잡아다가 국문(鞫問)하게 하였다. 그리고 이해 가을에 조엄을 잡아다가 가두도록 명했는데, 의금부(義禁府)에서 일률(一律)로 정하도록 의정부(議政府)에 보고하여 상세히 복심(覆審)하게 하기를 청하니, 임금이 판하(判下)하기를, "만일에 탐오를 징계하는 형률을 쓰기로 한다면 삼척(三尺)을 조엄에게 내리지 않고 어디에다 하겠는가? … 조엄을 영구히 금고(禁錮)시키고 사형을 감하여 위원군(渭原郡)에 정배(定配)하도록 하라." 하였다.(정조실록 1권, 정조 즉위년, 서기 1776년 3월 26일 3번째 기사)

- **헌납(獻納)**: 사간원(司諫院)의 정5품 벼슬로 임금에게 충언을 올리는 임무를 맡았음
- **이평(李枰)**: 조선 후기에 헌납·형조참의 등을 역임한 문신
- **차자(箚子)**: 간단한 서식의 상소문을 이르던 말
- **관찰사(觀察使)**: 각 도의 으뜸 벼슬. 그 지방의 경찰권·사법권·징세권 따위의 행정에서 절대적 권한을 가진 종2품(從二品) 벼슬
- **조엄(趙曮)**: 조선 후기에 공조판서·이조판서·평안도관찰사 등을 역임한 문신
- **침학(侵虐)**: 침범하여 포학하게 행동함
- **관서(關西)**: 마천령 서쪽 지방인 평안도와 황해도 북부 지역을 이르는 말. 또는 철령 서쪽 지방인 평안도를 두루 이르는 말
- **돈녕부도정(敦寧府都正)**: 왕과 왕비의 친인척을 관리하던 관청인 돈녕부의 정3품 당상관 관직
- **조진관(趙鎭寬)**: 조선 후기에 판서·수원부유수·판돈녕부사 등을 역임한 문신
- **원사(爰辭)**: 호소한 글이나 말

- **번신(藩臣)**: 중앙에서 멀리 있는 감영이나 병영의 관찰사를 이르던 말
- **진정(賑政)**: 흉년에 가난하고 군색한 백성을 불쌍히 여겨 도와주는 행정
- **구윤옥(具允鈺)**: 조선 후기에 병조판서·호조판서·판중추부사 등을 역임한 문신
- **장계(狀啓)**: 지방에 파견된 관원이 자기 관하의 중요한 일을 임금에게 글로 보고하는 일이나 그런 문서
- **아전(衙前)**: 중앙의 관청과 지방의 주(州)·부(府)·군(郡)·현(縣)의 관아에 딸린 구실아치
- **사핵(査覈)**: 실제의 사정이나 정세를 자세히 조사하여 밝힘
- **막비(幕裨)**: 감사·유수·병사·수사·견외사신을 따라다니며 일을 돕던 무관
- **권휴(權烋)**: 사람 이름. 신원은 미상
- **조진정(趙鎭禎)**: 사람 이름. 신원은 미상
- **국문(鞫問)**: 국청에서 역적이나 강상죄인 등의 나라의 큰 죄인을 형장을 가하여 신문하던 일
- **의금부(義禁府)**: 임금의 명에 의해 죄인을 다스리는 일을 맡아보던 관청
- **일률(一律)**: 사형죄를 말함
- **복심(覆審)**: 다시 심사하거나 조사함
- **판하(判下)**: 신하가 건의한 안을 하도록 임금이 허가하는 일
- **삼척(三尺)**: 법률을 비유적으로 이르던 말
- **금고(禁錮)**: 신분이나 과거의 죄과로 인하여 관리가 되는 자격을 제한하거나 박탈하는 제도
- **위원군(渭原郡)**: 평안북도 북부 중앙에 위치한 군의 이름
- **정배(定配)**: 지방이나 섬으로 보내 일정 기간 그 지역 내에서 감시를 받으며 생활하게 하는 형벌

[정조실록기사 8]에서 보듯이, 전 평안도관찰사 조엄의 아들 조진관은 신문고를 두드려서 그 아비의 원통함을 호소하였다. 그러나 정조 임금은 조엄의 비리를 조사해서 오히려 그를 저 멀리 평안도 위원군으로 귀양 보냈다.

(2) 신문고로 자기 부친에 대한 상소의 부당함을 고한 자에 대한 판하

한편 장단부사(長湍府使) 어석정(魚錫定)이 신문고를 쳐서, 도헌(都憲) 서유녕(徐有寧)이 올린 자기(어석정) 부친에 관한 상소의 부당함을 고한 사건에 대해서는, 이는 서로 간의 원한에 기인한 것이니, 어석정을 타이른 뒤에 놓아 보내라고 임금이 하교했는데, 이에 관한 기록을 소개하면 [정조실록기사 9]와 같다.

> [정조실록기사 9] 의금부(義禁府)에서 장단부사(長湍府使) 어석정(魚錫定)이 격고(擊鼓)한 일 때문에 아뢰기를, "공사(供辭)에 '신이 기부(畿府)에 대죄(待罪)하다가 도헌(都憲) 서유녕(徐有寧)이 상소하여 신축년(辛丑年)·임인년(壬寅年)의 일로 신(臣)의 아비에게 언급하였다는 기별을 듣고 황급히 입성(入城)하여 소본(疏本)을 보니, 일을 계획한 것이 음험하고 말한 뜻이 흉참(凶慘)하며 곧바로 신의 아비를 악역(惡逆)의 죄로 몰았으니, 이것이 어찌 아들로서 차마 볼 수 있고 차마 들을 수 있는 것이겠습니까. 혼백이 놀라고 두려우며 오장(五臟)이 갈라지고 무너져서 다만 곧 죽어서 이 사람의 말을 지하에 가서 신의 아비에게 고하고 서로 함께 통곡하지 못하는 것을 한탄할 뿐입니다. 이어서 성교(聖敎)가 내려진 것을 보건대, 중언부언(重言復言)하시고 성왕(聖王)께 한을 끼친다는 말씀까지 하셨으니, 받들어 읽기를 반(半)도 못하여 부앙(俯仰)하며 감격하고 온 집안이 모여서 대궐을 바라보며 절로 눈물이 쏟아졌습니다. 아! 저 서유녕도 사람인데 어찌 차마 망측하고 부도한 말을 남의 이미 해골이 된 어버이에게 억지로 가할 수 있습니까. 신은 그래서 만약에 피눈물을 흘리고 눈물을 머금으며 신의 아비의 억울한 정상을 매우 아뢰지 않는다면 신의 아비의 심사(心思)를 밝힐 수 없을뿐더러 국가의 의리에 있어서도 장차 컴컴하여 명백하지 않아질 것이므로 감히 만 번 죽음을 무릅쓰고 조목조목 변파(辨破)하니, 성명(聖明)께서 굽어살피시기 바랍니다.'" 하니 …

임금이 판부(判付)하기를, "전후의 전교(傳敎)를 밝힌 것은 상세하여 여지가 없다. 선왕(先王)의 하교(下敎)에서 운운하신 것을 인용한 것으로 말하면 이제 와서 무슨 새삼스레 원통함을 호소할 일이 있겠는가. 서유녕 형제의 상소로 말하면 이 일이 어떠한지를 물론하고 모두 사사로운 원한을 푸는 것으로 돌아가니, 나는 이렇게 하여 마지않으면 어제 한 집을 멸하고 오늘 한 집을 멸하여 장차 그 뜻을 채우고 그 무리를 비우고서야 말게 될 것이라고 생각한다. 아! 또한 매우 헤아릴 곳이 아니겠는가. 그러나 처분이 파직(罷職)에 그친 것은 참으로 그사이에 원정(原情)이 없지 않아서 그런 것이다. 이 공사(供辭)를 보면 아들의 정리(情理)로 원통함이 절박한 것이 워낙 이러해야 할 것이니, 매우 가엾다. 또 국가에서 다시 밝히게 하려 하더라도 전일 전교한 것보다 더할 것이 없으니, 이 판부의 사의(辭意)로 타이른 뒤에 놓아 보내라." 하였다.(정조실록 8권, 정조 3년, 서기 1779년 10월 29일 6번째 기사)

- **의금부(義禁府)**: 임금의 명에 의해 죄인을 다스리는 일을 맡아보던 관청
- **장단부사(長湍府使)**: 경기도에 있던 장단부(長湍府)의 수령
- **어석정(魚錫定)**: 조선 후기에 평안병우후·동지부사 등을 역임한 문신
- **격고(擊鼓)**: 신문고를 두드림. 즉 임금에게 직소(直訴)하기 위해 신문고를 쳐서 하문(下問)을 기다림
- **공사(供辭)**: 죄인이 범죄 사실을 자세히 말함
- **기부(畿府)**: 경기도의 감영(監營). 감영은 8도에 파견된 감사가 직무를 보는 관아를 이르던 말
- **대죄(待罪)**: 죄인이 지은 죄에 대한 처벌을 기다림
- **도헌(都憲)**: 사헌부(司憲府)의 으뜸 벼슬. 사헌부는 정치를 논의하고 풍속을 바로잡으며 관리들의 잘못을 조사하여 그 책임을 탄핵하는 일을 맡아보던 관아
- **서유녕(徐有寧)**: 조선 후기의 문신이자 정치인. 음사(蔭敍)로 벼슬에 올라 군수를 역임했지만 영조 42년(1766) 정시문과에 병과로 급제하여 정헌대부 예조판서에 이르렀고, 사후 의정부 영의정에 추증되었다.

- **신축년(辛丑年)**: 경종(景宗) 원년(1721년)
- **임인년(壬寅年)**: 경종 2년(1722년)
- **소본(疏本)**: 상소문의 원본
- **흉참(凶慘)**: 흉악하고 참혹함
- **오장(五臟)**: 다섯 가지 내장이라는 뜻으로, 곧 간장·심장·폐장·신장·비장을 통틀어 이르는 말
- **성교(聖教)**: 성인이나 임금의 교훈. 또는 왕비나 세자를 책봉할 때 임금이 내리는 가르침의 글
- **성왕(聖王)**: 어진 왕(임금)
- **부앙(俯仰)**: 아래를 굽어보고 위를 우러러봄
- **심사(心思)**: 사람이나 사물에 대해 일어나는 어떤 감정이나 생각
- **변파(辨破)**: 분별하여 격파함
- **성명(聖明)**: 임금님의 밝으심
- **판부(判付)**: 신하가 건의한 안을 그렇게 하도록 임금이 허가하는 일
- **전교(傳教)**: 임금이나 그 비가 명령을 내리는 일이나 그 명령을 이르던 말
- **하교(下教)**: 왕이 명령을 내림. 윗사람이 아랫사람에게 가르치어 보임
- **파직(罷職)**: 관직에서 물러나게 함
- **원정(原情)**: 사정을 하소연함
- **정리(情理)**: 인정과 도리를 아울러 이르는 말
- **사의(辭意)**: 사퇴나 사임을 할 의사. 말이나 글의 주된 뜻

(3) 아들이 제 아비의 무고함을 신문고로 호소한 것을 임금이 신중히 판하

정조 임금은 신문고를 통한 백성들의 호소를 신중하게 처리해 주었던 것 같은데, 정조실록 8권, 정조 3년(1779) 11월 24일 4번째 기사를 보면, 사로(仕路)에 끼인 윤서교(尹恕教)를 사판(仕版)에서 삭거(削去)하기를 정언(正言) 이은모(李殷模)가 임금에게 계청(啓請)하자, 윤서교의 아들 윤동미(尹東美)가 신문고를 쳐서 그의 아버지의 무고함을 호소했다. 그러자 이를 정조는 철저하게 조사해서 현명한 판하(判下)를 내렸는데, 이에 관한 실록기사를 소개하면 [정조실록기사 10]과 같다.

[정조실록기사 10] 윤동미(尹東美)가 신문고를 쳐서 그의 아비 윤서교(尹恕教)의 무고함을 주장하면서, "바라건대, 신(臣)이 공초한 것을 기주(記注)에서 참고하여 무함(誣陷) 당한 것을 명백히 씻어 주소서." 하였다. … 이에 임금이 정원(政院)으로 하여금 을사년(乙巳年)의 일기(日記)를 가지고 들어오게 하고 공초한 것을 여러 대신(大臣)에게 보이면서 하교하기를, "오래된 일로 남의 선세(先世)를 논한다면 어찌 완전한 사람이 있겠는가. 대신(臺臣) 이은모(李殷模)가 윤동미를 논계(論啓)하였을 때에 내가 어떻게 그 일을 아느냐고 물었더니, '유당(柳戇)이 실록청(實錄廳)에서 그 일을 알고서 신에게 말하였으므로 논계하였습니다.'라고 대답하기에 마음에 매우 놀라웠다. 대저 실록의 사법(史法)이 얼마나 엄비(嚴秘)한 것인데 사초(史草)를 누설하여 대신을 부추기는가. 그렇다면 사화(士禍)를 만들어 내기도 어렵지 않을 것이다. 대저 실록청이 끝난 뒤에는 장차 완전한 사람이 없을 것이니, 매우 민망스럽다. 또한 오래된 일을 뒤미처 따내어 지금의 제방(隄防)에 소홀하였으니, 또한 어찌 말이 되겠는가." 하였다. 이어서 하교(下教)하기를, "이 공초에는 판하(判下)해야 하겠으나, 윤서교는 애초에 죄명이 없었으니, 무슨 신원(伸冤)을 말할 만한 것이 있겠는가." 하매, 영의정 서명선(徐命善)이 말하기를, "참으로 성교(聖教)와 같습니다." 하였다.(정조실록 8권, 정조 3년, 서기 1779년 11월 24일 4번째 기사)

- **사로(仕路)**: 관청에서 나랏일을 하며 사는 길
- **윤서교(尹恕教)**: 사람 이름. 신원은 미상
- **사판(仕版)**: 벼슬한 사람들의 명부
- **삭거(削去)**: 깎아서 버리다. 삭제하다
- **정언(正言)**: 사간원(司諫院)에 둔 정6품의 벼슬. 사간원은 삼사(三司)의 하나로 임금께 옳지 못하거나 잘못된 일을 고치도록 말하는 일을 맡아보던 관아
- **이은모(李殷模)**: 조선 후기에 사간원 정언·헌납·대사간 등을 역임한 문신

- **계청(啓請)**: 임금에게 아뢰어 청하는 일
- **윤동미(尹東美)**: 조선 후기에 감역(監役) 등을 역임한 문신
- **공초(供招)**: 죄인이 범죄 사실을 자세히 말하는 일
- **정원(政院)**: 승정원의 준말
- **을사년(乙巳年)**: 영조 원년(1725)을 말함
- **선세(先世)**: 조상의 세대
- **대신(臺臣)**: 사헌부(司憲府)의 대사헌 이하 지평까지의 벼슬을 통틀어 이르던 말. 사헌부는 정치를 논의하고 풍속을 바로잡으며 관리들의 잘못을 조사하여 그 책임을 탄핵하는 일을 맡아보던 관아
- **논계(論啓)**: 신하가 임금의 잘못을 지적하고 고치도록 아룀. 간하여 아룀
- **유당(柳戇)**: 조선 후기에 형조참판·도승지·안변부사 등을 역임한 문신
- **실록청(實錄廳)**: 실록을 펴내려고 임시로 설치하던 관아
- **사법(史法)**: 역사와 법률
- **엄비(嚴秘)**: 절대 남에게 알리지 말아야 할 비밀
- **사초(史草)**: 사관(史官)들이 그때그때의 역사적 사실을 기록하여 둔 역사서의 초고. 여기서는 실록의 초고를 말함
- **사화(士禍)**: 당파 싸움으로 조정 관리와 선비들이 반대파에게 몰려 탄압을 받은 사건
- **하교(下敎)**: 임금이 명령을 내림. 윗사람이 아랫사람에게 가르치어 보임
- **판하(判下)**: 임금이 건의된 안을 하도록 허가하는 일
- **신원(伸冤)**: 원통한 일이나 억울하게 뒤집어쓴 죄를 풀어 버림
- **서명선(徐命善)**: 조선 후기에 사헌부 지평·사간원 헌납·홍문관 응교 등을 역임한 문신
- **성교(聖敎)**: 성인의 교훈. 왕비나 세자를 책봉할 때 임금이 내리는 가르침의 글

(4) 상신 조재호와 봉사 남경용의 누명을 벗겨 주고 죄적도 정리해 줘

마지막으로 신문고를 통한 호소와 그에 대한 처결 사례를 한 가지만 더 소개하면, 고(故) 상신(相臣) 조재호(趙載浩)와 봉사(奉事) 남경용(南景容)이 죄인 엄홍복(嚴弘福)의 사건에 연루되어 원통하게 죽음을 당한 일이 있었다. 그러자 상신 조재호의 딸이 신문고를 쳐서 자기 아버지의 억울함을 임금에게 호소하여 원한을 씻어 주었다. 그리하자 봉사 남경용의 손

자 남백승(南百昇)이 상언하기를, 비록 자기 할아버지도 조재호와 함께 누명은 벗었으나 아직껏 죄적(罪籍)에 올라 있으니, 이를 정리해 달라고 호소했다. 이를 형조에서 임금에게 아뢰니, 임금이 판하(判下)하기를 "남경용이 아직껏 죄적에 올라 있는 것은 매우 잘못된 일이니 그의 손자 남백승이 호소한 대로로 시행하라."라고 했는데, 이에 관한 기록인 정조실록 29권, 정조 14년(1790) 2월 14일 1번째 기사를 보면 [정조실록 기사 11]과 같다.

[정조실록기사 11]　형조(刑曹)가 아뢰기를, "춘천(春川)의 유학(幼學) 남백승(南百昇)이 상언(上言)하기를, '저의 할아버지 남경용(南景容)은, 일찍이 고(故) 판부사(判府事) 조재호(趙載浩)가 한창 합사(合辭)에 의해 성토를 당하고 있을 때 그에 연루되어 붙잡혀 죽었습니다. 연루된 이유는, 그 당시의 죄인 엄홍복(嚴弘福)의 공사(供辭)에 '본인이 춘천에 갔을 때 이름은 알 수 없는 남봉사(南奉事)라는 자도 상신(相臣)의 좌석에 있었다.'라고 하였기 때문에, 대사간(大司諫) 이기경(李基敬)이 발계(發啓)하여 날날이 논열(論列)하면서 저의 할아버지도 붙잡아다 신문(訊問)할 것을 청한 결과 끝내 모면하지 못하였던 것입니다. 그 뒤 을미년(乙未年) 봄에 상신의 딸이 신문고를 치고 원통한 일을 호소함으로써 은전(恩典)을 입어 원한은 씻었으나, 저의 할아버지가 아직껏 죄적(罪籍)에 올라 있는 것이 어찌 억울하고 원통한 일이 아니겠습니까. 삼가 깨끗이 정리해 주는 은전을 특별히 베푸소서.'라고 하였습니다." 이에 대하여 상(上)께서 판하(判下)하기를, "고(故) 상신에 대한 복관(復官)의 명이 이미 선조(先朝) 때에 있었다면, 이 사람이 아직껏 죄적에 올라 있는 것은 매우 잘못된 일이다. 소원(訴願)대로 시행하라." 하였다.(정조실록 29권, 정조 14년, 서기 1790년 2월 14일 1번째 기사)

- **유학(幼學)**: 벼슬하지 않은 유생
- **남백승(南百昇)**: 사람 이름. 신원은 미상
- **상언(上言)**: 백성이 임금에게 글을 올리던 일 또는 그 글
- **남경용(南景容)**: 사람 이름. 신원은 미상
- **판부사(判府事)**: 중추부(中樞府)의 으뜸 벼슬. 종1품 관직으로, 관찰사나 병마절도사를 겸하기도 했다.
- **조재호(趙載浩)**: 조선 후기의 문신. 영조 20년(1744) 홍산현감(鴻山縣監)으로 재직 중 춘당대문과에 급제했고, 승지로 특진한 뒤 지돈녕부사·경상도관찰사·이조판서·우빈객을 역임
- **합사(合辭)**: 두 명 이상의 당상관이 모여 큰일에 관하여 의논한 말
- **엄홍복(嚴弘福)**: 사람 이름. 신원은 미상
- **공사(供辭)**: 죄인이 범죄 사실을 자세히 말함 또는 그 말
- **남봉사(南奉事)**: 남씨 성의 봉사. 봉사는 돈녕부(敦寧府)와 각 시(寺)·사(司)·서(署)·원(院)·감(監)·창(倉)·고(庫)·궁(宮)에 설치된 종8품의 관직
- **상신(相臣)**: 영의정·좌의정·우의정을 합하여 이르던 말
- **대사간(大司諫)**: 사간원(司諫院)의 으뜸 벼슬
- **이기경(李基敬)**: 조선 후기에 강원감사·대사간·동래부사 등을 역임한 문신
- **발계(發啓)**: 의금부에서 처결한 사건에 미심한 점이 있을 때 사간원이나 사헌부에서 죄의 유무와 경중에 대하여 다시 조사한 후 임금에게 보고하던 형사 제도
- **논열(論列)**: 죄목을 하나하나 들추어 말하는 것
- **신문(訊問)**: 어떤 사건에 관하여 증인·당사자·피고인·피해자 등을 상대로 직접 말로 물어서 조사하는 일. 또는 알고 있는 사실을 자세히 따져서 캐물음
- **은전(恩典)**: 나라에서 은혜를 베풀어 내리던 특혜
- **죄적(罪籍)**: 죄인의 범죄 실상을 기록한 도류안(徒流案)·형명부(刑名簿) 따위를 말함
- **판하(判下)**: 임금이 건의된 안을 하도록 허가하는 일
- **복관(復官)**: 물러났던 관직에 다시 복귀함
- **선조(先朝)**: 윗대의 임금
- **소원(訴願)**: 위법하거나 부당한 행정 처분으로 권리나 이익이 침해를 받을 때 그 상급 관청에 대하여 처분의 취소 또는 변경을 청구하는 일. 하소연하여 바로잡아 주기를 원함

13

순조-철종 시기

(1800-1863)

신문고 제도가 존속하긴 했으나

유명무실했던 듯

앞서 살펴보았듯이 제22대 임금인 정조 때에는 신문고의 사용을 백성들에게 적극 허용하였다. 그리하여 억울한 백성들로 하여금 그 억울함과 원통함을 풀게 하였다. 그렇다면 그다음 임금인 제23대 순조(純祖: 재위 1800-1834) 시기에 신문고의 실태는 어떠했는가? 순조실록에서 신문고 관련 기사를 찾아보면 재위 34년 동안에 4건밖에 나오지 않는다. 그런가 하면 제24대 임금인 헌종(憲宗: 재위 1834-1849)의 실록과 제25대 임금인 철종(哲宗: 재위 1849-1863)의 실록에는 신문고에 관련 기사가 한 건도 보이지 않는다. 그렇다면 순조부터 철종까지의 시기에 신문고의 실태는 도대체 어떠했을까?

순조 시기(1800-1834):
신문고도 존재했으나 격쟁을 더 많이 사용한 듯

순조실록에서 신문고에 관한 기사를 찾아보면 어인 까닭인지 재위 34년 동안에 4건밖에 나오지 않는다. 그러나 그중에서 2건은 각각 동일 사건을 다룬 것이다. 그러므로 실제로는 2건인 셈이다. 따라서 이들 기사만을 가지고 순조 시기 신문고의 실태를 알아볼 수는 없으나, 어떻든 이들 기사의 내용을 소개하기로 하겠다.

(1) 격고해서 임금께 상언하는 일이 많았다는 구절이 순조실록에 보여

순조실록에 나오는 신문고 관련 기사 중에서 첫 번째 것은 순조실록 12권, 순조 9년(1809) 1월 17일 정축 2번째 기사인데, 그 내용을 소개하면 다음 [순조실록기사 1]과 같다.

[순조실록기사 1] 부수찬(副修撰) 권비응(權丕應)이 상소하였는데, 대략 이르기를, "삼가 동돈령(同敦寧) 홍낙윤(洪樂倫)이 진달한 소장(疏狀)을 입계(入啓)한 것을 보건대, 상소의 내용은 어떤지 모르겠습니다만 상소라는 두 글자를 보자마자 곧 놀랍고 통분(痛忿)스러운 마음을 견딜 수 없었습니다. 사첩(史牒)을 더듬어 보고 국조(國朝)의 전례를 고증하여 보더라도 홍인한(洪麟漢)과 같은 역적이 어디 있습니까? 그런데 그의 조카되는 사람이 이에 감히 상소하여 호소하는 거조(擧措)가 있었는데도 해방(該房)에서 준례(準例)에 따라 봉납(奉納)한 것은 또 무슨 까닭입니까? … 속히 환수할 것을 명하시고 이어 처분을 내리소서." 하니, [임금이] 비답하기를, "이번의 일은 한편으로는 선왕(先王)의 뜻을 따른 것이고, 또 한편으로는 자궁(慈宮)을 위로하기 위한 것이었다. 칙교(飭敎)를 누차 내리셨으므로 더 이상 거절할 수 없었다. 또한 곧바로 명을 받들 수 없는 경우에 소장을 진달(進達)하는 것은 일이 괴이할 것이 없는 것이기도 하고, 격고(擊鼓)하여 상언(上言)한 일은 또한 이미 많이 있었던 일이다. 이미 직책을 받았으니 또한 상소하여 진달한 것을 책할 것이 뭐 있겠으며, 더구나 이미 내린 비답을 환수할 것이 뭐 있겠는가? 윤허하지 않는다." 하였다.(순조실록 12권, 순조 9년, 서기 1809년 1월 17일 정축 2번째 기사)

- **부수찬(副修撰)**: 홍문관의 종6품 벼슬
- **권비응(權丕應)**: 순조 6년(1806) 병인(丙寅) 별시(別試) 문과(文科) 병과(丙科) 2위로 합격한 문신(文臣)

- **동돈령(同敦寧)**: 돈령부(敦寧府)에 속한 종2품 벼슬. 돈령부는 왕실과 가까운 친척을 위한 사무를 맡아보던 관청
- **홍낙윤(洪樂倫)**: 사도세자의 장인(혜경궁 홍씨의 남편)인 홍인한(洪鳳漢)의 조카
- **진달(進達)**: 말이나 편지를 받아 윗사람에게 전달함. 중간 관청에서 공문 서류를 상급 관청으로 올려보냄
- **소장(疎狀)**: 상소 내용을 적은 종이
- **입계(入啓)**: 임금에게 글을 올리는 일
- **사첩(史牒)**: 역사 문서
- **국조(國朝)**: 국가를 말함
- **홍인한(洪麟漢)**: 혜경궁 홍씨의 아버지이자 장헌세자(사도세자)의 장인인 홍봉한(洪鳳漢)의 이복동생(혜경궁 홍씨의 이복 삼촌)으로, 호조·예조·이조·형조의 참판을 거쳐 도승지·경기도관찰사를 지내고 공조·이조·병조·호조·예조의 판서를 거쳐 영조 50년(1774) 우의정, 이듬해 좌의정이 되었다. 영조의 세손(뒤에 정조)의 외종조부가 되는 것을 미끼로 위세를 부렸으며, 동궁의 보호를 내세워 군신의 예에서 벗어난 일을 자주하여 동궁의 미움을 받았다. 이렇게 하여 세손과 사이가 나빠지자 세손의 즉위를 반대하였다. 영조 52년(1776) 정조가 즉위하자 여산(礪山)에 유배되었다가, 정조 3년(1779) 전라도 고금도에 위리안치(圍籬安置)되었다가 정조 10년(1786) 사사(賜死)되었다.
- **거조(擧措)**: 큰일을 저지르는 것. 말이나 행동을 하는 태도. 무엇을 처리하거나 꾸미기 위한 조치
- **해방(該房)**: 해당 부서
- **준례(準例)**: 기준이나 본보기가 될 만한 이전의 일
- **봉납(捧納)**: 받들어 바침
- **비답(批答)**: 상소에 대하여 말미에 임금이 적는 가부의 하답
- **선왕(先王)**: 선대의 임금. 옛날의 어진 임금
- **자궁(慈宮)**: 왕세자가 왕위에 오르기 전에 죽고 왕세손이 즉위하였을 때, 그 죽은 왕세자의 빈을 이르던 말
- **칙교(飭敎)**: 임금이 몸소 가르친 말씀

[순조실록기사 1]에서 뒷부분을 보면, 임금이 비답하기를 "또한 곧바로 명을 받들 수 없는 경우에 소장을 진달하는 것은 일이 괴이할 것

이 없는 것이기도 하고, 격고(擊鼓)하여 상언(上言)한 일은 또한 이미 많이 있었던 일이다."라고 했다. 따라서 이를 보면 격고, 즉 신문고를 쳐서 임금에게 상언하는 일은 이미 많이 있었다는 것이다. 그러나 그것이 순조 당시 그랬다는 것인지, 아니면 과거에 그랬다는 것인지는 정확히 알 수 없다. 그런데 순조실록 12권, 순조 9년(1809) 1월 17일 1번째 기사를 보면, 동돈녕 홍낙윤이 신문고를 쳐서 홍봉한의 신원을 청하는 상소를 올렸다는 기록이 나온다. 그러므로 이로 미루어 볼 때, 순조 때도 신문고 제도가 시행되고 있었음이 거의 분명하다.

(2) 이조원이 무함을 받자 그의 아들이 신문고를 쳐서 억울함 호소

다음으로 순조실록에 나오는 2건의 신문고 관련 기사 중에서 두 번째로 순조실록 29권, 순조 27년(1827) 4월 3일 1번째 기사의 내용을 소개하면 [순조실록기사 2]와 같다.

> [순조실록기사 2]　봉조하(奉朝賀) 이조원(李肇源)이 [임금에게] 상서(上書)하였는데, 대략 이르기를, "신(臣)은 조정에 나온 지 30여 년이 되었고 나이가 70이 넘었으므로, 누차 치사(致仕)를 청하여 마침내 소원을 이루었습니다. 여생이 얼마 남지 않았으므로 남과 내가 무관하여 몸과 세상을 둘 다 잊은 지 오래되었습니다. 그런데 생각지 않게 한때 남을 탄핵(彈劾)한 일이 10년 동안 절치(切齒)의 원한이 되어 중간에 추잡한 무함(誣陷)에 시달려 왔는데, 지난번의 급변(急變)에 이르러서는 극도에 달하였습니다. 아! 저 흉악한 무리들이 신을 없애기에 다급하여 매우 중대하여 감히 말할 수 없는 죄를 범하였으니, 신의 도리에 있어서 어찌 차마 혀를 놀리고 글을 써서 거의 서로 간에 송사(訟事)하는 것처럼 하겠습니까? 다만 이 원통한 심정을 안고 거친 벌판에 물러가 있어, 생사(生死)와 화복(禍福) 간에 위에서 굽어살펴 주시기만 기다릴 따름입니다. 오직 신의 아들이

그 아비가 뜻밖의 불측한 데에 빠진 것을 가슴 아파하여, 격고(擊鼓)로 억울함을 호소하였습니다. 신이 만류하지 않은 것은 참으로 신의 마음은 자신(自身)에 속해 있고, 신의 아들의 정리는 그 아비에게 속해 있기 때문입니다. … 신이 감히 세상에 드문 은혜를 받아 남은 목숨을 보존하게 된 것을 다행히 여겨, 무고(誣告)한 자처럼 태연히 있을 수만은 없기에 간곡한 심정을 대략 진달(進達)하여 머리를 조아려 사례하는 정성을 펴고 겸하여 책하는 의리를 곁들여 말씀드리니, 신의 관작(官爵)을 영원히 삭제해 주소서." 하였는데, 임금이 답하기를, "엊그제 경의 아들의 원정(原情)에 대한 답에 이미 남김없이 명백히 말하였다. 날조한 무함은 온 세상 사람들이 모두 아는 바인데, 지금 상소(上疏)로 번거롭게 할 필요가 있겠는가? 또 말이 막중한 데에 핍박되었고 보면 어찌 다시 이런 말을 제기해서야 되겠는가? 다시는 처의(處義)에 불안하다는 말을 제기하여 사체를 손상하는 일이 없도록 하라." 하였다.(순조실록 29권, 순조 27년, 서기 1827년 4월 3일 1번째 기사)

- **봉조하(奉朝賀)**: 공신·공신적장(功臣嫡長)·동서반 당상관 등이 치사(致仕)한 뒤에 임명되는 관직. 이 제도는 전직 고급 관료를 대우하던 일종의 훈호(勳號)로서 직사(職事)는 없다. 다만 정조(正朝)·동지 (冬至)·탄일(誕日) 등의 하례식에만 참석하고, 재직 시의 품계에 따라 소정의 녹(祿)이 지급되는 은급 제도(恩給制度)였다.
- **이조원(李肇源)**: 홍문관제학·우참찬·대사헌을 거쳐 한성부판윤에 올랐으며, 다시 이조판서로 재직 중이던 순조 16년(1816) 동지정사(冬至正使)로 청나라에 다녀왔다. 돌아와 홍문관제학·좌빈객(左賓客)·우참찬을 거쳐 평안감사로 외보(外補)되었다가 형조판서를 배수받았다. 그러나 한성 서부의 사대부집 노비가 자식을 죽이고 도망한 사건을 해결하지 못해 파직되었다. 얼마 후 좌참찬으로 서용되고 예조판서를 거쳐 광주부유수(廣州府留守)가 되었다. 순조 20년(1820) 판의금부사를 거쳐 좌참찬이 되었고, 이듬해 하정사(賀正使)로 청나라에 파견되었다. 이후 우빈객·예문관제학·병조판서·좌빈객·호조판서·이조판서·공조판서 등 현직을 두루 지냈다. 그러나 "이조원이 순조 14년(1814) 순조의 병환

이 위독했을 때 김기서(金基敍)·김기후(金基厚) 등과 반역을 도모했다."라고 순조 27년(1827) 승지 이해청(李海靑)과 양사(兩司: 사간원·사헌부)가 탄핵하자, 이조원은 그것이 무고라고 소를 올렸지만 결국 흑산도에 유배되어 그곳에서 순조 32년(1832)에 죽었으며, 사후에 참시(斬屍)를 당하였다.

- **상서(上書)**: 신하가 임금에게 글을 올리던 일. 신하가 동궁에게 글을 올림. 웃어른에게 글을 올림
- **치사(致仕)**: 나이가 많아서 벼슬을 사양하고 물러남
- **절치(切齒)**: 분하여 이를 갊
- **진달(進達)**: 말이나 편지를 받아 윗사람에게 전달함. 중간 관청에서 공문 서류를 상급 관청으로 올려 보냄
- **관작(官爵)**: 예전에, 관직과 작위를 이르던 말
- **무함(誣陷)**: 없는 사실을 거짓으로 꾸며 남을 함정에 빠뜨림
- **처의(處義)**: 의(義) 즉 올바른 도리나 도덕적 원칙을 지킴

[순조실록기사 2]를 보면, "오직 신의 아들이 그 아비가 뜻밖의 불측한 데에 빠진 것을 가슴 아파하여, 격고(擊鼓)로 억울함을 호소하였습니다."라는 문장이 나오는데, 여기서 '격고'란 곧 신문고를 쳐서 자기 아비의 억울함을 호소했다는 말이다. 그렇다면 그 억울함이란 어떤 것인가? 앞서 [순조실록기사 1]에는 언급되어 있지는 않으나, 그것은 "순조 14년(1814) 순조 임금의 병환이 위독했을 때, 이조원이 김기서(金基敍)·김기후(金基厚) 등과 반역을 도모했다."라고 순조 27년(1827)에 승지 이해청(李海靑)과 양사(兩司: 사간원·사헌부)가 이조원을 탄핵한 것을 말한다. 이렇게 이조원이 탄핵을 당하자, 그의 아들이 신문고를 쳐서 그 탄핵은 무함이라면서 억울함을 호소했던 것인데, 이를 볼 때 순조 27년(1827) 4월 당시 신문고가 존재했음을 알 수 있다.

[순조실록기사 2]와 비슷한 내용의 기사는 순조실록 29권, 순조 27년(1827) 8월 4일 5번째 기사에도 나온다. 이를 보면 봉조하(奉朝賀) 이조원(李肇源)이 사죄신(死罪臣)이라 하고 상서하였는데, "신(臣)은 봄

에 망극한 무함(誣陷)을 당하고부터, 나아가서는 사패(司敗)에 구속되어 공순히 처벌을 기다리지 못하고 물러가서는 칼로 자결하여 원통한 정상을 명백히 나타내지 못하고 진실로 신의 아들이 신문고를 친 뒤에는 '번거롭게 하지 말라'는 칙령(飭令)을 마음에 새겨 끝내 사실을 밝히겠다고 자청(自請)하지 못하였으니," 운운하는 내용이 들어 있다. 그러므로 이것을 볼 때도 순조 시기에 신문고가 존재했던 것 같으나, 앞서도 말했듯이 순조실록 전체에 신문고에 관한 기사가 4건밖에 나오지 않으며, 그중에서 2건은 각각 동일 사건을 다룬 것이므로, 이들 기사만을 통해서는 순조 시기에 신문고의 정확한 실태는 알 수 없다.

(3) 신문고 관련 기사는 4건인데 반해 격쟁 관련 기사는 17건에 달해

순조실록 전체에 신문고에 관한 기사가 실제로는 2건밖에 나오지 않으나, 이상하게도 격쟁에 관한 기사들이 순조 재위 전 기간에 걸쳐 17건이나 나온다. 따라서 순조 시기에도 신문고라는 제도가 존재했지만 격쟁도 존재했는데 일반 백성들은 신문고보다는 주로 격쟁을 통하여 억울함을 호소했던 것은 혹시 아니었던가 하는 생각이 든다. 그러나 그 진위는 알 수 없는데, 참고로 순조실록에 나오는 모두 17건의 격쟁 관련 기사들의 내용을 간략하게 소개하면 다음과 같다.

① **순조실록 12권, 순조 9년(1809) 2월 14일 1번째 기사**: 형조판서 김이도(金履度)가 청대(請對)하여 아뢰기를, "어제 격쟁(擊錚)한 사람들 가운데 남원(南原)의 장몽서(張夢瑞)라는 이름을 가진 자가 있었는데 그의 원장(原狀)을 보니 모두가 흉언(凶言)이어서 놀랍고 통분스런 마음 견딜 수 없었습니다."

② **순조실록 12권, 순조 9년(1809) 2월 15일 1번째 기사**: 추국(推鞫)하였다. 대역부도(大逆不道) 죄인 장몽서(張夢瑞)를 정형(正刑)에 처하였

다. 결안(結案)하기를, "그는 흉패스럽고 간사스러운 성품으로 원망하면서 엿보려는 마음을 지니고 흉모(凶謀)를 경영(經營)하여 흉서(凶書)를 지어놓고서 기회를 이용하고 때를 노려 온 지 오래였습니다. 그러던 가운데 이번 행행(幸行)이 있다는 소식을 듣고 몰래 숨어서 올라와서 위외(衛外)에서 격쟁하여 기필코 그 흉서를 노정(露呈)하고 그 흉모를 부리려 하였습니다. …

③ **순조실록 12권, 순조 9년**(1809) **4월 20일 2번째 기사**: 도배(島配) 죄인 조석륜(曹錫倫)을 석방하였다. 조석륜의 아내가 격쟁(擊錚)하여 어버이의 나이가 너무 늙었다는 것으로 석방시켜 주기를 청하였기 때문이었다.

④ **순조실록 12권, 순조 9년**(1809) **9월 12일 5번째 기사**: 금갑도(金甲島)에 안치(安置)시킨 죄인 이동형(李東馨)은 양이(量移)하고, 귀양지에서 죽은 죄인 이기양(李基讓)은 죄명을 탕척(蕩滌)시키라고 명하였다. 형조에서 이동형의 아들 이민용(李民容), 이기양의 아들 이영억(李永億)이 격쟁(擊錚)하여 원정(原情)했다는 것으로 품복(稟覆)하였기 때문이다.

⑤ **순조실록 12권, 순조 9년**(1809) **10월 24일 5번째 기사**: 고(故) 통제사 조성(趙峸)의 죄명(罪名)을 탕척시키라고 명하였는데, 그의 아들 조한석(趙漢錫)이 격쟁하여 억울함을 호소하자 대신(大臣)들에게 순문(詢問)하여 이 명(命)이 있게 된 것이다.

⑥ **순조실록 13권, 순조 10년**(1810) **2월 18일 3번째 기사**: 의금부에서 아뢰기를, "현재 갇혀 있는 죄인 채홍원(蔡弘遠)의 원정(原情)을 판부(判付)에 의해서 대신에게 의논해 보았습니다. … 우의정 김사목(金思穆)은 말하기를, '지은 죄가 이미 중하고 공의(公議)가 매우 준열하고 보면 격쟁(擊錚)하여 억울함을 호소한 것만도 무엄하였습니다. 또 막중한 문자를 끌어들여 신변(伸辨)하는 증거로 삼고

자 하였으니, 원정을 시행하지 말고 율에 비추어 중히 감단하여 부(府)의 의언대로 시행하면 실로 합당할 것입니다.'라고 하였습니다." 하니 …

⑦ **순조실록 13권, 순조 10년(1810) 9월 21일 2번째 기사:** 의금부에서 아뢰기를, "삼가 형조의 감사(減死) 정배한 죄인 정약용(丁若鏞)의 아들 유학(幼學) 정후상(丁厚祥)이 격쟁하여 바친 공초(供招) 계목(啓目)에 대한 판부(判付)에 의하여 대신에게 의논해 보았습니다." …

⑧ **순조실록 17권, 순조 13년(1813) 3월 18일 1번째 기사:** 의금부에서 금갑도(金甲島)에 안치한 죄인 이동형(李東馨)을 태인현(泰仁縣)으로 양이(量移)할 것을 아뢰었다. 기사년(순조 9년, 서기 1809년) 가을에 이동형의 아들 이민용(李民容)이 격쟁(擊錚)한 일로 인하여 하교하기를, "이동형에 대한 처분은 원래 의리를 올바르게 밝히기 위하여 나온 것이었으나 이제 세월이 오래 되었고 또 나이도 80이나 되었으니, 마땅히 참작하는 조처가 있어야겠다. 죄명을 특별히 가벼운 바에 따라서 양이하도록 하라."

⑨ **순조실록 22권, 순조 19년(1819) 7월 18일 1번째 기사:** 추국을 설행하고 여러 죄인들의 죄의 경중을 참작하여 처단하였다. … 강재건이 공초하기를, "섬에 들어가 스승을 찾아뵙고 수작(酬酌)할 즈음에, 그 스승 김일주가 말하기를, '김성길(金聖吉)이 늘 행행(幸行)할 때에 격쟁(擊錚)했다는 공사(供辭)는 모두 자신이 지은 바이며, 격쟁하는 일을 조카들이 모두 긴요치 않다 하였으나, 나는 이미 실낱같은 목숨으로 세상에 남아 있어 선부(先父)의 일을 한 번도 호소(呼訴)하지 못하였으니, 살아 있으나 죽은 것만 같지 못하다.'라고 말하였습니다."

⑩ **순조실록 26권, 순조 23년(1823) 4월 9일 1번째 기사:** 예조에서 해

주(海州)의 유학(幼學) 이원배(李源培)·이용(李鎔)이 격쟁(擊錚)하여 원정(原情)한 것에 관해 아뢰기를, "이원배가 말하기를, '저는 선정신(先正臣) 문성공(文成公) 이이(李珥)의 9세손인데, 당내간(堂內間)에 별안간 종통을 앗아간 변을 당하였습니다.'" …

⑪ **순조실록 27권, 순조 24년(1824) 4월 5일 1번째 기사:** 형조에서 아뢰기를, "격쟁(擊錚)한 사람 배천(白川)의 유학(幼學) 이응려(李應呂)의 원정(原情)을 취고(取考)해 보니, 그는 의안대군(義安大君) 이화(李和)의 15대 손으로서 대군의 묘소를 실전(失傳)한 지 4백 년이 지난 후에 작년 겨울에야 비로소 양주(楊州) 마치현(磨峙峴)에서 찾아냈다면서 그 봉축(封築)을 고치고, 투매(偸埋)한 무덤을 파서 옮기며 사패위토(賜牌位土)를 추심(推尋)해 주기를 청한 일이었습니다." …

⑫ **순조실록 28권, 순조 27년(1827) 3월 18일 1번째 기사:** 왕세자가 여러 승지를 소견(召見)하였다. 명령을 내리기를, "징을 쳐서 사정을 호소한 것과 상언(上言)한 가운데에 시행할 수 없는 것은 시행하지 말도록 그냥 두고, 마땅히 품처(稟處)하여야 할 것은 품처의 질(秩)에 두어서 자세히 살펴보고 구별하여 아뢰게 하였는데, 이는 모두 이미 열람(閱覽)한 것이니 경 등은 다만 그 대요만을 들어 아뢰면 마땅히 처분하겠다." 하니, 도승지 홍기섭(洪起燮)이 말하기를, "조정에서 격쟁(擊錚)하고 상언(上言)하게 한 것은 그 법령에 의미가 있는 것입니다." …

⑬ **순조실록 29권, 순조 27년(1827) 4월 1일 3번째 기사:** 형조에서 격쟁한 죄인 양종필(梁鍾佖)에게 형을 가하여 정상을 알아내자고 아뢰니, 하령(下令)하기를, "이는 협잡(挾雜)의 무리로서 별로 의심할 만한 단서가 없으니, 형벌을 주고 나서 풀어 주도록 하라." 하였다.

⑭ **순조실록 32권, 순조 32년(1832) 2월 23일 2번째 기사:** 형조에서 "격쟁한 죄인 홍백영(洪百榮)의 원정(原情)을 물시(勿施)하라."라고 아뢰었는데, 홍백영은 홍인한(洪麟漢)의 손자이었다.

⑮ **순조실록 32권, 순조 32년(1832) 2월 26일 2번째 기사:** 의금부에서 아뢰기를, "전 승지 김정희(金正喜)는 그의 아비 김노경(金魯敬)에 대한 송원(訟寃)의 일로 격쟁(擊錚)하였는데, 그 원정(原情)을 가져다 본즉 이르기를, '저의 아비 김노경은 재작년에 김우명(金遇明)에게 터무니없는 사실을 꾸미어 무함하는 추악한 욕설을 참혹하게 당하였었고 이어서 사실이 없는 두 죄안(罪案)이 갑자기 대론(臺論)에 들게 되었으니,'" …

⑯ **순조실록 32권, 순조 32년(1832) 9월 10일 2번째 기사:** 형조에서 아뢰기를, "이번 임금님의 행행(幸行) 때에 격쟁한 죄인 양주(楊州)의 홍백영(洪百榮)이 그의 조부 홍인한(洪麟漢)의 신리(伸理)를 위하여 한 것은 참으로 대단히 해괴하고 한탄스러운 일이니, 청컨대 원정(原情)을 물시(勿施)하고 엄히 감죄(勘罪)하여 징려(懲勵)케 하소서." 하니, 하교하기를, "홍백영의 일은 접때 처분이 있었는데, 또 다시 호소하는 것은 다만 무엄하다. 고만 말할 수 없으니, 우선 향리로 내쫓아 다시는 서울 근처에 발을 붙이지 못하게 하라." 하였다.

⑰ **순조실록 33권, 순조 33년(1833) 4월 9일 1번째 기사:** 형조에서 아뢰기를, "격쟁인(擊錚人) 서부의 유학(幼學) 서유규(徐有圭)는 그의 아비 서만수(徐萬修)를 위하여 원통함을 하소연하였습니다. 이것은 의금부의 소관에 관계되니, 청컨대 해부(該府)로 하여금 잡아다 처리하게 하소서." 하교하기를 …

헌종 시기(1834-1849): 헌종실록에는 신문고와 격쟁 관련 기사 전무

앞서 제23대 임금인 순조 재위 시기의 신문고의 실태에 관해 살펴보았다. 그러면 다음 임금인 헌종 시기에 신문고의 실태는 어떠했는가? 이를 알아보기 위해 헌종실록 홈페이지에서 신문고에 관련된 기사들을 검색해 보았다. 그 결과, 한 건도 나오지 않았다. 그뿐만 아니라 격쟁에 관련된 기사도 나오지 않았다. 그렇다면 그 이유는 무엇일까?

신문고나 격쟁에 관련된 기사를 실록편찬자들이 싣지 않았기 때문일까? 아니면 헌종 시기에는 신문고와 격쟁을 두드린 사건들이 없었기 때문일까? 그것도 아니면 격고(擊鼓: 신문고를 침)와 격쟁을 금지 또는 폐지했기 때문일까? 그 정확한 이유는 알 수 없다. 그러나 헌종의 재위 시기에는 격고와 격쟁을 허용하지 않았기 때문일 가능성도 배제할 수는 없는데, 헌종 시기는 안동 김씨와 풍양 조씨의 세도정치로 말미암아 국정이 심히 어지러웠기 때문이다. 이는 또한 헌종의 나이가 어려서 모두 15년 동안의 재위 기간 중 7년 동안을 대왕대비 순원왕후(純元王后: 순조妃)가 수렴청정을 하였기 때문이기도 했다.

헌종 7년(1841) 순원왕후가 수렴청정을 거두자, 비로소 헌종의 친정(親政)이 시작되었으나, 세도정치의 여파로 삼정(三政: 전정·군정·환정)의 문란 등으로 국정이 혼란해졌다. 게다가 재위 15년 중 9년에 걸쳐 수재(水災)가 발생하여 민생고가 가시지 않았다. 이 때문에 혹시 신문고와 격쟁 제도가 뒤로 밀려서 제대로 시행되지 않은 것은 아닌가 짐작된다.

철종 시기(1849-1863): 14년간의 실록에 신문고 관련 기사는 단 1건

앞서 살펴보았듯이 헌종실록에는 신문고와 격쟁에 관련된 기사들이 한 건도 보이지 않았다. 그러나 다음 임금인 철종실록에는 신문고에 관련된 것이 1건, 그리고 격쟁에 관련된 것이 2건이 있었다. 이들 중 신문고에 관련된 것은 철종실록 13권, 철종 12년(1861) 10월 25일 1번째 기사였는데, 그 내용을 보면 [철종실록기사 1]과 같이 간단하게 기록되어 있다.

> [철종실록기사 1]　염보길(廉輔吉)을 심영(沁營)에 압송하여, 사실을 조사해 장문(狀聞)토록 명하였으니, 그것은 격고명원(擊鼓鳴寃)한 때문이었다.(철종실록 13권, 철종 12년, 서기 1861년 10월 25일 1번째 기사)

- **염보길(廉輔吉)**: 철종의 외삼촌
- **심영(沁營)**: 강화(江華)도 진무영(鎭撫營)의 별칭
- **장문(狀聞)**: 장계(狀啓)를 올려 임금에게 아뢰던 일이나 그 글. 여기서 장계(狀啓)는 지방에 파견된 관원이 자기 관하의 중요한 일을 임금에게 글로써 보고하는 일이나 그런 문서를 말함
- **격고명원(擊鼓鳴寃)**: 신문고나 징을 울려 억울함을 호소함. 〈참고〉 파주에 살고 있던 염종수(廉宗秀)라는 사람이, 용담 염씨가 파평 염씨에서 분파된 것을 이용하여 강화에 있는 장적(帳籍)에 자신을 철종의 외삼촌으로 변경해서 철종의 환심을 사서 관직에 진출해서 황해도병마절도사 등을 지냈다. 그러나 염종수가 장적을 위조한 사실이 드러났는데 이에 철종의 외삼촌 염보길도 공범으로 몰리자, 염보길은 '격고명원'하였다. 그러자 관가에서 염종수를 철종 12년(1861) 10월 25일 강화 심영(진무영)으로 압송해서 조사해서 그 결과를 보고하고 다음날 옥에 가두었다. 그 뒤 11월 7일 철종이 염종수를 친국하여 그날 참수형에 처하였다.

철종실록에는 신문고에 관련된 것으로 바로 이 기사만 실려 있다. 따라서 이 기사만으로는 철종 시기에도 신문고 제도가 시행되었는지 여부는 확언할 수 없다. 또한 격쟁 제도의 존속 여부도 확실치 않은데, 14년간의 철종 시기의 실록에 격쟁에 관련된 기사가 2건밖에 보이지 않기 때문이다. 참고로 이들 기사를 소개하면, 철종실록 10권, 철종 9년(1858) 1월 7일 2번째 기사에는, "이조(吏曹)에서 아뢰기를, '옥천(沃川) 유학(幼學) 홍우선(洪祐善)이 격쟁(擊錚)하여 사정을 하소연하였는데, 그 증조(曾祖) 홍낙순(洪樂純)의 직첩(職牒)을 돌려주는 것에 관한 것이었습니다.'" 라고 기록되어 있다. 그리고 철종실록 14권, 철종 13년(1862) 10월 10일 3번째 기사에는, "의금부에서 아뢰기를, '격쟁한 사람 광주(廣州)의 사노(私奴)인 필손(弼孫)이 자기의 상전(上典)인 민항렬(閔恒烈)을 위하여 신설(伸雪)한 일은 우선 버려두소서.' 하니, 특별히 그의 관작(官爵)을 회복시키도록 명하였다."라고 적혀 있다.

14

고종 시기
(1863-1907)

격고자가 꼬리를 물다가
1898년 이후 사라져

앞서 철종실록에 나오는 신문고 관련 기사를 살펴보았는데, 이것만을 가지고서는 철종 시기 신문고의 실태는 알 수 없다. 그러면 그다음 제26대 고종(高宗) 임금의 재위 시기에 신문고의 실태는 어떠했을까? 이를 알아보기 위하여 고종실록에서 신문고 관련 기사를 찾아보았더니 모두 3건이 나왔다(격쟁에 관한 기사는 6건이 나옴). 그러면 우선 이들 3건의 기사 내용부터 살펴본 뒤에 고종 시기에도 신문고가 존재했는지, 존재했다면 그 실태는 어떠했는지 알아보기로 하자.

고종 11년에는 신문고를 치는 사람들이 꼬리 물고 이어져

고종실록 11권, 고종 11년(서기 1874년, 조선 개국 483년) 6월 9일 1번째 기사를 보면, [고종실록기사 1]에서 보듯이, "대궐문의 단속이 엄하지 못하여 간혹 함부로 들어오는 폐단이 있었습니다. 최근의 일을 놓고 보더라도 신문고를 치는 사람이 어떻게 이처럼 꼬리를 물고 이어질 수 있습니까?"라고 영의정 이유원(李裕元)이 탄식하는 말이 나온다. 또한 마지막 문장을 보면, 임금이 하교하기를, "요즘 신문고를 치는 사람이 상당히 많아서 잡인들이 어려움 없이 대궐로 들어오니, 이것은 대궐문을 엄중하게 지키지 않기 때문이다."라고 하였다는 내용도 나온다. 따라서 이로 미루어 볼 때, 고종 초기에는 신문고 제도가 활발하게 운영되었음이 분명하다.

[고종실록기사 1] 임금이 차대(次對)를 행하였다. 영의정 이유원(李裕元)이 아뢰기를, … "파수(把守)를 설치하는 것은 과연 처음 나온 제도입니다. 그러나 대궐문의 단속이 엄하지 못하여 간혹 함부로 들어오는 폐단이 있었습니다. 최근의 일을 놓고 보더라도 신문고를 치는 사람이 어떻게 이처럼 꼬리를 물고 이어질 수 있습니까? 신(臣)의 생각에는 차비문(差備門)의 파수뿐만 아니라 대궐문의 파수도 엄하게 단속해야 한다고 봅니다." 하니, 임금이 하교하기를, "요즘 신문고를 치는 사람이 상당히 많아서 잡인들이 어려움 없이 대궐로 들어오니, 이것은 대궐문을 엄중하게 지키지 않기 때문이다."라고 하였다.(고종실록 11권, 고종 11년, 서기 1874년 6월 9일 1번째 기사)

- **차대(次對)**: 매달 여섯 차례씩 의정(議政)·대간(臺諫)·옥당(玉堂) 등이 나라의 중요한 일을 임금에게 아뢰는 일
- **이유원(李裕元)**: 함경도관찰사·좌의정·영의정 등을 역임한 문신(1814-1888). 흥선대원군과 대립하여 좌의정에서 좌천되었으나, 대원군의 실각 이후 영의정 자리에 올랐다. 고종 19년(1882) 7월 전권대신으로 일본 공사 하나부사(花房義質)와 임오군란으로 인한 피해 변상, 공사관 경비병 주둔권 부여를 핵심으로 하는 제물포조약을 체결, 조인했다.
- **방략(方略)**: 어떤 일을 꾀하고 행하여 이루기 위한 방법과 계략
- **차비문(差備門)**: 궁궐의 정전(正田)과 편전(便殿)의 앞문과, 종묘의 상문, 하문, 앞전, 뒷전 등을 통틀어 이르던 말

당시 신문고를 친 백성들이 얼마나 많았는지 그 숫자는 알 수 없으나, "신문고를 치는 사람이 어떻게 이처럼 꼬리를 물고 이어질 수 있습니까?" 하는 이유원의 탄식과, "요즘 신문고를 치는 사람이

상당히 많아서" 운운하는 고종 임금의 하교로 미루어 볼 때, 고종 11년(1874) 6월경에는 신문고가 존속되어 많은 백성이 억울함을 호소하려고 궁궐로 몰려들었음이 분명하다.

신문고를 치는 사람들이 없는 달이 없을 정도로 많아

이와 같은 현상은 그 뒤에도 계속된 것 같은데, 고종실록 11권, 고종 11년(1874) 6월 25일 2번째 기사에도 "신문고를 치는 사람들이 거의 없는 달이 없습니다."라는 내용이 나오기 때문이다. 그래서 대궐문의 파수(把守)를 엄격하게 강화해야 한다고 했는데, 이에 관한 기사의 내용을 소개하면 [고종실록기사 2]와 같다.

> [고종실록기사 2] 차대(次對)를 행하였다. 영의정 이유원(李裕元)이 아뢰기를, … 또 아뢰기를, "지난번에 연석(筵席)에서 대궐문 파수(把守)가 엄하지 못한 일에 대하여 대략 진술하였습니다. 문을 지키는 것이 엄하지 않기 때문에 쓸데없는 잡인(雜人)들이 어려움 없이 마구 들어오며 심지어 신문고를 치는 사람들이 거의 없는 달이 없습니다. 신문고를 치는 사람들이 비록 돈화문(敦化門)으로 들어오기는 하지만 요금문(曜金門)으로 출입하는 사람들은 모두 궁속(宮屬)인만큼 더욱 신중하고 엄하게 지켜야 할 것입니다. 이제부터는 옛 규례를 명백히 강조하고 반드시 신부(信符)와 한부(漢符) 등의 패(牌)를 검열하고 들여보내도록 병조(兵曹)에 분부하여 만약 안면을 가지고 규정을 이랬다저랬다 하는 폐단이 있으면 해당 당상(堂上)과 낭청(郎廳)을 단호히 엄하게 감처(勘處)해야 할 것입니다. 이 거조(擧條)를 벽에다 게시하여 늘 보고 준수하게 하는 것이 어떻겠습니

까?" 하니, 임금이 윤허하였다.(고종실록 11권, 고종 11년, 서기 1874년 6월 25일 2번째 기사)

- **이유원(李裕元)**: 앞서 [고종실록기사 1]의 낱말 풀이 참조
- **연석(筵席)**: 경연(經筵) 즉 임금의 학문 수양을 위해 임금에게 유교의 경서와 역사를 가르치는 자리
- **요금문(曜金門)**: 창덕궁의 서북문
- **궁속(宮屬)**: 각 궁에 속해 있는 원역(員役) 이하의 종을 이르던 말
- **신부(信符)**: 궁궐을 드나들 때 사용한 출입증. 목재 표찰로서 궐문을 출입하는 남자들이 패용했다. 여자용은 한부(漢符)라고 하였다.
- **한부(漢符)**: 궁중에 출입하는 관비, 즉 여자 종들에게 주는 나무로 만든 패
- **당상(堂上)**: 정3품 이상인 명선대부·봉순대부·통정대부·절충장군 이상의 벼슬
- **낭청(郎廳)**: 관리 중에서 문관은 정3품인 통훈대부 등에서 종9품인 장사랑까지, 무관은 정3품 어모장군 이하 종9품 전력부위까지의 벼슬아치를 통틀어 이르는 말
- **감처(勘處)**: 죄인을 심리하여 그 죄에 따라 처단하는 일
- **거조(擧條)**: 신하가 임금에게 아뢰는 조항

[고종실록기사 2]를 보면, "신문고를 치는 사람들이 거의 없는 달이 없으며" "이들은 비록 돈화문으로 들어오기는 하지만" 운운하는 내용도 나오는데, 이를 보면 고종 11년(1874) 6월 당시에 신문고는 창덕궁 돈화문 안의 문루(門樓)에 매달아 놓았으며, 이를 쳐서 억울함을 호소하려는 사람들이 상당히 많았음을 알 수 있다.

백성들이 신문고를 쳐서 호소케 하는 것은 명군의 훌륭함

지금까지 살펴보았듯이 조선왕조실록에서 신문고에 관한 기사는 태

종 1년(1401) 7월 18일부터 시작해서 고종 35년(1898) 양력 10월 25일까지 모두 171건(국역본 기준)이 나온다. 그러나 고종실록 38권, 고종 35년(1898) 양력 10월 25일 3번째 기사를 끝으로 신문고에 관한 실록기사는 더 이상 나오지 않는다. 그러면 마지막 기사의 내용은 무엇이었는가? 이를 소개하면 다음 [고종실록기사 3]과 같다.

[고종실록기사 3] 중추원(中樞院) 부의장(副議長) 윤치호(尹致昊) 등이 임금에게 올린 상소에서 [심상훈, 민영기 등의 죄를 규탄하며 말하기를] "아! 간사한 무리들이 신(臣) 등을 참소하여 죄를 씌우려고 하나 잡아 쥘 만한 죄목이 없게 되자 이에 꼬투리를 만들어 내서 조정의 신하를 규탄하고 정령(政令)의 토의에 참여하는 것은 인민의 정상 권한이 아니라고 말하였습니다. 이 말이 임금의 귀를 현혹시켰으며 대관(臺官)을 격동시켜 일어나게 하기에 충분하였습니다. 그러나 신문고를 쳐서 호소하게 하고 비방목(誹訪木)을 잘 이용하는 것은 잘 다스려진 세상의 아름다운 일이고 나무꾼에게서 묻고 미치광이에게서 쓸 만한 말을 골라내는 것은 명철한 임금의 훌륭한 조치인 것입니다. 백성들이 말을 하지 않으면 몰라도 말을 하면 반드시 살펴야 하는 것인데 저 무리들은 반드시 뭇사람들의 입에 재갈을 물려 그들로 하여금 입을 다물도록 하는 것은 곧 [중국] 진(秦)나라 이사(李斯)의 남은 술책이고 송(宋)나라 진회(秦檜)의 남은 재주입니다. 이렇게 해서 과연 폐하의 나라를 흥하게 할 수 있으며 이웃 나라의 업신여김을 막을 수 있겠습니까?"(고종실록 38권, 고종 35년, 서기 1898년 양력 10월 25일 3번째 기사)

• **중추원(中樞院)**: 고려 시대부터 '중추원'이라는 명칭의 기구가 있었으나, 여기서 말하는 중추원은 한일합병 직후인 1910년 10월 1일 조선총독부 관제 및 동 중추원 관제에 의해 설립되어 조선총독의 자문 역할을 한 기관을 말함

- **윤치호(尹致昊)**: 조선 시대 말부터 대한제국과 일제강점기에 걸쳐 활동한 사상가, 교육자
- **심상훈(沈相薰)**: 조선 말기 문신으로 수구당의 일원. 고종 33년(1896) 아관파천(俄館播遷) 이후, 탁지부대신으로 재직하였으나 악화(惡貨)인 백동화(白銅貨)와 같은 보조화(補助貨)를 주조하여 유통질서에 혼란을 초래하였다는 이유로 독립협회로부터 탄핵의 대상이 되었다가, 고종 35년(1898) 체직 처분을 받았다.
- **민영기(閔泳綺)**: 조선 말기 정치인으로 한일합병에 협조한 대가로 조선귀족 작위를 받았다.
- **참소(讒訴)**: 남을 해치려고 죄가 있는 것처럼 꾸며 윗사람에게 일러바침
- **정령(政令)**: 정치상의 명령 또는 법령
- **대관(臺官)**: 사헌부 또는 그 관원의 통칭. 대신(臺臣)·헌관(憲官)이라고도 불렀다.
- **비방목(誹謗木)**: 그 밑에서 백성들이 왕에게 고통을 호소하고 소원을 고하도록 한 나무 기둥
- **이사(李斯)**: 중국 진(秦)나라 승상. 진시황제를 보좌하여 진나라가 천하 통일을 이룩하는 데 기여했고, 천하 통일 후에는 군현제 등을 실시하여 중앙집권 국가의 기틀을 다졌다. 도량형·화폐·문자 통일 등 중앙집권책을 폈으나, 분서갱유 사건 등을 주도하여 진시황제가 악명을 떨치는 데 기여했다.
- **진회(秦檜)**: 중국 남송(南宋)의 재상으로 금나라와의 외교 정책에 있어 화평을 진행하고, 강화를 주창하였지만, 그 과정에서 주전파인 악비(岳飛)와 한세충(韓世忠) 같은 군벌을 탄압하고, 그 후도 스스로의 권력 유지를 위해 공포 정치를 동반했기 때문에, 후세에 매국노, 즉 한간(漢奸)으로 지탄받았다.

[고종실록기사 3]을 보면, 윤치호가 말하기를 "신문고를 쳐서 호소하게 하고 비방목(誹謗木)을 잘 이용하는 것은 잘 다스려진 세상의 아름다운 일이고, 나무꾼에게서 묻고 미치광이에게서 쓸 만한 말을 골라내는 것은 명철한 임금의 훌륭한 조치인 것입니다."라고 주장하면서, "백성들이 말을 하면 반드시 살펴야 [나라가 흥]한다."라는 것이었다. 그럼에도 심상훈·민영기 등의 간사한 "무리는 반드시 뭇사람들의 입에 재갈을 물려 그들로 하여금 입을 다물도록 하는 것은 곧 진(秦)나라 이사(李斯)의 남은 술책이고 송(宋)나라 진회(秦檜)의 남은 재주입니다."라

고 심상훈, 민영기 등을 규탄하였다.

바로 이와 같은 내용의 실록기사를 끝으로, 신문고에 관한 기사는 고종실록은 물론이고, 그다음 조선 27대 임금인 순종실록에도 더 이상 나오지 않는다. 따라서 이로 미루어 볼 때, 태종 1년(1401) 7월 18일 처음 시작한 신문고 제도는 무려 497여 년 동안이나 존속(비록 여러 번 폐지되기도 했지만)해 오다가 갑오개혁(1894-1896) 이후인 고종 35년(1898) 말경에 폐지했거나 또는 자연히 폐지된 것으로 추정된다.

신문고와 함께 격쟁도 병존하다가 사라져 버린 듯

결국 우리나라에서 전통적 신문고는 사라지고 말았다. 그러면 격쟁 제도는 어찌 되었을까? 이에 관해서는 정확히 알 수 없으나, 격쟁 제도는 고종 시기에도 신문고와 병존하면서 최소한 고종 20년(1883) 9월 23일까지는 존속되었던 것 같다. 왜냐하면 고종실록을 보면 격쟁에 관련된 기사가 모두 6건이 나오다가 고종 20년(1883) 9월 23일 이후에는 더 이상 나오지 않기 때문이다. 참고로 고종실록에 나오는 격쟁 관련 기사들을 각각 간략하게 소개하면 다음과 같다.

① **고종실록 1권, 고종 1년(1864) 8월 29일 4번째 기사**: 종친부(宗親府)에서 아뢰기를, "남부(南部)에 사는 서씨(徐氏)가 격쟁한 것은, 그의 시아비인 고(故) 완창군(完昌君)은 종전처럼 덕흥대원군(德興大阮君)의 사당에 봉사(奉祀)하고 아울러 그의 남편인 전영(前令) 이하전(李夏銓)의 후사를 이호선(李浩善)으로 정하기 위한 것이었습니다. 완창군이 파양(罷養)된 것은 순전히 그의 아들이 죄를 받은 것 때문인데, 그의 아들이 이제 이미 죄를 벗고 벼슬이 회복된

이상 호소하는 것도 실로 근거가 있는 것입니다."

② **고종실록 4권, 고종 4년(1867) 9월 13일 3번째 기사**: 종친부에서 아뢰기를, "지난번에 덕산(德山)의 유학(幼學) 이신화(李愼華)가 격쟁한 원정(原情)으로 인하여 그의 선조인 의창군(義昌君)과 낙선군(樂善君)의 대를 잇는 자손이 이미 정당하게 해결된 만큼 제사 지낼 신주를 이봉(移奉)하고 위토(位土)와 제수(祭需) 등에 대한 절차를 숭선군방(崇善君房)의 예에 따라 마련(磨鍊)하라고 해조(該曹)에 분부하는 것이 어떻겠습니까?" 하니, 임금이 윤허하였다.

③ **고종실록 6권, 고종 6년(1869) 8월 12일 2번째 기사**: 전교하기를, "이번에 연(輦)이 행차할 때 격쟁한 사람들은 형조(刑曹)의 하인들이 나장(羅將)들과 한패가 되어 뇌물을 먹고 대행(代行)하지 않는 자가 없다고 한다. 격쟁은 그만둘 것이며 대행한 놈들을 해조(該曹)에서 엄격히 철저히 조사하여 감배(勘配)하게 하라." 하였다.

④ **고종실록 11권, 고종 11년(1874) 7월 6일 1번째 기사**: 전교하기를, "지금 격쟁인(擊錚人) 이병두(李丙斗)의 원정(原情)을 보았는데, 이재만(李載晩)이 허다하게 불을 저지른 것이 매우 통탄스럽다. 이를 심상하게 처리해서는 안 되니, 우선 섬에 유배시키는 법을 시행하라. 원정 가운데 제반 일들은 의당 처분이 있을 것이다." 하였다.

⑤ **고종실록 12권, 고종 12년(1875) 10월 25일 1번째 기사**: 좌의정 이최응(李最應)이 아뢰기를, "격쟁하여 원정(原情)한 내용이 지극히 원통하고 억울한 사건에 관련되었다면 그래도 괜찮지만, 경향(京鄕)의 부랑배들은 걸핏하면 자질구레하고 사소한 일을 가지고 방자하게 호소하였습니다. 게다가 해조(該曹)에서는 자기 소관이 아닌데도 복계(覆啓)하기도 하고 경고서를 내리기도 하니, 사체(事體)에 크게 어긋납니다. 지나간 일은 진실로 뒤늦게 따질 수

없지만 이후로는 4건 외에 자질구레한 호소에 대한 조처는 일체 시행하지 말고, 글을 올린 백성은 조율(照律)하여 형배(刑配)하며, 형조의 당상(堂上)은 각별히 경책하는 것이 어떻겠습니까?" 하니, 하교하기를, "이런 일을 통렬히 금지하려고 한 지 오래되었다. 이보다 더 법도를 어기는 일이 어디에 있겠는가? 그런데도 해조에서 규례에 위반되는 것을 고려하지 않고 복계하거나 공문을 보내고 있으니, 이것이 무슨 사체인가? 그대로 하라." 하였다.

⑥ **고종실록 20권, 고종 20년(1883) 9월 23일 임자 1번째 기사**: 의정부(議政府)에서 또 아뢰기를, "'서천(舒川) 지역에 구씨(丘氏) 성(姓)을 가진 사람이 구(丘)를 구(具)로 고쳐 달라는 뜻으로 사람을 고용하여 격쟁하여 원하는 대로 하라고 허락받았으나 일개 고약한 후손의 행동 때문에 수천 명의 구씨들이 까닭 없이 성을 바꾸게 되어 도리어 징렴(徵斂)에 시달리게 되어 모두 패망하게 되었으니 특별히 분부하여 예전의 성을 회복시켜 주소서.'라고 한 일입니다. 사실이 이미 이러하다면 예조(禮曹)로 하여금 본도(本道)에 관문을 보내어 알아본 다음에 품처하게 하소서." 하니 윤허했다.

부록

추관지(秋官志)에서 본
신문고와 격쟁 관련 규정·지침 등과
원정(호소)의 실제 처리 사례

본문에서는 조선왕조실록에 실려 있는 신문고 관련 기사들을 중심으로 조선 시대의 신문고의 실태에 관하여 살펴보았다. 그러면 여기서는 부록으로 『추관지』(秋官志)에 실려 있는 신문고와 격쟁 관계 각종 수교(受敎)·원칙·판례·관례 등을 소개하기로 하겠는데, 이들도 조선 시대의 신문고와 격쟁 제도와 실제를 이해하는 데 아주 중요한 사료가 되기 때문이다. 그러면 우선 『추관지』란 도대체 어떠한 책으로 누가 지었으며, 어떤 내용들로 구성되어 있는지부터 간단히 살펴보고 넘어가기로 하겠다.

추관지(秋官志)에 관하여

『추관지』는 조선 정조 때 당시 형조판서 김노진(金魯鎭: 1735-1788)의 지시에 따라 낭관(郎官: 각 관아 당하관의 통칭) 박일원(朴一源)이 형조의 형정(刑政)과 재판 등에 참고하기 위하여 조선 개국 이래의 각종 법례·판례·관례·사례 등을 모아서 5편으로 나누어 정조 5년(1781)에 편찬한 책으로 모두 10권 10책(필사본)으로 되어 있다.

1) 추관지의 편찬 목적과 편찬 경위

이와 같은 『추관지』를 보면 서두에 형조판서 김노진이 쓴 '추관지서'(秋

官志序)라는 서문이 실려 있는데, 이를 보면 이 책의 편찬 목적과 경위를 다음과 같이 밝혀 놓았다.

> 법관(法官)이 백성을 대하는 것은 목숙(苜蓿)이 나무를 대하는 것과 같다. 법률을 정한 후라야 천하에 잘못된 판단이 없고, 조례(條例)를 명확하게 한 후라야 천하에 억울한 일이 없게 되는 것이다. 『서』(書: 공자가 중국 요순 때부터 주나라 때까지 정사에 관한 문서를 모아 지은 책을 말함)에 이르기를 "법률은 화(和)하게 균평하게, 왕부(王府: 죄인을 다스리는 일을 맡아보는 관청)에서는 이렇게 해야 한다." 하였으니, 이 어찌 한만(閑漫: 한가하고 느긋함)한 말이겠는가?
>
> 금년 여름에 내가 형조판서 직을 맡고 본사(本司)의 장고(掌故: 이전부터 내려오는 규칙과 정례)를 살펴보니 호번하기만 하고 통괄적인 기강이 확립되지 아니하였으므로 매양 참고함에 있어 혹 준거를 잃어버릴까 걱정되었다. 여기에 낭관(郎官) 박일원(朴一源)군에게 위촉하여 소위 『추관지』를 편찬하게 하였다. 박군은 박식한 아사(雅士: 맑고 깨끗한 선비)이다. 이로써 나의 직무를 돕도록 하였다. 이에 역대 성군(聖君: 어질고 뛰어난 임금)이 죄인을 불쌍하게 여기는 수교(受敎: 임금이 내리는 명령)와 명신(名臣: 훌륭해서 이름난 신하)들의 가·부(可否)의 의논을 수합하고, 율령(律令)과 금조(禁條)의 연혁과 증·손(曾·孫)에 이르기까지를 나열 또는 수집하여 이를 유별로 분류하니 약간의 시일이 걸렸다. …
>
> 신축(辛丑) 양월(陽月) 강릉(江陵)
>
> 김노진(金魯鎭) 씀(書)

이처럼 김노진의 서문 내용을 보면, 그가 형조판서가 되고 나서, 형조의 장고(掌故)를 보니까 호번(浩繁: 넓고 크며 번거로움)하기만 하고, 통괄적 기강이 확립되지 아니하여 참고하는 데 문제가 많았다는 것이다. 그래서 낭관 박일원에게, 형정에 관한 역대 성군들의 수교(受教)와 명신(名臣)들의 의견 등을 수합하고, 각종 율령과 금조(禁條) 등을 모아서 『추관지』를 편찬토록 했다는 것이다. 그러나 김노진은 박일원에게 『추관지』를 편찬토록 지시만 한 것이 아니라, 지도와 감독, 감수 등도 한 것 같다. 그의 '추관지서'를 보면, "박군은 박식한 아사(雅士)"라 "나의 직무를 돕도록 하였다."라고 했으며, 또한 성군들의 수교와 명신(名臣)들의 의론, 각종 율령과 금조 등을 수합하고, 이들을 유형별로 분류하는 데 약간의 시일이 걸렸다고 말했기 때문이다.

형조판서 김노진의 서문에 이어서 낭관 박일원이 쓴 '추관지소지'(秋官志小識)라는 글도 실려 있는데, 이를 보면 박일원이 김노진의 지시를 받아서 『추관지』를 편찬하게 된 경위가 더 자세하게 나온다.

> 대저 추관(秋官)이란 것은 형관(刑官)을 말하는 것이요, 지(志)란 것은 이전부터 전해오는 사실의 기록을 말한다. 옛날 관(官)에는 기록이 있었으니 [중국] 당·송(唐·宋)의 백관지(百官志)를 살펴볼 수 있다. 오직 우리 선대왕(先大王: 영조를 말함)께옵서 임어(臨御: 재위)하신 50년 동안에는 통치기능이 완전히 갖추어지고 각 지방에 명령을 내려 영·읍(營·邑)의 기록을 편찬하여 올리도록 하셨다. 또 우리 성상(聖上: 정조)께서 즉위하신 초기부터 기록에 관한 사업을 계승하여 내각(內閣)에 명령하여 규장지(奎章志)를 부집(裒集)토록 하셨다. …
>
> 형조판서 김공노진(金公魯鎭)이 불녕(不佞: 자기를 낮추어 일컫는 말. 여기서는 박일원 자신을 말함)에게 위촉하여 이르기를, "육관(六官: 의정부의 여섯 관아)은 하나이다. 춘관(春官: 예조를 말함)에는 이미 지가 있는데, 추관(秋官: 형조를 말함)에만 홀로 없어서야 되겠는가? 성조(聖朝: 거룩한 나라, 즉 조선을 말함) 4백 년 동안에 옥사(獄事: 범죄에 관한 일)를 명백히 하고 신중히 하는 덕(德)과 죄인을 불쌍히 여기는 정사(政事)는 모두가 만세장정(萬歲章程: 만세의 규

정)이 될 만한 것이니 자네는 그 기록을 수집하여 편찬토록 하라." 하셨다. 돌아보건대 불녕은 전헌(典憲: 법전)에 익숙치 못하나 마침 낭관(郎官)의 자리에 있으므로 감히 사양하지 못하고 추관이 관장하던 고사(故事: 옛적부터 전해 오는 규칙이나 정해진 관례)를 대충 수록하였다. … 감히 고요(皐陶: 중국 순임금 때 법관)가 순(舜)임금을 보필하던 뜻을 인용하여 그 대의(大義)만을 기록한다. … 이에 추관지를 작성하노라.

신축(辛丑) 양월(陽月) 반남(潘南)

박일원(朴一源) 삼가 적음(謹識)

바로 이와 같은 김노진의 '추관지서'와 박일원의 '추관지소지'의 내용을 보면, 『추관지』는 조선 정조 때 형조판서 김노진의 지시에 따라 낭관 박일원이 형조의 형정(刑政)과 재판 등에 참고하기 위하여 조선 시대에 추관, 즉 형조에서 전해 내려오던 제반 규칙관례 등을 모아서 편찬한 것임을 알 수 있다. 그리고 김노진의 '추관지서'와 박일원의 '추관지소지'의 끝에 모두 "신축(辛丑) 양월(陽月)"에 썼다고 한 것을 보면, 『추관지』의 편찬 연대는 정조 5년(1781) 음력 10월이었음을 알 수 있는데, 여기서 '신축'은 신축년, 즉 정조 5년(1781)을 말하며, '양월'(陽月)은 음력 10월을 말하기 때문이다.

2) 『추관지』(秋官志)라는 책 제목에 관하여

우선 김노진의 '추관지서'와 박일원의 '추관지소지'에서 밝혀 놓은 『추관지』의 편찬 목적과 경위 및 편찬자에 관하여 살펴보았는데, 그러면 왜 책의 제목[書名]을 『추관지』(秋官志)라고 이름 붙였을까? 김노진의 '추관지서'와 박일원의 '추관지소지'를 보면 모두 그 이유를 자세히 설명해 놓았는데, 그중에서 우선 김노진의 '추관지서'에서 밝혀 놓은 설명부터 소개하면 다음과 같다.

[추관지의] 편찬을 완료함으로써 나는 이렇게 말한다. 가을이란 것은 만물을 성숙시키는 계절이다. 만물이 소생하면 반드시 양육을 기다려야 하고, 이미 양육이 되었으면 반드시 성숙을 기다려야 한다. 대저 사람이 자식을 두면 옷을 입히고도 오히려 추울까 염려하고, 밥을 먹이고도 오히려 배가 고플까 걱정한다. 그러나 때로는 회책(誨責: 회초리)을 가하고 때로 매질도 한다. 이것이 어찌 미워서이겠는가. 이와 같이 하지 아니하면 그 재질이 성숙되지 아니하기 때문이다. 하늘과 땅의 만물에 대해서도 또한 그러한 것이다. 비와 이슬로써 은혜를 베풀고 서리와 눈으로써 위엄을 보인다. 이 위엄이라는 것은 만물을 성숙시키는 것이다. 그러므로 만물이 성숙하는 것은 가을의 덕이요, 만물을 성숙시키는 것은 가을의 공(功)인 것이다. 세상에 국가의 형벌을 관장하는 자가 진실로 가을의 덕(德)을 덕으로 한다면 거의 만물을 성숙시키는 공이 될 것이요, 그 성인의 교화에 전위(前衛)가 되는 자도 반드시 이 책을 떠나지 말아야 한다. [추관지라는] 책의 이름을 돌보고 그 뜻을 생각하여 원컨대 후래자(後來者: 뒤에 오는 사람들)도 더불어 힘쓸지로다.

한편 박일원도 '추관지소지'에서 『추관지』라는 책 이름에 관하여 자세히 설명해 놓았는데, 그는 앞서 소개했듯이 "대저(大抵), '추관'(秋官)이란 것은 형관(刑官: 형벌을 관장하는 중앙관청인 형조)을 말하는 것이요, '지'(志)란 이전부터 전해오는 사실의 기록을 말한다."라고 했다. 따라서 『추관지』란 곧 형조에서 이전부터 전해오는 사실의 기록을 말한다는 것이다. "그러나 추관의 뜻을 아는 자는 드물다."라면서 그 뜻을 자세히 설명해 놓았는데, 이를 그대로 소개하면 다음과 같다.

가을의 기운은 몹시 싸늘하고 초목을 말리어 죽인다. 그 운행은 [오행에서] '금'(金)에 속하고 그 음향은 [오음에서] '상'(商)에 속하고 그 율동은 [육률 중에서] '이'(夷)에 속한다면 천도(天道)가 삶을 좋아하는데 4계절에 가을이 없을 수 없음은 무슨 까닭일까? 시우(時雨: 때를 맞추어 내리는 비)로써 만물을 윤택케 하고, 영로(零露: 봄밤에 맺히는 이슬)로써 만물을 기르는 것은 봄의 인(仁)이오, 북풍이 날로 거세지고 엄상(嚴霜: 된서리)이 밤마다 떨어지게 함은 가을의 위엄(威嚴)이다. 인덕(仁德)을 베풀어야 할 때에는 인덕을 베풀고, 위엄을 시행해야 할 때에는 위엄을 보이는 것이니, 이것이 바로 하늘 됨인지라. 성왕(聖王)은 이러한 하늘을 본받아 정치를 한다. 먼저 어진 은혜로써 정리하고 형정(刑政: 형사에 관한 행정)으로써 그 풍(風)·우(雨)·상(霜)·로(露)의 처분을 하게 되니, 형(刑)이란 것은 4시(時)의 가을이다. 영(令: 명령)은 추령(秋令), 전(典: 법)은 추전(秋典)이라고 한다. 입추일(立秋日)에 비로소 형을 의논하여 시행하게 되니 형관(刑官)을 추관(秋官)으로 이름한 것은 하늘을 본받은 것이다. 비록 그렇다 할지라도, 만약 인군(人君)으로 하여금 천화(天和)를 상하게 할까 염려하는 덕(德)이 민심에 흡족하여 백성들이 범죄를 저지르지 않는다면 비록 추관이 있다 할지라도 저절로 추관의 형벌이 없어질 것이다.

이와 같이 『추관지』의 머리에 실어 놓은 김노진의 '추관지서'와 박일원의 '추관지소지'를 보면, 책 이름을 왜 『추관지』라고 했는지에 관하여 상세하게 밝혀 놓았다. 이를 간단히 요약하면, 조선 시대에 육조(六曹)의 하나로서 법률, 소송, 형벌 따위의 일을 맡아보던 형조(刑曹)를 '추관'(秋官)이라고 불렀고, '지'(志)란 이전부터 전해오는 사실의 기록을 말하므로, 책 이름을 『추관지』라고 붙였다는 것이다. 그러나 형조는 '추관' 이외에 추조(秋曹)라고도 불렀다.

이처럼 당시는 관청마다 한두 가지 별칭들이 있었는데, 예컨대 육조 중에서 예조(禮曹)는 '춘관'(春官) 또는 남궁(南宮)·의조(儀曹)라고 불렀다. 그리고 병조(兵曹)는 하관(夏官)·서전(西銓)·기성(騎省)·기조(騎曹)라고도 불렀고, 공조(工曹)는 동관(冬官)이라고 했고, 이조(吏曹)는 동전(東銓)·천관(天官)이라고도 불렀다. 그런가 하면 호조(戶曹)는 지관(地官)·지부(地部)라고도 했다.

3) 추관지범례와 그에 나타난 추관지의 자료들과 증보

앞서 『추관지』의 편찬 목적과 경위 및 '추관지'의 뜻부터 간단히 살펴보았는데, 그러면 『추관지』에는 어떤 내용을 어떻게 실어 놓았는가? 『추관지』를 보면, 앞서 소개한 김노진의 '추관지서'와 박일원의 '추관지소지' 다음에 '추관지범례'(秋官志凡例)가 실려 있는데, '범례'란 책의 첫머리에 그 책의 내용, 사용법, 편수 방침 등에 대하여 설명한 글을 말한다. '추관지범례'는 8개 항목, 즉 부집(裒集), 분편(分編), 수록(首錄), 연혁(沿革), 연세(年歲), 성명(姓名), 증보(增補)로 나누어서 이들 여덟 가지 사항에 관하여 간단히 설명해 놓았다. 여기서는 첫 번째 항목인 '부집'과 마지막 항목인 '증보'에 관해서만 간단히 소개하기로 하겠는데, 첫째로 '부집'이라는 항목을 보면 다음과 같이 서술해 놓았다.

> 우리나라[我朝]는 4백 년 동안에 덕(德)을 밝히고 형벌을 신중히 하는 정치는 옛날보다 탁월하였다. 옥사(獄事)를 처리하는 판부(判付: 건의된 사안을 임금이 결재함)와 죄수를 불쌍히 여기는 전지(傳旨: 임금의 분부)는 모두가 만세의 장정(章程: 여러 작은 부분으로 나누어 마련한 규정)이 될 만한 것이다. 그러나 인조조(仁祖朝) 이전의 것은 여러 차례의 병란을 겪음으로써 서적이 일실(逸失)되고 흠휼(欽恤: 죄수를 신중하게 심의하는 것)의 교지마저 궐루(闕漏: 전체에서 일부가 빠져서 없어짐)됨이 많았으니 그 애석함을 어찌 이기겠는가. 다만, 다행하게도 효종조(孝宗朝) 이하의 헌장은 고징(考徵: 살펴서 증명함)할 수 있고, 거듭하여 숙종조(肅宗朝)의 개정법률과 영종조(英宗朝)에 찬집한 속전(續典), 그리고 우리 성상(聖上: 여기서는 정조를 말함)께서 즉위하신 초기

에 먼저 개정한 형구(刑具: 형벌을 가하거나 고문할 때 쓰는 기구), 죄인을 불쌍히 여기신 지극한 뜻이 사륜(絲綸: 임금의 말씀)에 넘쳐 있으니, 비록 하우(夏禹: 중국 하나라의 우임금)가 죄인을 대하여 울었고, 주문왕(周文王: 중국 주나라 문왕)이 죄수를 염려했다 할지라도 여기에 더할 수 없을 것이다. 오늘날 형벌을 관장하는 신하된 자로서 어찌 성상의 열열한 의도를 선양(宣揚)하지 아니하겠는가. 초안(草案)과 서찰(書札)을 수합하고, 보고 들은 것을 참작하여 종류별로 나누어 억지로 한 편을 작성하였으나, 이를 총괄하여 논한다면 옛것은 간략하고 지금의 것은 상세하다는 한탄을 면할 수 없다.

한편 마지막의 '증보'라는 항목을 보면, "임인년(壬寅年: 정조 6년, 서기 1782년) 5월에 상감이 [『추관지』] 5편을 가져다 보시고 신에게 말씀하시기를 '의금부(義禁府: 죄인을 다스리는 일을 맡아보던 관청)는 형조와 서로 관련된 일이 많으니, 이 책에 부록하는 것이 타당하리라.' 하였으므로 신(臣)이 성교(聖敎: 임금의 가르침)를 받들어 의금부 법문(法文)에서 인용할 만한 법례(法例)와 본조(형조)의 옥안(獄案: 재판에서 조사한 사실을 적은 문서)에서 전일(前日)에 누락된 것을 채집하여 상복(詳覆)과 고률(考律)의 양부(兩部)에 추보(追補: 추가하고 보충함)함으로써 원서(原書)와 아울러 7편이 되었으나, 증보한 각 조문을 구별하기 위하여 매행(每行)의 머리에 '보'(補)자를 가하여 구별했다."라고 적혀 있다. 따라서 이를 보면, 신축년(辛丑年: 정조 5년, 서기 1781년)에 편찬한 『추관지』를 정조 임금이 임인년에 보고 나서 "의금부는 형조와 서로 관련된 일이 많으니, 의금부에 관한 것도 첨가하는 것이 타당하리라."라고 말하자, 의금부에 관련된 법규나 사례 등도 조사·첨가해서 임인년에 『추관지』의 중보판(重補版)을 냈음을 알 수 있다.

이러한 중보판에서는 의금부에 관한 것들을 추가했을 뿐 아니라,

원편(原編: 초판본)에서 빠졌던 내용도 추보하고, 차례도 약간 바꾸었다. 중보판에 들어 있는 '중보추관지범례'(重補秋官志凡例)를 보면, ① 원편의 편찬은 신축년에 있었고, 보입(補入)한 조문(條文)은 임인년에 있었으며, … 혹 신축년 이전에 있었던 일로서 원편에 기록되지 아니한 것이 있으며, 이도 또한 수록하여 그 궐루를 보충한다; ② 내용의 분류편찬에 관한 강령은 일체 구지(舊志: 원편)에 따랐으나, 각 편의 소목(小目)에 이르러서는 혼잡을 피하기 위하여 소목을 유형별로 분류하고, 각각 총목(總目)을 세워 그 밑에 예속시켜 고람(考覽)에 편리토록 했다고 밝혀 놓았다. 그렇다면 『추관지』는 어떤 내용을 어떤 식으로 분류해서 나열해 놓았는가?

4) 추관지의 편집체재와 각 편의 목차

'추관지범례' 다음에 실어 놓은 '추관지원편총목'(秋官志原編總目)이라는 항목을 보면, 『추관지』는 우선 크게 5편 24목(目)으로 나누었다면서, 그 기준을 이렇게 설명해 놓았다. 즉 "추(秋)란 것은 천시(天時)이며, 천시의 운행은 10간(干)을 비롯하여 2지(二至)에 다하는 것이다. 이것이 합해서는 5운(五運)이 되고, 분리해서는 4시(四時)가 되고, 변해서는 3원(三元)이 되고 또한 2지(二至)가 되는 것이나, 모두 24기(二十四氣) 중에서 벗어나지 아니한다. 따라서 제1편 수편(首篇)은 10간(十干)에 따라 10목(目)으로, 제2편 상복부(詳覆部)는 5운(五運)에 의거하여 5목으로, 제3편 고율부(考律部)는 4시(四時)를 기준으로 4목으로, 제4편 장금부(掌禁部)는 3원(三元)에 의거하여 3목으로, 제5편 장례부(掌隷部)는 2지를 상징하므로 2목으로 나누니, 이것이 총합 24목이 되는 것은 24기를 상징함이니, 이는 태사공(太史公: 중국 전한의 역사가 사마천을 말함)이 천도(天道)를 상징하여 사기(史記: 사마천이 지은 중국 최초의 기전체 통사)를 작성한 뜻을 취한 것이다." 바로 이러한 뜻에서 『추관지』를 크게 5편 24목으로 나누어 작성해 놓았는데, 그러면 각 편에서는 어떤 것들을 다루었는가?

(1) 제1편 수편(首篇)의 목차

제1편은 수편(首編)으로, 10간(干)에 따라 아래와 같이 크게 10개 항목으로 나누고, 이들을 다시 소목(小目)으로 세분하여, 형조와 그 소속 관청의 직제·관원·위치·규모·연혁·경비[經用]·법전류 및 문서 등을 수록했다. 그중에서 관제는 정도전의 『조선경국대전』(朝鮮經國大典)에 의거한 직관설립의 중요성과 법의 중요성을 강조했다.

① **관제(官制)**: 형조(刑曹)

② **직장(職掌)**: 4사(四司), 9방(九房), 장무소(掌務所)

③ **속사(屬司)**: 율학청(律學廳), 율관분차(律官分差), 전옥서(典獄署), 장예원(掌隷院), 보민사(保民司), 좌·우포도청(左右捕盜廳), 좌·우순청(左右巡廳)

④ **이예(吏隷)**: 서리(書吏), 사령(使令), 구종(丘從), 노비(奴婢), 율청(律廳), 전옥서(典獄署)

⑤ **관사(館舍)**: 본아(本衙), 조방(朝房), 율학청(律學廳), 전옥서(典獄署)

⑥ **경용(經用)**: 보민사절목(保民司節目), 보민사창설시전교(保民司刱設時傳敎), 보민사창설후전교(保民司刱設後傳敎), 형조·한성부(刑曹·漢城府), 비변사절목(備邊司節目), 비변사정례(備邊司定例), 균청전1년분표(均廳錢一年分俵), 현방전1년분표(懸房錢一年分俵), 삭름(朔廩), 월봉(月俸), 이예늠포(吏隷廩布), 전옥서이예늠포(典獄署吏隷廩布), 균청전1삭분표(均廳錢一朔分俵), 현방전1삭분표(懸房錢一朔分俵), 조속전1삭분표(曹贖錢一朔分俵), 1년전곡분표도수(一年錢穀分俵都數), 수시분표(隨時分俵), 포진(鋪陳), 중기(重記), 경외노비을해개안(京外奴婢乙亥改案)

⑦ **율령(律令)·형서(刑書)**: 대명률(大明律), 무원록(無冤錄), 부례대명률(附例大明律), 경국원전·속전 (經國元典·續典), 경제육전(經濟六典), 경국대전(經國大典), 전속록(前續錄), 후속록(後續錄), 사송유취(詞訟類聚), 청송지남(聽訟指南), 수교집록(受教輯錄), 전록통고(典錄通考), 속대전(續大典), 어정흠휼전칙(御定欽恤典則), 대전통편(大全通編), 오형도(五刑圖), 육장도(六臟圖), 징속식(徵贖式), 작목식(作木式)

⑧ **금조(禁條)**: (생략)

⑨ **노비(奴婢)**: 아문사역노비(衙門使役奴婢), 아문수공경외노비(衙門收貢京外奴婢), 각사노비(各司奴婢), 경외노비속안(京外奴婢續案), 장예원이래속안(掌隸院移來續案)

⑩ **잡의(雜儀)**: 지영식(祗迎式), 공례식(公禮式), 청좌식(廳座式), 사례식(私禮式), 포폄식(褒貶式), 입직식(入直式), 청전교식(聽傳教式), 적간식(摘奸式), 발패식(發牌式), 녹계식(錄啓式), 예목식(禮木式), 복제급가식(服制給暇式), 낭관청헌(郎官廳憲), 범월죄인추핵식(犯越罪人推覈式), 9방거행(九房擧行), 계목식(啓目式), 초기식(草記式), 초관식(草關式), 정서첩정식(正書牒呈式), 시사탈품식(視事頉稟式), 고적(古蹟)

(2) 제2편 상복부(詳覆部)의 목차

제2편 상복부(詳覆部)는 사형수를 3심한 뒤에 다시 더 세밀하게 심판하던 법과 제도에 관한 것들을 5운(五運)에 따라 크게 계복(啓覆)·윤상(倫常)·복수(復讐)·간음(姦淫)·심리(審理)의 5개 항목으로 나누고, 이들을 다시 세분하여 형사 재판의 절차를 비롯한 각종 범죄에 관한 250개 판례, 역대 왕의 흠휼(欽恤: 죄수의 심문을 신중하게 처리)에 관한 수교(受教)와 전지(傳旨) 등을 수록하였다. 이러한 것들은 주로 풍교(風教)와 윤상(倫常) 등을 밝히기 위한 것들이었다.

① **계복(啓覆)**: 계복계목규식(啓覆啓目規式), 옥안수계(獄案修啓)

② **윤상(倫常)**: 삼성추치규식(三省推治規式), 살부(殺父), 살모(殺母), 구부모(毆父母), 살부파저율(殺夫破瀦律), 살부(殺夫), 노살주(奴殺主), 부녀리이(婦女離異), 살처(殺妻), 고살자제율(故殺子弟律), 윤기죄인계문발배(倫紀罪人啓聞發配), 살자부(殺子婦), 살제(殺弟), 살자매녀외손녀(殺姉妹女外孫女), 살형수질부(殺兄嫂姪婦), 살종형제질(殺從兄弟侄), 윤기(倫紀)

③ **복수(復讐)**: 복부수(復父讐), 복모수(復母讐), 복부수(復夫讐), 복형수(復兄讐), 복자녀수(復子女讐)

④ **간음(姦淫)**: 인간살처(因姦殺妻), 인간살인(因奸殺人), 음옥(淫獄)

⑤ **심리(審理)**: 심리장계규식(審理狀啓規式), 옥안(獄案)

(3) 제3편 고율부(考律部)의 목차

제3편 고율부(考律部)는 율령의 조사와 형옥(刑獄)의 사찰(查察)에 관한 것으로, 이들을 4시(四時)에 따라 제율(除律)·정제(定制)·속조(贖條)·잡범(雜犯)의 4개 항목으로 나누고, 이들 각 항목을 다시 다음과 같이 소목으로 나누어, 고문(拷問)의 제거, 형벌의 특혜, 각종 사목·율관·행형 등과 50종으로 분류된 범죄에 관한 국왕의 판결·수교·전지·선례·정식(定式)을 수록하였다. 이러한 내용 중, 산송사목(山訟事目)을 보면, 이 시기에 급증한 산송 문제에 대한 여러 규정과 사례들이 소개되어 있다.

① **제율(除律)**: 제형(除刑), 금형(禁刑), 경형(輕刑)

② **정제(定制)**: 대군적사목(大軍籍事目), 개정사변사목(改正徙邊事目), 호적사목(戶籍事目), 호패사목(號牌事目), 사행뇌거절목(使行賚去節目), 가체신금사목(加髢申禁事目), 조전사목(漕轉事目), 과거사목(科擧事目), 행전사목(行錢事目), 공채징봉사목(公債徵捧事目), 산송사

목(山訟事目), 장률(贓律), 구포사목(購捕事目), 동래접왜사목(東萊接倭事目), 동래상가정액사목(東萊商賈定額事目), 삼상금단사목(蔘商禁斷事目), 금송사목(禁松事目), 노비사목(奴婢事目), 진휼청사목(賑恤廳事目), 고공(雇工), 개정비부이졸범분율(改正婢夫吏卒犯分律), 신문고(申聞鼓), 각사면신금단사목(各司免新禁斷事目), 입계문서촬요별단(入啓文書撮要別單)

③ **속조(續條)**: 낭관(郎官), 개좌(開座), 율관(律官), 본조추단(本曹推斷), 죄수(罪囚), 도류(徒流), 방사(放赦), 과장(科場), 절도(竊盜), 남형(濫刑), 사문용례(私門用例), 범분(犯分), 범월(犯越), 청송(聽訟), 산송(山訟), 상납(上納), 군무(軍務), 환상(還上), 범장(犯贓), 징채(徵債), 전화(錢貨), 은동(銀銅), 삼화(蔘貨), 상고(商賈), 궁위(宮衛), 성인(城闉), 침묘(寢廟), 능원(陵園), 제향(祭享), 위판(位版), 궁액(宮掖), 보인(寶印), 부패(符牌), 제서(制書), 성력(星曆), 종고(鍾鼓), 봉화(烽火), 음악(音樂), 전패(殿牌), 우목(郵牧), 궁방(宮房), 학교(學校)

④ **잡범(雜犯)**: 사계강상(事係綱常), 구상(毆傷), 무함(誣陷), 가칭(假稱), 투롱(偸弄), 사위(詐僞), 방화(放火), 분산작변(墳山作變), 매매(賣買), 모칭(冒稱), 범간(犯奸), 신주작변(神主作變), 향민무단(鄕民武斷), 노주(奴主), 조세(租稅), 옥수(獄囚)

(4) 제4편 장금부(掌禁部)의 목차

제4편 장금부(掌禁部)는 감옥과 범죄 수사에 관한 것들을 3원(三元)에 따라 법금(法禁)·신장(申章)·잡령(雜令)의 3개 항목으로 나누고, 이들 각 항목을 다시 다음과 같이 세분하여 29종의 금령·수교·전지·선례를 수록하였다.

① **법금(法禁)**: 출금(出禁), 우마도살(牛馬屠殺), 회음기마(會飮騎馬), 지

혜(紙鞋), 난전(亂廛), 무격(巫覡), 승니(僧尼), 주금(酒禁), 금사학(禁邪學)

② **신장(申章)**: 용패(用牌), 가사(家舍), 사치(奢侈), 친속사증(親屬詞證), 수금(囚禁), 추치(推治)

③ **잡령(雜令)**: 여릉(麗陵), 금양(禁養), 원유(苑囿), 절수(折受), 조제(朝制), 참외(僭猥), 공시(貢市), 문부(文簿), 청촉(請囑), 익명서(匿名書), 잡희(雜戲), 야금(夜禁), 예선군(曳船軍)

(5) 제5편 장예부(掌隷部)의 목차

마지막으로 제5편 장예부(掌隷部)는 노비에 관한 것들을 2지(二至)에 따라 크게 공예(公隷)·사천(私賤)의 2개 항목으로 나누고, 이들 각 항목을 다시 다음과 같이 세분하여 공·사노비에 관한 각종 사목(事目)과 노비의 소생(所生)부터 수공(收貢)·면천·매매 등까지 자세한 내용을 담고 있다.

① **공례(公隷)**: 노비사정(奴婢查定), 노비판정(奴婢辦正), 공천추쇄(公賤推刷), 사노사정(寺奴查正), 소생(所生), 수공(收貢), 관비(官婢), 면천(免賤), 사부(斜付)

② **사천(私賤)**: 노비(奴婢), 매매노비(賣買奴婢), 속노비(贖奴婢), 속공(屬公), 노주(奴主), 노비작지(奴婢作紙)

5) 추관지의 역사적 가치와 국역본의 발간

앞서 살펴보았듯이 『추관지』는 조선왕조의 형정(刑政)에 관한 기본 사료로서, 특히 이 책에 수록되어 있는 판례는 정조 23년(1799)에 나온 『심리록』(審理錄)[1]과 정약용이 순조 22년(1822) 간행한 『흠흠신서』(欽欽新

---

1 정조의 명을 받아서 홍인호(洪仁浩)와 그의 동생 홍의호(洪義浩)가 1799년에 편찬한

書)[2]와 함께 조선 후기 형사 재판의 실제와 가족 제도·생활 규범·가치관 등을 이해하고 연구하는 데 귀중한 사료가 된다. 이러한 『추관지』에는 특히 효종 이후 영조 ·정조 시대의 것이 가장 많이 실려 있어, 조선 후기 형정(刑政)의 연혁 및 재판의 실제를 아는 데 중요하다.

하지만 이와 같은 『추관지』는 필사본(10권 10책)으로 일반 사람은 구해 보기가 대단히 어려웠다. 그래서 이를 1939년 조선총독부 중추원(中樞院)에서 다시 활자본으로 간행했으며, 이를 해방 후 대한민국 법제조사위원회에서 고법전(古法典) 국역사업의 일환으로서 번역해서 1975년 원문과 함께 「법제자료」 75-78집에 4책으로 나누어 간행했다(발행자: 법제처, 발행일: 1975년 12월 26일).[3] 그리하여 누구나 쉽게 구해 볼 수 있게 되었다. 이처럼 법제처에서 우리말로 번역해서 발간한 『추관지』를 보면, 당시 법제처장 정진우가 쓴 서문이 붙어 있는데, 그중 일부를 소개하면 다음과 같다.

추관지란 조선왕조의 육조의 하나인 형조(刑曹)를 의미한다. 옛말에 의하면 자연의 섭리에 따라 만물의 생장은 춘기우로(春期雨露)의 혜택이고, 만물의 성숙은 추기상설(秋期霜雪)의 공덕이라 한다. 그리하여 국가는 국민을 통치함에 있어 예의(禮義)로서 국민을 보호 지도하는 것이므로 예의의 소관을 춘관(春官)이라 하고, 형률로서 범죄의 예방과 처결하

판례집(32권 16책, 불분권 18책, 필사본)으로서 영조 말과 정조 연간의 각종 범죄에 대한 심리와 처리에 관해 기록했다.

2 정약용이 저술한 형법서로서, 죄수에 대해 신중히 심의하는 흠휼 사상에 입각해 재판하라는 뜻으로 관리들이 참고할 수 있도록 지은 책이다. 순조 19년(1819) 완성하여 순조 22년(1822) 간행했다. 30권 10책으로 구성되어 있는데, 18세기 조선의 살인사건에 관한 여러 판례들이 수록되어 있다.

3 4권으로 나누어 발간했는데, 제1권(제75집)에서는 제1편 관제(官制)와 제2편 상복부(詳覆部)를 실었고, 제2권(제76집)에서는 제3편 고율부(考律部)의 앞부분을 실었고, 제3권(제77집)에서는 제3편 고율부의 뒷부분을 실었다. 그리고 제4권(제78집)에서는 제4편 장금부(掌禁部)와 제5편 장예부(掌隷部)를 소개했다.

여 사회질서를 유지하는 것이므로 이 형률의 소관을 추관(秋官)이라 하였다.

조선 시대의 형법은 중국 대명률(大明律)을 준용하고, 국내에 특유한 범죄는 경국대전, 속대전, 대전통편 등 기본 법전에 별도의 형률을 규정해 왔다. 그러나 이러한 관장사무, 판결 및 처형 등에 관한 절차의 관리를 통일적으로 체계화한 것은 없었다. 그러던 중 정조 5년(1781)에 이르러 형조판서 김노진(金魯鎭)이 낭관 박일원(朴一源)에게 위촉하여 이를 정리·편찬하게 하였고, 그 후 여러 차례 수정과 증보를 가하여 동 15년(1791) 추관지를 완성하게 되었던 것이다.

이 추관지에 수록된 것은 국초에까지 소급되기는 하였으나, 인조(仁祖) 이전의 것은 병란(兵亂)으로 분실되고 주로 효종조 이후의 것을 수집한 것이며, 그중에서도 영조와 정조 시대의 것이 대부분을 차지하고 있다.

이 추관지의 편찬 내역은 제1편 관제(官制) 및 기본 법전의 취향(趣向), 제2편 상복부(詳覆部), 제3편 고율부(考律部), 제4편 장금부(掌禁部), 제5편 장예부(掌隷部)로 대별되었으나 상복부와 고률부에 역점을 두어 기록했다. 범죄 사실에 대한 확증을 찾아내고 재판과 처형의 신중을 기하기 위한 상복제도(詳覆制度)와 형률 적용의 정확성을 기하기 위한 고율(考律) 조치는 인명을 존중하고 죄수를 불쌍히 여기는 한편 “형은 형을 받을 자가 없기를 기(期)한다.”(刑期無刑) 또는 “그 죄에 그 형을 과하지 못하는 한이 있더라도 지나치게 처형해서는 아니된다.”(寧失不經)라는 이 시대 법언(法諺)의 정신과 같이 과연 과학화되었음을 역력히 엿볼 수 있다.

신문고와 격쟁에 관한 임금의 지침과 규정

지금까지 『추관지』(秋官志)에 관해서 살펴보았는데, 이 책에는 신문고와 격쟁에 관계된 각종 수교(受敎)·원칙·판례·관례 등도 적지 않게 포함되어 있다. 따라서 이들도 조선 시대의 신문고와 격쟁 제도와 실제를 이해하는 데 아주 중요한 사료가 된다. 그러면 이제부터는 이들 사료에 관하여 살펴보기로 하되, 먼저 신문고와 격쟁에 관한 임금의 수교·전지·정식 등부터 역대 임금별로 살펴본 뒤에, 실제로 백성들이 신문고나 격쟁을 통해 호소한 억울한 일을 임금이 어떻게 처리해 주었는지 그 사례들은[4] 조금 뒤에 알아보기로 하겠다.

1) 태종 2년(1402):
신문고는 원억자의 하정을 임금과 통하기 위해 설치

[고율부(考律部)-정제(定制)-신문고(申聞鼓)] 신문고를 설치하여 서울이나 지방의 원억(冤抑: 누명을 써서 원통하고 답답)함이 있는 자로 하여금 와서 호소하여 하정(下情: 아랫사람들의 사정)을 통하게 하였다.

2) 세종 10년(1428):
원억자가 신문고 치는 것을 막는 관원은 파면

[고율부-정제-신문고] 광화문의 종(鍾)을 쳐서 원통함을 호소하는 자가 있었다. 그 까닭을 물으니 대답하기를 "신문고를 맡은 사람이 치는 것을 금지하므로 이 종을 쳤습니다."라고 하였다. 임금이 말하였다. "신문고를 설치한 것은 아랫사람들의 실정을 통달하게 하고자 한 것이다. 만

4 이들 사례와 본서에서 인용한 신문고와 격쟁에 관한 임금의 수교·전지·정식 등은 모두 법제처에서 번역하여 간행한 『추관지』 국역판에서 인용했음을 밝혀 둔다.

약 호소하는 것이 사실이 아니면 죄는 그 사람에게 있는 것이다. 어찌 신문고를 맡고 있는 아전(衙前: 중앙 및 지방의 관청에 딸린 하급관리)에게 관계가 있겠는가. 이와 같이 하면 원굴(冤屈: 누명을 써서 원통하고 답답함)할 사정을 가진 채 펴지 못하는 자가 반드시 많을 것이다." 도리어 신문고를 맡은 관원을 파면시키라고 명령하였다.

3) 숙종 4년(1678): 사건사 이외의 일에 관한 격쟁자는 엄하게 형신

[고율부-정제-격쟁상언(擊錚上言)] 이조판서(吏曹判書) 오시복(吳始復)은 임금에게 이렇게 아뢰었다. "무릇 격쟁하는 자는 적첩분별(嫡妾分別: 정실과 첩의 분별), 형륙급신(刑戮及身: 형륙이 몸에 미치는 일), 양천변별(良賤辨別: 양민과 천민의 변별), 부자분별(父子分別: 아버지와 자식의 분별)의 사건사(四件事)를 제외하고는 엄중히 형신(刑訊: 형장으로 죄인의 정강이를 때리며 신문)을 시행하여 외람되고 난잡된 폐단을 막게 한 것은 여러 번 정탈(定奪: 어떤 사항을 임금이 헤아려 결정)한 일입니다. 금후에는 먼저 그가 격쟁한 사연을 물어보아서 사건사에 관한 것이 아니면 비록 엄중 형신하라는 명령이 없더라도 모두 엄중히 형신하는 것이 어떻겠습니까." 하니 임금이 "그렇게 하라."라고 말하였다.

4) 숙종 7년(1681): 격쟁원정을 정서하지 않고 당상관에 올린 색리는 처벌

[고율부-정제-격쟁상언] 정원(政院: 승정원)에서 올린 계사(啓辭: 논죄에 관한 상주문서)에는 이렇게 말하였다. "수군(水軍) 무작금(武作金)이 격쟁원정(擊錚原情)한 일을 물어서 계문(啓聞: 신하가 임금에게 아룀)하라는 명령을 내렸습니다. 모든 죄인의 원정은 서리(書吏)가 초사(招辭: 범죄 사실에 대한 자세한 설명)를 받아서 정서(正書)한 뒤에 당상관(堂上官: 조회를 할 때 당상

에 앉을 수 있는 정3품 이상의 관원)과 낭청(郎廳: 각 관서에서 실무를 담당한 당하관)이 착함(着啣: 문서에 직함과 성명을 쓰거나 수결, 즉 서명을 함)하고 답인(踏印: 관청의 도장을 찍음)하며 조율(照律: 법규를 구체적 사건에 적용)하는 절차는 율관(律官: 과거 율과에 급제하여 임명된 관원)이 율책(律冊: 법전)을 갖고 당상관에게 품고(稟告: 웃어른이나 상사에게 아뢰)하여 율(律)을 정한 뒤에 즉시 색리(色吏: 감영이나 고을의 관아에서 잡무를 맡은 아전)에게 주어서 조율한 율문(律文: 법조문)을 정서하여 입계(入啓: 임금에게 글을 올림)하는 것입니다. 그런데 무작금의 원정을 율관(律官) 김효일(金孝一)이 조율한 뒤에 써서 색리 이사림(李嗣林)에게 주었는데, 사림이 정서하지 않고 입계하였습니다. 율문에 의거하여 이사림을 장(杖: 곤장) 80대에 처하고, 김효일은 지금 나이가 79세이니 율문에 따라 여러 사람의 증언에 의거하여 정죄(定罪: 죄를 정함)하는 것이 어떻겠습니까." 하니, [임금이] 판부(判付: 결재)에서 이렇게 말했다. "김효일은 죄를 주어야 할 일이 없는 것 같다. 분간(分揀)하여 석방하여라."

5) 숙종 8년(1682): 격쟁자를 형신으로 물고한 집장하인은 엄중 치죄

[고율부-정제-격쟁상언] 정원(政院: 승정원)의 계사(啓辭: 임금에게 어떤 내용을 아뢰)는 이러하다. "격쟁한 사람 김계인(金戒仁)은 지난달 26일에 한 차례 형신(刑訊)을 받고 이달 초하루 날에 물고(物故: 심문 도중에 죄인이 죽거나 또는 고문 등으로 죄인을 죽이는 것)하였습니다. 한 차례의 형신이 갑자기 목숨을 떨어뜨리기에 이른 것은 일찍이 없었던 일입니다. 당해 당상과 낭청을 추고(推考: 문초하거나 캐어물어 고찰함)하기를 청합니다." [이에 임금이] 전교(傳敎)하기를, "한 차례의 형신으로 갑자기 운명(殞命: 사람 목숨이 끊어짐)에 이르게 한 것은 일이 지극히 놀랍고 해괴하다. 우선 먼저 종중추고(從重推考: 죄과를 무겁고 가벼움에 따라 엄히 따져 캐고 살피는 것)하

고 집장하인(執杖下人: 죄인에게 곤장을 치는 하인)은 각별히 수금(囚禁: 가두어 둠)하여 엄중치죄(嚴重治罪: 엄중하게 죄나 허물을 가려내어 벌을 줌)하라." 하였다. [이러한 임금의 전교에 따라] 사령(使令: 관아에서 심부름 따위의 일을 한 하인) 덕숭(德崇)을 세 차례 형문(刑問)한 뒤에 임금이 판부(判付: 결재)에서 "형추(刑推: 죄인의 정강이를 곤장 등으로 때리며 신문함)를 면제하고 조율(照律: 법규를 구체적인 사건에 적용함)하라."라고 말하였다. 그러자 본조(本曹: 여기서는 형조를 말함)에서 장(杖) 1백 대, 도(徒: 감옥에 가두고 노동을 시키는 형벌) 3년으로 하되, 도(徒)는 속(贖: 죄값으로 돈을 받침)을 받을 것을 복계(覆啓: 다시 신중히 검토하여 임금에게 아뢰)하였다. [그러자 임금이] 그대로 윤가(允可: 임금이 비준)하였다.

6) 숙종 9년(1683):
근래 격쟁의 증가는 오결이 많기 때문이니 주의하라

[상복부(詳覆部)-흠휼(欽恤)] 임금이 다음과 같이 전교(傳敎)하였다. "근래에 격쟁하는 일이 많은데 이것은 반드시 관찰사(觀察使)나 수령(守令)이 사정(私情: 사사로운 감정)에 끌렸거나 형편에 구애되었거나 하여 오결(誤決: 잘못 결정 또는 결재)하였기 때문일 것이다. 이렇게 되면, 백성이 어찌 원통치 아니할 수 있겠는가! 그리고 형조(刑曹)에 사송(詞訟: 백성끼리 분쟁이 있을 때, 관부에 호소하여 그 판결을 구하는 일)이 쌓인 것이 오늘날보다 더 심한 적이 없다. 이제부터 다시 법령을 준수하지 아니하는 일이 있을 경우는 중죄로서 논하겠다. 정상 범죄가 모두 중할 경우에는 경(輕)하게 처벌할 것을 논해서는 아니 되지만, 범죄는 중하나 정상이 경할 경우에는 반드시 광탕(曠蕩: 대사면)의 은전을 적용하라. 이렇게 하고서야 말 못할 원한을 풀어 주고 하늘의 노여움을 돌릴 수 있을 것이다. 비록 그렇기는 하지만, 경·중을 따지지 아니하고 뒤섞어 풀어 준다면 요행을 바라는 무리들이 희망을 품을지도 모르니 반드시 정범(情犯)을 참작하여

적절히 선처해야 한다."

7) 숙종 12년(1686): 송사에서 세 번 패소한 자가 또 상언하는 것은 청리 말라

[고율부-속조(續條)-청송(聽訟)] 도승지(都承旨: 승정원의 수석 승지) 이사명(李師命)이 임금에게 이렇게 아뢰었다. "무릇 상언(上言: 백성이 임금에게 올리는 말이나 글) 중에는 노비, 전답 등에 관한 송사(訟事)로서 비록 세 번 패소한 것일지라도 요행을 바라서 번번이 상언합니다. 그것은 지극한 폐단이 됩니다. 이 뒤로는 상언하는 자도 격쟁사건사(擊錚四件事)의 예에 따라 그 한식(限式: 제한 규정)을 정하고 만약 여러 번 판결을 받은 일이면 법을 무릅쓰고 상언하는 일을 하지 못하게 하여 일후(日後: 앞날)의 어지러운 폐단을 막는 것이 어떻겠습니까." 이에 대하여 임금이 말하였다. "혹은 한두 번 원통하게 패소 당한 자도 있고, 혹은 수령(守令)이 사(私: 사사로움)를 행하여 잘못임을 알면서 오결(誤決)한 일도 있다. 만약 일체 방지한다면 후폐(後弊: 뒷날의 폐단)가 염려된다. 금후에는 승정원으로부터 그 외람된 자를 초출(抄出: 골라서 뽑아냄)하여 [이들은] 계하(啓下: 임금에게 재가받음)하지 말도록 하라. 그리고 세 번 패소한 것은 해당 조[형조]에서도 다시 청리(聽理)하지 말아야 하겠다."

8) 숙종 15년(1689): 일부러 격쟁해서 관노가 되려는 자는 감수자도율로 논죄

[고율부-속조-징채(徵債)] 호조판서 유상운(柳尙運)이 임금에게 이렇게 아뢰었다. "조가(朝家: 조정)에 일찍이 공채(公債: 공금을 소비하거나 공과금을 내지 못해서 진 빚) 6백 냥 이상을 가지고 있는 자가 있으면 해아문(該衙門: 해당 관청)의 관노(官奴: 관청에 소속된 남자 노비)로 삼는다고 정한 규식(規式: 법규와 격식)이 있었습니다. 그런데 근래에는 간사한 폐단이 날로 불어나

서 일부러 격쟁하여 종이 되기를 원하는 자가 있기에 이르렀습니다. 이 무리는 본래부터 천인(賤人: 사회적으로 가장 낮은 신분 계층)이 몰입(沒入: 죄인의 재산을 몰수하고 그 가족을 관청의 종으로 삼기 위해 잡아들임)하여 공천(公賤: 관청에 속한 남자 종과 여자 종)이 되어도 자신들에게는 손해될 것이 없습니다. 다만 법문(法文: 법령문)을 가지고 말한다면 마땅히 감수자도율(監守自盜律)[5]로 논죄해야 하겠습니다. 청컨대 대신(大臣)에게 하문(下問: 아랫사람에게 물음)하여서 처결하게 하십시오." 그러자 임금이 말하였다. "이 사람들을 우선 먼 곳에 보내어 처자(妻子)와 함께 모두 종을 삼게 하고, 이 뒤로는 감수자도율을 적용하여 처단하는 것을 정식(定式: 일정하게 정한 방식이나 의식)으로 하여 시행하라."

9) 숙종 43년(1717): 종을 대신 시켜 격쟁한 자는 상서사불이실률에 의거 처벌

[고율부-속조-산송(山訟)] 본조(本曹: 형조를 말함)에서 이렇게 아뢰었다. "한성부(漢城府: 수도 한성을 다스리던 관청)의 계목(啓目: 임금에게 올리는 문서에 덧붙인 목록)에, '종(노비)을 대신 시켜 격쟁한 자는 특별히 논죄할 것을 해당 조(該曹)로 하여금 품처(稟處: 윗사람에게 아뢰고 명령을 받아 일을 처리함)하여 주십시오. … 종을 시켜 대신 격쟁하게 한 자는 상서사불이실률(上書詐不以實律)[6]에 의거하여 장(杖: 곤장) 1백 대, 도(徒: 일정 기간 지정된 장소

5 관아에서 관할하는 물품을 관리하는 자가 돈이나 곡식 따위를 몰래 훔치는 일. 조선 시대에는 이러한 죄를 저지른 사람에 대해서는 훔친 물건을 합한 수량으로 형량을 정하여 처벌하였다. 이는 『대명률직해』(大明律直解)의 형률에 따른 규정이다.

6 임금에게 올리는 글을 사실대로 하지 않은 죄를 처벌하는 법. 『대명률』의 「형률」에는 대제상서사불이실조(對制上書詐不以實條)가 있는데 황제(皇帝)에 대한 진술 및 문서 등에 거짓이 있는 경우를 처벌하는 것에 관한 조문이다. 이를 조선왕조에서는 '사불이실죄'(詐不以實罪)라고도 불렀다. 이 법조문에 의하면 대제(對制)·주사(奏事)·상서(上書)를 거짓으로 한 경우는 장(杖) 1백 대, 도(徒) 3년에 처하며, 비밀이 아님에도 비밀이 있다고 망언(妄言)하는 경우에는 1등을 가중(加重)할 것을 규정하였다. 세종

에서 노역에 종사하게 하던 형벌) 3년의 형을 시행하는 것이 어떻겠습니까." 하니, 임금이 "그렇게 하라."라고 판부(判付: 신하가 건의한 안을 임금이 재가함)에서 말하였다.

10) 숙종 45년(1719): 산송 패소자가 거짓으로 격쟁하면 사불이실률을 적용

[고율부-정제-산송사목(山訟事目)] 산송(山訟: 묘지에 관한 송사)에서 패소(敗訴)하고서도 묘를 파서 옮기지 않고 거짓으로 속여서 격쟁하는 자는 '사불이실률'(詐不以實律)을 적용하여 장 1백 대, 도 3년에 처하되 정유년(丁酉年: 숙종 43년, 서기 1717년)의 정탈(定奪: 임금이 헤아려 결정하는 것)에 따라 시행한다.

11) 영조 3년(1727): 형벌 중 사람을 죽인 수령을 처벌해 달라는 호소는 불문에 붙여

[고율부-속조-범분(犯分)] 단천(端川: 함경도 동남부에 있는 군) 사람 김태강(金泰剛)은 권농감관(勸農監官: 농사를 장려하고 관리, 감독하는 벼슬아치)으로서 부사(府使: 지방의 대도호부나 도호부의 으뜸 벼슬) 전일상(田日祥)에게 장형(杖刑: 곤장으로 볼기를 때리는 형벌)을 받다가 죽었다. 그러자 그의 아들 영심(暎心)이 격쟁한 원정(原情)에서 자기 아비의 원수 갚기를 빌었다. 이러한 격쟁원정에 대하여 영조 임금은 그 판부(判付)에서 이렇게 말하였다. "수령(守令: 지방관의 통칭)의 남장(濫杖: 정해진 한도 이외에 매를 더 때

5년(1423), 위조노비문권에 관한 문제로 북(신문고)을 쳐서 신정(申呈)한 서숙(徐淑)이란 자가 이 법조문에 따라 처벌받았다. 세종 26년(1444)에는 의금부에서 언문 제작이 가능하다고 말하고 나서 이후에 다시 이를 반대한 김문(金汶)을 사불이실죄를 적용하여 장 1백 대, 도 3년에 처할 것을 아뢰었으나 장 1백 대를 속전(贖錢)으로 바치게 하였다.

림)이 비록 치사(致死)에 이르렀으나 [부사는] 이미 토주(土主: 고을의 성주)이다. 그런 까닭에 본래부터 상명(償命: 사람을 죽인 사람을 그 벌로 죽임)하지 않는다. 옛날에 대립(大立: 인명)이 제 고을 원님을 죽인 것은 뜻이 비록 아비를 위한 것이었으나 [그를 범죄인으로] 물색(物色)하여 찾아 수색한 것은 성화지분(城化之分: 수령과 백성의 분의)를 중하게 여기기 때문이었다. 또 옛날에 자기 관하(管下) 백성이 아닌 자를 잘못 죽였기 때문에 상명하려고 한 것은 유신일(兪信一: 조선 후기 장령·장악원정·회양부사 등을 역임한 문신)의 사건[7]이다. 오늘 일상(日祥)과 영심이 만약 성화지분이 없다면 인명을 소중히 여기는 도리를 어찌 홀로 일상에게만 앗기겠는가. 이것은 그렇지 않다. 뒷날의 피해를 방지하고 세속(世俗)을 진정(鎭定)하는 도리에서 상례에 따라 의처(議處: 서로 잘 의논하여 처리함)할 수는 없다. [이 사건은] 불문에 부쳐라."

12) 영조 6년(1730): 외람되게 격쟁, 상언한 자는 불응위율로 치죄하라

[고율부-정제-격쟁상언] 참찬관(參贊官: 경연의 정3품 당상관) 유엄(柳儼)은 임금에게 이렇게 아뢰었다. "양덕(陽德) 면성진(免城鎭: 평안도 동남부에 위치한 곳)의 진졸(鎭卒: 진영의 병졸) 김순필(金順必)이 격쟁한 것은 일이 지극히 외람합니다. 일찍이 격쟁을 외람히 한 자는 즉시 초기(草記: 서울 각 관아에서 어떤 사실만 간단히 적어 임금에게 올리는 것 또는 그 문서)를 하고 그 원정(原情: 털어놓고 말하거나 간곡히 호소함)은 청리(聽理: 사정을 들어서 그 옳고 그름을 조사·처리)하지 말라는 하교(下敎: 임금이 명령을 내림)가 있었습니다. 그런데 해당 조[該曹]에서 상례(常例)에 따라 원정을 받아들였으니 불찰

7 숙종 25년(1699) 회양부사로 부임하던 도중, 과거에 응시하기 위해 상경하던 함흥 출신 유생이 말에서 내리지 않고 그대로 지나간 일을 죄로 몰아 곤장을 쳐서 죽인 혐의로 투옥되었다가 옥중에서 사망한 사건을 말한다.

한 죄과(罪科)를 면치 못하겠습니다. 당상(堂上: 정3품 이상 관료)은 추고(推考: 문초하거나 캐어물어 고찰함)하고 김순필은 엄형정배(嚴刑定配)하게 하십시오. 그렇게 한 뒤라야 뒷날의 폐단을 막을 수 있겠습니다. 그러므로 감히 계달(啓達: 신하가 임금에게 어떤 내용을 아룀)합니다." 이와 같은 유엄의 계달에 임금이 말하였다. "이 뒤로는 사건사(四件事) 이외의 것은 곧 초기를 올리고 원정은 청리하지 않는 것으로 법을 정하는 것이 좋겠다." [임금이] 같은 해 또 전교(傳敎)를 내려 말하기를, "상언(上言)의 외람됨이 근래에 특히 심하다. 그러므로 그중에서 가장 외람한 자는 해당 조[該曹]로 하여금 치죄할 것을 하교하였다. 그러나 이것은 거듭 계칙(戒飭: 경계하여 타이름)하는 것이 지나지 않는 것이다. 일후(日後: 앞으로 다가올 날)에 해조(該曹)에서 만약 수종(首從: 앞장서서 한 사람과 그를 뒤따라 한 사람)을 가리지 않고 일률적으로 속전(贖錢: 돈을 받고 죄를 면제해 주는 것) 받는 법을 시행한다면 도리어 민폐를 끼칠 것이니 다만 수창(首倡: 앞장서서 주창)한 사람만 '불응위율'(不應爲律)[8]로 치죄할 것을 분부한다."라고 하였다.

13) 영조 15년(1739):
외람된 상언 중, 아비의 원통함을 호소한 경우는 도형 면제

[고율부-정제-격쟁상언] 우의정(右議政) 송인명(宋寅明)이 [임금에게] 이렇게 아뢰었다. "[전하께서] 지난번에 '상언한 자 중에서 외람한 자는 특히 형추정배(刑推定配: 고문한 뒤에 유배를 보냄)하라.'라고 하교(下敎)하셨습니다. 대체로 천하에 옳지 않은 부모는 없습니다. 그의 아버지가 비록

8 어떤 범죄 행위가 율령(律令)에 해당한 조문은 없으나 사리상(事理上) 해서는 안 될 것을 한 자를 처벌하는 규정으로 태(笞: 작은 형장으로 볼기를 침) 40대의 형이 원칙이지만 사리상 범죄가 중한 것은 장(杖: 큰 형장으로 볼기를 침) 80대에 처한다고 규정되어 있었다.

선행(善行)은 없을지라도 그의 아들이 원통함을 펴고자 함은 남의 아들 된 자로서 하지 않을 수 없는 것입니다. 남의 아들 된 자의 마음이 어찌 그의 아버지는 참 죄를 받아야 한다고 생각하고 원통함을 호소하지 않을 수 있겠습니까. 조가(朝家: 임금과 신하들이 모여 정치를 의논하고 집행하던 곳)에서 인정하는 사건사(四件事)의 하나로서 아들이 아버지의 원통함을 호소하는 것인데, 이제 또 외람하다고 하여 죄를 준다면 어찌 백성에게 믿음성을 잃는 일이 되지 않겠습니까. 만약 '그의 아버지가 죄가 무거우니 그의 아들이 무엇을 원통하다고 호소한단 말인가.'라고 말한다면 또한 그러지 않은 것이 있습니다. 만약 조정(朝廷)과 상하가 모두 원통하다고 일컫는 일이라면 스스로 마땅히 원통함을 펴서 씻을 것이니 처음부터 그 아들이 상언해야 할 것이 무엇이 있겠습니까. 신(臣)은 말합니다. 이 일은 뒷날의 폐단에 관계되는 것입니다. 비록 억울한 일이 있을지라도 상문(上聞: 어떤 사실이나 이야기를 임금에게 들려 드림)할 길이 없을 것이니 사건사의 호소를 허락한 본의와 크게 서로 어긋나는 것이니 마땅히 한번 이정(釐正: 정리하여 바로잡음)하는 길이 있어야 하겠습니다." 이러한 송인명의 말에 대하여 임금이 말하였다. "이것을 어찌 반드시 이정해야 하겠는가. 근래에 상언하는 것이 외람된 것이 많으므로 내가 징계하는 뜻으로 당초에 처분한 바 있었던 것이다. 이제 경(卿: 임금이 2품 이상의 신하를 이르던 말)의 상달(上達: 윗사람에게 말이나 글로 여쭈어 알려 드림)한 바는 모두 체통에 맞는 말이니, 특히 도형(徒刑: 죄인에게 감옥에서 강제 노동을 하면서 복역하도록 하는 형벌)은 제거하는 것이 좋겠다." 하였다.

14) 영조 10년(1734): 억울한 자는 먼저 사헌부에 신고한 뒤 신문고를 치도록

[고율부-정제-신문고] 사간(司諫: 사간원의 종3품 관직) 이저(李著)가 임금에게 아뢰었다. "우리 조종(祖宗: 임금의 역대 조상)의 법은 모든 원왕(冤枉:

원통한 누명을 써서 매우 한스럽고 억울함)이 있는 자는 먼저 헌부(憲府: 사헌부)에 소고(訴告: 신고)합니다. 그리고도 오히려 원왕한 일이 있은 뒤라야 비로소 신문고를 쳐서 상언(上言: 백성이 임금에게 올리는 진정)하는 것을 허락하였습니다. 그런데 지금에는 원왕함을 호소하는 사람은 오직 격고상언(擊鼓上言: 신문고를 쳐서 상언함)을 일삼고 일찍이 헌부를 경유하지 않습니다. 헌부에서도 또한 이것을 그들의 직무로 생각하지 않습니다. 청컨대, 지금부터는 옛 법을 거듭 밝혀서 모든 원억함이 있는 자는 먼저 헌부에 고소하게 하며, 헌부의 퇴장(退狀: 제출한 서류를 받지 않고 되돌려 줌)을 받지 않고 바로 격고상언하는 것은 일절 처리하지 않는 것을 정식(定式: 일정하게 정한 방식)으로 하여 국가의 체통을 높이고 헌부의 직책을 거행하게 하는 것이 어떻겠습니까." 하니, 임금이 말하였다. "바야흐로 대전(大典: 여기서는 경국대전을 말함)을 수명(修明: 밝게 고침)하려고 하는 때를 당하여 그가 논계(論啓: 임금에게 간하여 아룀)한 것은 진실로 사체를 잘 파악하였다고 하겠다. 그러나 퇴장이 없는 자의 상언은 일체 청리(聽理: 소송을 받아들여 심리함)하지 않는다면 뒷날의 폐단에 관계가 있으니 다만 헌부를 신칙(申飭: 단단히 타일러서 경계함)하게 하라."라고 하였다.

15) 영조 12년(1736):
격고·격쟁이 본래 기능을 하도록 노력하라고 임금이 하교

[고율부-정제-신문고] 임금이 전교(傳敎)를 내려 이렇게 말하였다. "당(唐)나라 덕종(德宗) 때 등문고(登聞鼓)의 일을 주자(朱子)가 강목(綱目: 중국 송나라 때 주희가 쓴 역사서인 『자치통감강목』을 말함)에 쓴 것은 뜻이 있는 것 같다. 『대학』(大學)에 말하였기를 '반드시 소송을 없게 하라.'라고 하였다. 주자도 또한 주해(註解: 본문의 뜻을 주로 달아 알기 쉽게 풀이함)한 일이 있다. 덕종 때에 등문고를 치는 자가 매우 많았으니 반드시 남잡(濫雜: 난잡)한 것이 많았을 것이다. 덕종이 진실로 충신(忠信: 임금에게 바치는 진

정에서 우러나오는 따뜻하고 올바른 마음과 믿음)하고 성근(誠勤: 성실하고 부지런함)한 마음이 있었다면 어찌 이러한 폐단이 있었겠는가. 우리나라의 격쟁이란 것은 옛날의 등문고와 같은 법이다. 그런데 근래에 격쟁등문(擊錚登聞)하는 자는 대개 요행을 바라는 일과 자질구레하고 추잡한 일들이 많아서 거의 덕종 때 등문고를 친 무리보다도 심하다. 그래서 『대학』에서 말한 '송사를 없게 하라.'라고 한 뜻에 대하여 부끄러운 점이 있다. 이것이 내가 싫어하는 바이다. 또 덕종은 중승·급사(中丞·給事: 황제를 모시는 관리) 각 한 사람씩을 맡겨서 추결(推決: 조사해서 결정함)하게 한 것은 잘못이다. 사람이 고요(皐陶)[9]가 아닌 이상 어찌 한 사람의 견해로 많은 소송을 판결할 수 있겠는가.

우리나라에서는 비록 추조(秋曹: 형조를 말함)와 경조(京兆: 한성부를 말함)와 장예원(掌隸院: 공사노비 문서의 관리 및 노비소송을 관장한 관서)이 있으나, 격쟁사건에 대한 회계(回啓: 임금의 물음에 대하여 심의하여 아룀)는 번번이 본도(本道: 호소인이 거주하는 도)로 하여금 따로 강명(剛明: 성질이 곧고 두뇌가 명석함)한 관리를 정하여 상세하게 조사하여 계문(啓聞: 신하가 임금에게 아뢰는 일)하게 한다. 그런데 그 결론하는 말은 마치 소지(所志: 이는 이두문자로서 호소하기 위해 제출하는 문서를 일컬음)의 제사(題辭: 관청에서 백성의 고소장 또는 청원서 등에 써주는 지령문)가 스스로 상례(常例)의 서식(書式)이 있는 것과 같은 것이 있다. 이것은 매우 옳지 않다. 무릇 격고(擊鼓: 신문고를 침)한 일에 거짓말로 속이거나 외람한 것이 있으면 마땅히 법에 의거하여 엄중히 처단해야 할 것이며, 원억(冤抑)함을 안은 채 펴지 못한 자가 있으면, 또한 마땅히 분명하게 분변하여 판결을 내려야 할 것이다. 그런데 지금은 혼동하여 모두를 본도로 돌리며, 본도에서도 또한 하나하나 조사하여 계문하지 않는다. 비록 간혹 사계(查啓: 조사한 결과를 임

---

9 중국 고대의 순(舜)임금의 신하로서 법리(法理)에 통달하여 형(刑)을 잘 처리한 인물.

금께 아뢰)가 올라오더라도 또한 한쪽에 치워 두고 쓰지 않는 것이 많다. 이것이 요행을 바라는 자가 더욱더 많아지고, 원왕(冤枉)한 자가 그 뜻을 펴지 못하게 되는 까닭이다. 위의 조항에 대해서는 내가 마땅히 스스로 힘쓸 것이나, 아래의 조항에 대해서는 또한 유사(有司)의 계칙(戒飭)과 격려가 있어야 하겠다. 이 하교(下教)로서 거조(擧條: 임금께 아뢰어 조례를 제정하는 것)를 내어 신칙(申飭: 단단히 타일러서 경계함)하는 것이 좋겠다."라고 하였다.

16) 영조 20년(1744):
신문고에 대한 병조의 간섭을 제거, 신문을 넓혀라

[고율부-정제-신문고] 임금이 전교(傳教)를 내려 말하였다. "신문고를 설치한 것은 민정(民情)을 [임금에게] 상달(上達)하기 위한 것이다. 그런데 기당(騎堂: 병조의 당상관)이 조종하는 것은 일이 옳지 않다. 이것으로써 도리어 수문장(守門將: 궁문이나 성문을 지키는 무관)을 추문(推問: 죄를 문초함)하는 것도 또한 도리가 아니다. 그러니 특히 이렇게 간섭하는 사례를 제거하여 신문(申聞: 백성의 억울한 일을 임금께 직접 호소하는 것)을 넓히고 그 외람한 것을 계칙(戒飭: 경계하여 타이름)하라. 그 공사(供辭: 죄인이 범죄 사실을 자세히 말함)를 파서 사건사(四件事) 이외의 것은 초기(草記: 각 관아에서 그리 중요하지 않은 사항을 사실만 간단히 적어 임금에게 올리는 것 또는 그런 문서)하지 말 것을 당해 조(曹: 여기서는 병조)에 분부하라." 하였다.

17) 영조 37년(1761):
임금이 격쟁상언에 관한 여러 지시를 내리고 준수토록 명령

[고율부-정제-격쟁상언] 임금이 전교(傳教)를 내려 말하였다. "거가(車駕: 임금이 타는 수레 또는 임금의 행차) 앞에서 상언(上言)하는 것이 얼마나 중대한 일인가. 그런데 근래에 기강(紀綱)이 해이해져서 온갖 간사한 것

과 거짓이 많다. 어떤 것은 상언하는 사람은 시골에 있고 대신 상언을 제술(製述: 글을 씀)한 자는 서울에 있는 것이 있다. 그러나 각사(各司: 각 관아)에서는 그 참과 거짓을 분간하지 못하고 모두들 '한 집안 식구가 현납(現納)한 것입니다. 본인이 친히 바친 것이 적실합니다.'라고 한다. 금번의 상언을 제외하고는 3일 이내에 호적(戶籍)을 가지고 현신(現身: 출두)하게 하고, 당상(堂上: 정3품 이상 관료)이 친히 그 진위를 살펴본다. 3일이 지나도 나타나지 않는 자는 일체 모두를 청리(聽理: 민원을 접수)하지 않는다는 것을 법으로 정하여 시행하라. 만약 이 하교(下教)가 있은 뒤에 정한 방식을 준수하지 않고 옛 버릇을 그대로 따라 살피지 않으면 비국(備局: 군국의 사무를 맡아본 관아)에서 사실이 드러나는 대로 초기(草記: 간단히 적음)하고 '제서유위율'(制書有違律)[10]로 시행하여 용간(用奸: 간사한 꾀로 속임)한 아전은 형추정배(刑推定配: 죄인을 신문하여 자백을 받아 내고 유배 보냄)하고, 3일 내에 회계(回啓: 임금의 물음에 대하여 신하들이 심의하여 대답)할 것이며 거듭 옛 법의 일을 밝혀서 일체로 거듭 계칙하라."

같은 해 임금이 또 전교를 내려 [다음과 같이] 말하였다. "근간에 요행의 문(門)이 크게 열리고 요행의 길이 크게 넓어졌다. 외람된 상언을 요행을 바라면서 감히 바치며, 외람된 상언을 사(私: 사사로움)에 따라 회계한다. … 어찌 한심함을 이길 수 있겠는가. 비상한 일이 있으면 반드시 비상한 금령(禁令: 어떠한 행위를 못하게 하는 법령)이 있어야 한다. 상언의 남잡(濫雜: 넘치고 잡스러움)함은 이와 같은 무리들이 상언의 글을 징주기 때문이다. 이번 보명(普明)이란 자의 문서를 가지고 보면, 상언할 소지의 초고(草稿)가 상자에 가득했다고 한다. 이런 무리를 금단(禁斷)한 뒤라야 그 버릇을 막을 수 있다.

---

10 임금의 교지(敎旨)와 세자(世子)의 영지(令旨)를 위반한 자를 다스리는 법률. 『대명률』(大明律) 중 이율(吏律) 제서유위조(制書有違條)에 의하면, 이 법률을 위반한 사람은 장 1백 대에 처한다고 규정되어 있다.

이 뒤로는 수직(壽職)[11]을 청하는 상언만은 자신이 기초(起草: 글의 초안을 잡음)하거나 남이 대작(代作)하였거나 따지어 묻지 않는다. 그러나 이 밖에 혹 은전(恩典: 나라에서 은혜를 베풀어 내리던 특혜)을 간구(干求: 바라고 구함)하는 것, 가자(加資: 정3품 통정대부 이상의 품계를 올림)를 청하는 것, 상(賞)을 청하는 것 따위는 호적(戶籍)을 상고하기 위하여 현신한 때에 상언을 읽어 보게 한다. 만약 읽지 못하면 그것을 지어 준 자를 죄가 가벼운 자는 장형(杖刑: 곤장으로 볼기를 때리는 형벌) 1백 대를 결행(決行: 결단하여 실행함)하고, 죄가 무거운 자는 형추(刑推: 고문하며 신문함)하여 정배(定配)할 것을 각사(各司)로 하여금 승전(承傳: 임금의 뜻을 전함)을 받들어 시행하게 하라. 한갓 가자(加資)나 청상(請賞: 상을 청함)에 대한 것뿐 아니라 비록 사건사(四件事)에 관한 것일지라도 외람된 것은 이것에 따라 거행하라.

더욱 심한 것이 있다. 내가 교외(郊外)에는 응당 1년에 한 번은 거둥하는 것이니 먼 지방 사람이 서울에 와서 기다리는 것은 사리가 진실로 그러하다. 그러나 때로 간혹 내일 거둥할 것을 오늘 명령했는데, 그때에 상언을 올리는 것은 경기도 안이라면 이상한 일이 아니지만 각도의 상언이 다 들어온다. 이것은 서울 안에 보명(普明)과 같은 자가 있어 먼저 그 촉탁을 받고 있다가 남보다 앞서 이런 일을 하는 것이다. 이와 같은 무리는 다만 3일 동안 현신하지 않으면 원정(原情: 간곡히 호소함)을 청리(聽理)하지 않는데 그칠 뿐 아니라 그 초안(草案)을 작성한 자를 엄중히 사핵(查覈: 자세히 조사하여 실제 사정을 밝힘)하여 세 차례 형추하고 연해(沿海) 지방에 정배할 것을 또한 정한 법식(法式)으로 하라.

아아! 금번의 상언 속에도 [중국] 한(漢)나라의 제영(緹縈)[12]에게 비

---

11 매년 정월 80세 이상의 관원과 90세 이상의 서인(庶人)에게 은전(恩典)으로 직함을 주는 것.

12 중국 한(漢)나라 문제(文帝) 때의 효녀(孝女). 아버지 순우의(淳于意)가 죄를 범했을

한 것이 있다. 도신(道臣: 각 도 관찰사를 말함)으로 하여금 친히 물어서 계문(啓聞: 신하가 임금에게 아룀)하게 하였다. 이와 같은 등류(等類: 같은 종류)는 반드시 깊이 추구할 것도 없다. 또 부녀(婦女)가 어떻게 상언을 찬술(撰述: 책이나 글로 씀)할 수 있겠는가. 지친(至親: 가까운 친족으로 곧 부모와 자녀 또는 형제를 말함)이 대신 찬술하는 것은 이상할 일이 없다. 이것은 금령(禁令: 어떠한 행위를 하지 못하게 하는 법령)에 포함되지 않는다. 그러나 비록 이와 같은 것이라도 말[言語]이 불경(不敬)한데 이르고, 일이 은전(恩典)을 요구하는 것에 속하면 친속(親屬)이거나 아니거나를 가리지 않고 상언을 지어 준 사람은 결장(決杖: 곤장을 치는 형벌) 1백 대를 할 것을 또한 승전(承傳: 임금의 뜻을 전함)을 받들어 시행하라."

18) 영조 47년(1771): 영조가 신문고를 다시 설치, 하정을 통하게 하다

[고율부-정제-신문고] 임금이 전교(傳敎)를 내려 말하였다. "요순(堯舜: 고대 중국의 요임금과 순임금)을 법 받고자 하면 마땅히 조종(祖宗: 임금의 역대 조상)을 법 받아야 할 것이다. 신문고를 설치하여 하정(下情: 아랫사람들의 사정)을 통하게 한 것은 보감(寶鑑)[13]에 밝게 실려 있다. 쇠[金]로서 북[鼓]을 대신하게 한 것[14]이 어느 때에 창설한 것인지 알 수 없다. 그러나 고례(古例: 옛날 예절이나 예법)를 따라 때[時]를 정한 뒤라야 그 남용(濫用)을 금지할 수 있을 것이다. 이미 입시(入侍: 대궐에 들어가 임금을 뵙는 일)

때 그 죄를 대신 받아서 노예가 되기를 원하였다. 그러자 문제가 그 효성에 감동하여 그녀 아버지 순우의의 죄를 용서했다.

13 본보기가 될 만한 귀중한 일들을 모아 세조 2년(1456) 편찬한 책. 여기서는 『국조보감』(國朝寶鑑)을 말한 것인데, 이는 조선조 태조·태종·세종·문종 4대 임금의 정치성에서 모범될 사건을 기록(3권 7책).

14 신문고 대신에 격쟁, 즉 징을 쳐서 백성들이 자신들의 억울함을 임금에게 아뢰게 한 것을 말함.

한 대신(大臣)에게 문의하였다. 금후(今後)에는 국초(國初)의 고례에 따라 신문고를 설치한다.[15] 그리하여 창덕궁 진선문(進善門)과 이 대궐 건명문(建明門)에 모두 그 남쪽에 [신문고를] 설치한다. 이같이 옛 법을 복구한 뒤에는 차비문(差備門: 편전 즉 임금이 평소에 거처하는 궁전에 앞에 있던 문)이거나 가도(街道)이거나를 물론하고 쇠를 치는[격쟁하는] 자는 다만 그 호소하는 일을 청리(聽理: 민원의 접수)하지 않을 뿐 아니라 장(杖) 1백 대를 결행할 것이며, 비록 사건사에 관계된 것일지라도 이것은 난민(亂民: 사회의 질서를 어지럽히는 사람)이니 모두 결장(決杖: 죄인에게 곤장을 치는 형벌을 집행)한다. 사건사에 관계된 것이 아니면 어찌 다만 결장만으로 그치겠는가. 모두 연변(沿邊: 국경이나 바다, 강, 도로 등에 잇닿아 있는 지역)에 충군(充軍: 죄를 지은 자를 군역에 복무하게 함)하여 무식한 소민(小民: 조선 중기 이후 평민을 이른 말)으로 하여금 당폐(堂陛)[16]의 높은 것을 알게 하라. 비록 신문고를 쳐서 호소한 자일지라도 해당 조(該曹)에 넘겨서 만약 사건사에 관한 것이 아니면, 형추(刑推: 죄인을 고문하며 신문함)하여 먼 곳에 유배하고, 호소해 온 일은 청리(聽理)하지 말 것을 분부하여 나의 옛 법을 따라서 하정을 통하게 하려는 뜻을 보여 주마. 형(刑: 형벌)을 시형(施刑: 법을 집행)하는 것은 형벌이 없어지기를 기대하는 뜻이다. 이것을 진서(眞書: 한문)와 언문(諺文: 한글)으로 밝게 유시(諭示: 백성에게 타일러 가르침)하여 먼 지방의 소민(小民)들로 하여금 범금(犯禁: 법으로 금지한 것을 범함)하는 폐단이 없게 하라. 오늘부터 시사(試射: 궁술에 능통한 자를 뽑기 위한 활쏘기 시험) 때의 설고(設鼓: 북을 설치함)의 방식에 따라 특설하고 북의 전면(前面)과 후면(後面)에 모두 '申聞鼓'라는 세 글자를 써놓아서 어리석은 남여

15 신문고를 격쟁으로 대치했다가 다시 신문고 설치한다는 것을 말하는데, 그 시기는 영조 47년(1771)이다.

16 대청[堂]과 섬돌[陛]을 아울러 이르는 말로, 즉 지위가 높은 임금과 지위가 낮은 신하를 이르던 말.

들로 하여금 모두 알게 하라. 이달을 기한으로 하여 미처 듣지 못하고 혹이나 쇠를 치는 것[격쟁]을 명령이 내리기 전과 다름없이 하는 자가 있으면 함부로 들어온 자의 예[欄入例]에 따라 청리하지 말 것을 해당 조(曹)에 분부하라."

19) 영조 47년(1771): 신문고를 설치했는데도 격쟁하는 자는 추문하고 계문하라

[고율부-정제-신문고] 임금이 전교(傳敎)를 내려 이렇게 말하였다. "이번에 신문고를 [다시] 설치한 것은 한편으로는 국초(國初)의 제도를 본받고, 또 한편으로는 말류(末流: 기울어져 가는 혈통의 끝)의 폐단을 막기 위한 것이었다. 이와 같이 한 뒤라야 그 난잡한 것이 저절로 금지될 수 있을 것이다. 그러나 고요히 생각하니 이미 신문고를 설치하고는, 그것이 비록 상례(常例)의 형추(刑推: 죄인을 고문하며 신문함)이기는 하나 형추하는 일, 이것은 반드시 국초에 없었던 일일 것이다. 형신(刑訊: 고문)이 비록 가볍더라도 신문고를 설치한 본의(本意)가 아닐 것이다. 이 뒤에는 쇠를 울리는 자[격쟁자]가 있으면 해조(該曹: 해당 조)에서, 모인(某人)이 신문고를 쳤다고 하고 해조에 넘겨서 추문(推問: 죄를 문초함)하여 계문(啓聞: 신하가 임금에게 아뢰)하라. 해조에 넘긴 뒤에는 전일(前日)의 상례에 의한 형추는 면제하며, 사건사(四件事)가 아니면 계문하지 말고 공사(供辭: 죄인이 자세히 말한 범죄 사실)를 바로 초기(草記: 간단히 적음)하여 정한 법(法)에 의거하여 율(律)에 따라 처단하라. 원왕(冤枉: 누명을 써서 원통하고 억울함)한 일이 아닌데 함부로 신문고를 친 자는 즉시 해조에 넘겨 정한 법에 따라 엄형(嚴刑)하고 충군(充軍: 죄를 지은 자를 군역에 복무하게 함)하라."

20) 정조 원년(1777):
신문고 재설치 후 격쟁은 금지했으나, 위외 격정은 용납

[고율부-정제-신문고] 임금이 전교(傳敎)를 내려 이렇게 말하였다. "대궐에서는 차비문(差備門: 궁궐 편전의 앞문 이름)에서 격쟁하고, 거둥할 때에는 호위(護衛) 밖에서 경쟁하는 것이 옛 제도이다. 선조(先朝: 윗대 임금 곧 영조시기)에서 신문고를 다시 설치한 뒤로는 쇠[꽹과리와 징 등]를 울려 격쟁하는 것을 금지하였다. 성의(聖意: 임금의 뜻)가 다만 꽹과리를 치지 말고 북을 치라고 하는 데 있을 뿐이다. 그런데 지금은 아울러 거둥할 때도 또한 격쟁을 금지하기 때문에 처음부터 해조(該曹: 해당 조)에게 넘기는 처사가 없다. 지금부터 이후로는 궐내에는 이미 북이 있으니 꽹과리는 논(論)할 것이 없다. 그러나 임금이 거둥할 때 위외(衛外: 호위선 밖) 밖에서는 옛 관례[古例]에 따라 [격쟁하는 것을] 금하지 말 것이며, 격쟁한 자는 형조(刑曹)에서 추문(推問: 죄를 물어서 꾸짖음)할 것을 분부한다."

21) 정조 4년(1780):
체수자의 격쟁원정을 속히 처리, 보고토록 정조가 지시

[고율부-정제-격쟁상언] 의주(義州)의 장시운(張時運)이 격쟁원정(擊錚原情: 징을 쳐서 억울함을 호소)하였다. [이에 대하여 임금이] 판부(判付: 건의된 안을 임금이 재가)에서 이렇게 말하였다. "체수(滯囚: 죄가 결정되지 않아 옥에 오랫동안 갇혀 있음)함이 이미 오래다. 이덕로(李德老)의 공사(供辭: 죄인이 범죄 사실을 자세히 고백)와 함께 즉시 의논하여 처리하라. 이 뒤에는 판당(判堂: 판서 또는 판윤의 별칭)이 유고하여 3일의 기한 내에 개좌(開坐: 관원이 회동하여 사무를 처리함)할 수 없으면 해당 낭(郎: 동반의 정5품에서 종9품까지의 관원)이 해당 방(房: 사무실)에 와서 보고하여 전품(轉稟: 다른 사람을 통하여 임금에게 아룀)하는 일을 법식으로 정하여 시행하라."

22) 정조 5년(1781): 신문고의 재설치 후 엄금한 격쟁자 처벌 규정을 논하다

[고율부-정제-격쟁상언] 본조[형조] 판서 이명식(李命植)은 임금에게 이렇게 아뢰었다. "일전에 격쟁한 죄인에게 마땅히 일정한 율(律: 법률)이 있어서 품정(稟定: 윗사람에게 여쭈어 의논해서 결정함)해야 한다는 것을 하교(下教)하셨습니다. 율문(律文: 법률을 조목별로 적은 것)과 전후의 수교(受教: 임금이 내린 명령)를 가져다가 상고하여 보니 호연충군(湖沿充軍: 호수연안지역에서 군역에 복무케 하는 형벌)의 율은 대체로 신묘년(辛卯年: 영조 47년, 서기 1771년)에 신문고를 다시 설치한 뒤에 격쟁을 엄금하는 조처로 하였습니다. 그중 법을 무릅쓰고 호소하는 자가 있고, 일이 사건사(四件事) 이외에 속하는 자는 충군(充軍: 죄를 지은 자를 군역에 복무하게 하던 형벌 제도)의 법을 시행하며, 비록 사건사 안에 있는 것일지라도 또한 장(杖: 곤장) 1백 대의 율을 사용하라고 하셨습니다. 이제 위외(衛外: 왕실 호위선 밖)에서 소원(訴冤: 억울한 일을 관청에 하소연)하는 것을 허락하였으니 신묘년의 정식(定式: 격식이나 방식을 일정하게 정함. 또는 그 격식이나 방식)을 그냥 계속 시행할 수는 없습니다. 증전(曾前: 지나가 버린 그때)의 율문에 따라 모든 외람된 것에 속한 자는 '상서사불이실자, 장일백도삼년'(上書詐不以實者, 杖一百徒三年)의 율[17]을 적용하여 논죄하여 혹 사리상 죄가 중한 자로서 마땅히 먼 곳에 유배하는 법률을 시행해야 할 자가 있으면 품지거행(稟旨擧行: 임금에게 아뢰어 명령을 받아 거행)하게 하는 것이 어떻겠습니까." 하니, 임금이 "그렇게 하라."라고 말하였다.

17 거짓으로 속여서 임금에게 글을 올리는 자는 장(杖: 곤장) 1백 대에 도(徒: 중노동) 3년을 과하는 법.

23) 정조 5년(1781):
임금이 신임 형조판서에게 발괄 등류는 처벌 말라 교시

[고율부-정제-격쟁상언] 임금이 [새로 취임한 형조판서에게] 전교(傳敎)를 내려 이렇게 말하였다. "어제, 거둥(행차)할 때에는 이미 정한 법식이 있으니 꽹과리를 갖고 쇠를 울려 호소한 자가 아니면, 문자(文字)로 호소하거나, 언어로 발괄[白活][18]한 등류(等類: 같은 종류나 부류)는 고훤소(考喧所: 임금의 거둥 때 시끄럽게 떠드는 것을 감시하는 곳)로부터 처음부터 잡아서 경(卿)의 조(曹)에 넘기지 않는 것을 정식(定式: 정한 법식)으로 하게 하였다. 이것이 혹은 단본(端本: 한 질로 된 책 가운데 한 부분이 없어짐)의 정사가 될 것이다. 경은 새로 취임했으므로 혹은 이 일을 듣지 못하였을 것이다. 그래서 이와 같이 제시하여 가르치는 것이니 이것에 의하여 자세히 알고, 이 뒤에는 고훤도사(考喧都事: 임금이나 왕비의 행차에 앞서 잡인들의 어수선함을 막는 일을 맡은 종5품의 관원)가 만약 혹이나 정한 법식을 준수하지 않고 비록 문자로 호소하였거나 언어로 발괄한 사람을 잡아서 경의 조에 보냈더라도 경의 조에서는 처음부터 그의 원정(原情: 간곡히 호소함)의 공사(供辭: 죄인이 범죄 사실을 자세히 말함)를 받지 말고 곧 퇴송(退訟: 소송을 받지 않고 물리침)하여 한편으로는 외람된 상언의 폐단을 제거하고, 한편으로는 편배(編配: 도형과 유형에 처할 사람 이름을 적은 책에 기입하는 것)의 폐단을 제거하게 하는 것이 좋겠다."

24) 정조 7년(1783):
수호군·수복·액예·이예의 상언을 청리않은 관원은 결장정배

[고율부-정제-격쟁상언] [중보] 양주(楊洲)의 박상빈(朴尙彬)이 격쟁한

18 이는 이두로서 한자로 '白活'이라고 쓰고, '발괄'이라고 읽는데, 백성이 억울한 사정을 글이나 말로 관청에 하소연하는 것을 말함.

것을 논죄하는 계본(啓本: 임금에게 올리는 문서)을 임금에게 올렸더니, 임금의 판부(判付: 재가) 안에 이렇게 말하였다. "각 능(陵)의 수호군(守護軍: 능을 지키는 군대), 경외(京外: 서울 밖)의 수복(守僕: 능·묘 등의 제사에 관한 일을 맡아보던 관리), 각 전(殿: 궁전)의 액예(掖隷: 액정서에 딸린 서리와 하인), 승정원의 이예(吏隷: 서리와 노비) 등의 상언(上言: 임금에게 올리는 말과 글)은 비록 사건사(四件事)의 일이 아닐지라도 일제히 호소한 것이면 그 굽고 곧은 것을 봐서 결정해 주는 것을 허락한다는 것은 명백하게 선조(先朝: 윗대 임금)의 금석지전(金石之典: 쇠붙이와 돌처럼 굳고 변함없는 가치를 지닌 훌륭한 법전)이 있고, 일기(日記: 임금의 치세를 적은 기록)에 실려 있기까지 한 것이다. 그런 것을 당초에 기영(畿營: 경기감사가 직무를 맡아보던 감영)에서 위격(違格: 격식이나 도리에 어긋남)으로 처리한 것이나, 본조(本曹: 여기서는 형조를 말함)에서 법외(法外: 법률이나 규칙이 적용되는 테두리의 밖)에 속한 것으로 다룬 것은 모두 불찰(不察: 주의 깊게 살피지 않아 생긴 잘못)의 죄과(罪過)를 면하기 어렵다. 이와 같이 쉽게 알 수 있는 일을 이처럼 몽매(蒙昧)하니 해당 감사(監司: 각 도의 으뜸 벼슬)와 경(卿: 2품 이상 신하) 등은 추고(推考: 문초하거나 캐어물어 고찰함)하고 각각 그 두목장리(頭目掌吏: 우두머리와 담당 관리) 등은 모두 결장정배(決杖定配: 곤장을 치고 귀양을 보냄)하여 이 무리의 법을 무농(舞弄: 문부나 법규를 함부로 고쳐서 농락함)하는 버릇을 징계한다."

25) 정조 9년(1785): 격쟁원정에서 수령을 무고한 자는 장 1백 대에 유 3천 리

[고율부-속조-범분-고알(告訐)] 옹진(甕津)의 안흥철(安興喆)은 격쟁한 원정(原情)에서 이렇게 말했다. "제가 본부(本府: 지방관의 소속 관부)의 아전(衙前) 오화춘(吳化春)에게 부채(負債)가 있었습니다. 수사(水使: 수군절도사) 서유화(徐有和)가 저의 아비 인수(仁壽)를 목에 나무칼을 씌워 싸늘한

감옥에 가두고 두 차례나 엄중하게 장형(杖刑: 큰 형장으로 치는 형벌)을 가하여 5일 내에 죽게 하였습니다." 안홍철의 이러한 원정에 대한 본도(本道: 황해도를 말함)의 사계(査啓: 조사한 결과를 임금께 아룀)에는 이렇게 보고했다. "서유화가 인수의 공전(公錢: 공금)을 추심(推尋: 찾아내서 받아냄)해 주기 위하여 처음에는 7도(度: 횟수)의 매[笞]를 쳤으며, 두 번째는 9도의 매를 친 것에 지나지 않습니다. 그 뒤 5일 안에 인수가 죽었으니 가위 '까마귀 날자 배 떨어진 격'입니다. 그런데 흥철이 천청(天聽: 임금의 귀)을 무망(誣罔: 허위를 사실인 양 꾸며 속임)하였으니 율문(律文: 법의 조문)에 의거하여 감처(勘處: 죄인을 심리하여 그 죄에 따라 처단함)하게 하십시오." 이러한 사계에 대한 판부(判付: 어떤 안을 임금이 재가)에서 임금은 이렇게 말하였다. "진실로 사계한 바와 같다면 백성의 버릇이 천만 번 통탄스럽고 해괴하다. 감단(勘斷: 죄인을 심리하여 그 죄에 따라 처단)하는 데 해당한 죄명을 초기(草記: 어떤 일을 사실만 간단히 적어 임금에게 올림)하라."

이렇게 해서 임금에게 올린 형조의 초기에는 이렇게 말하였다. "속대전(續大典: 영조 때 『경국대전』을 보완하기 위해 편찬한 법전)의 '소원조'(訴冤條: 억울함의 하소연에 관한 법조문)에 말하기를, '고을 백성의 수령의 형장(刑杖: 죄인을 신문할 때 쓰던 몽둥이)을 받고 죽은 것은 격쟁한 자를 먼저 안문사찰(按問査察: 죄를 조사하여 신문하고 조사하여 살핌)을 행한다. 만약 무망(誣罔)한 것이라면 부민(府民: 행정구역인 부에 사는 사람들)이 본관(本官: 자기 고을 원님)을 고소한 율(律: 법)로 논죄한다.'라고 하였고, 대전(大典: 경국대전) 소원조에는 '이민(吏民: 지방의 아전과 백성)이 그 수령을 무고(誣告)한 자는 장(杖: 곤장) 1백 대에 유(流: 유배) 3천 리에 처한다.'라고 하였습니다. 안홍철을 이 율에 의거하여 감처(勘處: 죄인을 심리하여 그 죄에 따라 처단)하는 것이 어떻겠습니까." [그러자 임금이] 전교를 내려 "윤가(允可: 임금이 옳다거나 그리하라고 비준함)한다."라고 하였다.

26) 정조 9년(1785): 상언하고 또 격쟁도 한 자는 각별히 엄중 처단

[고율부-정제-격쟁상언] [중보] 본조(本曹: 형조를 말함)에서 임금에게 초기(草記: 어떤 사항에 관하여 사실만 간단히 적어 임금에게 올리는 문서)를 올려 이렇게 말하였다. "매번 거둥(擧動: 임금의 행차)을 당하여, 상언(上言)은 다만 [문서] 상언만 받아들이고, 격쟁한 것은 죄인을 붙잡아서 본조에 넘겨주는 것이 관례입니다. 그런데 이번에 거제(巨濟)의 정세종(鄭歲宗)과 양산(梁山)의 김성재(金成才) 두 사람은 이미 [문서로] 상언하고 또 격쟁하여 잡아서 넘기는 지경에 이르렀습니다. 두 사람이 상언과 격쟁을 일시에 아울러 행하였으니 이것은 전례(前例)가 없는 일입니다. 그대로 내버려 두고 치죄하지 않을 수 없으므로 모두 엄중 처벌할 것을 감히 계품(啓稟: 신하가 임금에게 어떤 내용을 아룀)합니다." 형조의 이러한 초기를 받은 임금이 전교(傳敎)를 내려 이렇게 말하였다. "두 사람이 한편으로 상언하고 한편으로 격쟁한 것은 백성의 버릇이 무엄(無嚴)하다. 각별히 엄중처단하여 뒷날을 징계하게 하라."

27) 정조 9년(1785): 절긴한 민폐에 관한 호소는 외람률로 다스리지 말라

[고율부-정제-격쟁상언] [중보] 임금이 전교(傳敎)를 내려 이렇게 말하였다. "김종억(金宗億)이 호소한 것은 비록 사건사(四件事) 내의 일이 아니나, 법전 안에 '절긴(切緊: 아주 절실함)한 민폐(民弊)에 관한 것이면 사건이외사(四件以外事: 4건 이외의 일)일지라도 청리(聽理: 접수하여 처리함)하는 것을 허락하고 동(銅: 구리) 쇠를 울려 원통한 것을 호소함을 허락한다.'라고 하였다. 이번 통편(通編: 『대전통편』을 말함)[19]을 편찬할 때 비로소 이

19 『대전통편』은 『경국대전』을 원전으로 하여 만든 새 법전이다. 정조는 즉위하자 경국대

러한 수교(受敎: 임금이 각 관청에 내리는 각종 행정 명령서)가 있는 것을 알았다. 이 뒤는 재물을 걷어 먹고 외람되게 호소하는 것이 아니면, 일이 민폐에 관한 것은 곧 외람률(猥濫律)[20]로 다스리기를 청하지 말 것을 형조에 분부하여 법식(法式: 생활상의 예법이나 양식)으로 정해서 시행하게 하라."

28) 정조 10년(1786): 혈서로 쓴 격쟁원정은 청리하지 말 것을 엄중히 계칙

[고율부-정제-격쟁상언] [중보] 본조(本曹: 형조)의 판서 정창성(鄭昌聖)이 임금에게 이렇게 아뢰었다. "근래에 백성의 풍습이 교사(巧詐: 교묘하게 속임)하여 소위 혈서(血書)로 쓴 상언(上言)이 간혹 있습니다. 그러나 만일 부모와 자신이 형륙(刑戮: 사형)에 빠진 일이 아니면 결코 쉽게 할 수 있는 일이 아닙니다. 며칠 전에 상주(尙州) 사람이 격쟁원정(擊錚原情)하였는데 혈서로 쓴 것을 올렸습니다. 만약 잡혈(雜血)로 썼다면 무망(誣罔: 허위를 사실인 양 꾸며 속임)한 행위가 진실로 미워할 만합니다. 그 사람 자신의 몸에서 피를 취하였다는 것은 매우 인지상정(人之常情)에 가깝지 않습니다. 산송(山訟: 묘지에 관한 송사)은 형륙에 관한 호소와는 다른 것

전·속대전(續大典)의 법과 오례의(五禮儀)·속오례의(續五禮儀)의 예를 통합한 대명회전(大明會典)과 같은 회전편찬(會典編纂)을 기도하였으나 너무 복잡하여, 법전에 국한한 법전편찬을 진행하기 위하여 찬집정(纂輯庭)을 신설하여 정조 5년(1781)부터 찬집을 개시하여 정조 9년(1785)에 편찬을 끝내고 왕의 교지로서 새 법전을 '대전통편'이라고 명명하여 이듬해 1월 1일부터 시행하였다(법률용어사전).

20 사건사 이외의 일로 함부로 격쟁한 자를 처벌한 법. 앞서 여러 번 말했듯이 사건사란 형벌이 자기 신상에 미칠 경우, 부자 형제간의 분간(分揀), 처첩 분간, 양천 분간 등의 네 가지 사건에 대해서만 자신이나, 자손이 조상을 위해, 처가 남편을 위해, 동생이 형을 위해, 종이 주인을 위해서만 신문고를 치거나나 격쟁을 할 수 있도록 허용했다. 그리고 그 이외의 일로 함부로 신문고를 치거나 격쟁을 한 자는 처벌토록 했는데, 이러한 처벌에 관한 법을 '외람률'이라고 불렀다.

인데 지체(肢體: 팔다리와 몸)를 어찌 가볍게 훼상(毁傷: 다치게 해서 상처를 입힘)할 수 있겠습니까. 이와 같은 풍습은 엄중하게 징계하지 않을 수 없습니다. 당해인은 방금 신(臣)의 조(曹)에서 치죄하고 있습니다. 그러니 이 뒤로는 비록 사건사일지라도 혈서한 것은 청리하지 않는다는 뜻으로 엄중 계칙(戒飭: 경계하여 타이름)하는 것이 어떻겠습니까." 하니 임금이 "그렇게 하라."라고 말하였다.

29) 정조 11년(1787):
신문고가 아니라 종각 종을 쳐서 호소한 자는 처벌

[고율부-속조-종고타종] 병조(兵曹)는 계목(啓目: 임금에게 올리는 문서에 덧붙인 목록)에 임금께 이렇게 아뢰었다. "어떤 사람이 몰래 종각(鐘閣)에 들어가서 종을 쳤습니다. 그래서 잡아다가 사실을 사문(査問: 조사하여 캐어 물음)하니 의흥(義興: 경상도 군위 지역의 옛 지명)의 김채수(金采守)였습니다. 제가 먹은 환상곡(還上穀: 각 고을의 사창에서 봄에 곡식을 빌렸던 백성이 가을에 갚는 곡식)을 갚을 길이 없으므로 위에 그 사정을 알리고자 이렇게 종을 쳤다고 합니다." 이에 임금이 아래와 같이 전교(傳敎)하였다. "일찍이 실록(實錄)을 상고하여 보고서 비로소 종을 만들어 둔 본의(本意)를 알았다. 종을 달아 둔 곳이 세 곳이니 하나는 광화문, 즉 지금의 부어교 종각(駙魚橋鐘閣)[21]이 이것이다. 둘째는 누가(樓街)이니 즉 지금의 종각(鐘閣)이 이것이다. 셋째는 종현(鍾峴: 현재 명동성당이 있는 곳)이니 지금은 비록 종은 없으나 다만 현(峴)의 이름만 전하고 있다. 경향(京鄕)의 사민(士民: 선비와 백성)으로서 박절하고 급한, 원통한 일이 있는 자에게는 모두 이 종을 치도록 허락하였다. 종소리가 나면 종을 맡은 자가 잡아서 아

---

21 부어교(駙魚橋)에 있던 종각: 부어교는 현재 종로구 적선동 77번지 오늘날 경복궁 서쪽 효자로 입구의 청계천 지류인 만리뢰(萬里瀨)에 있던 다리로, 백성들은 흔히 '붕어다리'라고 불렀다.

되는 것이었다. 고사(故事: 예부터 전하여 내려오는 유서 깊은 일)는 바로 그러한 것이다. 그러나 백성의 습속이 옛스럽지 않고 외람되고 지나침이 날로 불어나고 있어서 옛날의 제도를 비록 갑자기 오늘에 논의할 수는 없으나, 그러나 종을 폐지한 뒤에 합문(閤門: 편전의 앞문), 궐문(闕門: 대궐의 문)에 오고(午鼓: 궁중에서 정오를 알리기 위하여 치는 북)를 설치하여 첩종(疊鐘: 군대를 사열할 때 여러 부대의 군인들을 집합시키기 위하여 궐내에서 치는 큰 종)을 대신하게 하였다. 옛날 선조(先朝: 앞 대의 임금) 때에 오고를 친자가 있었음을 기억한다. 그때 처분하신 하교(下教)를 나도 또한 들었다. 이번에 종을 친 일은 그 예(禮)를 사랑하는 뜻에서 변상(變常)을 행할 수는 없다. 비록 율(律)을 참고하고자 하더라도 참조할 것이 없을 것 같다. 다만 이 일은 사건사(四件事)에 관계되는 것이 아니라 그 죄를 다스리는 것이 좋겠다. 김채수를 외람되게 상언한 죄 중에 사리(事理)가 중(重)한 것으로 논죄하여 장(杖) 1백 대, 도(徒) 3년에 처하라."

30) 정조 11년(1787):
격쟁원정에서 장수를 고발한 장교는 엄형하여 군율 엄수

[고율부-속조-범분-고알] [중보] 통영(統營)의 신만대(申萬大)는 격쟁한 원정(原情)에 이렇게 말하였다. "저는 통영의 장교(將校)입니다. 이방일(李邦一)이 통제사(統制使: 충청·전라·경상 삼도의 수군을 통솔하던 으뜸 벼슬)로 있을 때 그의 서제(庶弟: 아버지 첩에게서 난 아우) 방억(邦億)이 책실(冊室)[22]로서 인사행정을 하였습니다. 그러므로 저는 저의 아비 희기(希覬)가 병선감관(兵船監官: 병선을 감독한 벼슬)을 얻고자 하여 5백 냥을 운주헌(運籌軒: 통제사 집무실의 명칭)에 바치고 또 4백 냥을 방억(邦億)에게 주었습니다. [그러나] 그가 체임(遞任: 벼슬이 갈림)되어 돌아가면서 갚을 뜻이 없습니

22 수령 등의 비서(秘書) 업무에 종사하는 사람. 책방(冊房)이라고도 불렀다.

다. 추심(推尋: 찾아서 받아 냄)하여 주도록 명령하시기를 빕니다."

이런 [신만대의] 격쟁 호소에 대하여 임금이 다음과 같이 전교(傳教)를 내렸다. "방일(邦一)은 옛날 영솔하고 있던 장수이고 만대는 그곳의 장교이다. 설령 방일이 5백 냥 이외에 5천억을 강탈한 일이 있더라도 어찌 감히 자기의 옛 장수의 이름을 지척(指斥: 웃어른의 말이나 행동을 지적하여 탓함)하여 온갖 나쁜 말로 헐뜯을 수 있단 말인가. 이노(吏奴: 아전과 종)의 말이 관장(官長: 관가의 우두머리)을 침노하여도 오히려 용서할 수 없다고 한다. 하물며 장수와 장교로서 등급이 절엄(截嚴: 매우 엄함)한 사이인데 말이다. 계급의 순서를 가지고 따진다면 도리어 종과 주인의 구분보다 더 심한 바가 있다. 이러한 곳에서 다만 소송사리(訴訟事理)의 곧고 굽은 것만 가지고 판결한다면 이 아랫사람이 윗사람을 범하고, 종이 주인을 침범하여 풍속, 교화가 날로 무너져 가는 때를 당하여 서리가 내리면 장차 강한 얼음이 얼게 되는 것처럼 점점 짙어갈 조짐을 생각하지 않을 수 없다. 비록 아비의 차역(差役: 노역을 시킴)을 위한 것이라고는 하나 저의 장수의 이름이 저의 입에서 나온 것이다. 또 이 사건사(四件事)에 관계된 신만대는 그 도(道)의 감사(監司)에게 내려보내서 각별히 엄형하고 법에 비워 엄중히 다스려서 한편으로 풍속교화를 존속시키고 한편으로 군율(軍律)을 엄하게 하라."

31) 정조 12년(1788):
무직자가 거짓으로 관복 입고 격고하면 치죄하라

[고율부-정제-격쟁상언] [중보] 정원(政院: 승정원)에서 임금에게 이렇게 아뢰었다. "유학(幼學: 벼슬하지 않은 유생) 구이석(具彝錫)이 관복(冠服: 갓과 의복)을 갖추고 합문(閤門: 임금이 평소에 거처하는 편전의 앞문)에서 격고(擊鼓: 북을 침)하였습니다. 함부로 관복을 착용한 것이 이미 지극히 불측(不側: 당돌하고 엉큼)한 행위인데 합문에서 북을 친 것은 더욱 놀랍고 해괴

한 일입니다. 병조(兵曹)의 입직당랑(入直堂郞: 숙직하는 당상관과 당하관)과 수문장(守門將)을 엄중 처리하는 것이 어떻겠습니까." 이러한 승정원의 아룀에 대하여 임금이 전교(傳敎)를 내리기를, "전함(前啣: 이전에 가졌던 직업이나 직책)도 없는 무직자로서 거짓으로 관복을 착용하였으니 이미 지극히 해괴한 일인데, 함부로 합문을 들어왔으니 더욱 천만 해괴하다. 북을 친 사람 구이석을 담당 관사(官司: 관청)로 하여금 치죄하게 하라." 하였다.

32) 정조 12년(1788):
격쟁의 사계에서 드러난 혹독한 형벌을 가한 수령은 엄벌

[고율부-정제-산송사목] [중보] 창원(昌原)의 김용환(金龍煥)이 격쟁한 일을 사계(查啓: 조사하여 그 결과를 임금께 아룀)한 것으로 인하여 임금이 전교(傳敎)를 내려 이렇게 말하였다. "창원의 일은 다만 일이 복수에 관한 것일 뿐 아니라 더군다나 본쉬(本倅: 수령)는 근시(近侍: 임금을 가까이에서 모시는 신하)의 반열(班列: 품계나 신분, 등급 따위의 차례)에 나간 사람이니 조가(朝家: 임금과 신하들이 모여 정치를 의논하고 집행하던 곳)의 처분이 어찌 별반(別般: 보통과 다름)의 징계가 없을 수 있겠는가. 또한 더군다나 해쉬(該倅: 해당 수령)의 처사는 거의 실성한 사람의 일 같다. 이제 그 사계를 가지고 보면, 십여 가지의 법외(法外)의 혹독한 형벌이 어느 것이나 참독(慘毒: 참혹하고 지독함)하고 해괴(駭怪), 패려(悖戾: 도리에 어그러지고 사나움)하지 않는 것이 없다. 돌로 뺨을 치고, 곤장으로 발뒤꿈치와 정강이를 치며, 보리가시랭이를 입에다 문지르고, 귀를 톱으로 베며, 이빨을 빼고, 목에 씌운 나무칼을 나무에 단 채 발에 돌을 달며, 손을 묶어 매달고, 목에 씌운 나무칼을 높이 들며, 다섯 명의 군졸로 하여금 한 사람을 치게 하는 따위, 이것이 그중에서도 가장 무상(無狀: 행실을 함부로 하여 예의가 없음)한 것이다. 사람을 상해하고 아니하고는 잠깐 두어 두고,

그의 마음 쓰는 것을 추구(追究: 파헤쳐 연구함)하면 더할 수 없이 불가(不佳: 좋지 않음)하고 지극히 차마 할 수 없는 짓이다. 조가(朝家)에서 이미 이 일을 듣고도 만약 상례(常例)를 초월하는 엄중한 처벌이 없다면 법은 장차 무엇에 쓰겠는가. 그곳에 정배하는 것을 너무 관대하게 다스리는 잘못이 있다. 그 수령 정준채(鄭駿采)를 먼 섬에 이배(移配: 다른 유배지로 옮김)하고 이어 금고(禁錮: 죄인에게 강제 노동을 과하지 아니하고 감옥에 가두는 것)의 법을 시행하라. 처분이 이에 이른 것은 특히 그자가 구실을 삼아 변명한 것처럼 혹은 상례와 같이 용형(用刑: 형벌을 적용함)할 수 없는 사정이 있었을 것이기 때문이다. 적어도 그렇지 않다면 그의 죄가 어찌 도배(島配: 죄인을 섬으로 유배함)에 그치겠는가. 겸하여 허다한 인명(人命)이 우연히 치사(致死)함이 있음이겠는가. 해당 조(曹)로 하여금 이 전교를 가지고 각도에 엄중 계칙(戒飭: 경계하여 타이름)하여 각기 이 징계를 보고 두려워하여 이것으로 인해 한번 스스로 계칙함이 있게 하라. 옛사람이 말하지 않았던가. '도(道)를 어기어 명예를 사는 것은 탐욕한 것보다 심하다.'라고. 비록 준채(駿采)의 일이 없더라도 근래에 수령들이 미봉(彌縫: 임시변통으로 이리저리 꾸며 대어 맞춤)을 일삼고 있다. 이제 만일 지나치게 두려워하고 겁내어 마땅히 용형(用刑)하고 마땅히 시행해야 할 곳에서도 모두 입을 닫고 소매에 손을 넣고 있게 된다면 또한 본의(本意)를 모른다고 말할 수 있다. 이것도 또한 같이 알지 않으면 아니 된다. 이것으로써 문구(文句)를 만들어 조정의 명령으로 널리 선포하라."

33) 정조 13년(1789): 인정문의 전루고를 쳐서 억울함을 호소한 자는 정배

[고율부-정제-신문고] [증보]　병조(兵曹)의 초기(草記: 서울 각 관아에서, 행정에 그리 중요하지 않은 사항을 사실만 간단히 적어 임금에게 올리던 문서)는 이러하였다. "인정문(仁政門: 창덕궁의 정전인 인정전의 출입문)의 전루고(傳漏鼓:

물시계로 시각을 알리는 북. 누고라고도 불렀다)를 범타(犯打: 함부로 때림)한 죄인 백상순(白尙純)은 전에 규장각(奎章閣)의 서사(書寫: 원본과 똑같게 베끼던 아전)였습니다. 그러나 도태(淘汰)된 뒤에 그의 아버지가 사채(私債)로 한성부(漢城府)에 수금(囚禁: 감옥에 가두어짐)되었다고 합니다. 그래서 속여 단령(團領: 문무백관의 집무복)을 입고 이 북을 치는 일을 하였습니다. 담당 관사(官司: 관청)에 넘겨서 조율감죄(照律勘罪: 법에 비추어 심문하여 처단함)합니다." [이러한 형조의 초기에 대하여 임금이] 전교(傳敎)를 내려 이렇게 말하였다. "아비를 위한 원통한 것을 호소하는 것이 비록 사건사(四件事) 안에 속하는 일이라고 하나, 이미 격쟁도 아니고 또 신문고도 아니며, 이미 퇴직한 아전이니 한잡인(閑雜人: 관계도 일도 없는 잡사람)과 다를 것이 없다. 그런데 옷을 바꿔 입고 함부로 궐내에 들어온 행동은 지극히 나쁘다. 그러니 호소하는 사정을 청리(聽理)하지 말 것이나, 사건사의 일이라고 하여 내버려 둘 수는 없다. 이것은 반드시 아비가 그 아들을 사주(使嗾)하여 이 법금(法禁: 법률로 못하게 금지함)이 있게 한 것이다. 해당 조(該曹: 형조를 말함)로 하여금 오늘 안으로 그 부자를 일체로 정배하게 하라." 하였다. [이에 전루고를 친] 백상순과 그의 아비 경문(敬門)을 비인(庇仁: 충청남도 서천 지역의 옛 지명)으로 정배하였다.

34) 정조 13년(1789): 빚을 받아달라는 따위를 격쟁원정하는 자는 즉시 치죄

[고율부-정제-격쟁상언] [중보] 서부(西部)의 이아지노미(李阿只老味)가 격쟁원정(擊錚原情: 꽹과리를 쳐서 호소)하기를, "저의 아버지 성철(聖哲)이 갈지득(葛知得)과 상업을 동사(同事: 동업)하였는데 이득전(利得錢: 이익으로 얻은 돈) 2천 1백 냥을 지득이 독차지하였습니다. 당해조(當該曹: 해당되는 조)에 독촉하여 받아주시면 국곡(國穀: 나라에서 소유하고 관리하는 곡식)을 완납하겠습니다."라고 하였다. [이에 임금이] 판부(判付: 재가)에서 이렇게

말하였다. "근래에 백성의 풍습이 점점 완악(頑惡: 억세게 고집스럽고 모질음)하고 사나워져서 소위 격쟁과 상언(上言)이라는 것이 만약 지극히 외람되고 자질구레한 일이 아니면 지극히 범람한 설(說)이 많다. 하정(下情: 백성의 사정)을 통하는 것은 하정을 통하는 것이고, 국체(國體)를 존중히 여기는 것은 국체를 존중히 여기는 것이다. 이번에 특히 느슨하게 틀어 주기도 하고, 팽팽하게 당기기도 한다는 뜻에서 조정에서는 허다한 초기(草記) 중에 외람된 따위는 모두 각기 징치(懲治: 징계하여 다스림)할 것을 비하(批下: 임금의 명령)한 바 있다. 이 일에 이르러서는 더욱 지극히 외월(猥越: 분수에 지나침)하다. 더군다나 8세의 아이가 어찌 이와 같이 글을 지을 수 있겠는가. 포음(逋欠: 관물을 사적으로 사용)한 아전의 아들의 예(例)에 따라 처리하고, 소위 이성철이란 자를 각별히 엄형정배하여 백성의 버릇을 징치하라. 이 뒤에는 이와 같은 외람된 호소의 등류는 비록 사건사(四件事) 안에 속한 것이라도 즉시 치죄(治罪)한다는 뜻을 본도(本道)와 해조(該曹)는 자세히 알아야 한다."

35) 정조 14년(1790):
격쟁자 공사는 형조와 과천·광주에서는 당일 보고토록

[고율부-정제-격쟁상언] [중보] 임금이 현륭원(顯隆園: 사도세자와 헌경왕후를 모신 능원, 경기도 화성에 있음)에 거둥한 뒤에 전교를 내려 말하였다. "격쟁자의 공사(供辭: 죄인이 범죄 사실을 자세히 고백함)는 형조에서는 당일 올리고, 과천(果川)과 광주(廣州) 지방은 도백(道伯: 각 도 관찰사)이 당일 받아 올리며, 수원(水原) 지방은 길이 조금 멀기 때문에 지방관의 공사를 받아서 즉시 장계(狀啓: 지방 관원이 자기 관하의 중요한 일을 임금에게 글로 보고하는 것)하도록 이미 명령하였다. 이것을 일정한 식(式)으로 정하여 거행하게 할 것을 경기감영(京畿監營)에 분부하라."

36) 정조 14년(1790):
청리않는 격쟁원정 계목엔 그 이유와 내용을 열록하라

[고율부-정제-격쟁상언] [중보] 임금이 전교(傳敎)를 내려 이렇게 말하였다. "근래에 격쟁원정(擊錚原情)이 열에 여덟·아홉은 외람된 것이다. 그래서 억제하는 죄과(罪過)에 붙이고 있는데, 일체를 해조(該曹: 해당 조)의 초기(草記)가 청하는 대로 시행하였다. 이렇게 하는 사이에 농간(弄奸)하는 폐단이 또 나왔다. 다만 봉산(鳳山: 황해도 소속 지명) 여인(女人)의 원정에 대한 일만을 가지고 말하더라도, 소위 초기에는 사연의 첫머리와 말미(末尾)를 끊어 버리고 오직 탈이 드러나지 않게 하기에만 뜻을 다하고 있다. 이 뒤에는 외람되어 청리(聽理)에서 빼버릴 것들은 경기감영의 계본(啓本: 임금에게 올리는 문서)의 예(例)에 따라 계목(啓目: 임금에게 올리는 문서에 덧붙인 목록)으로서 하되, 먼저 청리하지 않는다는 뜻으로 말을 만들어 쓰고 인(印: 도장)을 찍은 뒤에 여백에 각인의 원정을 열록(列錄: 죽 벌여 적음)하여 혹이나 자구(字句)를 산삭(刪削: 필요 없는 글자나 구절을 지워 버림)하는 일이 없도록 할 것을 해조에 분부하여, 속이고 엄폐(掩蔽)하는 버릇을 징계하게 하라."

37) 정조 14년(1790):
사굴죄를 3년 도배로 알고 격쟁상언하는 자는 엄벌토록

[고율부-속조-산송] 경기도 남양(南陽)의 오성우(吳成羽)는 임금에게 격쟁상언(擊錚上言)하여 이렇게 말하였다. "홍희계(洪熙啓)가 저의 선산(先山)에 늑장(勒葬: 다른 사람이 말리는 것을 무시하고 강제로 장사지내는 것)하였으므로 저의 아비 석리(錫履)가 여러 족인(族人)들과 함께 파버린 죄로 [전라도] 보성(寶城)에 정배되었습니다. 그런데 사굴(私掘: 남의 무덤을 허락도 받지 않고 사사로이 파내는 일)의 죄는 3년 도배(徒配: 죄인을 도형에 처한 뒤에 유배하는 일)인데 10년을 기한으로 하였으니 원왕(冤枉: 원통하고 답답함)

합니다. 특히 석방시켜 주십시오." 이와 같은 오성우의 상언에 대하여 임금은 판부(判付)에서 이렇게 말하였다. "사굴의 율(律)을 도년(徒年: 도형을 사는 기간)이라고 말한 것은 비록 향곡(鄕曲: 시골구석)의 무식한 데서 나왔다고 하더라도 이러하기 때문에 어렵게 여김없이 가볍게 범행하는 것이다. 이어 형관(刑官)으로 하여금 선조(先朝)의 수교(受敎: 임금이 내리는 명령) 속의 말뜻을 거듭 밝혀 효유(曉諭)하여 미욱함을 열어 주는 효과가 있게 하라." 이러한 임금의 명령을 받는 형조에서는 이렇게 회계(回啓: 임금의 명령에 관해 신하들이 대답)하였다. "사굴죄인을 10년을 기한으로 하여 석방하지 말라고 한 것은 이미 선조의 수교가 있는데 '도년'이라고 일컫고 석방을 청원한 행위는 무엄합니다. 이와 같은 상언은 청리(聽理: 접수, 수리)하지 말고, 삼가 수교 속의 말뜻을 가지고 타이른 뒤에는 외월(猥越: 분수에 지나침)한 죄를 엄치(嚴治: 엄하게 다스림)하는 것이 어떻겠습니까." 하니, 이러한 회계를 받는 임금은 판부에서 "그렇게 하라."라고 하였다.

38) 정조 15년(1791):
격쟁자가 공연히 남의 조상 일을 끌어들이면 가중처벌

[고율부-정제-격쟁상언] [중보] 서부(西部)[23]의 이정국(李靖國)이 산송(山訟: 묘지에 관한 소송)의 일로 격쟁하였다. 그런데 그 원정(原情: 호소) 속에

23 한양의 5부 중 하나. 조선왕조는 개국 후 태조 3년(1394) 개경에서 한양으로 천도하고 이듬해 6월 6일 한양을 한성부로 개칭하고 태조 5년(1396) 4월 한성부 행정구역을 동부·서부·남부·북부·중부 등 5부로 나누고 이를 다시 52방으로 구획해서 방명표를 세우게 하였다. 서부는 5부 중 하나로, 도성 안에 영견방·인달방·적선방·여경방·인지방·황화방·취현방·양생방·신화방 등 9개 방이 있었고 성 밖에는 반석방·반송방이 있어서 모두 11개 방이었으나, 세종 때 영견방·인지방·취현방이 폐지되어 8개 방이 되었다. 그 후 큰 변화가 없다가 영조 때 많은 변화가 있었는데, 영조 27년(1751)에 반포된 수성책자(守城冊子) 『도성삼군문분계총록』에 의하면 신화방을 폐지하고 성 밖에 용산방과 서강방을 신설하여 9개 방이 되었다(서울지명사전).

"이기경(李基慶)은 죄로 사형된 사람의 아들로서 외람되게 몰래 훔쳐 과거에 급제하였습니다."라고 한 말이 들어 있었다. [이에 관하여] 임금의 판부(判付)에서 이렇게 말하였다. "본인이 비록 지극히 원통함이 절박한 데가 있을지라도 다만 마땅히 관계된 일에 대하여 논할 일이지, 마땅히 들추어내야 할 일이 아닌 피고(被告)의 선고(先考: 죽은 아버지)를 들어서 어전(御前: 임금 앞)에 아뢰는 문서에 실었으니, 이와 같은 습속(習俗)은 조신(朝臣: 조정 신하)에 있어서도 오히려 엄금하는 것인데 하물며 이같이 서캐[蟣虱: 이의 알] 같은 자[渠]이겠는가. 그가 말한 바는 세상이 모두 알다시피 명백하게 죄를 벗어 남음이 없고 관작(官爵)이 자여(自如: 큰일에도 영향을 받지 않고 편안하여 평소와 다름이 없음)한 사람이니 더욱 피부존(皮不存)[24]이라고 말할 수 있다. 원청인(原情人: 호소인)을 그 해당 도[該道]에 넘겨서 각별히 엄중치죄하게 하라. 이 뒤로는 산송이나 다른 소송을 물론하고 문제 이외의 일에 언급하기를 이 이야기와 같이 하여 남을 두드려 흔들 계책을 한 자는 바로 조정(曹庭: 각 조의 마당), 도정(道庭: 감영의 마당)에서 그가 바친 원정(原情: 호소문)을 불살라 버린 뒤에 그 송사의 옳고 그른 것을 물론하고 죄의 등급을 가중(加重)하여 처단하고, 이어 즉시 초기(草記) 혹은 장계(狀啓)로 보고하는 것을 법식으로 정하여 시행하라."

39) 정조 15년(1791): 외람되게 격쟁한 자는 그 자내(字內)의 대장을 논책

[고율부-정제-격쟁상언] [중보] 본조(本曹: 형조를 말함)에서 외람되게 격쟁한 사람의 사건에 대한 후록계본(後錄啓本)에 인하여 내린 판부(判付)

24 근본이 없음. "피부가 없으면 털이 어찌 있을 수 있는가"(皮之不存, 毛將安傳)라는 말에서 나온 비유.

안에 [임금은] 이렇게 말하였다. "근래에 사건사(四件事) 이외의 일로 외람되게 격쟁하는 일을 거듭 계칙(戒飭: 경계하여 타이름)한 것이 한두 번에 그치지 않았다. 이번 임금의 거둥은 교외(郊外)에서 구경하는 백성들이 산과 들에 가득하였으니 비록 오로지 성내(城內)의 문을 지키고 파수하는 것이 엄중하지 못한 것을 꾸짖을 수는 없다. 그러나 외월(猥越: 분수에 지나침)한 백성의 풍습은 하나의 풍치(風致)로 내버려 둘 수는 없다. 이 뒤에 성내의 거둥에도 다시 혹시나 전과 같이 불엄(不嚴: 엄하지 않음)하면 본조(本曹)로부터 쇠를 울린 자[격쟁자]의 동명(洞名)을 조사하여 당해(當該) 자내(字內)[25]의 대장(大將)을 초기(草記)하여 논책(論責)하라."

40) 정조 15년(1791):
사굴(私掘)에 관한 격쟁원정자는 법에 따라 감처하라

[고율부-속조-산송] 충청도 영동(永同)의 김사운(金思運)이 격쟁하고 남에게 굴총(掘冢: 남의 무덤을 파냄) 당한 일을 원정(原情)으로 한 것에 대하여 임금의 판부에서 이렇게 말하였다. "작년에 반시(頒示: 법령 따위를 세상에 널리 펴서 알림)한 조금(朝禁: 조정이 금지하는 것)이 어떠하였는데 사굴(私掘: 남의 무덤을 허락도 받지 않고 사사로이 파냄)이라는 두 글자가 또 임금께 올리는 공초(供招: 죄인이 범죄 사실을 자세히 말하는 일)에 들어가 있는가. 당해(當該) 도신(道臣: 각 도의 관찰사)과 수령(守令: 각 고을을 맡아 다스리던 지방관들)은 마땅히 정식(定式)에 따라 감처(勘處: 죄인을 심리하여 그 죄에 따라 처단)해야 할 것이다. 그러나 일이 새벽 이전에 일어난 것이니 우선 그대로 두어두고, 다시 본조로부터 각별히 엄칙하여 전과 같은 범죄가 없게 하라."

---

25 도성(都城)의 안팎을 각 군영(軍營)에서 갈라 맡아서 경계하고 호위하는 구획의 안.

격고·격쟁자의 원정에 대한 실제 처리 사례들

지금까지는 『추관지』(秋官志)에 실려 있는, 신문고와 격쟁에 관한 임금의 명령과 지침, 규정 등을 알아보았다. 그러면 이러한 규정 등에 따라 신문고의 격고자나 징의 격쟁자들의 원정(原情: 호소)은 실제로 어떻게 처리해 주었는가? 『추관지』에 실려 있는 사례들 중에서 중요한 것들만 살펴보기로 하자.

사례 1(숙종 7년, 1681):
아비 원수를 죽이고 정배 갔던 어린아들은 특별 석방

[상복부(詳覆部)-복수(復讐)-부복(父復)] 함길도 북청(北青)의 어린아이 조문창(趙文昌)은 격쟁하고 다음과 같이 원정(原情)하였다. 그의 아비 준관(惟寬)이 김봉선(金奉先)의 고소로 원통하게 죽은 것에 원한을 품고 그(준관)의 아우 준맹(惟孟)과 더불어 봉선이를 살해하고 즉시 관가에 자수하였다. 특별히 감사(減死: 죄인이 사형에서 형벌을 감함)하여 정배(定配)하라는 명이 내려, 정배를 간 지 이미 15년이 되었다. 이제 그 조모의 나이가 80세가 넘어 아침, 저녁을 보존할 수 없는데 소결(疏決: 죄수를 너그럽게 처결하는 것)이 있다는 말을 듣고 격쟁한 것이다. 이에 임금이 판부(判付: 임금의 재가)에서 다음과 같이 말씀하셨다. "먼 시골의 어린아이가 아비를 위해 격쟁한 것은 또한 심히 불쌍한 일이나 특별히 풀어서 보내라."

사례 2(숙종 15년, 1689):
역리의 격쟁원정에 대한 여러 차례 조사 끝에 정배로 판부

[상복부-간음(姦淫)-음옥(淫獄)] 역리(驛吏: 역참에 딸린 이속) 김돌이(金乭伊)가 격쟁한 원정(原情)에서 그의 어미 영정(永正)이가 살옥(殺獄: 사람을 죽인 사건)에 억울하게 걸려 여러 해 수금(囚禁: 가두어 둠)되어 있다고 말하

였다. [이러한 원정에 대하여] 본조(本曹: 형조)의 계목(啓目: 임금에게 올리는 문서에 덧붙인 목록)에서는 다음과 같이 말하였다. “영정의 사촌 여동생 기현(己賢)은 그 남편 논선(論先)이와 함께 영정의 집에서 살았는데, 기현이 창병(瘡病: 매독)에 걸렸기 때문에 논선이는 다른 처(妻)를 얻어서 그의 누이동생 집에 가서 살았습니다. 작년 9월 15일 저녁에 논선이 영정의 집에 들어간 뒤에는 간 곳이 없어졌습니다. 그러나 그의 후처 차숙(箚淑)은 ‘영정이가 전에 논선이와 간통하다가 또 다른 사람과 간통함으로써 간통문제로 다투다가 살해했기 때문에 간 곳이 없어졌다’고 생각하여, 소장(訴狀)을 냄으로써 성옥(成獄: 살인 사건을 재판)된 것입니다. 그러나 논선이 영정의 집에 들어갈 때 이를 본 증인이 애초에 없고, 영정이 논선을 살해할 때 이를 본 증인도 없습니다. 또한 영정이 전에 논선과 간통하고 또 다른 사람과 간통했다는 점에 대해서도 여러 가지로 캐어 보았으나 역시 단서가 없습니다. 영정의 머슴 박승업(朴承業)을 세 차례나 엄형했으나 한결같이 원통하다고만 말하여 여러 해 동안 캐어 보았으나 아직 캐어 내지 못했습니다. 이는 막중한 의옥(疑獄: 범죄의 흔적이 뚜렷하지 않아 죄가 있고 없음을 결정하기 어려운 사건)이니, 그 아들 김돌이 원통함을 호소했다고 해서 그대로 처리하는 것은 불가한 듯합니다. 그러나 지금은 일단 그냥 두는 것이 어떻겠습니까?”

이러한 형조의 계목에 대하여 임금의 판부(判付: 결재)에서는 다음과 같이 말씀하셨다. “어미를 위하여 원통함을 호소한 말은 비록 믿을 수 없는 것이기는 하지만, 피차에 모두 증인[名證]이 없고, 또 단서도 없으니 이는 밝히기 어려운 옥사(獄事: 범죄에 관한 일)에 해당한다. 그러나 그냥 계속하여 [영정에게] 형벌을 가는 것은 ‘죄에 의심이 가면 가볍게 처리한다’(有難成獄, 特從惟輕之典)는 도리에 맞지 아니하는 듯하다. 그러니 대신(大臣)에게 의논하여 품처(稟處: 윗사람에게 아뢰고 명령을 받아 일을 처리함)하라.” 이에 오시수(吳始壽)가 우의정으로 있을 때 여러 대신과 논의하여 그 결과를 다음과 같이 임금에게 올렸다.

"논선이가 한 번 외출하더니 다시 돌아오지 아니하고 끝내 행방이 묘연하니, 그의 후처 차숙이는 '영정이 전에 논선과 간통하고서 또 다른 남자와 간통했으므로 간통문제로 다투다가 논선을 살해했다'고 생각했습니다. 그러나 영정이 전에 논선과 간통하고 또 다른 남자와 간통했다는 것은 모두 근거할 만한 형적이 없으니, 이것이 성옥시킬 수 없는 점입니다. 논선이 영정의 집에 들어가고 영정이 논선을 살해할 때도 또한 이를 본 증인이 없으니, 이것 또한 성옥시킬 수 없는 점입니다. 논선의 전처 기현은 영정과 같은 집에 사는 사촌 여동생입니다. 논선이 영정과 간통하고 기현을 내어 버렸는데, 영정에게 살해당했다면 기현은 영정에 대하여 의당 사촌 간의 연이 없어야 할 것인데도 도리어 영정을 위하여 말하고 있으니 이것이 [성옥하는 데] 의심스러운 것입니다. 영정의 사망한 남편의 동생은 또 영정이와 같은 집에서 살았습니다. 진실로 영정이 행실을 잘못한 점이 있다면, 인정상으로 헤아려 보건대, 그가 영정을 돌보아 줄 것이 없어야 할 터인데, 또한 이러한 일이 없다고 말하였으니 이 또한 성옥하는 데 의심스러운 것입니다. 차숙은 소장을 올린 뒤 도리어 옥사가 이루어지지 아니할까 두려워서 도피하고 나타나지 아니하니, 이 또한 성옥하는 데 의심스러운 것입니다. 논선이 간 곳이 묘연한 것은 정말 괴이한 일이지만 옥정(獄情: 범죄 사건을 다스릴 때 고려하는 일체의 사정)으로 말한다면 의심스러운 점이 이와 같으므로 성옥하기 어려울 듯합니다. 열은 소견인지라 자신은 없으나, 상재(上裁)하여 주십시오."

이와 같은 우의정 오시수의 회계(回啓: 임금의 물음에 대하여 신하들이 심의하여 대답함)에 대하여 임금은 다음과 같이 말씀했다. "이 격쟁과 회계의 내용을 모두 근거할 확증이 없고 또 이를 의심할 단서도 없으니 성옥시키기 어렵다. 그러하니 특별히 유경(惟輕)의 규정[26]을 시행하여 연한을 정하지 아니하고 [영정을] 정배하라."

사례 3(영조 40년, 1764): 아비를 위해 격쟁한 어린 딸은 포상하고 난장을 금지[26]

[고율부-속조-보인(寶印)] 서울에 사는 박만춘(朴萬春)과 김현중(金賢中)이 어보(御寶: 임금의 도장)를 위조하여 홍패(紅牌: 과거시험 최종 합격자에게 준 증서)를 만들어 잠매(潛賣: 몰래 팔음)하다가 포청(捕廳: 포도청의 준말)으로부터 본조(本曹: 여기서는 형조를 말함)에 이송되어 왔다. 그러나 이들은 서로 미루어 핑계하면서 승복하지 않았으며, 계사년(癸巳年: 영조 49년, 서기 1773) 5월에 만춘의 14세 된 딸 순애(順愛)가 격쟁상언(上言)하여 이렇게 말하였다. "저의 아비는 매매하는 일만 지시하였을 뿐인데 현중이 거짓말로 속여 끌어들임으로 인하여 포청이 추문하고 아비를 잡아갔습니다. 또 저의 조부도 잡아갔습니다. 그리하여 조부를 주뢰(周牢: 죄인을 심문할 때 두 다리를 한데 묶고 다리 사이에 두 개의 긴 막대기를 끼워 비틀던 형벌)하기에 이르렀습니다. 그러므로 저의 아비가 부득이 무복(誣服: 거짓 자백)하였습니다."라고 하였다.

이러한 격쟁상언을 조사해서 보고하라는 임금의 명령을 받은 본조(형조) 판서 구윤명(具允明)은 회계(回啓: 조사보고서)에서 원정을 받아들이지 말라고 하였다. 그러자 같은 해 8월 만춘의 딸[순애]이 또 상언하였다. 그러자 임금이 전교를 내려 이렇게 말하였다. "이제 순애의 상언을 들으니 진위(眞僞) 물론하고 슬프다. 주뢰하는 것이 얼마나 혹독한 형벌인가. 그것을 그의 아비에게 시행하여 협박으로 초사(招辭: 범죄 사실에 대하여 자세한 진술)를 받고자 했으니 이와 같은 일이 내 마음에 항상 민망하다. 그러므로 일찍이 이미 하교(下敎)한 일이 있다. 해조(該曹: 형조)로

26 '죄에 의심이 가면 가볍게 처리한다'(有難成獄, 特從惟輕之典)는 규정을 말한다.

하여금 포교(捕校: 포도청 장교)를 엄중 심문케 하라."

이러한 임금의 하교를 받은 형조에서는 포교 이기(李基), 포리(捕吏) 염흥보(廉興保)를 추문(推問)하고 또 율관(律官) 이언춘(李彦春)으로 하여금 간심(看審: 자세하게 보아 살핌)하게 하니 위엄을 보인 흔적이 있었다. 그러므로 이것으로써 복계(覆啓: 임금에게 명을 받아 처리하고 보고)하였더니 임금이 판부에서 이렇게 말하였다. "주뢰와 결곤(決棍: 곤장으로 죄인을 치는 형벌)을, 어느 것을 먼저하고 어느 것을 나중에 하였다는 것을 막론하고 시행한 것은 한 가지이다. 그의 아들이 비록 옥중에 있을지라도 그 아비의 비명을 들으면 어찌 거짓말로라도 승복하지 않겠는가. 박만춘을 특히 참작하여 석방하라. 순애는 14세의 아이로서 능히 이런 일을 하였으니 해청(諧廳: 여기서는 포도청을 말함)으로 하여금 미포(米布: 쌀과 피륙)를 주게 하라. 아아, 몇백 년 동안 사용하던 난장(亂杖: 매를 마구 때리는 것)을 내가 능히 제거하였다. 그런데 주뢰를 트는 형벌도 그 또한 혹독한 것이다. 그것으로 시위(示威: 위력이나 기세를 드러내 보임)한 것이 이제까지 오히려 그 흔적이 있으니 만약 시행한다면 어찌 다만 그 흔적뿐이겠는가. 옛날 중국 한(漢)나라의 제영(緹縈)은 말하지 않았던가. '사형을 당한 자는 그 생명이 다시 이어질 수 없다.'라고. 아아, 항양(桁楊: 형구 즉 차꼬) 아래에서 무엇을 요구한들 얻지 못하는 것이 있겠는가. 포청의 군관(軍官) 무리가 금(金)과 옥(玉)을 바란다면 무고(無辜)한 자라도 한번 들어가기만 하면 어찌 죄명을 면할 수 있겠는가. 저들 무리가 그 비록 금과 옥을 얻을지라도 또한 어찌 음덕이 있겠는가. 비록 그러하나 포청은 오히려 좋다고 말할 수 있을 것이다. 나이 젊은 영장(營將: 영의 책임자)이 항상 나의 마음을 고민하게 만든다. 어제 윤광정(尹光鼎)의 일을 들으니 이미 증험(證驗)이 드러난다. 아아, 이번의 하교(下敎)에도 만약 마음이 감동되지 않는다면 그 어찌 곤수(閫帥: 장수)에 이르겠는가. 이것으로써 각 도에 신칙(申飭: 단단히 타일러서 경계)하라."

사례 4(정조 3년, 1779):
아비 위해 격고한 16세 김조이 아비를 감사정배

[상복부-심리(審理)-옥안(獄案)] 충청도 청양(靑陽)의 처녀 김(金)조이는 나이 16세인데, 그 아비 김이호(金以灝)를 위해 격고(擊鼓: 신문고를 침)하여 억울함을 호소하였으므로 본도[충청도]에서 조사토록 하였다. 충청도관찰사 이명식(李命植)은 사계(查啓: 조사보고서)에서 다음과 같이 말하였다.

"이영춘(李春永)의 사망은 상흔이 낭자하고 증거가 구비되었으니, 이호가 때리고 차서 치명(致命: 치사)시킨 것에 아무런 의혹도 없습니다. 그런데 삼가 속대전(續大典)[27]을 살펴보면, '그 아비가 타인에게 구타당하여 중상이라서 그 아들이 그를 구타하여 치사케 한 경우는 감사정배(減死定配: 죄를 사형에서 감하여 귀양 보냄)한다.'라는 조항[28]이 있습니다. 그러니 이호를 상명(償命: 살인죄로 죽임)시키느냐, 사죄(死罪: 죽을 죄)를 용서하느냐 하는 것은 그 아비 상덕이 중상(重傷)이냐 아니냐 하는 점에 있습니다. 그런데 상덕은 피가 흐르고 옷이 찢어지기는 했으나 별다른 상처가 없으니 중상으로써 논할 수 없습니다. 이호를 사죄(死罪)로 처리함에는 아무런 의혹도 없습니다. 다만 김조이는 나이 어린 처녀인데 피를 내어 혈서(血書)를 써서 본현(本縣: 청양현)에 두 차례 바치고 또 신영(臣營: 신의 감영, 즉 충청감영)에도 세 차례나 바쳤는데 그 내용이 매우 애처롭고 그 정상이 극히 가련하여 사람의 마음을 감동시키는 것이었습니다. 작년에 심리(審理)할 때 여러 관원은 '사건이 아비를 위한 것'에 관계되는 것이니 참서(參恕: 정상을 참작하여 용서)함이 마땅하다는 의견들

27 영조 20년(1744) 11월 완성하여 영조 22년(1746)에 인쇄, 반포한 법전(6권 4책, 목판본)이다. 『경국대전』의 편찬 이후 최초로 개정된 정식 법전으로 그 후 나온 『대전통편』·『대전회통』과 함께 조선의 4대 법전의 하나이다.

28 이 조항은 『속대전』뿐 아니라, 『대전통편』·『대전회통』의 형전(刑典) 중 살옥(殺獄) 조항에도 나온다.

이었습니다. 그러나 신(臣)의 뜻은 그 정상을 헤아려 죄를 용서하는 것은 상감님의 특별한 은혜이지 아랫사람이 감히 앙청(仰請)할 수 있는 것이 아니라는 것이었습니다. 감히 부생(傅生)의 법을 적용치 못하였던 것은 이 때문이었습니다. 청컨대 당해 조[형조]에서 품처(稟處: 임금께 아뢰고 명령을 받아 처리함)케 하십시오."

[이러한 충청도관찰사 이명식의 사계를 보시고] 임금님이 형조(刑曹)의 회계(回啓: 임금의 물음에 대한 답서)를 기다리지 아니하시고 직접 내리신 판부(判付)에서는 다음과 같이 말씀하셨다. "일찍이 청양의 어린 소년 김조이가 격고하여 올린 초사를 들었더니 말이 극히 애처롭고 정상이 심히 측은하다. 그 전후의 문안(文案)을 살펴보니, 김조이가 원통함을 호소한 것은 인정으로 보아 당연한 일이었다. 법률에 '그 아비가 얻어맞아 중상이라서 그 아들이 그 사람을 구타하여 치사케 한 경우에는 감사정배(減死定配)한다.'라는 규정이 있다. 이호의 아비는 나이 80세에 가까우니 타인에게 구타당하여 피가 옷에 묻었고, 목에 천식이 있었다면 이것이 이른바 중상이 아니겠는가! 사람의 자식된 도리로서 분김에 마구 때리는 것도 이상한 일이 아니다. 속전(續典)에는 감경(減輕: 줄여서 가볍게 함)하라는 조항은 없지만 이러한 옥사에 대해서는 의당 참작(參酌)하는 길이 있어야 할 것이다. 김조이는 아비가 비명(非命)에 죽을 것을 염려하여 손가락을 끊어 혈서한 것이 5, 6차례나 된다니 이 점 특히 감동시키는 일이다. 김이호는 감사정배(減死定配)하라."

사례 5(정조 5년, 1781): 이천봉이 노한걸을 치사케 한 것에는 정배로 판부

[상복부-심리-옥안] [중보] 서울 사람 이천봉(李千奉)이 노한걸(盧漢傑)을 걷어차고 짓밟아 치사케 하였다. 천봉의 처(妻) 박(朴)조이가 격쟁하였으므로 본도(本道: 여기서는 경기도를 말함)에서 조사케 하였다. [경기도]관

찰사 이형규(李亨逵)의 사계(查啓: 임금께 올리는 조사 결과 보고)로 본조(형조) 판서 김노진(金魯鎭)의 회계(回啓: 임금의 물음에 대하여 신하들이 심의하여 대답)에서 다음과 같이 말했다. "천봉의 처 박조이가 격쟁한 것은, '한결이가 그 남편을 추격하다가 뼈가 어그러져 치사된 것이지, 천봉이 치사케 한 것은 아니었다.'라는 이유에서였다." 이 옥안(獄案: 재판에서 조사한 사실을 적은 문서)에 대하여 임금이 판부(判付)에서 다음과 같이 말했다. "천봉의 처 박조이의 말에도 일리가 있으니, 천봉이를 죽이지 말고 감사(減死: 사형에서 형벌을 감함)하여 정배(定配)하라."

사례 6(정조 5년, 1781):
살인 관계 격쟁원정을 정조가 수차례나 조사 후 판하

[상복부-심리-옥안] 예천(醴泉)의 정약필(丁若弼)은 그 족숙(族叔: 집안의 아저씨뻘 되는 남자) 정재범(丁載範)을 구타·살해한 것으로 옥에 갇혀 신문을 받았다. 그(정약필)의 처 이(李)조이가 격쟁하여 올린 원정(原情: 호소)에서 다음과 같이 말했다. "제 남편의 9촌 숙(叔: 아저씨)인 재범은 우연히 광질(狂疾: 정신병)을 얻었습니다. 그가 술에 취해 시어미의 빈막(殯幕: 빈소 천막)에 들어와서 혼백상자(魂箱)를 찢어 버리고 시구(屍柩: 시신이 들어 있는 관)를 범타(犯打: 함부로 때림)했고 제 남편을 난타했습니다. 또 시족(媤族: 시댁의 족속)인 재대(載大)의 집에 들어가서 도끼를 가지고 기둥을 찍었습니다. 그리고 돌아서서 저의 종[奴]인 인득(仁得)의 집으로 가서 망치로 솟을 때려 부수고 그 험발(驗發: 사람 이름)을 구타했습니다. 인득은 그 아비가 얻어맞는 것을 보고 재범이를 묶어 놓고 때린 뒤 재대에게 달려가서 알렸습니다. 그랬더니 재대는 그 비부(婢夫: 여종의 남편) 앙금(鴦金)을 시켜 [재범을] 다시 묶어 놓고 구타하였습니다. 재범이가 숨이 막혀 사망하자 재대는 시체를 싸서 은밀히 파묻었습니다. 그런데 인득은 제 남편이 결박한 양으로 무함하고 책임을 전가시켜습니다. 옥

석(玉石)을 분간해 주십시오."

[정약필의 처로부터 이러한 격쟁원정을 들은 임금은] 본도(本道: 정약필 처의 거주지역인 경상도)에서 조사토록 했다. 그러자 [이 사건을 조사한] 경상감사가 갑진년(甲辰年: 정조 8년, 서기 1784년)에 올린 도계(道啓: 각 도의 감사가 임금에게 보고하는 글)에서는 다음과 같이 말하였다. "서로 때리고 결박한 자도 약필이고, 상(喪)을 비밀로 하고 시체를 숨긴 자도 약필이니, 이 옥사(獄事: 반역이나 살인 따위의 중대한 범죄 사건)의 정범(正犯)은 약필일 뿐입니다. 정대재는 처음에는 못 본 척 구해 주지 않았고, 끝에 가서 또 발고(發告: 고발)하는 자를 못하게 말렸으나, 사람의 도리가 하나도 없는 것입니다. 종 인득은 위세를 빌려 잔학한 것을 도와 자기의 분을 풀었으며, 또 스스로 빠지기 위하여 그 주인에게 전적으로 책임을 전가시킨 것은 또한 명분(名分)에 관계되는 것입니다. 정재대와 인득에게는 모두 당률(當律: 해당 법조항)을 시행할 것입니다."

이와 같은 경상감사의 도계에 대하여 임금은 다음과 같이 말씀하셨다. "중앙과 지방의 살옥(殺獄: 사람을 죽인 사건에 대한 처리)

[이에] 형조의 회계(回啓: 임금의 물음에 대하여 신하들이 심의하여 대답함)에서는 "앞서의 도계(道啓)와 같습니다."라고 하였다. 그러자 임금이 판부(判付)에서 "신임 판서(判書: 각 조의 으뜸벼슬, 오늘날의 장관에 해당)는 참판(參判: 오늘날의 차관에 해당), 참의(參議: 오늘날의 국장에 해당)와 함께 다시 상고(詳考: 자세하게 검토함)하여 의견을 내서 품처하라."라고 하였다. 그러자 이러한 임금의 명령에 따라 형조에서는 다시 조사해서 다음과 같이 회계하였다. … 그러자 임금은 또 말하기를 "이 사건은 윤상(倫常)에 관계되는 것이니, 함부로 작결(酌決: 짐작해서 결정)할 수 없다. 경(卿)들은 당시의 [경상도]관찰사와 함께 충분히 상의하여 초기(草記: 사실만 간단히 적어 임금에게 올림)하라."라고 하였다. 그러자 형조에서 다시 초기를 올렸다. … 그리하자 임금이 또다시 전교하기를 "'정상을 참작해야 한다'는 의견이 나왔고, 또 '법을 준수할 것'이라는 주장도 나왔는데, 하나로 판결하기 어려운 바가 있으니, 낭관(郎官: 각 관아의 당하관을 통틀어 이르는 말)을 보내어 대신(大臣)들의 의견을 거두어 들여라."라고 하였다. 이러한 임금의 전교에 따라 영의정과 우의정의 의견을 물어 임금에게 아뢰었다. 그러나 이들의 의견이 서로 다르자, 의견을 통일하여 다시 품처하라고 임금이 말하였다. 이런 식으로 여러 차례 또다시 조사해서 보고하라고 임금이 명령을 내렸고, 또 조사해서 보고토록 하다가 마침내 경술년(庚戌年: 정조 14년, 서기 1790년)에 임금이 별유(別諭: 임금이 특별히 내리는 지시나 분부)로서 다음과 같이 말하였는데, 그 내용을 소개하면 다음과 같다.

"내가 이 옥사에서 재조사를 하고는 또 의견을 거두었으며, 의견을 거두고는 또 재조사하였으며, 이렇게 세 번, 네 번씩 하면서도 번거롭게 여기지 아니하였지만 끝내 의문이 풀리지 아니하였는데, 그것은 약필과 인득 중에서 누가 수범(주범)이고 누가 수종(隨從: 종범)이냐 하는 것에 대한 의문이 아니라, 재대와 약필 중에서 누가 원범(元犯: 실제로 범죄 행위를 저지른 사람)이냐 하는 것에 대한 의문이다. 재대의 사건이 모두 밝혀졌고, 약필의 정상이 처음으로 펼쳐졌다. 그러나 인득에 대하여 격식을 갖추어 결안(結案: 최종 판결)한 것은 다만 그가 자수(自首)한 것 때문에 잠깐 옥체(獄體)의 중함을 보여 준 것뿐이다. 어찌 정말 그(인득)를 바꿀 수 없는 원범이라고 억지로 정하겠는가! 재대가 원범이 아니라면 진실로 약필은 살릴 길이 없다. 원범이 재대에게 돌아간 이상, 약필을 작방(酌放: 석방을 결정)한 것은 이미 실형(失刑)이 아니다. 더구나 재대에 대해서나 약필에 대해서나 모두 수종에 지나지 아니하는 인득에게 있어서야 더 말할 것 없다. 설사 인득이 직접 먼저 범행했다고 하더라도 하나는 주인을 위해서였고, 하나는 아비를 위해서였다. 주인을 위하고 아비를 위하는 마음에, 어찌 차마 그가 미친 듯 주사를 부리며 때려서 상처 나게 하면서 못할 것이 없는 것을 그대로 내버려 두고 수수방관하겠느냐! 법률에 '그 아비가 남에게 구타당하여 상처가 중한데 그 아들이 그 사람을 구타하여 치사한 경우는 특별히 용서한다.'라는 규정이 있으니, 이것이 어찌 근거로 삼을 수 있는 증좌(證佐: 참고가 될 만한 증거)가 아니겠는가! 이렇든 저렇든 부생(傅生)으로 처리한다는 데에 결단코 의문이 없다. 인득은 특별히 방송(放送: 석방)하라."

사례 7(정조 7년, 1783):
남을 구타·치사케 하고 격쟁 자수한 자를 엄형방송

[상복부-심리-옥안] [중보] 대구(大丘: 현재의 大邱)의 서응복(徐應復)은 최윤덕(崔允德)을 구타하여 이튿날 치사케 하였다. 그(서응복)의 아들 형조(亨曹)가 격쟁해서 다음과 같이 원정했다. "저의 아비 응복이 윤덕이에게 얻어맞기에 저의 숙부 응해(應海)와 제가 윤덕이와 붙잡고 서로 싸웠는데 윤덕이는 수년 동안 학질(瘧疾: 말라리아)을 앓던 사람이라 이튿날 사망하였습니다." [이에 임금이 경상도]관찰사로 하여금 사계(査啓: 조사

해서 그 결과를 임금께 아룀)토록 하였다. [이를 본 임금은 최종] 판부(判付)에서 다음과 같이 말씀하셨다. "관찰사로 하여금 응복을 차차(次次), 3차(次)에 준(準)하여 엄형(嚴刑: 엄하게 형벌함)하고서 방송(放送: 석방)하되, 이내 본 고을(대구)의 노안(奴案: 종들의 이름을 적어 놓은 책)에 귀속시키도록 하고, [그의 숙부] 응해는 잡아 와서 3차 엄형하도록 하라."

사례 8(정조 7년, 1783):
현감이 자기 아비를 장형 뒤 바늘로 찔렀다는 호소에 대한 판부

[고율부-속조-범분(犯分)] [중보] 강진(康津)의 윤도일(尹道一)이 산송(山訟: 묘지에 관한 송사) 일로 격쟁원정(擊錚原情)한 가운데 이런 말이 있었다. "본관(本官: 자기 고을 원을 이름)이 저의 아비 흥호(興毫)의 지주(指嗾: 달래고 꾀어 부림)라고 말하고 큰 바늘로 찌르고 돌로 입을 충격(衝擊)하였습니다." [이에 대하여] 본도(本道: 여기서는 전라도를 말함)의 사계(查啓: 조사한 결과를 임금께 아룀)에 대한 임금의 판부(判付: 임금의 재가)에서 이렇게 말하였다. "그 현감(縣監)의 일을 남형(濫刑: 법에 따르지 않고 함부로 형벌을 가함)으로 논할 수는 없다. 그러나 장형(杖刑: 곤장으로 볼기를 때리는 형벌)을 받은 볼기짝을 바늘로 찌른 것은 무슨 해괴한 처사인가. 비록 장독(杖毒: 매를 심하게 맞아 생긴 상처의 독)을 풀어 주기 위한 것이라고 말하나, 제가 의원(醫員)이 아니며, 또한 그의 족친(族親)도 아니니 반드시 이러한 불긴(不緊)한 일을 하여서 원통함을 호소하는 단서를 만들 필요가 없을 것이다. 강진현감 민승철(閔承喆)을 의금부(義禁府)로 하여금 품처(稟處: 윗사람에게 아뢰고 명령을 받아 일을 처리함)토록 하라."

사례 9(정조 7년, 1783):
아비 원수라고 수령을 해친 형은 효수하고 격쟁한 동생은 석방

[고율부-속조-보인(寶印)] [중보] 해주(海州)의 판관(判官: 종5품 외관직 벼

슬) 유한경(兪漢景)이 포흠(逋欠: 관물을 사사로 소비)을 분징(分徵: 여러 사람에게 나누어 거두어들임)하는 일로 향소(鄕所: 지방 군·현의 수령을 보좌하던 자문기관)의 이광성(李光成)을 태치(笞治: 곤장으로 다스림)하여 그로 인해 스스로 목을 매어 죽는 결과를 가져오게 하였다. 그(이광성)의 아들 이철(李喆)이 원수를 갚는다고 일컫고 칼을 빼어 들고 돌연히 뛰어 들어가 곧바로 관장(官長: 관가의 우두머리인 고을 원을 높여 이른 말)을 침범하였다. 그리고 그[이철]의 아우 육(堉)은 격쟁하니 [임금이] 본도(本道: 황해도)로 하여금 사계(査啓)토록 하였다.

[황해도의 사계를 본 임금은] 전교(傳敎)를 내려 이렇게 말하였다. "해변(海邊) 고을의 풍속이 비록 추악하고 사납다고는 하나, 지방민이 관장(官長)을 능범(凌犯: 무리하게 침범)하는 것이 이와 같이 어려워함이 없단 말인가. 비방하고 모욕하는 것이 부족하여 칼을 뽑아 찌르려고 하기에 이르렀으니 크게 풍속과 교화(敎化)에 관계되는 것으로서 어찌 놀라지 않을 수 있겠는가. 이런 것을 한 가락의 터럭만큼이라도 헐(歇: 쉽게)하게 다스린다면 그 유폐(流弊: 퍼지는 나쁜 풍속)가 어떤 지경에 이를지 알 수 없다. … 이 사계를 형조에 내려 주어 판당(判堂: 판서의 별칭)으로 하여금 대신(大臣)에게 취의(聚議: 모여서 의논함)하여 등대품처(登對稟處: 대궐로 임금을 직접 뵙고 명령을 받아 일을 처리)하게 하라." [그 결과 이철은 목을 베어 고을의 거리에 효수하고, 격쟁을 한 이육은 공모한 흔적이 없으므로 석방하였다.]

사례 10(정조 7년, 1783): 사람을 죽이고 변명하기 위해 격쟁한 자는 형문

[상복부-심리-옥안] [중보] 금성(金城: 강원도 김화 지역의 옛 지명)의 김만태(金萬泰)는 강찬석(姜贊石)을 구타하여 6일째 날에 치사케 하였는데, 실인(實因: 살해된 사람의 죽은 원인)은 '피타'(被打: 얻어맞음)로 되어 있다. 이에 앞서 그[만태]의 형 만찬(萬贊)이 격쟁한 원정(原情: 호소)에서는 다음과

같이 말하였다. "강찬석이가 술에 잔뜩 취해서 저의 늙은 아비 준방(俊芳)을 침책(侵責: 트집을 잡아 술이나 돈을 요구)하였는데, 동네 사람 및 찬석의 처(妻)가 손을 끌어 잡아 집으로 데려갔습니다. 조금 뒤에 찬석이 다시 좇아왔으므로 저의 동생 만태가 대문을 걸어 닫고 열어 주지 아니했더니 찬석이는 혼자 왔다 갔다 하다가 스스로 엎어졌습니다. 넘어질 때 돌모서리에 부딪친 것을 남녀노소 참견(參見: 참가하여 봄)하지 아니한 자가 없습니다. 저의 아비의 경계(驚悸: 걸핏하면 잘 놀라고 가슴이 두근거림) 증세가 이로 인하여 위독하게 되었습니다. 그런데 찬석이는 땔나무 짐을 지고 조를 타락하다가 저의 아비의 병이 중하다는 말을 듣고 겁이 나서 스스로 죽었습니다. 장차(將差: 고을의 원이나 감사가 심부름으로 보내는 사람)가 저의 아비를 잡아내라 하자 평소부터 효행이 있던 만태가 스스로 구타했다고 말하며 대신 수금되어 형문(刑問: 고문)을 받은 것입니다."

[이와 같은 격쟁원정을 받는 임금은 강원도에 이 사건을 조사해서 보고토록 했다.] 그러자 본도(강원도) 회계(回啓: 조사보고서)에서 다음과 같이 말했다. "만태가 혹시 그의 아비에게 죄가 돌아갈까 염려하여 대신 나서서 자복(自服)한 것은 용서할 수 있는 점이 될 것입니다." [이런 보고를 받은] 임금은 판부(判付)에서 다음과 같이 말씀하셨다. "이 옥사의 원범(原犯: 실제로 범죄 행위를 저지른 사람)은 요컨대 준방과 만태 2인에서 벗어나지 아니한다. … '집안 사람이 공범(共犯)했으면 다만 가장(家長)만 처벌한다.'라고 했다. 그러나 실인(實因)과 사증(詞證: 소송의 당사자가 신청한 증거)이 모두 십분 명확한 것이 아니니, '늙은이와 어린이는 애긍(哀矜: 애처롭고 가엾게 여김)을 받는다.'라는 규정은 바로 이 옥사를 위해 준비한 것이다. 준방과 만태 등은 수·종(首·從: 주범과 종범)으로 나누어 작결(酌決)한 뒤에 즉시 장문(杖問: 곤장을 치며 신문함)하라."

사례 11(정조 8년, 1784):
종이 주인의 포창을 호소하자 도에 품처토록 지시

[고율부-정제-격쟁상언] [중보] 당진(唐津)의 사노(私奴: 개인의 종) 노산(路產)이 격쟁하고, 이르기를 "상전(上典) 송(宋)씨의 탁월한 절개와 높은 행실은 고금(古今)에 멀리 뛰어나니 해당 조(曹)로 하여금 급히 정문(旌門: 충신·효자·열녀 등을 표창하기 위해 그가 사는 집 앞이나 마을 입구에 세우던 붉은 문)을 세워 포창(褒彰: 공로나 선행 따위를 칭찬하여 내세움)하게 하여 주기를 원정(原情: 호소)하였다. 그러자 형조(刑曹)에서 초기(草記: 어떤 사항을 사실만 간단히 적어 임금에게 올리는 것)하기를, "일이 은전(恩典: 나라에서 은혜를 베풀어 내리던 특혜)을 간구(干求: 바라고 구함)하는 것에 속하고 행동이 외람됨에 이르렀으니 원정을 청리(聽理: 접수해서 처리)하지 않는 것이 어떻겠습니까." 하였다. [이에] 임금이 전교하기를, "경(卿) 등은 법문(法文: 법령을 적은 문장)을 보지 않는가. 자손이나 노복(奴僕: 사내종)이 조상이나 상전의 행의(行義: 의로운 일)를 상언 호소하는 것은 스스로 분내(分內: 자기 분수에 맞는 한도의 안)의 일로서, 원래 은전을 간구하는 예(例)에 속하지 않는 것이다. 대체로 어버이를 위하여 간절히 비는 것은 모름지기 자손·노복이 해야 한다. 그러한 뒤라야 그 정이 절실하고 지극하기 때문이다. 법에 금지하는 조문이 없다. 타인(他人)이 타인의 행위를 위하여 상언한 것에 이르러는 다만 일이 사건사(四件事) 이외에 속할 뿐 아니라 또 은전을 간구하는 죄과에 속한다. 그렇기 때문에 전날 거둥 때에 여러 도(道)의 유사(儒士: 유생)들이 타인을 위하여 상언한 것은 공의(公議: 공평한 도리)인가 아닌가를 물론하고 모두 청리하지 않은 것은 이 때문이다. 본 사건을 해당 도(道)에 내려 주고 따로 탐찰(探察: 감추어져 있는 것을 샅샅이 찾아 살핌)하며 아울러 온 향중(鄕中: 고을 안)의 공론(公論)도 채집한 뒤에 해당 조로 하여금 품처(稟處: 윗사람에게 아뢰고 명령을 받아 일을 처리함)하게 하는 것이 좋겠다."

사례 12(정조 8년, 1784): 매흉으로 성옥된 여자 아들의 격쟁에 대한 판부

[상복부-심리-옥안] [중보] 개성부(開城府) 한명주(韓命柱)의 첩(妾) 복덕(福德)은 매흉(埋兇)[29]의 일로 해서 을미년(乙未年: 영조 51년, 서기 1775년)에 성옥(成獄: 살인 사건을 재판)되었다. 무술년(戊戌年: 정조 2년, 서기 1778년)에 복덕의 아들 효신(孝信)의 격쟁으로 인하여 회계(回啓: 임금의 물음에 대하여 신하들이 심의하여 대답)를 하였고, 다시 조사하게 되었다. 또 같은 해 의계(議啓)하였다. 임금의 판부(判付)에서는 다음과 같이 말씀하셨다. … "이 사건에 연유된 자들 중에서 이미 사망한 자는 제외하고서, 모두 1차 엄형하여 징계한 뒤 방송하라는 뜻으로 본부(本府: 개성부) 유수(留守)에게 분부하라."

사례 13(정조 8년, 1784): 맹춘 모녀의 모함에 대한 성성일의 격쟁에 대한 처리

[상복부-간음-음옥] 대구(大丘: 大邱)의 성성일(成聖一)이 격쟁한 원정(原情)에서 다음과 같이 말했다. "도망한 계집종 맹춘(孟春)이 자현(自現: 자수)한 뒤, [고백하기를] 김세정(金世貞) 등이 맹춘 모녀에게, '성성일 부자가 맹춘과 간통하려고 다투었다는 말을 네가 지어내면 저들은 이 고장에서 살지 못할 터이니, 맹춘은 값을 치르지 않고서도 저절로 양인(良人: 양반과 천민 사이의 중간 계층)이 될 것이다.'라고 사주하였습니다. 그래서 맹춘 모녀는 그대로 하였으니, 길거리에서 말을 퍼뜨리고서는 도리어 스스로 목을 매어 죽었는데, 김세정 무리는 저의 아비가 차고 때렸다고 관가에 고하여 성옥되었습니다." 이러한 격쟁원정에 대하여 임금

---

29 타인이 사망하거나 질병이 걸리도록 저주(咀呪)하는 것으로, 시체의 일부 따위 등 흉한 물건을 일정한 곳에 파묻는 일. 염매(魘魅)의 하나.

은 본도(경상도)에 조사하여 보고하게 하였다. 그 결과, 본도에서 사계(査啓: 조사 결과를 보고)하고 또 형조(刑曹)에서 회계하자 임금은 판부(判付)에서 다음과 같이 말씀하셨다. "사건이 더럽고 형적이 애매하다. 성성일의 아비 성태욱(成泰旭)은 감사(減死: 사형에서 형벌을 감함)하여 정배(定配: 귀양 보냄)하라."

사례 14(정조 6년, 1782):
사굴로관자(私掘露棺者) 아들의 상언은 들어주지 않다

[고율부-속조-산송]　안동(安東) 이성웅(李聖雄)의 상언(上言)에서 이렇게 말하였다. "저의 아버지 중창(重昌)이 사굴로관죄(私掘露棺罪)[30]로 [강원도] 홍천(洪川)에 정배되었습니다. 특히 석방하여 주십시오." 이에 관한 형조의 회계(回啓)에서는 "사굴죄인(私掘罪人)은 10년을 기한으로 하여 석방하지 말라고 한 것이 이미 선조(先朝: 윗대 임금)의 수교(受敎: 임금이 내린 명령)가 있으니 그대로 내버려두는 것이 어떻겠습니까." 하였다. 그러자 임금의 판부에서 "그렇게 하라."라고 했다.

사례 15(정조 9년, 1785):
최홍대가 산송 관련 상언에서 고소한 이방철은 정배

[고율부-속조-산송]　충청감사 이득신(李得臣)은 사계(査啓: 조사 결과를 임금께 보고)에서 이렇게 말하였다. "결성(結城: 충청남도 홍성 지역의 옛 지명)의 최홍대(崔興大)가 상언한 산송(山訟: 묘지에 관한 소송) 사건에서 홍대의 투장(偸葬: 남의 산이나 묏자리에 몰래 장사 지냄)은 이미 패소로 돌아갔으며, 이

30　다른 사람의 묘를 몰래 파헤치는 것에 대한 처벌 죄. 이는 『대명률』의 규정에 따라 처벌했는데, 봉분을 훼손하는 데 머물고 관곽(棺槨)까지 미치지 않았다면 장(杖) 1백 대, 도(徒) 3년의 도형(徒刑)에 처했다. 그러나 봉분을 훼손하여 관곽이 드러난 경우에는 장 1백 대, 유 3천 리의 유배형을 적용했다.

방철(李邦喆)이 관(棺)을 파상(破傷: 파괴하여 상하게 함)한 죄는 이미 형추(刑推: 고문하며 신문함)하여 정배를 보냈습니다. 그런데 최가(崔哥)가 논쟁을 그치지 않는 것은 한편으로는 관청에 정소(呈訴: 소장을 관청에 냄)하여 빈소(殯所)를 내고, 또 한편으로는 말을 골라서 후욕(詬辱: 꾸짖어 욕함)하려는 것입니다. 그 말뜻이 해괴하고 패려(悖戾: 도리에 어그러지고 사나움)하여 징계함이 없을 수 없습니다." [임금이 이 사건을 형조에서 다시 조사토록 하자] 형조의 회계(回啓: 임금의 물음에 대답함)를 본 임금은 판부에는 이렇게 말하였다. "이방철이 삽[鍤]으로 썩은 관을 깨뜨리는 것은 시체를 드러나게 한 것과 다름이 없으며 가곡(歌曲)을 지어 퍼뜨린 것은 벌장(伐葬)보다 심하다. 하수(下手)한 일은 지극히 참혹·악독하고 그 마음 쓰는 것은 지극히 교묘하고 악랄하다. 제가 요행으로 당률(當律: 어떤 범죄에 해당하는 형률)을 모면한 것은 이미 지나치게 관대하게 처결한 잘못이 있다. 이 일이 임금에게 알려진 이상 이미 형배(刑配: 죄인에게 태형을 가한 뒤 귀양 보냄)를 했다고 하여 하문(不問: 어떤 내용을 윗사람이 아랫사람에게 물음)에 붙일 수는 없다. 방철을 한 차례 엄형하여 연한을 제한하지 말고 먼 곳에 정배하여 토호(土豪: 지방의 호족)의 무단(武斷: 위력으로 강제하고 압박)하는 버릇을 징계하라."

사례 16(정조 9년, 1785):
투장자를 처벌해 달라는 격쟁원정에 투장자들을 처벌

[고율부-속조-산송] 양성(陽城: 경기도 안성 지역의 옛 이름)의 서순복(徐順福)이 격쟁원정에서 이렇게 말하였다. "저희들 50여 호의 백성들은 대대로 본현(本縣) 지동면(紙洞面)에 살고 있습니다. 작년 10월에 양지(陽智)에 사는 이대준(李大俊)이 저희들이 살고 있는 가대(家垈: 집과 그에 딸린 논밭, 살림 등을 통틀어 이르는 말) 안에 자기 아버지를 투장(偸葬: 남의 산이나 묏자리에 몰래 장사 지냄)하였습니다. 그러므로 본관(本官)에 정소(呈訴: 고소

장을 관청에 냄)하여 이가(李哥)를 잡아 가두니 묘를 파서 옮긴다는 다짐을 한 뒤에 손수 자기 스스로 파헤치고는 백성들에게 죄를 돌려세워 기영(畿營: 경기감영)에 제소하였습니다. 그러자 기영에서 저희 형 광적(廣赤)과 촌민(村民) 2인을 엄수(嚴囚: 달아나지 못하도록 엄중하게 가둠)하여 형을 받고 있습니다. 특히 분간(分揀: 사물의 옳고 그름이나 그 정체를 가려냄)하여 주십시오."

[이런 사건을 조사해서 보고토록 임금이 경기도에게 명령하자 조사보고서를 올렸는데] 그 조사보고서, 즉 사계(查啓)에 대하여 임금은 판부(判付)에서 이렇게 말하였다. "설령 과연 이대준이 스스로 묘를 판 것이 아니고, 분명 손상진(孫尙震) 등이 사굴(私掘: 남의 무덤을 허락도 받지 않고 사사로이 파냄)하였다고 하더라도 피격(被擊)한 상진 등 3인 중에 1인은 이미 옥중에서 먼저 병들어 죽었으니 본 사건은 곧 결말이 진 것이다. 그런데도 오히려 해가 넘도록 가두어 두고 형추(刑推: 형장으로 정강이를 때리며 죄를 심문)하고 또 조율정배(照律定配: 법규에 비추어 유배)하고자 하니 이것이 대명률(大明律)[31]의 법조문에 있는가? 또는 대전(大典)[32]에 정해진 법이란 말인가? 어찌 이와 같은 청송(聽訟: 재판하기 위해 송사를 들음)의 도리가 있단 말인가. 비록 살옥(殺獄: 사람을 죽인 사건에 대한 다스림)을 가지고 말할지라도 여러 사람의 피고 중에서 1인이 치사하면 나머지는 마땅히 모두 살려 주는 형에 처하는 것인데, 하물며 이 미소한 죄와 박(薄: 가벼움)한 범행으로서 아무런 중대한 관계가 없는 자에 대해서겠는가. 그뿐만이 아니라, 대준(大俊)의 투장이 이미 큰 마을의 가대 내에서 있었고 당일 파 옮기라는 뜻을 관청에서 공결(公決: 공정하게 판단하여 결정)하였으

31 본래는 명(明)나라 법제서(형률서)인데, 이를 조선 시대에 현행법·보통법으로 적용했다.

32 『경국대전』을 말함. 이는 조선 시대의 기본 법제서로, 조선 건국 초의 법전인 『경제육전』의 원전과 속전, 그리고 그 뒤의 법령을 종합하여 만든 통치의 기본이 되는 통일법전이었다. 성종 1년(1470) 11월 완성하여 다음 해 1월 1일부터 시행했다.

며, 제 자신이 또한 다짐을 두었으니 상진의 무리가 설혹 먼저 하수(下手)하였다고 하더라도 이것은 관청이 판 것이고 백성이 판 것은 아니다. 이것은 대준 자신이 판 것이고 상진의 무리가 사굴(私掘: 남의 무덤을 허락도 받지 않고 사사로이 파냄)한 것은 아니다. 전후 사정을 살펴볼 때 이 소송은 그쳐야 할 것이다. 몸이 사관(査官: 조사관)이 되어서 어찌 감히 긴착(緊着: 아주 절실함)하지 않은 설(說)과 윤척(倫脊: 도리)이 없는 공술(供述: 형사소송에서 당사자, 증인 등이 관계사항을 진술)을 가지고 떠벌려 늘여 놓아서 방사(放肆: 방자)하게 번거롭게 한단 말인가. 또 더군다나 작년 겨울의 사전(赦典: 죄를 용서하는 은정)에는 절뚝발이도 다 일어섰다. 그런데 사전을 지나면서 석방하지 않은 것은 크게 법 밖의 처사이다. 이 한 가지 일에 대해서는 전연 발어(跋語: 말미에 기입하는 말. 문서, 서적 등의 끝에 써 넣어서 내용의 개략이나 문서의 경위 등을 알리는 것)에 언급한 것이 없다. 이런 것을 상례(常例)에 따라 판하(判下)한다면, 이 뒤에는 인가(人家)의 아주 가까운 곳에도 장차 금장(禁葬: 시신을 묻지 못하게 금함)하지 못할 것이다. 한낱 보잘 것 없는 대준의 투장으로 마을 사람 4인이 옥사에 이르렀다. 사관(査官)도 또한 명리(命吏: 임금이 임명한 관리, 임금으로부터 명령을 받은 관리)이다. 그런데 이에 인명이 죽어 가는 것에 대하여 동념(動念)도 하지 않으니 이러한 사관을 장차 무엇에 쓰겠는가. 이천부사(利川府使) 심규(沈鍷)를 해조(該曹: 형조)로 하여금 밀봉(秘封)의 공문을 보내어 초사(招辭: 범죄 사실에 대하여 자세히 말함)를 받아 보고하게 하라. 경(卿)은 한갓 사관(査官)의 입만 쳐다볼 뿐 일찍이 한 가지의 다른 견해도 내지 않았으니 소홀함이 심하다. 추고(推考: 문초하거나 캐어물어 고찰함)하라. 손상진 등은 놓아 보내고 서순복은 제 형이 이미 옥중에서 병사하기에 이르렀으니 더욱 다시 물어볼 사단(事端: 사건의 시작)이 없다. 그러니 또한 놓아 보내라. 이대준은 당초의 압장(壓葬)이 이미 법을 무시하고 금령(禁令)을 위반한 죄가 있으며, 또 특히 안사(按査)하라는 하교에 대하여 진실하지 않은 말로 납공(納供: 위에 아뢰어 바침)한 것은 백성의 버릇이 매우 통탄스럽고 해괴하다. 그러나 자세히 그때의 일의 정상을 상고해 보니 조금 제 형이 돌아오는 것을 기다려서 묘를 파 옮기고자 한 것은 인정으로 봐서 혹은 괴이한 것이 없을 것 같다. 그러나 만약 그대로 석방한다면 백성의 버릇을 바로잡고 백성의 살 곳을 안정시킬 수 없을 것이다. 묘가 있는 관(官)에 청부하여 지동(紙洞) 촌민들을 모아 놓고 그 앞에서 장형(杖刑)을 결행하여 석방하라." 하였다.

사례 17(정조 10년, 1786): 치사자는 석방하고 음녀는 원악지 관비로 귀속시켜

[상복부-심리-옥안] 해주(海州)의 조명득(趙命得)과 이언성(李彦星)은 정경문(鄭京文)을 구타하여 이튿날 치사케 하였는데, 실인(實因: 살해된 사람의 죽은 원인)은 '피타'(被打: 얻어맞음)로 되었다. 조명득은 정범(正犯: 주범)이 되고, 이언성은 간범(干犯: 남의 죄에 관련된 범죄)이 되었다. 경문의 아비 정두심(鄭斗心)은 격쟁원정에서 다음과 같이 말했다. "저의 자식 경문은 조명득의 누이동생이자 이언성의 제수(弟嫂)로서 과부로 있는 자와 간통했습니다. 그런데 영원히 도망칠 계획을 세우고 가정 집물을 가져오려고 밤에 언성이의 집에 들어갔다가 현장에서 언성에게 잡혀 서로 싸우다가 그대로 도망쳐 돌아왔습니다. 그랬더니 언성이 그의 처(妻)·첩(妾) 및 조명득, 조명대(趙命大)와 함께 저의 집으로 몰려와서 저의 자식을 끌어내어 무수히 때리고 찼으며, 상투를 풀어 결박하고서는 눈이 내린 마당에 거꾸로 세워 놓았습니다. 그리하여 치사(致死)된 것입니다." [이 사건에 관하여 임금은 황해도에서 조사토록 하였으며] 조사 결과보고서를 토대로 판부에서는 다음과 같이 말씀하셨다. "여러 초사와 각 증언이 모두 명득을 지목하고 있으니, '정상을 헤아려 준다'는 것은 갑자기 의논할 수 없다. 관찰사로 하여금 일단 먼저 각별히 형문(刑問: 고문하

며 신문함)하여 기어코 실정을 자백받도록 하라." [황해도관찰사의 형문 결과를 토대로 임금은 최종] 판부에서 다음과 같이 말씀하였다. "조명득과 이언성은 함께 방송(放送: 석방)하되, '관가에 고하지 않고 멋대로 살해[擅殺]한 데 대한 법조문'에 따라 1차 형추(刑推: 죄인의 정강이를 때리며 고문하며 신문)하라. 그리고 음녀(淫女) 조(趙)조이가 살아 있는 것은 요행이니 사율(死律)을 추가로 시행하지는 않겠다. 그러나 그냥 본읍(本邑: 해주)의 비안(婢案: 여종의 문서)에 떨어뜨리기만 한다는 것은 너무 관대한 것이므로 관찰사로 하여금 직접 3차 엄형을 집행하게 하고 일차(日次: 날짜의 차례)에 따라 차차(次次) 준차(準次)한 뒤에 원악지(遠惡地: 멀고 살기 어려운 곳)로 보내 관비(官婢)로 영구히 귀속하게 하라."

사례 18(정조 11년, 1787): 남을 구타·치사케 한 자는 석방하고 그 아비는 엄형

[상복부-심리-옥안] 포천(抱川)의 이광진(李光晉)은 유복만(柳福萬)을 구타하여 2일째 되는 날에 치사케 하였는데, 실인(實因: 살해된 사람의 죽은 원인)은 '피타'(被打: 매를 맞음)로 되어 있다. 광진의 아우 광승(光昇)이 격쟁한 원정(原情: 호소)에서는 다음과 같이 말했다. "유복만은 저의 집의 남종(奴)과 양녀(良女: 양민 집 여자) 사이에서 태어났으며, 비부(婢夫: 계집종의 지아비)를 겸하고 있었는데 죄를 짓고 쫓겨나게 되었습니다. 복만은 검(劍: 칼)을 뽑아 곧장 저의 아비에게 달려들었으므로 저의 형제가 구타하여 치사했습니다. 저의 형제는 둘이 모두 사형을 당해도 부끄럽지 않습니다. 그런데 저는 간범(干犯: 종범)으로 방송(放送: 석방)되었고 형은 원범(元犯: 주범)이 되어 형장(刑杖)을 맞고 있습니다. 저로 하여금 수범(首犯: 우두머리 범인)에 대한 법률의 적용을 받게 해줄 것을 애걸합니다." [이러한 격쟁원정을 받은 임금은 경기도에 이 사건을 조사하여 보고할 것을 명령하자] 경기도에서 올린 도계(道啓: 각 도 감사가 임금에게 보고하는 글)를 본

임금은 판부에서 다음과 같이 말씀했다. "죄인 이광진과 이광승은 효유(曉諭: 잘 알아듣도록 타이름)한 뒤에 방송하라. 그리고 지금 여러 초사(招辭: 범죄 사실에 대하여 자세히 말함)를 보니, 광진의 아비 이가(李哥)가 유만복에 대하여 그간에 가혹한 짓을 많이 했음이 탄로났다. 그러니 광진의 아비 이가는 사관(査官: 조사관)으로 하여금 엄형으로 징계하도록 하라."

사례 19(정조 11년, 1787):
산송에 관한 격쟁원정을 두 번이나 한 자는 엄형

[고율부-속조-산송] [중보] 평안도 중화(中和)의 이명관(李命寬)의 격쟁초공(擊錚草供: 격쟁하여 아뢴 진술)은 이러하였다. "이경항(李景沆) 등이 할아비를 바꿔 가지고 묘(墓)를 빼앗았습니다. 율(律)에 의거하여 엄중히 다루어 주십시오. 그리고 저의 6대조 이성(李省)의 묘전(墓前: 묘 앞)의 석물(石物)도 즉시 철수(撤收)·파괴하게 하시고 압장(壓葬)한 무덤 여섯도 또한 파서 옮기게 해주십시오." [이러한 격쟁초공을 받은 임금은 평안감사에게 조사·보고할 것을 명령하자] 본도에서 올린 사계(査啓: 조사 결과보고서)는 이렇게 말하였다. "무덤 하나를 가지고 (각기 제 조상의 무덤이라고) 서로 다투는데 이미 명백하게 잡을 만한 증거가 없습니다. 법으로 가려내려면 마침내 어느 편이 그르다는 것을 알아서 소송을 그치게 할 가망은 없습니다. 이명관을 우선 조율(照律: 법규를 구체적 사건에 적용함)하지 않고 타일러서 놓아 보내게 하십시오."

그러나 형조(刑曹)에서 올린 회계(回啓: 조사보고)에서는 이렇게 말했다. "한 움큼의 흙인 황폐한 무덤을 서로 다투어 고집하면서 각기 제 조상의 무덤이라고 하니 윤리에 어긋나고 상도(常道: 언제나 지켜야 할 변하지 않는 도리)에 패려(悖戾: 도리에 어그러지고 사나움)함이 이보다 더 심한 일은 없습니다. 명관을 엄형하여 방송(석방)하십시오." [이와 같은 평안도의 도계와 형조의 회계를 받은] 임금은 판부에서 [평안도의] 도계에 의하여 시행하라고 하였다. 그러자 무신년(戊申年: 정조 12년, 서기 1788년) 4월에 명관이 또 격쟁했는데 그 원정에서 이렇게 말하였다. "이경항이 나의 6대조의 묘(墓)를 저의 8대조의 무덤이라고 말합니다. 또 나를 동종(同宗: 한 조상에서 시작된 성과 본이 같은 일가)이라고 일컫고 다시 서얼(庶孼: 본부인이 아닌 여자나 첩에게서 난 아들과 그 자손)이라고 합니다. 각별히 밝게 사찰(査察)하여 주십시오."

[이와 같은 격쟁원정에 대한] 형조(刑曹)의 초기(草記: 각 관아에서 사실만 간단히 적어 임금에게 올리던 문서)에는 이렇게 말하였다. "작년의 행사(行査: 자세히 살펴보거나 밝힘) 때 도계(道啓)에서, 비록 백 번 상언(上言)하더라도 일체 모두 청리(聽理: 백성의 민원을 받아들여 조사하여 처리함)하지 말라는 뜻을 등문(登聞: 임금에게 중요한 사실이나 사건을 알림)하였습니다. 그런데 천청(天聽: 임금의 귀)을 번거롭게 하니 진실로 매우 가통(可痛)스럽고 해괴합니다." 하니, 임금이 전교(傳敎)하기를 "이명관을 장(杖) 1백 대, 도형(徒刑) 3년, 정배(定配)에 처하라."라고 하였다.

사례 20(정조 12년, 1788):
격쟁청원을 청리하여 억지 죄인을 만든 지방관원은 엄형

[상복부-검험잡식(檢驗雜式)] 상원(祥原: 평안남도 중화 지역의 옛 지명)의 오소리(吳召吏: '소리'는 姓 밑에 붙여서 과부임을 나타내는 호칭, 이두)가 격쟁한 원정에서 다음과 같이 말하였다. "저희 지아비 김관옥(金冠玉)은 최인성(崔仁成)과 말다툼했는데, 뒤에 인성이는 병사(病死)로 매장하였습니다. 7일 뒤에 고을의 아전들이 뇌물을 얻어먹으려고 읍쉬(邑倅: 원님)에게 거짓으로 고발·굴검(掘檢: 땅에 파묻었던 시체를 다시 파내어 검증함)하여 옥사(獄事)가 이루어졌습니다. 그러나 인성의 처자는 비단 관가에 고발하지 아니하였을 뿐 아니라 또한 저의 지아비가 애매하다는 말까지 하였습니다. 마침내 저희 지아비가 주리(周牢)[33]까지 받게 되었는데 저의 지아비

는 주리에 겁을 내어 묻는 대로 거짓 자복(自服)을 했습니다." [이러한 격쟁원정을 청리한 임금은] 본도(本道: 평안도)로 하여금 조사하여 보고토록 하였는데, 그 사계(查啓: 조사 결과보고서)에서는 다음과 같이 말했다. "원범(元犯: 실제로 범죄 행위를 저지른 사람)에게 주리를 혹독하게 가하고 시친(屍親: 죽임을 당한 사람의 친척)에게 악형으로써 위협한 것은 전에 들어보지 못한 일입니다."

[이와 같은 평안도의 사계를 본] 임금은 판부(判付)에서 다음과 같이 말씀하셨다. "두 관원의 경험한 일은 다만 사리에 어긋난다고만 말해서는 안 된다. 우선 나문(拿問: 죄인을 잡아다가 그의 죄에 대하여 캐어물음)하여 구초(口招: 어떤 사건에 대하여 죄인이 자세히 말함)를 받은 뒤 엄정처벌한다는 뜻으로 의금부(義禁府: 죄인을 다스리는 일을 맡아보던 관청)에 분부하라. 살옥(殺獄: 살인사건에 대한 다스림)은 대단한 일이다. 응당 신문하고 조사하여야 할 정범(正犯)·시친(屍親)·간증(看證) 등 여러 길을 버려두고 갑자기 한 때의 염문(廉問: 염탐해 듣는 것)에 따라 이와 같이 전에 없는 해괴한 일을 하였으니, 비단 검관(檢官: 형조에 속하여 시체를 검시하는 관원)의 죄상뿐만 아니라 이른바 염교(廉校: 염탐하는 장교)의 여러 간특한 죄상도 명약관화하다. 관찰사가 직접 엄중히 형신(刑訊: 고문하며 신문)하여 자복을 받아 장문(狀聞: 임금에게 올리는 장계)하라."

이에 본도(평안도)에서 다시 조사하여 임금께 아뢰었다. "염교 최창극(崔昌極)은 뇌물을 주지 않은 데 대하여 서원한 한을 품고서 염문한 것이라고 칭하고 거짓 보고하여 옥사를 이루게 했는데, 이것을 처음에는 발뺌하려 했지만 엄하게 신문하니 꾸며 대지 못하고 낱낱이 자복하였습니다." 이러한 평안도의 장계(狀啓)를 본 임금은 판부에서 다음과 같이

33 죄인의 발목을 한데 묶고 그 사이에 주릿대를 넣어 엇비슷이 트는 형벌. 영조 8년(1732) 금지되었다.

같이 말씀하였다. "이서(吏胥: 아전)들이 법을 굽혀 부정을 저지르는 것에 대해서는 내가 일찍부터 소순(蘇洵: 중국 송나라 때 정치가)의 형론(刑論)[34]을 거듭 읽어 보고 이해하는 바이다. 이 옥사의 내용은 잠깐 접어 두고 형리(刑吏: 지방관아에서 형률에 관한 사무를 맡아보던 구실아치) 정익환(鄭益桓)이 매장한 지 오래되어 변해 버린 시수(屍首: 시체의 머리)를 가지고, 잡아낼 수 없는 상흔(傷痕: 상처)에서 억지로 실인(實因: 죽은 사람의 사망 원인)을 꾸며댄 것은 정말 법을 굽히는 간사한 아전이라고 하겠다. 인명(人命)에 관계된 것은 얼마나 중요한 일인가! 그런데 하찮은 소리(小吏: 지방관청 하급관리)가 제멋대로 꾀를 부렸으니 그 죄는 살인보다 더한 것이다. 3차 엄형하고 기한이 차면 차차 준차(準次)하여 먼 지방으로 보내어 충군(充軍: 범죄자를 군역에 복무하도록 한 형벌)하라. 그리고 당행 수령 정혁(鄭爀)은 이미 의금부로 하여금 잡아들였으니 격간을 갖추어 엄하게 다룸으로써 중앙·지방의 옥관(獄官: 죄수들의 형옥을 심리하는 일을 맡은 아전)이 멋대로 법을 농락하는 폐습을 징계하라. 염교 최창극은 의심을 일으킬 수 없는 곳에서 의심을 일으켰고, 뇌물을 받을 수 없는 사람에게서 뇌물을 요구하여, 일을 비비 꼬이게 만들고 무고한 자가 횡액을 입게 하였으니 이것을 처벌하지 아니한다면 일반 백성들이 수족(手足)이라도 제대로 놀릴 수 있겠는가! 역시 관찰사로 하여금 직접 엄형한 뒤에 잔역(殘驛: 낡고 헐어서 변변하지 못한 역참)의 군사로 내려서 정속(定屬: 죄인을 종으로 삼는 것)하라. 그래서 대사령이 내린 것을 제외하고 다시 그에 대해서는 거론하지 말라. 이 판부의 말을 조당(廟堂: 조정)에서 관(關: 중대 처벌 등에 관한 법률)으로 만들어 각 도 관찰사에게 엄중히 신칙하여 그 관할 내에 있는 고을의 수령들도 모두 알고 마음에 새기도록 하게 하라."

34 형벌에 대한 이론. 이는 소순이 그의 두 아들 소식(蘇軾)·소철(蘇轍)과 함께 수도 개봉(開封)으로 왔을 때 한림학사 구양수(歐陽脩)를 찾아보고 바친 것이다.

사례 21(정조 12년, 1788):
한 사건으로 2명이 죽은 경우의 죄인은 감사하다

[상복부-심리-옥안] [중보] 경주(慶州)의 권상만(權相萬)은 김정삼(金丁三)을 발로 차서 이튿날 치사케 하였다. 실인(實因: 죽은 사람의 사망 원인)은 초검(初檢: 시신의 첫 번째 검사)에서는 '피타'(被打: 얻어맞음)라고 하고, 복검(覆檢: 시신의 두 번째 검사)에서는 '피척'(被踢: 발에 차임)이라 하였다. 그러자 상만의 처 이(李)조이가 격쟁한 원정(原情: 호소)에서 다음과 같이 말했다. "김정삼이 10문(文)의 돈을 갚지 아니한다고 술에 취해서 제 시어미에게 욕설했으므로 제 남편 상만이가 소등목(蘇燈木)으로 볼기를 다섯 대 때렸습니다. 정삼이는 당일로 30여 리 떨어진 시장에 갔다가 술에 잔뜩 취해 저녁에 돌아왔는데, 이튿날 죽었습니다. 성옥(成獄: 살인사건으로 됨)되어 복검을 행하던 날, 제 시어미는 동네에서 크게 소리치기를 '내 자식이 죽게 되었으니 권씨 집안은 망했으니, 내가 살아서 무엇하겠나!' 하고서 개울에 들어가 죽어 버렸습니다."

[이러한 격쟁원정을 받은 임금은] 본도(本道: 경상도)에서 다시 조사하게 하였다. [이에 경상감사가 다시 조사해서 임금께 올린] 도계(道啓: 각 도의 감사가 임금에게 보고하는 글)에서는 다음과 같이 말했다. "상처가 낭자하고 원범(原犯: 실제로 범죄를 저지른 사람)이 자복했으니 그 어미가 익사(溺死)한 것은 심히 가련하지만 법의(法意: 법률의 근본 뜻)로서는 죄를 올리거나 내릴 수는 없습니다." 그러나 임금은 판부에서 다음과 같이 말씀하셨다. "살옥(殺獄: 살인사건에 대한 다스림)에서는 의문점이 많은 것이 태반이다. … 하지만 이 옥사는 이와 정반대이다. 한마디로 말해서 이 죄수는 그 죄를 사(赦: 용서)할 수 없다고 하겠다. 그러나 이 옥사에 대해서 나는 이렇게 말하고 싶다. '권상만은 유복자(遺腹子)이다. 권의 어미 김(金)여인은 자식이 죽게 되는 것을 애통히 여겨 대중 앞에서 맹세하고 앞 개울에 몸을 던져 죽었다. 이 죽음은 자식을 위한 것이 아니라 시아비의 제

사를 위한 것이다. … 전에 이 옥안(獄案)처럼 한 사건에 두 사람이 죽게 될 경우는 언제나 법을 굽혀서 부생(傅生)하였다. … 권상만은 특별히 감사(減死: 사형에서 형벌을 감함)하여 차율(次律: 귀양을 보내는 처분)을 시행하라."

사례 22(정조 12년, 1788): 수령을 욕보이려고 격쟁한 자는 가형 처벌하다

[고율부-속조-범분-고알] [중보] 전라도 부안(扶安)의 김은갑(金銀甲)이 격쟁한 원정에서 이렇게 말하였다. "전(前) 현감 윤수검(尹守儉)은 민간에서 미납한 환곡(還穀: 춘궁기에 빌렸던 곡식을 가을에 갚은 것)을 저의 숙부 명홍(命洪)이 훔쳐 먹었다고 말하고 위력으로 징수하였습니다. 그리하여 다 바칠 즈음에 저의 80세 된 조부 창진(昌鎭)이 거듭 청목장(青木杖: 곤장의 이름) 15도(度)를 맞고 옥중에서 병사하였습니다. 저의 중숙(仲叔) 시홍(始洪)의 처는 임신 중인 여자인데 별형장(別刑杖)으로 무겁게 15도를 맞고 그대로 치사(致死)하였습니다."

이와 같은 김은갑의 격쟁원정을 접한 임금은 형조로 하여금 조사해서 보고토록 하자, 그 조사보고서[回啓]를 본 임금은 판부에서 이렇게 말하였다. "치사한 까닭이 이것 때문이었거나 저것 때문이었거나를 막론하고 20여 태(笞)와 반 차례의 형(刑)을 남장(濫杖: 정해진 한도 이외에 매를 더 때림)이라고 할 수는 없다. 설령 그가 공술(供述: 관계사항을 구술하거나 서면으로 말함)한 바와 같이 그 수령(守令)이 정말 이런 일이 있었다고 하더라도 포흠(逋欠: 조세를 내지 않음)을 징수하는 즈음에 약간 태형을 시행한 것은 원래 법 밖의 처사는 아니다. 그런데 몸이 그 고을의 아전이 되어서 그 관장(官長)이 폄체(貶遞)[35]되는 기회를 틈타서 도리어 감히 극구

35 치적(治績)이 좋지 못하기 때문에 벼슬이 폄하(貶下)되어 체임(遞任), 좌천(左遷) 또는

침욕(極口侵辱: 온갖 말을 다하여 욕함)하여 방자하게 격쟁하였으니 그의 정상(情狀)을 추구하면 매우 통한(痛恨)스럽고 해괴하다. 이런 것은 상례(常例)에 따라 판하(判下)한다면 본도(本道)의 연읍(沿邑: 도로 언저리에 있는 마을)은 평소부터 다스리기 어려운 곳이라고 일컬어지는 곳이니 허다한 수령들은 모두 장차 감히 속습(束濕: 까다롭고 급한 정령) 일관(一款: 한 조목)에 대하여 입을 열지 못하여 뜻도 내지 못할 것이다. 원공사(原公事)는 거론하지 말고 격쟁자를 그 도(道: 여기서는 전라도)에 내려보내서 도신(道臣: 관찰사)으로 하여금 엄중히 가형(加刑: 죄인에게 형벌을 더함)하고 과죄(科罪: 죄를 심판하여 처단)하여 일후(日後: 앞으로 다가올 날)를 징계하게 하라."

사례 23(정조 12년, 1788):
수령을 무욕하기 위한 격쟁자도 엄형에 처하다

[고율부-속조-범분-고알] 해남(海南)의 이언일(李彦一)이 격쟁한 원정(原情)에서 이렇게 말하였다. "본현감(本縣監) 신처문(申處文)이 해가 오래된 장적(帳籍: 집의 수와 집안의 식구를 적은 장부)으로 환지(還紙: 한 번 사용한 종이를 재생하여 만든 종이)를 뜨므로 여러 선비들이 순영(巡營: 각 도 감사가 직무를 보던 관아)에 정소(呈訴: 소장을 관청에 보내 고소함)하여 제사(題辭: 관청에서 백성의 소장 또는 청원서에 써주는 지령)를 받은 공문이 도착하니 무함(誣陷: 없는 사실을 거짓으로 꾸며 남을 함정에 빠뜨림)이라고 일컫고 특히 읍유(邑儒: 고을 유생)의 과거응시자격을 정지시킨다고 게시하였습니다." 이러한 이언일의 원정에 대하여 임금이 전교(傳敎)를 내려 이렇게 말하였다. "본 사건이 허위이거나 실제이거나를 막론하고, 그 지방의 백성이 제 고을의 성주(城主: 성의 우두머리, 여기서는 지방 수령을 말함)를 무욕(誣辱: 속여서 욕을 보임)하는 것은 크게 백성의 풍습에 관계되는 일이다. 장두(狀頭: 연명

해면(解免)됨.

한 상소문이나 소장의 첫머리에 이름을 쓴 사람)를 각별히 엄처하라. [그리고] 장적(帳籍)으로 종이를 만들고, 고을 유생의 과거를 정지시켰다니 정말 이런 일이 있다면 다만 해괴하다고만 말하는데 그럴 수는 없다. 도백(道伯: 관찰사)으로 하여금 심상하게 처리하지 말고 친히 잡고 자세히 조사하여 즉시 장문(狀聞: 장계를 올려 임금에게 아뢰던 일이나 그 글)하게 하라."

이와 같은 임금의 명령에 따라 기유년(己酉年: 정조 13년, 서기 1789년)에 본도(本道)에서 임금에게 올린 사계(査啓: 임금께 아뢴 조사 결과)에서는 이렇게 말하였다. "사건의 단서는 향임(鄕任: 고을 일)을 다투는 데서 처음 일어났습니다. 돈을 거두는 일로 인하여 두서너 장의 낙장(落張: 책이나 문서에서 종잇장이 빠짐)된 장적을 기화(奇貨: 어떤 목적을 이루는 데 이용할 수 있는 좋은 기회)로 잡고 천청(天聽: 임금의 귀)을 더럽힘에 이르렀습니다."

한편 이 사건에 대한 형조의 회계(回啓: 임금의 물음에 신하들이 심의하여 대답함)에 대한 임금의 판부(判付: 건의된 안에 대한 임금의 처분)에서는 이렇게 말하였다. "백성의 풍속이 비록 좋지 않다고 하더라도 제 고을의 성주(城主)를 능범(凌犯: 무리하게 침범)함이 이에 이른단 말인가. 이 일을 어찌 심상하게 지나칠 수 있겠는가. 그 수령의 잘하고 못한 것은 고사하고 백성으로서 수령을 고알(告訐: 일러바침)하여 허위를 얽어매고, 없는 것을 꾸며 만들어서 무단(武斷)으로 운운(云云)하였으니 시공조언지율(緦功造言之云律)[36]에 붙여도 벌이 너무 가볍다는 결함이 있겠다. 도백으로 하여금 일을 친히 잡고 엄중 형추(刑推: 곤장으로 죄인의 정강이를 때리며 죄를 신문)하여 장두(狀頭)인 자에게서 곧 토주(土主: 고을 원님, 즉 수령)를 무함하였다는 다짐[侤音][37]을 받은 뒤에 장문(狀聞)하게 하라. 이어 본조(本曹: 형조)로 하여금 복계(覆啓: 임금에게 명을 받아 처리한 뒤 보고함)·품처(稟處:

36 침소봉대(針小棒大)한 조언(造言)에 관한 처벌법.

37 '侤音'은 '다짐'의 이두. 옛날 관아에서 단단히 따져서 확실한 대답을 받던 일. 이왕에 한 일이나 또는 앞으로 할 일이 틀림없음을 조건을 붙여 말하는 것.

윗사람에게 아뢰고 명령을 받아 처리함)하여 법을 따라 처단하라."

그러자 조계(曹啓: 형조의 보고서)에서는 이렇게 말하였다. "율문(律文)을 가져다 참고하여 보니 '이민(吏民: 아전과 백성)이 관찰사, 수령을 무고한 자는 장(杖: 곤장) 1백 대, 유(流: 유배) 3천 리에 처한다.'라고 하였습니다. 그러나 이 범인들의 정절(情節)이 매우 패려(悖戾: 도리에 어그러지고 사나움)하니 다만 토주를 무고한 율(律: 공법)만으로 논단해서는 아니 되겠습니다. 다시 도신(道臣: 각 도 '관찰사'를 달리 이르는 말)으로 하여금 세 차례 엄형하게 한 뒤에 장류(杖流: 장형과 유배형)의 법을 시행하는 것이 어떻겠습니까." 하니, 임금이 판부에서 "회계에 따라 시행하라."라고 하였다.

사례 24(정조 13년, 1789):
억울해도 성화지분을 경시한 격쟁원정자는 조율정배

[고율부-속조-범분-고알] [중보]　고산(高山: 전라도 완주와 충청도 논산 지역 옛 지명)의 오희연(吳熙顯)이 격쟁한 원정에 이렇게 말하였다. "저는 향교(鄕校)의 재임(齋任: 임원)으로서 본관(本官: 고을 원님)을 들어가 뵈일 때 배례가 조금 늦었다고 하여 주쉬(主倅: 원님의 별칭) 윤행순(尹行醇)이 저의 아비를 잡아들여 장(杖) 50도(度)를 몹시 쳤습니다. 그리하여 마침내 관문(官門: 관청 대문) 밖에서 죽게 하였습니다. 밝게 사찰하시어 원통함을 씻게 하여 주십시오."

이러한 격쟁원정을 접한 임금은 형조로 하여금 이를 조사해서 보고토록 했는데, 형조의 회계(回啓: 조사보고서)에 대한 판부에서 임금은 이렇게 말하였다. "남장(濫杖: 정해진 한도 이외에 매를 더 때림)하는 것도 오히려 엄금하는데 하물며 잘못 사람을 죽인 일이겠는가. 나라에 법이 있으니 비록 고을을 지키는 관원일지라도 아전이나 관노(官奴)를 제외하고는 스스로 살월인명(殺越人命: 사람 목숨을 죽임)에 대한 당률(當律: 어떤 범죄에 해당하는 형률)이 있는 것이다. 그런데 이 원정을 보니 남의 아들 된 자의 정리(情理: 인정과 도리)로 우연 치사이든 아니든 간에, 또는 사리(事理)의 곧고 굽은 것을 논할 여지 없이, 장수(杖數)의 많고 적음을 물론하고 어찌 통박(痛迫)하고 원분(怨憤)한 마음이 없겠는가. 그러나 말을 써내려가는 즈음에 토주(土主: 원님)를 헐뜯어 욕하고 패려(悖戾: 도리에 어그러지고 사나움)함이 그지 없다. 그리하여 이미 성화지분(城化之分: 수령과 백성의 신분상 한계)을 경시하고 있다. 또 더군다나 태형(笞刑) 50도를 수령이 자단(自斷)하는 것은 법문(法文)에서 인정하는 것이다. 이제 옛 도백(道伯)의 말을 들으니 사용한 기장(器仗)도 또한 법에 따라 교정(較正: 비교하여 정함)한 것에 어기지 않았다고 한다. 그렇다면 남형(濫刑)이나 왕살(枉殺: 잘못 죽임)은 거론할 바가 아니다. 당자(當者)를 치죄하지 않고 대신 그의 아비에게 미친 것이라든지, 이 밖의 처사에도 또한 보는 사람이 해괴하게 여기기에 충분한 것이 있다. 그러나 이 땅의 백성이 토주(土主)를 헐뜯어 욕하는 일에 비교하면 오히려 [수령의 죄과를 논하는 것은] 시공지찰(緦功之察)[38]에 속한다. 근래에 습속이 날로 변하고 기강이 날로 어지러워져서 소위 상언이니 격쟁이니 하는 것에 진정 고막(痼瘼: 교정하기 어려운 폐단)의 드러나지 않은 것이 있는 것을 보지 못하였다. 그리고 관장(官長)의 과실을 허구날조(虛構捏造)한 것이 아니면 민간에서 걷어 들인다는 말뿐이다. 폐단 됨이 날로 심해져서 건져서 구제할 수 없다. 이 송사도 또한 그러하다. 사건사(四件事) 이내의 일이라고 하여 관례에 따라 의처(議處: 서로 의논하여 처리)해서는 안 되겠다. 원정은 청리하지 말고 향조(鄕曹: 지방관청의 형방)로부터 조율정배(照律定配: 법에 비추어 귀양을 보냄)하여 먼 시골의 풍속을 징계하라."

---

38 대국(大局)을 살피지 못하고 작은 일에 구애하는 것을 비유하여 하는 말. 즉 시마복(緦麻服)은 복제(服制) 중에서 가벼운 것이고, 소공(小功)·대공(大功)은 무거운 복제이다. 그러나 소공·대공의 중대한 복제를 제쳐 놓고 가벼운 시마복을 중하게 여긴다는 뜻이다.

찾아보기